Otto Kanngiesser

Geschichte der Eroberung der freien Stadt Frankfurt

Otto Kanngiesser

Geschichte der Eroberung der freien Stadt Frankfurt

ISBN/EAN: 9783743302594

Hergestellt in Europa, USA, Kanada, Australien, Japan

Cover: Foto ©ninafisch / pixelio.de

Manufactured and distributed by brebook publishing software (www.brebook.com)

Otto Kanngiesser

Geschichte der Eroberung der freien Stadt Frankfurt

Geschichte

der

Eroberung

der freien Stadt Frankfurt

durch

Preußen im Jahre 1866.

> La conquête laisse toujours à payer
> une dette immense, pour s'aquitter
> envers la nature humaine.
> MONTESQUIEU.

Von

Otto Kanngießer.

———◇◇◇❈◇◇◇———

Frankfurt am Main,

Verlag von Heinrich Keller

1877.

Inhalts-Verzeichniß.

Druckfehler: Durch Versehen des Setzers ist die Nummerirung der Abschnitte unrichtig ausgefallen, da nach Nr. VI. (unter Auslassung der Ziffern
VII. und VIII.) gleich Nr. IX. folgt. Der letztere Abschnitt hätte
folgerichtig die Nr. VII. erhalten müssen und so fort bis zum Ende.

Vorrede.

Die nachfolgenden Blätter erheben in keiner Weise den Anspruch, als vollständige Schilderung der Ereignisse zu gelten, welche vor zehn Jahren das alte Staatensystem in Deutschland — und man darf wohl sagen in Europa — plötzlich und gründlich über den Haufen warfen, um an dessen Stelle Etwas zu setzen, das bis heute, ungeachtet des Krieges von 1870/71 und der Gründung des neuen deutschen Reiches, seine Vollendung nicht gefunden hat und gar manches schwere Zukunfts-Räthsel noch in seinem Schooße birgt.

Wir beabsichtigen nichts weiter, als nach persönlichen Erlebnissen und mit Hülfe der vorhandenen nicht allzu ergiebigen Quellen eine Lücke auszufüllen, die klaffend in der Geschichte der einstigen freien und nunmehr königlich preußischen Stadt Frankfurt besteht, oder (um noch weniger zu versprechen) ein Material zu der Geschichte Frankfurts zu sammeln, das in den bis jetzt vorhandenen historischen Arbeiten über das Jahr 1866 theils nur zerstreut und unvollständig, theils gar nicht zu finden ist und voraussichtlich zum guten Theil verloren gehen würde, wenn es nicht noch bei Lebzeiten der Generation, die das Jahr 1866 an sich vorüberziehen sah, zusammengetragen, geprüft und gesichtet wird.

Wie ein Traum aus ferner Zeit steht ja schon heute jene Epoche vor dem geistigen Auge Derer, die sie unmittelbar miterlebt haben, und einem nebelhaften Bilde gleich, deffen einzelne Züge in ganz falſchen Umriſſen ſich zeigen, wird ſie nur gar zu häufig Denen vorgeführt, deren Urtheilskraft nicht durch die lebendige und klare Erinnerung an das Selbſterlebte geſtärkt iſt *). Das Jahr 1866 bedarf,

---

*) Ein beſonders hervorleuchtendes Beiſpiel tendenziöſer Geſchichtsſchreibung, gekleidet in eine der vulgären Tagespolemik entlehnte Sprache und gepaart mit einer ſeltenen Oberflächlichkeit in der Behandlung der Thatſachen, liegt uns in der Fortſetzung von „Schloſſer's Weltgeſchichte für das deutſche Volk", bearbeitet von Dr. Oscar Jäger, vor. Dort wird (Bd. XVIII. Seite 105 bis 145) die Geſchichte des Jahres 1866 auf 41 Seiten abgethan und den Vorgängen in Frankfurt der folgende Paſſus gewidmet:

„Der Weg nach Frankfurt lag offen. Dort hatte der Senat, als die Gefahr näher rückte, dem Reſt des Bundestages ſelbſt den Stuhl vor die Thür geſetzt, und dieſer war, bereits ein Rumpf und bald nur ein Name, nach Augsburg geflüchtet, wo er nach einiger Zeit im Gaſthof „zu den drei Mohren" vollends verendete. Am 16. Abends zogen die Preußen, Vogel von Falkenſtein, Göben, Wrangel, in Frankfurt ein. Die Bevölkerung empfing ſie ſchweigend, ſie hatte kein gutes Gewiſſen. Es mag dahin geſtellt bleiben, ob ſich einzelne Niederträchtige dort in der That an preußiſchen Verwundeten vergriffen haben; Thatſache aber war, daß ſeit lange die Frankfurter Bevölkerung in beſonders ausgeſprochener Weiſe Feindſchaft gegen den preußiſchen Theil der Beſatzung, Officiere wie Gemeine, an den Tag gelegt, und daß in der Aeußerung dieſes feigen Haſſes hoher und niedriger Pöbel eine große Virtuoſität und beſonderes Raffinement gezeigt hatten. Es war daher begreiflich genug, daß Officiere und Soldaten mit aller Genugthuung die ſtrengen Maßregeln ausführten, welche über die Stadt verhängt wurden, und es lag auch in der Abſicht der Führer, die Stadt die ganze Strenge ſoldatiſchen Regiments fühlen zu laſſen; zu bedauern bleibt, daß preußiſche Officiere die Rolle brutaler Eroberer beſſer, als man von ihnen erwarten durfte, zu ſpielen wußten."

Wir wiſſen nicht, aus welchen Quellen Herr Dr. Oscar Jäger in Cöln ſeine Kenntniß der Thatſachen geſchöpft hat, jedenfalls ſind dieſe Quellen gleichwerthig mit dem bodenloſen Leichtſinn, den hier ein „Geſchichtsſchreiber" ſich zu Schulden kommen läßt. Die Entdeckung, daß der Frankfurter Senat, „als die Gefahr näher rückte, dem Reſte des Bundestages ſelbſt den Stuhl vor die Thür ſetzte," muß Herr Jäger

um der herranwachsenden und den kommenden Generationen in einem leidlich günstigen oder gar „erhebenden" Lichte zu erscheinen, mehr als irgend eine andere Epoche der deutschen Geschichte der politischen Schönfärberei, weil sonst gar zu leicht der Ausspruch des alten Sallust sich Jedem aufdrängen würde, daß ein Staatsgebilde niemals unter anderen Bedingungen weiter existiren und sich ent= wickeln kann, als unter denen es entstanden ist. Unzählbare persönliche Interessen und Einwirkungen unterstützen zur Zeit neben der in Deutschland für jetzt zur Herrschaft ge= langten politischen Parteirichtung jene historische Schön= färberei; und selbst in Frankfurt, wo doch vergleichsweise am Meisten noch ein gewisser Unabhängigkeitssinn sich er= halten hat, könnte man bei Denen, die im Jahre 1866

---

aus ganz besonderer Inspiration geschöpft haben, denn gedruckte, geschweige denn documentarische Quellen lassen sich für diese, mit den Thatsachen auf Schroffste im Widerspruch stehende Behauptung gewiß nirgends auf= finden, so viel auch über das Jahr 1866 gefabelt worden ist. Auch vermuthen wir stark, daß die angebliche Mißhandlung preußi= scher Verwundeter in Frankfurt — ein artiger Nebenumstand, dessen Wahrheit oder Unwahrheit der Historiker Jäger „dahingestellt sein lassen will!" — ein Erzeugniß seiner eigenen Phantasie ist, denn unter allen niederträchtigen Verläumdungen, welche in jener Zeit über Frankfurt auf dem Wege der Presse verbreitet wurden, wird man ver= geblich diese schändliche Insinuation suchen. Hätte sich Dr. Jäger die geringste Mühe gegeben, die Wahrheit oder Unwahrheit der von ihm angeführten Behauptung zu erforschen, so würde er sehr bald gefunden haben, daß niemals etwas derartiges in Frankfurt vorgekommen ist; solcher Mühe überhebt sich aber leicht ein „Historiker", der es wagt, seine weit unter der Mittelmäßigkeit stehenden Erzeugnisse mit Hülfe des großen Namens Schlosser zu Markte zu tragen. Es ist unter sol= chen Umständen zu begreifen, daß Herr Dr. Creizenach in Frankfurt, der mit Dr. Jäger die Bearbeitung der Schlosser'schen Geschichte über= nommen hatte, öffentlich jede Mitverantwortlichkeit für „den Versuch einer Darstellung neuester Geschichte" von sich abgelehnt hat — aber dieses Buch ist gleichwohl unter dem Titel von „Schlosser's Weltgeschichte für das deutsche Volk" jetzt in 30,000 Exemplaren in Deutschland verbreitet und die deutsche Jugend lernt daraus vermeintlich — Geschichte!

eine politisch hervorragende Rolle gespielt haben, der Reihe nach vergebens anfragen, ob sie bereit seien, für den wirklichen — nicht den zum Gebrauche der lieben Schuljugend erzählten — Verlauf der Dinge Zeugniß abzulegen? Sie würden es, und zwar keineswegs aus absolut verwerflichen Motiven, mit sehr wenigen Ausnahmen voraussichtlich Alle ablehnen; obenan darunter Diejenigen, welche anno 1866 nicht nur hochmögende Herren, sondern auch leidenschaftliche Gegner des Herrn v. Bismarck waren und heute — ihren Frieden mit diesem Staatsmanne geschlossen haben. Das Recht und selbst den vernünftigen Grund hierzu kann ihnen sicherlich Niemand bestreiten; wohl aber wird es auch für sie nicht absolut schädlich sein, wenn ihnen heute, nach Ablauf von zehn Jahren, Gelegenheit geboten wird, sich im Spiegelbilde der Vergangenheit zu betrachten und das Gebot: „Kenne Dich selber!" ein wenig zu beherzigen. Doch ist dies für uns eine vollständige Nebensache; der Hauptzweck der gegenwärtigen Arbeit besteht, wie schon bemerkt, nur in der Sammlung von geschichtlichem Material, dessen objective Treue jede kritische Prüfung ertragen kann.

Frankfurt a. M., im Juli 1876.

Der Verfasser.

Gottlieb & Müller, Frankfurt a. M.

I.

Einleitung, — Die Drohnoten-Affaire.

Die freie Stadt Frankfurt war im Frühjahr 1866 noch ein wirklicher politischer Mittelpunkt, zwar nicht für ganz Deutschland und durchaus nicht blos wegen der Ehre, daß sie den Bundestag in ihren Mauern beherbergte, sondern durch die natürliche Entwickelung der Dinge seit 1848 und seit dem Erwachen der deutsch-nationalen Bewegung mit dem Tode Friedrich's VII. von Dänemark, der die viel-besungenen Herzogthümer „in's Freie fallen ließ", wie sich damals ein conservatives Berliner Blatt naiv aus-drückte. Die centrale Lage Frankfurts, seine Bedeutung als präsumirte Parlamentsstadt und mehr noch die geringe Lust oder Macht des Senats, den Pulsschlag des politischen Lebens zu hemmen, machten es zum gern besuchten Zuflucht-ort aller jener Parteien und Parteiführer, denen im eigenen Lande die Staatsgewalt ein starkes Papagenoschloß vor den · Mund legte, oder welche dort nicht entfernt die Anregung zu einigermaßen ernsthafter politischer Agitation fanden,

wie hier in Frankfurt. Dazu kam als nicht zu unter=
schätzendes Moment die Bedeutung der damaligen Tages=
presse Frankfurts für Süd= und Mitteldeutschland. Es
wirkten hier neben einer Anzahl kleinerer Lokalblätter, die
später noch Erwähnung finden werden, und nach dem Ein=
gehen der nationalvereinlichen „Süddeutschen Zeitung" als
große politische Organe:

1. die „Postzeitung" in großdeutsch - conservativer
   Richtung unter Leitung von Dr. Fischer=Goullet;
2. das „Frankfurter Journal" als gothaisch gefärbtes,
   gemäßigt liberales Blatt unter Redaction des gemaß=
   regelten Stadtgerichtsraths Jungermann aus Cassel;
3. die „neue Frankfurter Zeitung" unter Leitung
   von Kolb, als demokratisch=großdeutsches Organ;
4. die „Europe" (Ersatz für das frühere Journal de
   Francfort) unter Leitung von Gregory Ganesco,
   eines politischen Abenteurers aus der Wallachei,
   welcher vielfache Verbindungen mit der Diplomatie
   aller Länder anzuknüpfen und auszubeuten verstand.
   (Er ist später ein Werkzeug Louis Napoleons in Paris
   gewesen, stellte sich nach dem Sturze des Kaiserreichs
   auch Herrn Thiers zur Verfügung und lebt unseres
   Wissens noch heute in Paris.)

Von diesen vier Blättern nahm unbestritten — obwohl
auch die „Postzeitung" nach dem Eintreten bewegterer
Zeiten in ganz vorzüglicher Weise von Dr. Fischer=Goullet
redigirt wurde — die neue Frankfurter Zeitung den
ersten Rang ein. Sie war das tonangebende Organ für
ganz Süddeutschland und erfreute sich nicht nur tüchtiger
und wohlunterrichteter Correspondenten an den verschiedenen
politischen Centralpunkten in Europa, sondern auch — und

zwar gänzlich ungesucht — oft der werthvollsten Mittheilungen aus den Werkstätten der Diplomatie. Der
Verfasser dieser Zeilen erinnert sich noch mit hohem Interesse jener anonymen Correspondenzen aus Wien, denen
der Stempel des unmittelbaren Unterrichtetseins auf die
Stirn geschrieben war und über deren Verfasser wohl stets
das unverbrüchlichste Redactionsgeheimniß bewahrt bleiben
wird — aus dem einfachen Grunde, weil Keiner der
mit der Zeitung in Verbindung gestandenen Personen,
ob sie nun Verleger oder Redacteure waren, jemals den
Namen dieses interessanten Unbekannten erfahren hat.

Und doch trug er vielleicht mit die Schuld daran, daß
in Berlin die neue Frankfurter Zeitung völlig irriger
Weise als ein „von Oesterreich bestochenes" Blatt angesehen wurde und der vielberufene Geheimrath Wagener
im Herbst 1866 dem preußischen Landtag die feierliche Versicherung gab, die österreichische Regierung habe in Frankfurt
„Hunderttausende an die Presse verschwendet." Ein Körn-
lein Wahrheit steckte allerdings in dieser Behauptung, aber
es lag auf einer ganz anderen Seite. Herr Gregory
Ganesco, der obengenannte französirte Wallache, hatte
es eine kurze Zeit lang verstanden, den Grafen Rechberg
um sein gutes Geld zu prellen, indem er (wie im österreichischen Abgeordnetenhaus zum Beweise der Nutzlosigkeit
des politischen Dispositionsfonds dem Minister später vor-
gehalten wurde), „in die Schüssel spuckte aus der er gegessen
hatte." Außer diesem Herrn Ganesco, an welchem Graf
Rechberg so üble Erfahrungen machte, hat die Wiener
Regierung in Frankfurt keine Preßbekanntschaften der obigen
Art gehabt, denn ein Dr. Bd., welcher einerseits viel mit
der österreichischen Gesandtschaft, anderentheils mit der süd-

deutschen und ausländischen Presse verkehrte, gehörte in die gleiche Kategorie der diplomatischen Ablati, wie beispiels= weise der aus dem Arnimprozesse bekannte Dr. Landsberger in Paris. Dr. Bb. machte übrigens aus seiner Stellung gar kein Geheimniß und war bei Allen, die ihn kannten, als ein sehr gebildeter Mann von angenehmen Umgangs= formen beliebt. Hatte sich nun, wie schon erwähnt, die „neue Frankfurter Zeitung" in den Monaten, welche dem Ausbruch des Krieges vorausgingen, von Seiten der öster= reichischen Regierung einer ganz erwünschten Aufmerksamkeit in der obenbezeichneten Art zu erfreuen (in Berlin vermerkte man dies so übel, daß am 21. April 1866 die officiöse Norddeutsche Allgemeine Zeitung bittere Klage darüber erhob daß das Wiener Cabinet „seine Actenstücke in dem preußen= feindlichsten Blatte Süddeutschlands veröffentliche") so ver= säumte man es andererseits auch von Berlin aus nicht, dem einflußreichen gegnerischen Blatte ein besonderes Augen= merk zu schenken. Wenigstens machten nach dem 16 Juli 1866 die Eigenthümer und Redacteure der Zeitung unvermuthet die Entdeckung, daß zwei anscheinend harmlose Mitarbeiter derselben (Beide leben unseres Wissens noch heute in Frank= furt) während der ganzen Zeit des ersten halben Jahres 1866 jene stille Thätigkeit in den Redactionslocalitäten 2c. geübt hatten, welche gemeiniglich in Kriegszeiten die Aufgabe von Kundschaftern ist. Wir werden im Verlaufe unserer Schilderung noch Gelegenheit finden, auf diesen Punkt zurück= zukommen und wollen hier nur noch andeuten, daß die in Frankfurt bis zum Ausbruche der Katastrophe unter Leitung eines Regierungsassessors Urban bestandene preußische Preßagentur auch Beziehungen zu dem „Frankfurter Jour= nal" — zwar nicht mit den Eigenthümern und Verlegern,

die davon nichts wußten, wohl aber zu einzelnen Redac=
teuren des Blattes — anzuknüpfen verstanden hatte und
solchergestalt die an sich schon vorhandenen großpreußischen
Sympathien des Chefredacteurs Jungermann noch ganz
besonders für die Zwecke der preußischen Politik nutzbar
machte.

Hier wird nun wohl auch der Platz sein, um Einiges
über die vielberufene „Preußenfeindschaft" der Frankfurter
Bevölkerung, welche ihr nachmals so schwer auf's Kerbholz
gesetzt ist, zu sagen. Die ganze Geschichte Frankfurts, vom
Mittelalter an bis in die neueste Zeit, liefert den Beweis,
daß das Gefühl und die Opferbereitschaft für die Gesammt=
interessen Deutschlands in Frankfurt zu allen Zeiten
mindestens eben so stark, wenn nicht weit stärker noch als
in anderen Städten Deutschlands gewesen ist. Auch die
Bestrebungen zur Herstellung der deutschen Einheit fanden
hier einen mächtigen Widerhall, ja in den Zeiten, wo fast
überall anderwärts die Regierungen — einschließlich der=
jenigen von Preußen — ihnen auf's Feindlichste gegenüber=
traten, ihren eigentlichen Halt= und Mittelpunkt. Als der
Nationalverein in Preußen verboten und verfolgt, in den
Kleinstaaten auf alle mögliche Weise chikanirt wurde, da
hallte der Saal „zum Wolfseck"*) in Frankfurt oft genug
von flammenden Reden wieder, welche die von Auswärts
kommenden Gäste zu Ehren einer Bundesreform im Sinne
der Einheit und Freiheit Deutschlands hielten, und als
gar mit dem Tode Friedrich's VII. von Dänemark die
schleswig=holsteinische Frage der deutschen Einheits=
bewegung einen mächtigen Impuls gab, wurde die freie
Reichsstadt am Main in verdoppeltem Maße der Zuflucts=
ort für Alle, denen anderwärts der „Flügelschlag der freien

*) Jetzt die „Allemannia" am Schillerplatz.

Seele" von der streng gehandhabten politischen Polizei auf's
Nachdrücklichste beschnitten war. Zeugniß hierfür liefert
neben vielem Anderen der nachfolgende, unter dem Namen
D r o h = N o t e n = A f f a i r e historisch gewordene Schriftwechsel
zwischen den beiden '„Vormächten" Deutschlands und dem
Senat der freien Stadt Frankfurt im October 1865:

I. Erlaß des k. preußischen Ministeriums der
auswärtigen Angelegenheiten an den k. preuß=
ischen Residenten dahier vom 6. October 1865
und mitgetheilt dem älteren Bürgermeister
am 11. October:

Berlin, 6. Oct. Ew. Hochwohlgeboren Be=
richte haben uns einen näheren Einblick in die Ver=
handlungen des am 1. d. Mts. dort abgehaltenen
Abgeordnetentages gewährt. Wir hatten aber bis zum
letzten Augenblicke gehofft, daß der Senat, im Bewußt=
sein seiner Verpflichtungen gegen seine deutschen Verbün=
deten und eingedenk früherer von uns und Oesterreich
gemachten Vorstellungen diese Versammlung verhindern
würde. Leider haben wir uns getäuscht. Wir haben
uns von Neuem überzeugen müssen, daß der Senat nichts
dagegen hat, wenn das Territorium der Stadt Frank=
furt zum Ausgangspunkt für unverständige, ja gemein=
schädliche politische Projecte benutzt wird. Solche Nach=
sicht gegen subversive Bestrebungen können wir nicht
ferner gestatten. Wir können es nicht dulden, daß vor=
zugsweise am Sitz des Bundestages auf die Unter=
grabung bestehender Autoritäten in den ersten Bundes=
staaten hingearbeitet wird, daß von dort aus Preßer=
zeugnisse in die Welt geschickt werden, welche sich durch
Rohheit vor allen übrigen hervorthun. Der Verlauf des

Abgeordnetentags hat gezeigt, daß die Phrase in dem gebildeten Theile der Bevölkerung immer weniger Anklang findet. Aber die Nachsicht des Senats bleibt deßhalb nicht minder tadelnswerth. Wir begegnen uns mit der kaiserlich österreichischen Regierung in der Auffassung, daß die Wiederholung eines solchen öffentlichen Aergernisses, selbst in der Gestalt resultatloser Velleitäten nicht gestattet werden darf. Der kaiserlich österreichische Vertreter hat den Auftrag, dem dortigen Senate in diesem Sinne Vorstellungen zu machen. Ew. Hochwohlgeboren ersuche ich ergebenst, im Einvernehmen mit Ihrem österreichischen Collegen dem älteren Herrn Bürgermeister darüber keinen Zweifel zu lassen, daß wir uns in dieser Beziehung im vollständigen Einverständnisse mit der kaiserlichen Regierung befinden. Ich gebe mich der zuversichtlichen Hoffnung hin, daß man Frankfurter Seits die beiden deutschen Großmächte nicht in die Lage bringen wird, durch eignes Eingreifen weiteren Folgen unzulässiger Nachsicht vorzubeugen. Ew. Hochwohlgeboren ermächtige ich, den gegenwärtigen Erlaß dem älteren Herrn Bürgermeister vorzulesen und, wenn er wünscht, Abschrift davon in seinen Händen zu lassen.

Der Minister der auswärtigen Angelegenheiten.
Im Auftrage v. Thile.

An den königl. Geschäftsträger 2c.

II. Schreiben des älteren Bürgermeisters an den königlich preußischen Residenten vom 20. October 1865.

Ew. Hochwohlgeboren haben mir am 11. d. M. eine Note in Abschrift mitgetheilt, welche unter dem 6. d. M. von dem königl. preußischen Ministerium der auswärtigen Angelegenheiten an Ew. Hochwohlgeboren gerichtet worden ist und den letztlich hier abgehaltenen so= genannten Abgeordnetentag und Erzeugnisse der Presse zum Gegenstande hat, das Verhalten des Senats der er= wähnten und ähnlichen Versammlungen gegenüber be= spricht und mit der Hoffnung schließt, daß man Frank= furter Seits die beiden deutschen Großmächte nicht in die Lage bringen wird, durch eigenes Eingreifen wei= teren Folgen unzulässiger Nachsicht vorzubeugen.

Ich habe von dieser Mittheilung dem Senate sofort Kenntniß gegeben und bin nunmehr, nachdem amt= liche Berichte über die angeregten Fragen vorliegen, zu der nachfolgenden Erklärung ermächtigt worden.

Der Senat muß es als mit den Fundamentalge= setzen des Bundes, sonach mit dem Rechte im Wider= spruche stehend betrachten, wenn in dem völkerrechtlichen Verein der deutschen souveränen Fürsten und freien Städte, welcher errichtet ist zur Bewahrung der Unab= hängigkeit und Unverletzbarkeit ihrer im Bunde begriffe= nen Staaten und zur Erhaltung der inneren und äußeren Sicherheit Deutschlands, welcher in seinem Inneren besteht als eine Gemeinschaft selbständiger, unter sich unabhäng= iger Staaten, mit wechselseitigen gleichen Vertragsrechten und Vertragsobliegenheiten, ein Bundesstaat dem andern gegenüber von „nicht dulden" und „nicht gestatten" reden und zu der Aeußerung gelangen wollte, „durch eigenes Eingreifen weiteren Folgen unzulässiger Nachsicht vorzubengen."

Der Senat ist sich bewußt, in seinem Verhalten den besprochenen Versammlungen gegenüber die Gesetze der freien Stadt Frankfurt eben so wenig, als die Ge=

setze des Bundes verletzt zu haben, und muß die Thatsache
hervorheben, daß der 36er= Ausschuß am 16. October
1864 in Weimar, am 26. März 1865 in Berlin und am
3. September 1865 in Leipzig Sitzungen abgehalten, welche
nicht beanstandet worden sind.

Ich ergreife diesen Anlaß, Ew. Hochwohlgeboren
die Versicherung meiner ausgezeichnetsten Hochachtung
zu erneuern.

Frankfurt, am 20. October 1865.

gez. Dr. Gwinner.

**III. Erlaß des k. k. österreichischen Mini=
steriums an den k. k. österreichischen Geschäfts=
träger Freiherrn v. Frankenstein dahier v.
8. October 1865 und mitgetheilt dem älteren
Bürgermeister am 11. October:**

Der Verlauf des am 1. d. Mts. zu Frankfurt
abgehaltenen sog. Abgeordnetentags hat für jetzt nur
die innere Haltlosigkeit dieses neuen Agitationsversuches
und die Zerfahrenheit der politischen Parteien in Deutsch=
land bloßgelegt. Die eingelaufenen Absagebriefe, wie
die unverkennbare Gleichgültigkeit des Publikums dürften
selbst den Urhebern dieser bedeutungslosen Demonstration
die Verkehrtheit des Unternehmens gezeigt haben, an den
Entschlüssen der beiden ersten Mächte Deutschlands ihre
anmaßliche Kritik zu üben. Allein wenn auch die ge=
hörten Reden, sowie die Resolutionen der Versammlung
in ihrer, gelinde gesagt, unpassenden Motivirung und
halbrevolutionären Zuspitzung gerechter Mißachtung ver=
fallen sind, so tilgt dieses Fehlschlagen doch nicht den
verletzenden Charakter der Thatsache, daß die gegen die

Regierungen von Oesterreich und Preußen gerichteten Schmähungen und Beleidigungen, welche die demokratische Presse täglich anfüllen, in Frankfurt unter den Augen des Bundestages und der eigenen Truppen der beiden Mächte auf offener Tribüne wiederholt worden sind. Es darf ferner nicht außer Acht gelassen werden, daß jener 36er Ausschuß, welcher den Abgeordnetentag einberufen hat, auch diesesmal erneuert worden ist, und daß dieser Ausschuß und sein engeres geschäftleitendes Comité als ein in Permanenz erklärtes Organ der deutschen Revolutionspartei nur auf günstigere Umstände warten, um mit mehr Erfolg von Neuem auf den Schauplatz zu treten. Die Regierungen Deutschlands werden gewiß sämmtlich mit uns darin einverstanden sein, daß schon die bloße Existenz des Sechsunddreißiger = Ausschusses, ganz abgesehen von den Wirkungen des neuesten maßlosen Auftretens der Versammlung in Frankfurt und von dem für Oesterreich und Preußen beleidigenden Charakter ihrer Beschlüsse, eine vollkommen ungesetzliche und unconstitutionelle ist. Insbesondere wird der Senat von Frankfurt in seiner bundesgetreuen Gesinnung sich nicht verhehlen können, daß die Bundesstadt am wenigsten zum Sammelplatz dieser gesetzwidrigen Agitationen hergeliehen werden sollte. Bereits nach dem am 21. December 1863 abgehaltenen Abgeordnetentage, aus welchem die Einsetzung eines permanenten Ausschusses zur Durchführung des Volkswillens, als Mittelpunkt für die Thätigkeit der Vereine, der Fortschrittspresse ꝛc. hervorging, haben wir es gemeinschaftlich mit Preußen an ernsten Vorstellungen gegen die diesem Treiben am Sitze der Bundesversammlung gewährte Duldung nicht fehlen lassen.

Die seitdem in häufiger Aufeinanderfolge dort in Scene
gesetzten Kundgebungen beweisen, welche geringe Beachtung die damals von den Vertretern der beiden Höfe
dem Herrn älteren Bürgermeister in vertraulicher Weise
gemachten Bemerkungen gefunden haben. In dieser Wahrnehmung sowohl, wie in ihrer Ueberzeugung, daß eine
so usurpatorische Wirksamkeit, wie die jenes Ausschusses
und des Abgeordnetentages, nicht ohne ernste gemeinsame
Gefahr noch länger stillschweigend zugelassen und dadurch
gewissermaßen zu gewohnheitsmäßigem Bestande erhoben
werden dürften, müssen die Cabinete von Wien und Berlin
eine unabweisliche Aufforderung erblicken, die ganze Aufmerksamkeit des hohen Senates von Neuem auf die
besprochenen Vorgänge und das Verhältniß der Bundesstadt zu denselben zu lenken. Wir glauben der zuversichtlichen Erwartung Raum geben zu können, daß nicht
nur so leidenschaftliche Invectiven und ein so ausgesprochener Parteikampf gegen die ersten Bundesmächte,
wie er die Tagesordnung der letzten Versammlung bildete,
künftig keine Stätte mehr in Frankfurt finden, sondern
der Senat überhaupt das Zusammentreten neuer von
dem Comité des 36er-Ausschusses einberufener Versammlungen auf seinem Gebiet von nun an nicht mehr gestatten
werde. Die Autorität des Senats, an welche wir uns
hiermit in erster Linie wenden, wird uns hoffentlich der
Nothwendigkeit überheben, auf anderweite Schritte Bedacht
zu nehmen, um vom Sitze der deutschen Bundesversammlung in Zukunft die bisherigen ungesetzlichen Bestrebungen
entfernt zu halten. Ew. zc. werden ersucht, dem Herrn
regierenden Bürgermeister, sobald Ihr preußischer College
zu dem gleichen Schritte ermächtigt sein wird, den

gegenwärtigen Erlaß vorzulegen, und wenn es gewünscht werden sollte, Abschrift zu vertraulichem Gebrauche in Händen zu lassen. Empfangen 2c.

IV. Das hierauf erlassene Antwortschreiben des älteren Bürgermeisters an den k. k. österreichischen Geschäftsträger ist gleichlautend mit dem unter II. abgedruckten Schreiben.

V. Verbalnote des k. k. österreichischen Geschäftsträgers vom 26. October 1865 und mitgetheilt am gleichen Tage dem älteren Bürgermeister:

„Erhaltenem Auftrage gemäß beehrt sich der k. k. österr. Geschäftsträger, Seiner Hochwohlgeboren dem wohlregierenden älteren Herrn Bürgermeister, Senator und Syndicus Dr. Gwinner, mitzutheilen, daß von Seite der k. k. Regierung die Note des Senates vom 20. October nicht als eine Antwort auf ihre Depesche vom 8. d. M. angesehen werden kann, da ersteres Actenstück Behauptungen und Ausdrücke der bezogenen Depesche unterschiebt, welche in derselben gar nicht gebraucht worden sind.

Die k. k. Regierung findet, daß es dem Senate frei stand, identische Antworten zu ertheilen, nicht aber ihre Depesche unrichtig zu citiren.

Frankfurt a. M., den 26. October 1865."

VI. Schreiben des älteren Bürgermeisters an den k. k. österreichischen Geschäftsträger vom 30. October 1865:

Der unterzeichnete ältere Bürgermeister der freien Stadt Frankfurt ist von dem Senate beauftragt worden, auf die gefällige Mittheilung seiner Hochwohlgeboren des k. k. interimistischen Geschäftsträgers Herrn Legationssecretär Freiherrn v. Frankenstein vom 26. October l. J.

die nachfolgende Erklärung mit der ergebensten Bitte folgen zu laffen, dieselbe der k. k. Regierung vorlegen zu wollen.

Der Senat hat den Schlußsatz des Erlasses der k. k. Regierung vom 8. October 1865, lautend:

„Euer Hochwohlgeboren werden ersucht, dem Herrn regierenden Bürgermeister, sobald Ihr preußischer College zu dem gleichen Schritte ermächtigt sein wird, den gegenwärtigen Erlaß vorzulesen," dahin auffassen zu müssen geglaubt, daß die beiden gleich= zeitig ihm verkündigten Erlasse, wenn auch in der Form von einander abweichend, doch dem Wesen und der eigentlichen Bedeutung nach als gleiche Schritte be= trachtet werden wollten.

Die Verbalnote vom 26. October 1865 gibt ihm die eben so erfreuliche als beruhigende Gewißheit, daß jene Auffassung eine irrige gewesen ist, und er spricht zunächst hierfür seinen tiefgefühlten Dank aus.

Die Modification, welche das ergebenste Schreiben des Unterzeichneten vom 20. October l. J. hiernach zu erfahren hat, ergibt sich von selbst.

Der Senat, welcher sich verpflichtet findet, auch bei dem gegenwärtigen Anlasse die der freien Stadt Frankfurt gleich allen anderen Staaten des Bundes in den Fundamentalgesetzen des Bundes zugesicherte Unab= hängigkeit und Unverletzbarkeit zu wahren, ist sich bewußt, sein Verhalten, den in dem erwähnten Erlasse be= sprochenen Versammlungen gegenüber, genau nach Vor= schrift der hiesigen Gesetzgebung bemessen zu haben; er muß darauf aufmerksam machen, daß die Frankfurtische Gesetzgebung über Presse und Vereine den von dem

Bunde deßfalls erlaſſenen Vorſchriften gefolgt iſt, und
ſein Verhalten ſonach auch den Geſetzen des Bundes ent=
ſprochen hat, und daß wenn jene Vorſchriften mangelhaft
ſein ſollten, was er weder unterſucht hat, noch behaupten
will, er dafür nicht verantwortlich gemacht werden kann;
er muß die Thatſache hervorheben, daß der 36er Aus=
ſchuß am 16. October 1864 in Weimar, am 26. März
1865 in Berlin und am 3. September 1865 in Leipzig,
Sitzungen abgehalten hat, welche damals und ſeitdem
nicht beanſtandet worden ſind; er verbindet endlich damit
die Verſicherung, daß er auch ferner, wie bisher, die
Regel für ſein Verhalten nur in den Vorſchriften des
Rechtes und der Geſetze wird finden können.

Der Unterzeichnete erlaubt ſich übrigens mit der=
jenigen Offenheit, zu welcher der Senat gegen die
kaiſerlich königliche Regierung ſtets ſich verpflichtet fühlt,
das Nachfolgende anzufügen.

Der Senat kann ſich der Wahrnehmung nicht
verſchließen daß im geſammten Deutſchland das Bedürf=
niß nach Veränderung in der politiſchen Organiſation
ſich mehr und mehr fühlbar macht.

Ueber die Form der Veränderung haben ſich die
Anſichten bis jetzt aber eben ſo wenig geklärt, als über
die rechten und gerechten Mittel, um zum Ziele zu
gelangen.

Das Ringen nach dieſem Ziele findet ſeinen Aus=
druck in Vereinen, Verſammlungen und in der Preſſe.

Alle leiden aber unter dem Mangel an Klarheit,
welcher über der ganzen Frage liegt, und daher erwachſen
die Verirrungen, welche zu Zeiten in allen jenen Er=
ſcheinungen zu Tage treten.

Solche Verirrungen werden aufhören, sobald es
den Regierungen gelingt, die Form für die Veränderungen
zu finden, deren Nothwendigkeit allseits anerkannt ist.

Inzwischen werden solche Verirrungen dem Gesetze
verfallen müssen, soweit sie mit demselben im Wider=
spruche stehen. Ein gewaltsames Einschreiten dürfte, mit
Rücksicht auf das anerkannte Bedürfniß, aus welchem
die Bewegung hervorgegangen ist und weil ihm darum
jede Begründung fehlt, dauernd Ruhe zu verschaffen
nicht geeignet sein.

Der Unterzeichnete ergreift mit Vergnügen diesen
Anlaß, seiner ausgezeichneten Hochachtung wiederholt Aus=
druck zu geben.

Frankfurt a. M., den 30. October 1865.

gez. Dr. Gwinner.

Zum Verständniß dieses merkwürdigen Schriftwechsels,
welcher damals das außerordentlichste Aufsehen, nicht nur
in Deutschland, sondern auch in Frankreich und England
erregte, muß Folgendes angeführt werden: Der von dem
sog. 36er=Ausschuß auf den 1. October 1865 nach Frank=
furt in den Saalbau der Junghofstraße einberufene, und
von 274 Mitgliedern deutscher Landesvertretungen, besuchte
Abgeordnetentag (zu welchen jedoch von preußischen
Abgeordneten nur Groote aus Düsseldorf, von österreichi=
schen Abgeordneten keiner eingetroffen war) hatte mit
überwiegender Mehrheit folgende, vom Ausschuß vorge=
schlagene Resolution gefaßt:

I. Die Versammlung beschließt unter Aufrechterhaltung
der einstimmigen Erklärung vom 21. December 1863:
1. Das Selbstbestimmungsrecht des schleswig=holsteinischen

Volkes schließt jede Vergewaltigung desselben und jede Entscheidung über sein Schicksal ohne freie Zustimmung der Vertreter des Landes aus. Der Gasteiner Vertrag verletzt auf das Tiefste alle Rechtsordnung und Rechts= sicherheit in Deutschland und droht der in jeder Form verderblichen und unter allen Umständen abzuwehrenden Einmischung des Auslandes in rein deutsche Fragen einen Vorwand zu geben. Er wird als Rechtsbruch von der Nation verworfen und ist namentlich für die Herzogthümer in keiner Weise rechts= verbindlich und gültig. 2. Das Selbstbestimmungs= recht der Herzogthümer ist nur beschränkt durch die höheren Interessen Deutschlands. 3. Die vom engeren Ausschuß der Schleswig=Holstein=Vereine am 26. März d. J. in Berlin zu Gunsten Preußens gebotenen und in der Delegirtenversammlung vom 19. April bestätigten Zugeständnisse, sowie die in der Eingabe der hol= steinischen Ständemitglieder an den deutschen Bund vom 6. September l. J. ausgesprochene Geneigtheit zu Con= zessionen an Preußen sind ein unbestreitbares Zeugniß der Opferwilligkeit der Herzogthümer.

II. Gegenüber dem bisherigen Vorgehen der Re= gierungen von Oesterreich und Preußen erklärt die Versammlung es als heilige Pflicht der deutschen Volks= vertretungen, insbesondere des preußischen Abgeordneten= hauses, für die verletzten Rechte der Herzogthümer, für die Berufung ihrer Vertreter und für die sofortige staatliche Constituirung Schleswig=Holsteins entschieden und ohne Verzug einzutreten und damit ihre eigenen verfassungsmäßigen Rechte zu wahren. Die Versammlung vertraut auf den bewährten

Rechtssinn der Bevölkerung der Herzog=
thümer, daß sie fest und muthig ausharre.
Sie erwartet und fordert, daß das ganze
deutsche Volk den bedrängten Schleswig=
Holsteinern treu und kräftig zur Seite stehe
und alle Gegensätze der Parteien und Meinungen schweigen
lasse, welche die Kraft der nationalen Kundgebungen
nur lähmen, die Sache der Herzogthümer gefährden und
statt zur Kräftigung des gemeinsamen Vaterlandes
nur zu dessen Zwietracht und Zerissenheit führen werden.
III. Die Versammlung erklärt es für Pflicht der
deutschen Volksvertretungen: 1. Anlehen oder Steuern,
welche die bisherige Politik der Vergewal=
tigung fördern könnten, sind keiner Re=
gierung zu verwilligen. 2. Dagegen ist es, wenn
die Sache der Herzogthümer im Sinne des Rechtes
erledigt wird, gerecht und billig, daß die Kosten des
ebensowohl für Deutschland als für die Herzogthümer
geführten Krieges nicht den Letzteren allein aufgebürdet,
sondern von ganz Deutschland verhältnißmäßig getragen
werden.
IV. Die Versammlung bestellt abermals einen Aus=
schuß von 36 Mitgliedern, um im Sinne der am
21. December 1863 und heute gefaßten Beschlüsse ferner
thätig zu sein. Dieser Ausschuß ist befugt, sich nach
Bedürfniß weiter zu ergänzen, eine engere geschäfts=
leitende Commission aus seiner Mitte zu bestellen und
nach seinem Ermessen eine abermalige Versammlung
zusammenzuberufen."

Befürwortet waren diese Resolutionen von Dr. Sieg=
mund Müller aus Frankfurt, Brater aus Erlangen,

2

Braun aus Wiesbaden und Metz aus Darmstadt. Weiter-
gehende, zum Theil sehr scharfe Anträge hatten gestellt:
Trabert aus Kurhessen, Streit aus Coburg und
Gerwig aus Baden, von denen jedoch nur der Letztere
mit einem Zusatzantrage, der die Einberufung des deutschen
Parlaments forderte, durchdrang. Außer Dr. Siegmund
Müller präsidirten der Versammlung v. Benningsen
aus Hannover und Schlör aus Bayern; unter den Proto-
kollführern befand sich Dr. jur. Malß aus Frankfurt.
An dem Abgeordnetentage theilzunehmen hatten in schriftlich
motivirten, der Tendenz nach übereinstimmenden Erklärungen
verweigert: Dr. Jucho in Frankfurt a. M. und Professor
Mommsen in Berlin. Der Erstere erklärte, daß er es
„für weit gerechtfertigter halte, trotz Bismarck mit Preußen
zu gehen, als mit Herrn v. Beust und Genossen", — der
Letztere forderte „definitive und ewige Unterordnung der
sämmtlichen Mittel- und Kleinstaaten, insbesondere auch der
Elbherzogthümer unter den deutschen Großstaat Preußen."
Das politische Glaubensbekenntniß dieser beiden Herren war,
wie man sieht, klar und deutlich, dagegen das der Herren
v. Benningsen, Metz, Braun und Malß, wie nach
späteren Vorgängen wohl behauptet werden darf, zum
Mindesten — nicht sehr festgewurzelt. Sie stimmten nicht
nur für die Resolutionen, sondern hatten auch durchaus
kein Wort des Widerspruches gegen die vom Ausschuß-
referenten Brater aus Erlangen an das preußische Volk
gerichtete Mahnung, dem Ministerium Bismarck die
Steuern zu verweigern. Da eine solche Aufforderung in Preußen nach dem damaligen Rechte als Staats-
verbrechen galt, so hatte der Abg. Groote aus Düsseldorf gewiß Recht, wenn er hierauf replizirte, „in Preußen

sei eine Steuerverweigerung nicht so leicht." Jedenfalls liegt ein starker historischer Humor darin, daß der jetzige Führer des rechten Flügels der Nationalliberalen im deutschen Reichstage, Herr v. Benningsen, der schon im Jahre 1866 zum politischen Vertrauten des Herrn v. Bismarck avancirte und es seitdem geblieben ist (seine Interpellation bezüglich der Luxemburger Frage im Jahre 1867 und seine Rede bei Ausbruch des deutsch-französischen Krieges liefern nebst vielem Anderen den Beweis hierfür) im October 1865 noch so geringe „politische Schulung" hatte, daß er einer Versammlung präsidirte, welche nach der preußischen Drohnote an den Frankfurter Senat „den Ausgangspunkt für unverständige, ja gemeinschädliche politische Projecte" bildete und ein ganz verabscheuenswerthes Beispiel von „subversiven Bestrebungen" war. Aus dem Saulus wurde nun freilich bald ein Paulus — und zwar, wie wir im Verlaufe dieser Schilderungen zu zeigen Gelegenheit haben werden, noch vor der Schlacht bei Königgrätz — aber es wird dadurch die Thatsache nicht verwischt, daß an einem Vorgange, welcher den schwersten Zorn des Herrn v. Bismarck gegen die freie Stadt Frankfurt hervorrief und Drohungen von damals unerhörter Schärfe veranlaßte, durchaus nicht die Frankfurter Bevölkerung, sondern Abgeordnete anderer deutscher Staaten, insbesondere auch die Herren v. Benningsen, Braun und Metz die Schuld trugen! In welchem Lichte müssen unter solchen Umständen die späteren Schmähungen und gesinnungstüchtigen Hetzereien erscheinen, welche gerade die letzten beiden Politiker gegen dieselbe Stadt Frankfurt richteten, deren Gastfreundschaft sie so oft zum Zwecke der gefahrloseren Agitation für ihre

2*

„unverständigen, ja gemeinschädlichen politischen Projecte"
in Anspruch genommen hatten.

Greifen wir indessen dem Gange der Ereignisse nicht
vor und betrachten vielmehr zunächst den Eindruck, welchen
das preußisch = österreichische Vorgehen gegen Frankfurt in
dieser Stadt selbst wie im übrigen Deutschland hervorrief,
und welche unerwartete kleine Schwenkung sich hierbei auf
Seiten der einen der beiden drohenden „Vormächte" —
Oesterreich) — vollzog.

Die Kunde von dem Eintreffen der Drohnoten ver=
breitete sich sehr rasch in der Stadt; bestätigt wurde die
Nachricht durch auswärtige Zeitungsberichte, in welchen —
etwas übertreibend — gesagt war, daß die beiden Mächte
gedroht hätten, die Regierung der freien Stadt selbst in
die Hand zu nehmen, falls der politischen Agitation, die
in Frankfurt ihren Heerd habe, von Seiten des Senats
nicht ein Ende gemacht werde. In der Bürgerschaft ent=
stand über diese Nachricht eine leicht begreifliche Aufregung,
die in der Sitzung des gesetzgebenden Körpers vom 18. Oc=
tober 1865 durch die folgende Debatte ihren Ausdruck fand:

Dr. jur. Friedleben: Die Versammlung werde sich
wohl denken können, aus welcher Veranlassung er das Wort
ergreife. Die öffentlichen Blätter enthielten die Nachricht
von Drohnoten Oesterreichs und Preußens an den Senat.
Eine Volksvertretung würde in diesem Falle ihre Pflicht
nicht erfüllen, wenn sie erst auf eine officielle Mittheilung
der Regierung wartete, weil es dann häufig zu spät sei.
Es handle sich um einen versuchten Eingriff in die Selb=
ständigkeit unseres kleinen Staates. Der Senat habe nicht,
wie es geheißen, bereits Beschluß gefaßt, sondern erst das
Polizeiamt zum Bericht aufgefordert. Redner hofft und

ist überzeugt, das Polizeiamt werde entschieden Partei
nehmen für die Aufrechterhaltung unserer Unabhängigkeit
und besonders für die Integrität unserer Preß= und Vereins=
gesetze. Der Senat werde aber hoffentlich, wenn auch nicht
aus liberaler Gesinnung, so doch aus Ehrgefühl und
Bürgersinn, jene Ansinnen zurückweisen. Er wolle die
Versammlung nicht veranlassen, sich heute über die Sache
selbst zu äußern, sondern nur eine Anfrage an den Senat
beantragen. Es sei dies Pflicht der Versammlung Ange=
sichts der Aufregung, Besorgniß und gerechten Entrüstung
der Bürgerschaft. Er beantrage deßhalb: Die gesetzgebende
Versammlung ersuche den Senat um schleunige Auskunft
darüber, ob wirklich von Oesterreich und Preußen Ansinnen
an ihn gelangt seien, welche die Selbstständigkeit der freien
Stadt Frankfurt verletzen und namentlich gegen die seitherige
Handhabung der Preß= und Vereinsgesetze gerichtet sind.
Die gesetzgebende Versammlung spreche dabei ihre Ueber=
zeugung aus, daß der Senat die Unabhängigkeit unseres
Staates kräftigst wahren werde. Antragsteller bemerkt, er
beabsichtige keineswegs die Stellung des Senats zu schwächen,
vielmehr ihn zu kräftigen in der Haltung, die er gegenüber
einer unerhörten Reaction einnehmen sollte. — Dr. Rein=
ganum bemerkt, daß man über den Inhalt der Noten
noch nichts Sicheres wisse. Die Noten sollen grob sein,
die Note von Drouyn de Lhuys sei aber wahrscheinlich noch
gröber gewesen. Gerade zu kleineren Staaten solle man
aber höflich sprechen. Uebrigens seien ja die Noten an alle
Regierungen geschickt worden, gleichsam um ihnen zu sagen:
Heute mir, morgen Dir! Zuerst kommen wir an die
Schwachen, später an die Größeren. In wenigen Tagen
würden also die Noten, mit denen man hier so heimlich

gethan, bekannt werden. Er glaube daher, daß für heute
kein Antrag zu stellen sei. — Dr. Braunfels: Die
Noten seien von mehreren Seiten bestätigt und namentlich
heute Nachmittag von allen mit den Mittheilungen des
Berliner Preßcomités beglückten Zeitungen mit vielen Détails
gebracht worden. Wenn auch nicht der Wortlaut, stehe
doch die Thatsache schon heute fest. Die Noten führten
aber auch Beschwerde gegen die mittelstaatliche Presse, weil
man dort die Frechheit habe, sich gegen die preußische
. . . . noch seiner Haut zu wehren. Oesterreich
secundire dabei dem preußischen Vorgehen, aber
hoffentlich nicht für immer; es sei das nur ein
trüber Moment. Wenn wir die Stimme erheben, handeln
wir nicht für uns allein. Wir werden bald Nachfolger
finden und es wird uns nicht schaden, sondern nützen,
wenn man erfährt, was unsere Bürgerschaft denkt. —
Dr. Reinganum: Oesterreich und Preußen stellen sich
auch hier wieder außerhalb des Bundes; es ist kein neues
Staatsrecht, sondern eine neue Vergewaltigung. Wenn
übrigens die Versammlung dem Antrage zustimmt, so wolle
er (Redner) sich nicht davon ausschließen. — Dr. jur.
Friedleben: Hätten wir, wie in anderen Staaten, Regierungscommissäre in unserer Mitte sitzen, so könnten wir
sofort Aufschluß bekommen. Da dies nicht der Fall ist,
so müssen wir eine schriftliche Anfrage an den Senat stellen.
Die Ehre unseres Staates, die eigene Stellung und die
Bürgerpflicht erheischen, daß wir uns nicht durch die auswärtigen Tagesblätter und die Vota anderer Volksvertretung-
en zuvorkommen lassen. Wir, als die nächst Betheiligten,
haben die erste Pflicht, ungerechte Angriffe abzuwehren.
Ich rufe dem Senat das Motto zu, welches er auf unsere

Münzen setzen läßt: „Stark im Recht!" — Bei der Ab=
stimmung erhob sich die ganze Versammlung für den Dr.
Friedleben'schen Antrag.

In der Sitzung vom 23. October wurde hierauf
folgende Erwiderung des Senats verlesen: „Der Senat
bedauert, daß er bei dem augenblicklichen Stande der Ver=
handlungen nicht in der Lage ist, der gesetzgebenden Ver=
sammlung die gewünschte Auskunft vollständig ertheilen zu
können. Er muß sich für heute auf die Mittheilung be=
schränken, daß er von zwei Noten Kenntniß erhalten hat,
welche nicht an ihn, sondern an die Vertreter der Absender
bei hiesiger Stadt gerichtet sind, daß der Inhalt dieser
Noten allerdings zu ernsten Betrachtungen Anlaß gibt, daß
der Senat aber für die Unabhängigkeit hiesiger Stadt mit
allen Kräften einzutreten nicht anstehen wird. Sollte der
weitere Verlauf der Sache es verstatten, so wird der
Senat weitere Mittheilungen erfolgen lassen."

Der dann erfolgten, oben bereits mitgetheilten gleich=
lautenden Antwort des Senats an die beiden Mächte
(datirt vom 20. October) waren Berathungen voraus=
gegangen, deren Dauer und Umfang in sehr entgegengesetztem
Verhältniß zu dem Lakonismus des kühlen Protestschreibens
stand. Im Senate fand man zunächst sehr leicht die
große Verschiedenheit der Rollen heraus, welche trotz ihres
scheinbaren „herzlichen Einverständnisses" die beiden Ca=
binete von Wien und Berlin in dieser Angelegenheit
spielten. Die Wiener Regierung war bei der Affaire nur
das „mitthuende", Herr von Bismarck in Berlin dagegen
das eigentlich bestimmende Element; die Wiener Regierung
gefiel sich in der Rolle eines polternden Freundes, das
Berliner Cabinet war von wirklich feindseligen Gesinnungen

gegen den Senat erfüllt. So heftig auch die Sprache der
österreichischen Note war, mit der preußischen Epistel
verglichen mußte alles Gesagte doch noch als relativ harmlos
erscheinen, denn der Selbstständigkeit des Frankfurter Staats=
wesens war von Oesterreich nicht zu nahe getreten worden,
da die einzige von ihm gebrauchte Drohung:

„Die Autorität des Senats, an welche wir hiermit in
erster Linie uns wenden, wird uns hoffentlich der Nothwendigkeit
überheben, auf anderweite Schritte Bedacht zu nehmen, um
vom Sitze der deutschen Bundesversammlung in Zukunft die
bisherigen ungesetzlichen Bestrebungen fernzuhalten,"

immer noch die Auslegung zuließ, daß Oesterreich von der
jedem Bundesstaate offen stehenden Befugniß Gebrauch
machen werde, seine Beschwerde gegen die Frankfurter Re=
gierung bei dem Bunde zu erheben und zum Austrag
zu bringen. Vollständig ausgeschlossen aber war eine solche
Auslegung durch die Stelle in der preußischen Note:

„Ich gebe mich der zuverlässigen Hoffnung hin, daß man
Frankfurter Seits die beiden deutschen Großmächte nicht in die
Lage bringen wird, **durch eigenes Eingreifen** weiteren Folgen
unzulässiger Nachsicht vorzubeugen."

Hiermit war ein Verfahren in Aussicht gestellt, welches
nicht nur die Selbstständigkeit Frankfurts vernichtet haben
würde, sondern auch die deutsche Bundesverfassung bereits
zu den Todten warf, da einzig und allein der Bund in
seiner Gesammtheit, nicht aber einer oder zwei Staaten
desselben das Recht gehabt haben würden, in die Regierungs=
sphäre eines ihrer Verbündeten auf dem Wege der Selbst=
hülfe „einzugreifen."

In dieser Verschiedenheit des Auftretens der „beiden
ersten Mächte Deutschlands" fand der Senat, der ohnehin
durch persönliche Beziehungen seiner Mitglieder zu den hier

anwesenden Vertretern der Diplomatie leicht im Stande
war, sich genauere Kenntniß von der Sachlage zu verschaffen,
seine beste Operationsbasis, die denn auch nach öster=
reichischer Seite hin, wie wir weiter unten sehen werden,
von ausgezeichnetem Erfolge begleitet war, auf preußischer
Seite dagegen den tiefen Groll nur vermehrte, welchen man
dort gegen die freie Reichsstadt und deren Regierung hegte.
Wären die Aufschlüsse, welche der Senat auf vertraulichem
Wege über die wirklichen Absichten Oesterreichs empfing,
auch nur annähernd so erschreckend gewesen, wie der Wort=
laut der Note es voraussetzen ließ, so würde er bei allem
republikanischen Selbstbewußtsein und trotz der lebhaften
Aufmunterung, die er von der öffentlichen Meinung ganz
Deutschlands empfing, wahrscheinlich doch gezögert haben,
die Note der beiden Mächte durch einen gleichlautenden
kurzen Protest als unberechtigte Einmischung in die Re=
gierungsrechte eines souveränen Bundesgliedes zurückzu=
weisen, ohne auf die erhobenen Beschwerden selbst auch nur
irgendwie einzugehen. In der Politik giebt ja nicht immer,
im Gegentheil nur ausnahmsweise, das „gute Recht" den
Ausschlag und der Senat würde allen Traditionen der
vorsichtigen Politik der früheren Regierungen der freien
Reichsstadt, sowie den ersten Geboten der Klugheit zuwider=
gehandelt haben, wenn er es auf gut Glück hin und blos
auf die „Bundesverfassung" vertrauend, darauf hätte an=
kommen lassen wollen, sich mit beiden Großmächten zugleich
auf recht gründliche Weise zu verfeinden. Das that er nun
durchaus nicht; er wußte vielmehr, daß er bei Oesterreich,
auch wenn es einmal scheltend und polternd auftrat, im
äußersten Falle immer noch einen „bundesfreundlichen"
Rückhalt finden werde, während umgekehrt die Absichten

der preußischen Regierung in Bezug auf Frankfurt un=
möglich Vertrauen einflößen konnten, und überhaupt in
Deutschland die Dinge sich schon soweit zugespitzt hatten,
daß alle Mittel= und Kleinstaaten die ihnen von Preußen
her drohende Gefahr und den kommenden Zusammenstoß
zwischen den beiden „Vormächten" bereits voraussehen
konnten. Es war also die Aufgabe jeder einzelnen Re=
gierung, in dieser Krisis schon bei Zeiten sich Freunde zu
erwerben und sich entweder auf Oesterreich oder auf Preußen
zu stützen, denn Beide vereinigt gewährten in ihrer
unter der Oberfläche eines scheinbaren Bündnisses schlum=
mernden heftigen Rivalität und Feindschaft unmöglich noch
Schutz für die kleineren Staaten. Eine Wahl mußte also
getroffen werden und heute noch wird Niemand, der die
damalige Lage der Dinge unparteiisch würdigt, dem Senat
einen Vorwurf daraus machen können, daß er weit eher
bei Oesterreich, als bei Preußen die natürliche Stütze
für die Erhaltung der freistädtischen Institutionen suchte.
Offenbar hatte der Senat auf dem Wege vertrau=
licher und persönlicher Erörterungen bald erfahren, daß die
österreichische Regierung ungeachtet des gemeinsamen Vor=
gehens mit Preußen doch keineswegs gewillt war, die
Drohungen verwirklichen zu helfen, oder auch nur ernsthaft
auszusprechen, welche das Berliner Cabinet gegen die freie
Stadt Frankfurt nackt und rund aufstellte. Im Gegentheil
mochte das große und peinliche Aufsehen, welches die Sache
in ganz Deutschland, namentlich auch bei den Re=
gierungen der Mittelstaaten, erregte, bei Oesterreich
den Wunsch hervorrufen, daß ihm auf irgend eine Weise
Gelegenheit gegeben werde, den begangenen Fehler wieder
gutzumachen und seinen von der preußischen Politik gänzlich

abweichenden Standpunkt in Bezug auf die Auslegung des Bundesrechts klarzustellen. Diese Gelegenheit bot der Senat der Wiener Regierung durch den sehr klugen Einfall,* daß er auf die Noten der beiden Regierungen nicht — wie es der diplomatische Brauch und der gänzlich abweichende Wortlaut] der beiden Schriftstücke erfordert haben würde — in zwei verschiedenen Antwortschreiben replizirte, viel= mehr an beide Regierungen eine identische Protestnote richtete, welche sich kurz und bündig auf das bestehende Staatsrecht stützte und jedes „eigene Eingreifen" der Groß= mächte in die frankfurtischen Regierungsrechte als einen Bundesbruch zurückwies. Die österreichische Regierung stellte sich in ihrer Antwort an den Senat über diese ihr fälschlich untergeschobenen bösen Absichten, die nur auf einer Verwechselung ihres Standpunktes mit demjenigen des preußischen Cabinets beruhten, geradezu beleidigt und bemerkte dem Senat, daß er nicht das Recht gehabt habe, in seiner Antwort auf die österreichische Note der letzteren Ausbrücke und Behauptungen unterzuschieben, die gar nicht vorhanden seien. Damit waren denn die von der preußischen Regierung gebrauchten „Ausbrücke und Behauptungen" von ihrer österreichischen Collegin auf eine ebenso feine wie deutliche Weise verurtheilt, denn die Letztere erklärte offen, solche Drohungen wie das Cabinet zu Berlin sie ange= wendet, habe sie niemals aussprechen wollen. Und nun war auch das Eis zwischen dem Senat und der Wiener Regierung gebrochen; in einem fast herzlichen Schreiben, in dem sich zwei momentan überworfene Freunde in alter Eintracht wieder finden, spricht er seinen „tiefgefühlten Dank" dafür aus, daß Oesterreich nicht mit dem drohenden Auftreten Preußens gegen Frankfurt einverstanden sei und

* Wie uns später versichert wurde, ist dieser kluge Einfall nur ein glücklicher Zufall gewesen. Anm. d. Verf.

giebt dann in einigen durchaus würdig gehaltenen Sätzen
die Erklärung dafür, warum er nicht gegen die den beiden
Großmächten mißliebigen politischen Bestrebungen, soweit
sie auf frankfurtischem Boden sich abgespielt haben, ein=
schreiten konnte und warum es überhaupt gerathen sei, diese
auf gerechtem Grunde ruhenden Bestrebungen zu befrie=
digen, statt sie gewaltsam zu ersticken.*)

Der lebhaften und fast einmüthigen Unterstützung,
welche der Senat in diesem Kampfe für die Selbstständig=
keit der kleinen Republik Frankfurt durch die Presse ganz
Deutschlands und des Auslandes erhielt, ging die nach=
stehende Depesche des sächsischen Ministers v. Beust zur
Seite:

Dresden, 11. October 1865.

„Bei Gelegenheit meines heutigen Empfangtages für
das diplomatische Corps machten mir die Herren Gesandten
von Oesterreich und Preußen von einem Schritte Mit=
theilung, welchen ihre höchsten Regierungen bei dem Senate

---

*) Diese Darlegungen des Senats hätten noch eine recht schla-
gende Ergänzung finden können, wenn folgende Worte der österreichischen
Denkschrift vom Juli 1863 über die Nothwendigkeit einer Bundesreform
in Deutschland hinzugefügt worden wären: „Weise Regierungen werden
allerdings nicht freiwillig einen Augenblick der Gefahr und Krisis wählen,
um an den Resten einer zwar wankend gewordenen, aber noch nicht
durch neue und vollkommene Schöpfungen ersetzten Rechtsordnung zu
rütteln. Aber fast wie Ironie müßte es klingen, wollte man diesen an
sich richtigen Satz auf den status quo der deutschen Bundesverhält=
nisse anwenden. Dieser status quo ist schlechthin chaotisch. „Der
Boden der Bundesverträge schwankt unter den Füßen dessen,
der sich auf ihn stellt, der Bau der vertragsmäßigen Ordnung der
Dinge in Deutschland zeigt überall Risse und Spalten, und der bloße
Wunsch, daß die morschen Wände den nächsten Sturm noch
aushalten möchten, kann ihnen die dazu nöthige Festigkeit
nimmermehr zurückgeben." — Daß diese im Jahre 1863 von
österreichischer Seite ausgesprochenen Worte etwas Prophetisches an
sich hatten, ist durch die Ereignisse von 1866 bewiesen. Anm. des Verf.

der Stadt Frankfurt gethan haben. Es sind nämlich über-
einstimmende Depeschen an die betreffenden Residenten bei
der freien Stadt Frankfurt ergangen, worin über Ausschreitungen des jüngsten Abgeordnetentages, mit Hinweisung
auf die schon früher bewiesene Connivenz des Senats, Beschwerde geführt und darauf gedrungen wird, daß Wieder-
holungen, insbesondere einer weiteren Vereinigung des
36er-Ausschusses, vorgebeugt werde, mit der Androhung
selbständigen Einschreitens der beiden Mächte im entgegen-
gesetzten Falle. Ich habe mich nicht bewogen gefühlt, auf
eine nähere Besprechung dieses Erlasses einzugehen. Soweit
es sich um die auf die Vergangenheit bezügliche Beschwerde
handelt, ist es Sache des Frankfurter Senats, darüber mit
den reclamirenden hohen Regierungen Vernehmen zu pflegen.
Was aber das in Aussicht gestellte selbstständige Einschreiten
betrifft, so handelt es sich um eine Eventualität, die noch
nicht vorliegt. Wir müssen indeß wünschen, daß unserem
Schweigen nicht eine Bedeutung der Zustimmung beigelegt
werde, uns vielmehr eintretenden Falls die Freiheit der
Ansichten und Erklärungen um so mehr vorbehalten, als
hierbei die in den Bundesgrundgesetzen enthaltenen Bestimmungen über Selbsthülfe bei Streitigkeiten unter Bundes-
gliedern nicht außer Beachtung bleiben könnten. Daß in
beiden Erlassen die Unzuträglichkeit von agitatorischen Versammlungen ohne verfassungsmäßiges Mandat am Sitze der
Bundesversammlung hervorgehoben wird, ist eine Betrachtung,
der wir die Berechtigung keineswegs abzusprechen gemeint
sind, wenn uns auch dieselbe insofern überraschen mußte,
als im Verlaufe der letzten sechs Jahre ähnliche Versammlungen wiederholt in Frankfurt zusammengetreten sind, ohne
den hohen Regierungen von Oesterreich und Preußen zu

gleichem Einspruch Anlaß zu geben. Umsomehr aber dürfte auch die fernere Betrachtung Anspruch auf Beachtung haben, daß, insoweit Frankfurt als Sitz der Bundesversammlung vielleicht einer ausnahmsweisen Beurtheilung unterworfen ist, es offenbar Sache der Bundesversammlung sein muß, zu entscheiden, welche Maßnahmen gegenüber der Territorialregierung geboten und zulässig sein möchten oder nicht. Auch die gleichzeitig in den beiden Erlassen hervorgehobene, gewiß sehr beachtenswerthe Rück= sichtnahme auf die Anwesenheit der österreichisch=preußischen Besatzung würde von dieser Instanz zu würdigen sein, da erstere nicht auf einem Vertrags= oder sonstigen Verhältnisse zwischen Oesterreich, Preußen und der Stadt Frankfurt beruht, sondern im engen Zusammenhange eben mit dem Sitze der Bundesversammlung in dieser Stadt steht. Ew. 2c. 2c. wollen vorstehenden Erlaß durch Vorlesen zur Kennt= niß des Herrn Ministers des Auswärtigen oder dessen Stellvertreters bringen. (gez.) Beust."

Eine Nachschrift zu dieser Depesche enthielt Folgendes: „Im Anschluß an die in meiner heutigen Depesche erwähnte Mittheilung brachten beide Herren Gesandten die sächsische Presse zur Sprache, indem sie Auftrag erhalten hatten, sich darüber, mit namentlicher Bezugnahme auf einen unter'm 9. September b. J. erschienenen Artikel der „Constitutionellen Zeitung" beschwerend zu äußern. Wenn es mir der Form wegen nur angenehm sein konnte, daß dies in einer mehr zurückhaltenden Weise geschah, so bin ich freilich über die eigentliche Tragweite jenes Schrittes einigermaßen im Ungewissen geblieben. Die von mir gestellte Frage, ob ein Antrag auf Verfolgung des gedachten Artikels gestellt werde,

haben beide Herren Gesandten verneint. Sollte dies den=
noch die Meinung sein, so würde die königliche Regierung
dem Antrage Folge zu geben [nicht Anstand nehmen."
Der Minister betont nun, daß in Sachsen nicht willkürlich,
sondern nur nach dem Gesetze gegen die Presse eingeschritten
werden könne und hebt die maßlosen Angriffe hervor, welche
gerade in der officiösen Presse der beiden Vormächte fort=
während gegen die Mittelstaaten gerichtet würden: „Mit
welchem Aufwand von Gehässigkeit und selbst Verläumdung
werden in preußischen Blättern die Regierungen der
Mittelstaaten, besonders die sächsische Regierung tagtäglich
verfolgt! In den „Preußischen Jahrbüchern" führt in
regelmäßiger Folge ein bekannter Schriftsteller aus, daß die
deutschen Staaten nicht etwa nur Preußen sich unterordnen,
nein, daß die deutschen Staaten und Dynastieen zu
existiren aufhören sollen. Dieses Thema findet in den
preußischen Tagesblättern ein vielfaches Echo, ja jene Auf=
sätze finden in der für ein ministerielles Organ geltenden
„Norddeutschen Allgemeinen Zeitung" Erwähnung, und noch
nie habe ich vernommen, daß von Seiten der königlich
preußischen Regierung etwas geschehen sei, diesem Beginnen
Einhalt zu thun. Dem von Herrn v. d. Schulenburg gegen
mich ausgesprochenen Wunsch, daß auf Milderung der Preß=
anfeindungen hingewirkt werde, pflichte ich gern bei, aber
ich habe, bevor ich dem der sächsischen Regierung gemachten
Vorwurf, preußen=feindlichen Tendenzen nicht entgegenzu=
treten, Rede stehe, zu erwarten, daß in Preußen den Sachsen=
vernichtenden Tendenzen gesteuert werde. Ew. rc. wollen
auch von diesem Erlaß durch Vorlesen Kenntniß geben.
(gez.) Beust."

Die österreichische Regierung kam nach dem Ant=
wortschreiben des Senats vom 20. October auf ihre Recla=
mation offiziell nicht wieder zurück. Von Seiten Preußens
dagegen war dem Senat zunächst in mündlicher Erörterung
durch den königlichen Residenten in Frankfurt, Herrn
von Wentzel, bemerkt worden, daß die preußische
Regierung durch die Antwort des Senats den Eindruck
empfangen habe, der Senat stehe unter dem Einfluß der=
selben Elemente, die eben das Einschreiten der Großmächte
nothwendig gemacht hätten, weshalb die Letzteren sich
weitere Schritte vorbehielten. In einer Depesche d. d. Berlin,
28. October wurde alsdann jener Vorwurf in förmlicher
Weise wiederholt und betont, daß Preußen seinen Stand=
punkt unverändert festhalte, mit Oestreich sich über die wei=
ter zu ergreifenden Maßnahmen verständigen werde und
einstweilen den schlimmen Eindruck nicht verhehlen wolle, den
die k. preußische Regierung von der Antwort des Senats
empfangen habe. Die in Aussicht gestellte „Verständigung"
mit Oesterreich über die weiteren Maßnahmen stieß jedoch
auf größere Schwierigkeiten, als Preußen erwartet hatte;
Oesterreich wollte sich nur darauf einlassen, die Sache an
den Bund zu bringen, Preußen dagegen fand gerade
diesen Schritt seinen Interessen am Wenigsten entsprechend
und ließ es lieber darauf ankommen, daß die Sache aus=
ging wie das Hornberger Schießen, als daß es dem von
ihm längst mißachteten und discreditirten Bunde Gelegenheit
bieten wollte, in einer Streitfrage zwischen Preußen und
einem deutschen Kleinstaate den Richter zu spielen. Zu
Ende des Jahres 1865 war die preußisch=österreichische
Campagne gegen die Freistadt Frankfurt so gut wie
begraben. Oesterreich, welches bis dahin mit Preußen

auf gleicher Bahn gewandelt war und gegen die Mittel-
und Kleinstaaten, bez. gegen den Bund selbst eine unbegreifliche und geradezu selbstmörderische Rücksichtslosigkeit
gezeigt hatte, fing zu jener Zeit — wahrscheinlich durch die
Besuche des Herrn von Bismarck in Biarritz und Paris
doppelt aufmerksam gemacht — an, das Arbeiten „pour le
roi de Prusse" müde zu werden und entfernte sich immer
mehr von dem herzlichen Einverständniß mit Preußen.
Daß der Frankfurter Zwischenfall mit den daraus entstandenen Verhandlungen und Discussionen in- und außerhalb der Cabinete zu dieser Umkehr der österreichischen
Politik nach der Seite der Bundestreue hin wenigstens
etwas beigetragen hat, dies darf wohl heute als unzweifelhaft angenommen werden, ebenso, daß die k. preußische
Regierung von Stund' an das Schuldkonto der freien
Stadt am Main noch um einige schwerwiegende Ziffern
hinaufsetzte.

Uebrigens blickte damals die gesammte Bevölkerung
Frankfurts, selbst die „Gothaer" miteinbegriffen, auf das
muthige Verhalten des Senats mit Stolz hin; selten wohl
auch hat die Regierung eines Kleinstaates sich so allgemeiner
Unterstützung in dem Kampfe gegen eine ihr drohende Vergewaltigung zu erfreuen gehabt, wie in diesem Falle der
Senat der freien Stadt Frankfurt. Die Aeußerungen der
damaligen Tagespresse, einen wie merkwürdigen Gegensatz
zu den späteren Lobpreisungen der Politik Bismarck sie
auch bieten mögen, haben für unsere Darstellung keinen
besonderen Werth mehr, mit alleiniger Ausnahme der folgenden characteristischen Zuschrift aus Frankfurt an die
Augsburger Allgemeine Zeitung: „Glaubt das österreichische
Cabinet in seiner deutschen Politik den rechten Weg zu

3

gehen: nun wohl — habeat sibi. — Die Hauptfolgen
wird Oesterreich selbst zu tragen haben. Das Schlimmste,
was uns begegnen kann, ist, daß wir preußisch
werden, wie Schleswig-Holstein. Wir können das
aushalten, wenn es so sein muß; ob es Oesterreich aushalten kann, ist nicht unsre Sache. Aber man soll uns
mit den officiösen Redewendungen von der innigen Verbindung mit Deutschland verschonen, welche für unseren
Verstand anfangen, beleidigend zu werden. Man sage uns
gerade heraus: „Oesterreich hat mit sich selbst zu thun,
und kann sich nicht um Deutschland bekümmern. Seht da
draußen, wie ihr mit Preußen durchkommt. Die höchste
Freundschaft, die wir euch erweisen können, ist, daß wir
eurem Uebergang unter preußische Herrschaft durch ein dazwischen geschobenes Condominium eine mildere Form geben
helfen" — nun, so wissen wir, woran wir sind! Aber man
verschone uns mit jenen Liebkosungen, als handle es sich,
wenn wir widersprechen, um das Schmollen zwischen Lieben-
den, da wir Männer sind, die Politik treiben, und ebenso
mit den officiösen Versicherungen des Festhaltens am großdeutschen Föderativsystem!"

II.

Vom Frühling des Jahres 1866 bis zum Ausbruch des Krieges.

Wir haben in dem vorigen Abschnitt gesehen, daß die preußische Politik schon zu einer Zeit, wo thatsächlich der Friede nirgends in Deutschland gestört war, die Selbstständigkeit Frankfurts auf das Ernstlichste bedrohte und gewiß war unter solchen Umständen es natürlich, daß in Frankfurt die Abneigung gegen Preußen sich in demselben Maße vermehrte, als Oesterreich, seinen wahren Interessen folgend, sich von dem Sonderbündniß mit Berlin wieder entfernte und seine Stütze von Neuem in der Aufrechterhaltung der so arg unterwühlten Bundesinstitutionen suchte. Obgleich Frankfurts Bevölkerung die lebendigsten Sympathien für Deutschlands Einheit hatte und sicherlich bereit gewesen wäre, dafür wenn nöthig die weitgehendsten Opfer zu bringen, so konnte doch hier die sogenannte kleindeutsche oder **großpreußische** Richtung unmöglich viel Wurzel fassen, selbst wenn sie in einem weit freundlicheren Gewande, als unter der Devise: „Blut und Eisen" aufgetreten wäre und nicht den „bestgehaßtesten Mann Deutschlands" zu ihrem leitenden Staatsmanne gehabt hätte. Das ganze Programm dieser Richtung lief ja im Grunde auf nichts weiter als auf eine politische Theilung Deutschlands hinaus, welche durch die Politik Bismarck, wie sie im Frühjahr 1866 hervortrat, nach der Ansicht Aller angestrebt wurde und nach Königgrätz auch wirklich eintrat. Der Glaube an den „deutschen Beruf" Preußens hatte in

3*

Frankfurt schon einen starken Stoß erlitten, als nach der kurzen Dauer der liberalen Aera Schwerin das Ministerium Bismark seine Kampfespolitik gegen die kaum in der Entwickelung begriffenen Keime des constitutionellen Regime's eröffnete und zugleich den Bundesreformversuchen auf dem Fürstentag mit einer schroffen Ablehnung jeder Mitwirkung Preußens gegenübertrat. Man sah — ob mit Recht oder Unrecht, haben wir nicht zu untersuchen — in dem letzteren Schritte nur die Consequenz der von einem preußischen Staatsmann (Eichhorn) schon 1822 empfohlenen Politik, daß Preußen unter keinen Umständen die Hand dazu bieten dürfe, den deutschen Bund zu einer lebenskräftigen, die Bedürfnisse der Nation befriedigenden Institution werden zu lassen, weil dies nur die Verewigung der im Jahre 1815 geschaffenen, die Großmacht Preußen beengenden und schädigenden Zustände bedeute. Die Erhaltung und Besserung des Bundes aber war für Frankfurt, nachdem die andere Form der deutschen Einheit in den Jahren 1848 und 1849 mißlungen, oder vielmehr unter den Streichen der Reaction zusammengebrochen war, nicht nur der einzige erkennbare Weg zu jenem großen Ziele, sondern auch im eminentesten Maße eine Lebensfrage für das eigene kleine und glückliche Staatswesen. Dagegen konnte es im Frühling 1866 für Niemanden mehr ein Geheimniß sein, daß die preußische Politik in ihren Endzielen auf Vernichtung des Bundes hinauslief — desselben Bundes, mit dem nach der Ueberzeugung Aller, wie dies ja auch nachmals die Thatsachen gezeigt haben, die Selbständigkeit Frankfurts stehen und fallen mußte. Was man also in Berlin als „Preußenhaß" und strafbare Ueberhebung auffaßte, war (einzelne Fehler abgerechnet) im Grund nichts als der rechtmäßige Trieb der Selbsterhaltung, geläutert und gehoben noch durch die festgewurzelte Anschauung von den wirklichen oder vermeintlichen Interessen Gesammtdeutschlands und durch das Gefühl der Pietät für den uralten, der kleinen Frankfurter Republik niemals drückend gewesenen Zusammenhang mit „Kaiser und Reich". Eine naheliegende Parallele hierzu bieten die Ereignisse, welche ein Jahrhundert zuvor die Bevölkerung, ja die Familien Frankfurts in zwei leidenschaftlich erregte Parteien schied, wie uns dies Goethe so anschaulich in „Wahrheit und Dichtung" erzählt. Obgleich es sich damals nicht, wie 1866, um Kämpfe zwischen Deutschen und Deutschen, sondern zum guten Theile — und ganz besonders für Frankfurt (Schlacht bei Bergen 1759) — um solche zwischen den Preußen Friedrich's II. und Ausländern handelte, welche Letztere nach Frankfurt keineswegs Annehmlichkeiten und Vortheile, sondern nur Last und Ungemach aller Art brachten, waren doch die Sympathien und die Anhänglichkeit an das Reich, im Gegensatz zu der rücksichtslos aufstrebenden preußischen Territorialmacht, in Frankfurt so stark, daß Friedrich II. gegen die Reichsstadt genau denselben Zorn in sich aufnahm, wie Herr Otto von Bismarck-Schönhausen und seine Anhänger ihn ein Jahrhundert später fühlten. Ein historisches Curiosum verdient in dieser Hinsicht Erwähnung. Es ist eine im Jahre 1759 in Berlin geprägte silberne Denkmünze*) mit dem Brustbild Friedrich's II. auf der einen und folgender Inschrift auf der andern Seite:

---

*) Ein Original-Exemplar derselben, von feinem Silber und schönem Gepräge, befindet sich in der Frankfurter Stadtbibliothek; es wird jedoch behauptet, daß das Geldstück nicht in der königlichen Münze zu Berlin geprägt sei, sondern einer politischen Spielerei seine Entstehung verdanke. Jedenfalls stammt die Münze aus dem Jahr 1759. Anm. des Verf.

Nuernberg und Frankfurt
Will ich's denken
Bayreuth und Anspach
Will ich's schenken
Bamberg und Würzburg
Will ich's weisen
Dass ich bin
Der Koenig in Preussen.

Dieſes Gelöbniß des alten Friß wurde freilich erſt lange nach ſeinem Tod, aber in beſto grünblicherer Weiſe erfüllt. Zu den allgemeinen politiſchen und localpatriotiſchen Motiven für das „preußenfeindliche" Verhalten der Frankfurter Bevölkerung im Jahre 1866 kamen nun noch die mit Macht ſich aufdrängenden materiellen Intereſſen. In keiner Stadt Deutſchlands befanden ſich von jeher ſoviel öſterreichiſche Werthe im Privatbeſiße, wie in Frankfurt (im Gegenſaß dazu waren preußiſche Staatspapiere hier faſt gar nicht im Verkehr, wie der ſtereotype Strich in der betreffenden Rubrik des Coursblattes zeigt); keine Stadt hatte ferner ſoviel ſociale und Familienbeziehungen zu Deſterreich wie wiederum Frankfurt; ſoweit es überhaupt vorkam, daß junge Leute aus Frankfurter Familien ſich der militairiſchen Laufbahn widmeten, wandten ſie ſich nach Deſterreich, wohin auch gar manche junge Frankfurterin ſchon ihrem Verlobten, der hier in der ſchmucken weißen Uniform ſeine „Eroberung" gemacht hatte, gefolgt war. Es trat hierbei einfach das alte Geſeß in ſeine Rechte, daß der Sinn des Menſchen weit mehr nach den ſonnigeren Gegenden des Südens, als nach den rauhen Climaten des Nordens ſich ſehnt, deſſen Vorzüge Jeder gern lieber aus der Ferne, wie aus der unmittelbaren Nähe und mit

dauernder Fesselung an dieselben bewundert. Das Naturell
der Frankfurter war mit einem Worte das süddeutsche,
gemischt mit einem in einer Handelsstadt leicht erklärlichen
Kosmopolitismus, welcher außerordentlich schwer zu dem
jedem Preußen eingeimpften „Staatsbewußtsein" paßte.
Konnte man es doch trotz der heftigen oppositionellen Be=
wegung, welche damals durch Preußen gegen das Mini=
sterium Bismarck ging, jeden Tag erleben, daß sonst sehr
„freisinnige" Angehörige dieses Staates eine Vergewaltigung
des übrigen Deutschlands durch Preußen unter Umständen
für durchaus gerechtfertigt, die Stellung Preußens über=
haupt als diejenige einer Großmacht ansahen, welche zunächst
für sich, und dann erst, wenn ihre Interessen es erlaubten,
für ihre „Verbündeten" zu sorgen habe. Längst, ehe Herr
von Bismarck als Minister es zu thun für gut hielt, hat
der verstorbene Abgeordnete Waldeck im Bade Kissingen
(und zwar im Sommer 1865) sich frank und frei für die
gutwillige oder gewaltsame Annexion Schleswig = Holsteins
an Preußen ausgesprochen, und in Breslau war der sonst
so liebenswürdige und freisinnige Abgeordnete Ziegler
allen übrigen Preußen mit „patriotischem" Beispiel voran=
gegangen, indem er (am 18. April 1866) vor einer zahl=
reichen Versammlung unter dem lebhaften Beifalle seiner
Zuhörer erklärte, daß er „von Haus aus Annexionist sei;"
er sei bereit, „die Beere Schleswig = Holstein zu ver=
schlucken" und den Krieg für eine Vergrößerung
Preußens zu wagen. Herr von Bismarck kannte trotz
des „Conflictes" und der auch zu jener Zeit noch immer
aus allen Theilen der Monarchie nach Berlin strömenden
Friedensdemonstrationen sehr genau seine preußischen Lands=
leute, wenn er annahm, daß dieselben für eine vergößerte

Machtstellung ihres Staates nach Außen hin ungeheuer empfänglich seien und die Phrase des Herrn Schulze= Delitzsch von dem „Austreiben des Großmachtskitzels" noch nicht einmal von Demjenigen, der sie sich im Aerger ent= schlüpfen ließ, ernst gemeint war. Daß also gegen Ende April 1866 in Preußen die Oppositionsgedanken gegen das Regiment Bismarck immer mehr dem mit Macht erwachenden Chauvinismus wichen, kann kaum Wunder nehmen; weniger erklärlich erscheint es auf den ersten Blick, daß auch in der Arbeiterbevölkerung Südbeutschlands (so in Offenbach am 13. April) sich bereits vereinzelte Stimmen für den Krieg gegen Oesterreich und den Bund aussprachen und in London ein aus „deutsch=republikanischen" Kreisen stammendes Manifest sich für die Politik Bismarck begeisterte und dieselbe zu kriegerischen Eroberungen in Deutschland aufforderte. Was es für eine Bewandniß mit diesen Kund= gebungen hatte, wollen wir heute nicht untersuchen; damals hatte man seine eigenthümlichen Gedanken hierüber.

In Preußen begann also der Krieg bereits populär zu werden. Kann man es aber den Frankfurtern, denen das Blutvergießen zwischen Deutschen und Deutschen an sich ein kaum faßbarer Gedanke war und die überdies davon das unberechenbarste Unheil für die eigene Stadt fürchteten — konnte man es den Frankfurtern verdenken, daß sie in dem Maße, als die Gewitterwolken höher und höher sich aufthürmten und der Krieg in immer sicherer Aussicht stand, auch leidenschaftlicher gegen den „Friedensstörer" Partei nahmen, dessen Bündniß mit Italien nicht mehr zu verbergen war und von dem man unter den damaligen Verhältnissen annehmen mußte,*) daß er sich auch das

---

*) Die Pariser „Agence Havas" sprach dies in einem Artikel vom 27. April ziemlich unverhohlen aus; noch deutlicher der frühere belgische Minister Dechamps in einer Broschüre. Anm. des Verf.

Einverständniß des napoleonischen Frankreichs gesichert habe?
Gewiß wird die unparteiische Geschichte auf diese Frage
eine für Frankfurt keineswegs ungünstige Antwort geben;
seine Bürger hätten die eigene Vaterstadt nicht lieben und
weit mehr p r e u ß i s ch als d e u t s ch denken müssen,
— was doch unmöglich von ihnen zu verlangen war —
um im Frühling 1866 sich auf eine andere Seite zu schlagen,
als auf diejenige des deutschen Bundes und Oesterreichs,
das in der elften Stunde seine Sünden gegen den Bund
wieder gut zu machen suchte. Antwortete doch selbst der
amtliche Württembergische Staatsanzeiger am 19. April
auf den ihm vom Frankfurter Journal gemachten Vorwurf
des „Liebäugelns mit Oesterreich" mit folgenden entschlossenen
Worten: „Das zu errathen ist keine Kunst, da wir selbst
noch nie ein Hehl daraus gemacht haben. Nur den Aus=
druck „Aeugeln" müssen wir uns verbitten. Wir sehen mit
beiden Augen offen und fest nach Oesterreich hin, nicht aus
Privatliebhaberei, sondern weil uns der politische Vortheil
dahin weist. Wir bedürfen Oesterreichs ebenso sehr als es
unser bedarf, und nur mit ihm können wir daher auf dem
Fuße der Gleichheit und Gegenseitigkeit uns abfinden. Auch
dieses wollen wir heute nicht weiter ausführen; wir haben
es schon gethan und werden Gelegenheit haben, es noch
ferner zu thun. Nur noch die Frage: es gibt Blätter, die
gerade gegenwärtig wieder mit einem Auge nach Preußen
und seinen Reformvorschlägen schielen. Haben sie unter
den gegenwärtigen Conjuncturen die Stirn, sich ebenso o f f e n
und e h r l i ch dazu zu bekennen?"

Wie hier das amtliche Stuttgarter Blatt sprach, so
dachte man mit ganz verschwindenden Ausnahmen auch in
Frankfurt. Schon am 9. April 1866 hatte Freiherr Moritz

v. Bethmann sein Amt als preußischer Generalconsul niedergelegt, weil er es nicht mehr mit seinen Ueberzeugungen vereinbaren konnte, zu der k. preußischen Regierung in amtlichen oder persönlichen Beziehungen zu stehen. Am 15. April 1866 hatte ferner unter dem Vorsitze des Appellationsgerichtsrathes Dr. jur. Kugler eine von fast 3000 Personen besuchte Volksversammlung im Saalbau getagt, in welcher Dr. Souchay die folgenden Resolutionen verlas, deren stärkste Ausdrücke wir unter den heutigen Preßverhältnissen nicht mehr wiedergeben können, vielmehr durch Gedankenstriche ersetzen müssen:

1) „Wir erklären das seitherige eigenmächtige Verfügen der zwei deutschen Großmächte über die von dänischer Herrschaft befreiten Herzogthümer Schleswig-Holstein und die Behandlung dieser deutschen Lande als Kriegsbeute für eine offenbare Verletzung des deutschen Volksrechts.

2) Das deutsche Volk verdammt die offenkundigen Pläne einer erzwungenen Annexion dieser Lande seitens der preußischen Regierung und die Maßregeln der Gewalt, wie sie in der Zuchthausverordnung für Schleswig-Holstein ihren Gipfelpunkt erreicht haben.

3) Wir protestiren gegen jede Entscheidung eines Streites zwischen deutschen Regierungen durch die Waffen; wir verdammen das . . . . Beginnen eines nur der . . . . . . Selbstsucht dienenden, Freiheit und Wohlstand vernichtenden Bürgerkrieges als . . . . . . an der deutschen Nation; sie muß solchem Beginnen mit den äußersten Mitteln gerechter Nothwehr entgegentreten.

4) Wir verlangen zur Beseitigung des nächsten Anlasses der drohenden Kriegsgefahr, daß endlich und in kürzester Frist dem Volke der Herzogthümer sein Selbstbestimmungsrecht wiedergegeben und durch Einberufung seiner Vertreter und Einsetzung derjenigen Regierung, für welche der Volkswille entscheidet, die Herzogthümer selbständig constituirt werden.

5) Wir verlangen heute wie immer die Einberufung eines deutschen Parlamentes, um die dringender als je nothwendige Bundesreform zur Einigung und freiheitlichen Entwickelung des Vaterlandes

zu beschließen. Aber Vorschläge einer Regierung, welche die Rechte des eigenen Volkes und seiner Abgeordneten tagtäglich mißachtet, können die Verwirklichung der Rechte der deutschen Nation nicht zum Ziele haben."

Als Redner und Befürworter dieser Resolutionen traten auf: Dr. Souchay und Dr. jur. Max. Reinganum. Der Erstere betonte, daß die Resolutionen zwar verschiedene Dinge umfaßten, ihrem Hauptzweck nach aber auf Erhaltung des Friedens gerichtet seien; Dr. Reinganum unterzog die Politik der beiden Großmächte in der schleswig-holsteinischen Frage einer bitteren Kritik und schloß mit den Worten: „Für ein deutsches Parlament werden wir immer sein, für ein königlich preußisches Parlament aber erst dann, wenn wir königlich preußische Demokraten geworden sind. Zuvor soll Graf Bismarck sein Project klar vorlegen; bis dahin ist der ganze Vorschlag für das Volk werthlos. Hoch lebe das deutsche Vaterland!" Lauter Beifall folgte diesen Worten und die Versammlung nahm obige Resolutionen einstimmig an. Der Vorsitzende, Herr Dr. Kugler, schloß dann die Versammlung mit einer Ansprache, deren letzte Worte lauteten: „Hoch Deutschland, Untergang seinen Feinden!"

Wir müssen uns jetzt mit einigen Personalien beschäftigen, die in jener kritischen Zeit für die fernere Gestaltung des Schicksals von Frankfurt entschieden von einiger Wichtigkeit gewesen sind. Soweit wir dabei eine Charakteristik der handelnden oder mitwirkenden Persönlichkeiten bringen, werden wir uns streng auf dasjenige beschränken, was zur Beurtheilung ihres politischen Wirkens nöthig ist, hierbei aber uns keine allzugroße Gêne etwa aus dem Grunde auferlegen, weil einzelne der beurtheilten Personen heute noch im rosigen Lichte wandeln. Es wird ja nicht allzu schwer sein, die Richtigkeit unserer Angaben zu controliren, und wir werden gern bereit sein, einem etwaigen Widerspruche, der sich auf Gründe stützt, Rede zu stehen.

Der Senat der freien Stadt Frankfurt bestand im Frühjahr 1866 aus folgenden Personen:

1. Aelterer Bürgermeister, Senator Fellner, Senator seit 1852;
2. Jüngerer Bürgermeister, Senator Forsboom, Senator seit 1853;

Senatoren:

3. Dr. jur. Müller, Syndicus und Bundestagsgesandter, Senator seit 1833;
4. Dr. jur. Gwinner, Syndicus, Exconsul senior, Senator seit 1835;
5. Dr. jur. v. Schweitzer, Syndicus, Senator seit 1836;
6. Dr. jur. Reuß, Senator seit 1837;
7. Dr. jur. Kloß, Senator seit 1843;
8 G. C. F. Siebert, Senator seit 1843;
9. Dr. jur. von Oven, Senator seit 1852;
10. Dr. jur. Speltz, Exconsul jun., Senator seit 1853;
11. Freiherr von Bernus, Senator seit 1853;
12. Dr. jur. Jäger, Senator seit 1862;
13. Dr. phil. Supf, Senator seit 1862;
14. Dr. jur. Textor, Senator seit 1862;
15. J. G. Schöffer, Senator seit 1862;
16. Dr. jur. Mumm, Senator seit 1865;
Dr. jur. Berg, Senator seit 1865;

Mitglieder des Raths

18 Joh. Ed. Schmidt, seit 1828;

19. Georg Finger, seit 1840;

20. Ph. Jac. Kalb, zu Oberrad, seit 1847;

Der erste Bürgermeister Carl Constanz Victor Fellner, dessen tragisches Ende wenige Monate später soviel schmerzliche Theilnahme unter seinen Mitbürgern erweckte, stammte aus einer altangesehenen Kaufmannsfamilie in Frankfurt und war wegen seines geraden offenherzigen Wesens, sowie um seiner liberalen Gesinnung willen in Frankfurt sehr beliebt. 1852 in den Senat gewählt, vertrat er dort mit Entschiedenheit die freisinnige Richtung, wirkte insbesondere für bürgerliche Gleichberechtigung aller Confessionen, Aufhebung des Zunftwesens und Herstellung der Freizügigkeit im Bereiche des ganzen deutschen Bundesgebiets. Um der letzteren beiden Punkte willen hatte er sich manche Gegner unter den Anhängern der „guten alten Zeit" geschaffen, was ihn jedoch in seinen Anschauungen nicht zu beirren vermochte. Als der deutsche Zollverein in Folge der Meinungsverschiedenheiten der Regierungen über den preußisch-französischen Handelsvertrag vor der Gefahr einer ernstlichen Krisis stand, war es Fellner, welcher im Senat am lebhaftesten für jenen Vertrag eintrat und ein enges Zusammengehen mit Preußen in dieser Frage befürwortete. Auf den Zollconferenzen in Berlin, zu denen Fellner wegen seiner umfassenden Kenntnisse auf allen Gebieten des Handels- und Verkehrslebens deputirt war, brachte er es rasch zu einem nicht unbedeutenden Einflusse und wurde am Hofe — im seltsamen Gegensatz zu den Erfahrungen der Julitage 1866 — als persona gratissima behandelt.

Fellner hatte in seiner Laufbahn schon früh die Härte des Schicksals kennen gelernt, aber auch bewiesen, daß es ihm niemals, die letzten schweren Tage seines Lebens aus=genommen, an Spannkraft des Geistes und an frischem energischen Muth gefehlt hat. Er galt in ganz Frankfurt als der Typus der Rechtlichkeit und war, als politischer Charakter betrachtet, der vollkommenste Gegensatz zu seinem Collegen Dr. Müller, an dessen Seite zu wandeln er bald in so verhängnißvoller Weise berufen sein sollte.

Behalten wir uns die Betrachtung dieses Punktes bis zur Schilderung der Julitage 1866 vor; an dieser Stelle aber möge hervorgehoben sein, daß der letzte Bürgermeister der freien Stadt Frankfurt an wahren Bürgertugenden auch dem Besten seiner Vorgänger nicht nachgestanden hat.

Ueber den zweiten Bürgermeister, Hrn. Senator Fors=boom, können wir uns kurz fassen. Die lange hagere Gestalt dieses Mannes, steht uns noch vor Augen, wie wir ihn am Vormittag des 17. Juli 1866 vor einem heftig pol=ternden preußischen Oberst in geradezu bemitleidenswerther, jeder Willenskraft und Geistesgegenwart entbehrenden Hal=tung sahen. Dieser einzige Augenblick genügte, um einen Maßstab von der Kraft zu gewinnen, die dem zweiten Vor=sitzenden des letzten Senates der freien Stadt Frankfurt innewohnte. Sie contrastirte ungeheuer mit dem Ernst und den Anforderungen jener Zeit.

Nun tritt uns das eigentlich politische Mitglied des Senats, Syndicus und Bundestagsgesandter Dr. Müller entgegen. Von den Fehlern und Tugenden der alten Patrizier Frankfurts war dieser Mann gleichmäßig frei; dafür aber war er ein großer Diplomat, wenigstens hielten Andere ihn und er selbst sich dafür. Sofern die Merkmale

eines guten Diplomaten in der Unerforschlichkeit und Dunkel=
heit der Bahnen, die er in politischen Dingen wandelt,
bestehen, sind auch wir bereit, dem Herrn Bürgermeister,
Senator und Syndicus Dr. Müller den Preis zuzuerkennen;
legt man aber einen anderen Maßstab an, so möchten wir
den letzten Bundestagsgesandten Frankfurts etwa in die
Linie der Diplomaten stellen, wie sie Frankreich vor sechs
Jahren an dem Herzog von Grammont besaß, ergänzt
durch einige Züge aus den Characterbildern der Cobentzl,
Haugwitz und Luchesini im vorigen Jahrhundert. Es war
in der Krisis von 1866 ein Unglück für Frankfurt, daß es
einen selbstständigen Staat mit allen politischen Rechten und
Pflichten, wie die übrigen Staaten Deutschlands, und nicht
bloß eine „freie Stadt" bildete; dieses Unglück wurde
aber noch sehr dadurch verschärft, daß gerade zu dem Amte,
das die Wahrnehmung der Aufgaben der „hohen Politik"
in sich schloß, ein Mann berufen war, welcher weit mehr
Geschmack an diplomatischer Intrigue, wie an den
stillen Erfolgen selbstentsagender Klugheit und nüchterner
Vorsicht hatte. Je kleiner das Feld war, auf dem Herr
Dr. Müller seine politisch-diplomatischen Liebhabereien befrie=
digen konnte, desto kleinlicher wurden auch die angewandten
Mittel und desto weniger imponirend die „Verbindungen",
welche der Bundestagsgesandte Frankfurts innerhalb des
großen diplomatischen Körpers, der im Palais auf der
Eschenheimergasse seinen Mittelpunkt hatte, anzuknüpfen
vermochte. Mit keiner der hier bis zum Juli 1866 an=
wesend gewesenen diplomatischen Persönlichkeiten hat Herr
Dr. Müller, soweit unsre Kenntniß reicht, einen regeren
Verkehr gepflogen, als mit Herrn v. Wentzel, dem preu=
ßischen „Residenten" und Bundesgesandtschaftsrath in Frank=

furt. Es mag dies etwas seltsam klingen, aber ein Seiten=
stück hierzu hatten ja zur selben Zeit die Herren v. Manteuffel
und Gablentz in Schleswig=Holstein geliefert, welche im
April 1866, als ihre Regierungen schon in der bittersten
Fehde begriffen waren und der Krieg mit weithin sichtbaren
Lettern am politischen Horizont angeschrieben stand, sich
gegenseitig noch zu behaglichen Diners und Soupers ein=
luden und beim Knallen der Champagnerpfropfen Politik
Politik sein ließen. So will es die „ritterliche“ Sitte bis
zu dem Augenblick, wo wirklich das Schwert aus der Scheide
gezogen wird; wir bezweifeln aber, daß Herr v. Wentzel
und Herr Dr. Müller, wenn sie im Frühjahr 1866 sich
beisammen fanden, die Politik mit Allem was dazu gehört
bei Seite gelassen haben. Dazu waren Beide viel zu sehr
Amateurs in diesem Fache; Herr v. Wentzel namentlich, der
einen nimmer versiegenden Durst nach all' den kleinen
Neuigkeiten hatte, mit denen er seine Berichte nach Berlin
zu spicken pflegte, wird selten den Frankfurtischen Senator
und Bundestagsgesandten aus den Händen gelassen haben,
ohne ihm das Eine oder das Andere aus seinem diplo=
matischen Schatzkästlein im Austausch gegen ebenso voll=
wichtige Waare aus den eigenen Vorräthen abgenommen
zu haben. Es ist sogar denkbar, daß der preußische Resident
von dieser oder jener Müller'schen Idee zuweilen in Wirk=
lichkeit so „frappirt“ war, wie einige Monate später es
vermeintlich Graf Bismarck gewesen ist, als Herr Dr. Müller
diesem in Nikolsburg seinen schlauen Plan über die
Zurichtung Frankfurts zu einer politischen Fliegenklappe
und Annexionsfalle für den Süden Deutschlands vortrug.
Nur war leider der Herr v. Wentzel kein Bismarck und
die großen diplomatischen Fähigkeiten des Herrn Dr. Müller

mußten vorerst auf einer der Hintertreppen der hohen Politik ihr Operationsfeld suchen. Wir werden diesem Manne noch öfters im Verlaufe unserer Schilderung begegnen und wenden uns für jetzt mit dem Bewußtsein von ihm ab, daß die Stadt Frankfurt keine Ursache hat, ihm dankbar zu sein.

Unter den übrigen Mitgliedern des Senats war es vorzugsweise Freiherr v. Bernus, welcher einen politischen Einfluß nach Außen übte und im Senate selbst häufig den Ausschlag für die zu fassenden Entschlüsse gab. Er war mit Leib und Seele der großdeutschen Richtung ergeben und suchte für diese in den letzten Jahren der Agonie der Bundesverfassung nach Kräften zu wirken, wozu ihm der ausgebreitete Kreis seiner politischen und socialen Verbindungen reichliche Gelegenheit bot. Für Frankfurts Interessen hat er stets ein warmes Herz gehabt und die Geschichte wird in ihm eine der letzten Erscheinungen jenes Patrizierthums aus der guten alten Zeit Frankfurts sehen, das sich in gar mancher Beziehung äußerst vortheilhaft von der bloßen Geldaristokratie der späteren Zeiten, geschweige denn von Denen unterscheidet, welche durch eine rasch ausgeführte politische Bekehrung und fanatische Ergebenheit gegen die neue Gewalt die Stufenleiter der „Würden" hinaufgekommen sind.

Soviel vorläufig an dieser Stelle über die Mitglieder des letzten Senats von Frankfurt. Wir wenden uns nun zwei anderen Persönlichkeiten zu, welche in jener Zeit für Frankfurt von Wichtigkeit waren. Zunächst der preußische Bundestagsgesandte, Carl Friedrich v. Savigny, Sohn des in Frankfurt geborenen berühmten Rechtslehrers Franz Carl v. Savigny. Trotz der hohen Gespanntheit der poli-

4

tischen Lage und des scharfen Gegensatzes, in dem die amt=
liche Thätigkeit dieses Diplomaten zu den für Frankfurt
maßgebenden Interessen stand, verstand er es doch, in sei=
nem persönlichen Auftreten sich Achtung, ja Sympathien zu
erwerben und es kann als gewiß angenommen werden, daß
er nie dazu beigetragen hat, in Preußen jene Stimmung
gegen Frankfurt hervorzurufen, die in den Juli= und August=
tagen 1866 sich so maßlos manifestirte. Herr v. Savigny
war, kurz gesagt, eine vornehm angelegte Natur, welche sich
wohl in den Beschäftigungen und Aufregungen der hohen
Politik, niemals aber in denen der politischen Polizei
gefallen mochte.

Diese letztere Aufgabe war von preußischer Seite in
Frankfurt dem schon mehrfach genannten königlichen Resi=
denten, Herrn v. Wentzel, zugefallen. Trotz eines lang=
jährigen Aufenthaltes in Frankfurt war es diesem Herrn
bis zum Schlusse seiner hiesigen Thätigkeit nicht gelungen,
sich Sympathien in der Bevölkerung oder in denjenigen Krei=
sen, welche die Diplomaten par excellence „die Gesellschaft"
nennen, zu erwerben. Jedermann wußte, daß dies auf
Gegenseitigkeit beruhe und Herr v. Wentzel in seinen Be=
richten nach Berlin oder in den zahlreichen Zeitungscorre=
spondenzen, die direct und indirect von ihm ausgingen, nicht
eben in der freundlichsten Weise von Frankfurt sprach. Im
Gegentheil, das Sündenregister Frankfurts war unter den
Händen des Herrn v. Wentzel und seines journalistischen
Ablatus Dr. Lunkenbein (dessen Name der Volkswitz in
sehr boshafter Weise um eine Silbe vermehrt hatte) schon
ganz außerordentlich angeschwollen, ehe noch die Abstimmung
in der berühmten Bundestagssitzung vom 14. Juni erfolgte.
Herr v. Wentzel hat dieses Sündenregister später im Taschen=

format mittelst eines Artikels im Frankfurter Journal vom 7. August 1866 herausgegeben, und da findet sich denn von der Ermordung Auerswald's und Lichnowski's an bis zum Juni 1866 Alles angegeben, was die Frankfurter Abscheu= liches und Schändliches gegen Preußen begangen haben sollten. Unter Anderem auch: „die preußischen Familien, welche in den letzten Jahren hier lebten, haben es gar bitter empfinden müssen, wie der Frankfurter Hochmuth sie gesell= schaftlich in Bann und Acht that, so daß sie sich vereinsamt in ihr Hauswesen zurückzogen." — Der Verfasser der „Tage= buchblätter eines deutschen Staatsmannes" (Darmstadt und Leipzig 1867) hat hierauf in seinen Aufzeichnungen folgende Replik gegeben: „Während der Jahre, die ich hier (in Frank= furt) zugebracht, habe ich mit vielen preußischen Familien in näherer Beziehung gestanden und mit den Gefühlen auf= richtiger Freundschaft und Anhänglichkeit sind ihre Namen in meiner Erinnerung aufgezeichnet. Sie alle waren vor= zugsweise gern in Frankfurt — und wenn sie sich über etwas beklagten, so war es nur dies: daß sie die großartige Frankfurter Gastfreundschaft nicht in gleicher Weise er= widern konnten. Für die preußischen Offiziere war die Garnison in Frankfurt stets eine der angenehmsten und ge= suchtesten. Alles dies schließt freilich nicht aus, daß es unter den Preußen eine Persönlichkeit gab, mit der aller= dings Niemand gern etwas zu thun hatte — und dies war der Verfasser des oben genannten Artikels, Herr v. W."

Derselbe Chronist gibt die Beschreibung einer sehr spaßhaften Expedition, die Herr v. W. zu Anfang August 1866 behufs Entdeckung eines geheimen Ganges im Bundes= palais auf der Eschenheimergasse, von dessen Existenz ihm schon seit Jahren eine Ahnung vorschwebte, ausgeführt hat.

Wir setzen den Schluß dieser Aufzeichnung hierher: „Ein antiquarisches, archäologisches Interesse hat der Gang nicht — leider nicht im Geringsten! er datirt aus neuerer Zeit, aus dem Jahr 1848, wo man das Bundespalais den un= willkommenen und unerbetenen Besuchern edler Volksmänner sehr ausgesetzt erachtete und deßhalb den Bewohnern des= selben einen Ausweg nach der Zeil hin verschaffen wollte. Niemals benutzt, fest verriegelt und verstellt, war dieser Gang schon zu einer Mythe geworden; jetzt mag die Wieder= auffindung einen neuen Lorbeerkranz um das Haupt unseres Freundes schlingen!"

Aus den Berichten dieses Mannes schöpfte das Ber= liner Cabinet in jener leidenschaftlich erregten Zeit haupt= sächlich seine Informationen über die Vorgänge in Frank= furt und über die Haltung der Frankfurter Bevölkerung gegenüber Preußen. Es liegt auf der Hand, daß diese Berichte nicht unbefangen und vorurtheilsfrei sein konnten, da Herr v. W., den wir einer persönlichen Gehässigkeit gegen Frankfurt keineswegs anklagen wollen und dürfen, zum Mindesten ebensosehr von politischer Leidenschaft be= herrscht war, als andererseits unter den damaligen Verhält= nissen es die von ihm beurtheilte Bevölkerung sein mußte. Wie arg nun gar dasjenige, was wirklich wahr gewesen ist, in jener Zeit durch die Fama entstellt und übertrieben wurde, davon mag ein einziges Beispiel Zeugniß geben. In den Julitagen 1866 war in der ganzen preußischen Armee die Lüge verbreitet und geglaubt, daß die königlich preußischen Truppen bei ihrem Auszug aus Frankfurt am 18. Juni 1866 (es war das 31. Infanterie=Regiment) von der Bevölkerung beschimpft und aus den Fenstern eines Hauses an der Zeil mit „faulen Aepfeln" beworfen worden seien. Man hat lange vergeblich darüber nachgedacht, wer diese Lüge erfunden und in Umlauf gesetzt haben mochte. Die Aufklärung ist jetzt sehr einfach. Im April 1866 hatte eine hiesige Zeitung einen Artikel unter der Ueberschrift: „Ein fauler Fleck an dem preußischen Wehrsystem" gebracht, der mit den Worten begann: „Sie fragen, was ein fauler Fleck an einem faulen Apfel bedeuten soll? Nun, ganz so schlimm ist es doch nicht 2c." — Die Nummer der Zeitung, welche diesen allerdings höchst geschmacklosen und seichten Artikel enthielt, wurde von hier aus mit einem dicken rothen Strich versehen nach Berlin gesandt und aus dem von einem Journalisten erfundenen Vergleich der preußischen Armee mit einem faulen Apfel entstand später die Legende von den faulen Aepfeln, welche den preußischen Truppen bei ihrem Abzuge nach Frankfurt nachgeworfen sein sollten. Wir haben hier somit ein schlagendes Beispiel vor Augen liegen, wie in Zeiten lebhafter Erregung einerseits Haß und Leidenschaft Alles zu vergrößern und zu entstellen pflegen und wie empfänglich andererseits die Gemüther für Verläumbungen jeder Art sind, die auf Kosten eines verhaßten Dritten in Scene gesetzt werden.

Wir kehren nach diesen nothwendigen Abschweifungen welche manches spätere Vorkömmniß erklärlicher machen werden, wieder zu den Ereignissen selbst zurück.

Am 24. März 1866 hatte Preußen in einer Circularnote sämmtliche deutsche Bundesstaaten, mit Ausnahme Oesterreichs, zu einer Aeußerung darüber aufgefordert, auf wessen Seite sie treten würden, falls in Folge der zunehmenden Rüstungen Oesterreichs Preußen sich „zur Abwehr eines Angriffskriegs genöthigt sehen werde? Auch der Senat von Frankfurt antwortete auf diese Note und theilte überdies seine Antwort dem Gesetzgebenden Körper in dessen öffentlicher Sitzung vom 11. April mit. Sie lautet wie folgt:

„Der Senat, welchem der ältere Bürgermeister von der preußischen Note vom 24. März 1866, soweit thunlich, Mittheilung gemacht hat, kann die in jener Note gestellte Anfrage nur dahin beantworten:

Der Senat hat die unerschütterliche Ueberzeugung, daß Oesterreich, gleichviel ob und welche Bewegungen in der Stellung seiner Heere stattfinden, einen Angriffskrieg gegen Preußen nicht beabsichtigt.

Hiernach und da die Note nur die Abwehr eines etwaigen Angriffs in Aussicht nimmt, ist für den Senat eine Besorgniß wegen thätlicher Störung des Bundesfriedens nicht vorhanden.

Er kann, wie er seinerseits unverbrüchlich auf dem Boden der Bundesverträge steht, nur der Hoffnung und der Ueberzeugung Ausdruck geben, daß dieser Standpunkt, im Interesse jedes Einzelnen und der Gesammtheit, jetzt und immer derjenige aller Glieder des Bundes sein werde."

Diese Note mit ihrer feinen und etwas malitiösen Anspielung auf die offenkundige Thatsache, daß wenn nur Preußen den Bundesfrieden bestehen lassen wollte, derselbe sicherlich ungestört bleiben werde, hätte dem Herrn v. Beust in Sachsen vielleicht Ehre machen können; für die Verhältnisse der Stadt Frankfurt aber war sie absolut nicht am Platze. Der Senat hätte sich damit begnügen sollen, zu erklären, daß er einen Angriffskrieg Oesterreichs gegen Preußen für undenkbar halte und den thatsächlich bestehenden Bundesfrieden als den einzigen Maßstab für die Stellung der Bundesglieder zu einander betrachte, zumal es am Wenigsten einer einzelnen Stadt zieme, Verpflichtungen für kriegerische Eventualitäten einzugehen, die hoffentlich niemals eintreten würden. Das wäre die passende Antwort

gewesen; wir sehen aber in der obigen Note wiederum die
nach Pikanterien suchende Hand des Diplomaten, der am
Bundestage Frankfurts Stimme vertrat.

Indessen beging zur selben Zeit nicht nur Herr Dr.
Müller, sondern auch ein anderes vielgenanntes Mitglied
der städtischen Körperschaften, von dem man es seiner politischen Richtung nach am Wenigsten hätte erwarten dürfen,
den großen Fehler, Frankfurt geflissentlich in die Wogen
der hohen Politik hineinzuzerren. Am 18. April 1866 stellte
Herr Dr. med. Barrentrapp im Gesetzgebenden Körper
den Antrag, den Senat wiederholt zur Einleitung von
Schritten Behufs Reduction des Bundescontingentes
der Stadt Frankfurt aufzufordern. In der Begründung
dieses Antrages wies Herr Dr. Barrentrapp ganz ungenirt
auf den bevorstehenden Krieg hin, an welchem theilzunehmen die Stadt Frankfurt sehr leicht genöthigt sein
werde. Alsdann aber werde der Bund voraussichtlich die
Prästirung der vollen Kriegsstärke des Frankfurter Linienbataillons verlangen und damit die Bürgerschaft, da Wer-
bungen in solchen Zeiten nicht mehr durchführbar seien, in
die üble Lage gebracht sein, ihre eigenen Söhne, und zwar
zunächst die Jünglinge von 19 bis 25 Jahren, in den
Krieg zu senden; „sollte aber das Bataillon im Felde starke
Verluste erleiden, so müßte man nach den verheiratheten
Männern bis zum 30. Lebensjahre greifen." Aus diesen
Gründen, und da überdies die Stadt „die 42,000 Fremden",
welche in Frankfurt lebten, nicht zur Conscription heran-
ziehen könne, während sie doch dieselben sich in ihre Bevöl-
terung einrechnen lassen müsse, wodurch das Bundescon-
tingent Frankfurts eben auf die bestehende anormale Höhe
gebracht sei, müsse an den Senat die bringende Aufforderung

gerichtet werden, selbst unter den dermaligen „ungünstigen" Verhältnissen Schritte bei dem Bunde Behufs Herabminde=rung der von der Stadt zu stellenden Truppenzahl zu thun. Der Gesetzgebende Körper hatte den guten Tact, diesen unter den damaligen Verhältnissen doppelt seltsamen Antrag ohne lange Debatte durch Verweisung an eine Commission, welche selbstverständlich niemals Bericht erstattet hat, zu begraben. Man ist aber heute wohl berechtigt, zu fragen, was in aller Welt einen Mann, der einer der Wenigen in Frankfurt war, die der kleindeutschen (im Gegensatz zur großdeutsch=österreichischen) Richtung huldigten, veranlassen konnte, in so kritischer Zeit den Teufel an die Wand zu malen und in officiellen Verhandlungen den Fall einer activen Theilnahme Frankfurts am Kriege gegen Preußen zu erörtern? Denn darüber kann doch gewiß nicht der mindeste Zweifel obwalten, daß Dr. Varren=trapp bei Stellung seines Antrages keinen anderen „Feind" als Preußen im Auge hatte; es würde ja mehr als naiv, geradezu kindisch gewesen sein, vorauszusetzen, daß der Bun=destag, wie die Dinge damals lagen, gegen Oesterreich Krieg führen und die Stadt Frankfurt in die Lage bringen werde, im Kampfe gegen österreichische Truppen ihre Bürgerssöhne bezimiren zu lassen. An so etwas dachte Herr Dr. Varrentrapp nicht; er hatte vielmehr am 18. April 1866 den Krieg gegen Preußen im Auge und es bleibt ihm der Ruhm, der Einzige in Frankfurt gewesen zu sein, welcher längst vor dem wirklichen Ausbruche des Krieges es in öffentlicher Rede als selbstverständlich betrachtete, daß die Stadt Frankfurt an diesem Kriege activen Theil nehmen und ihre Truppen marschiren lassen müsse. Derselbe Mann, welcher seiner Vaterstadt diesen wunderbaren Dienst leistete, hat einige Wochen später dem Darmstädter Advocaten und Landtagsabgeordneten Metz die entrüstete Mittheilung gemacht, der württembergische Minister v. Varnbüler habe im Hause des Senators v. Bernus bei Gelegenheit einer Versammlung der Führer des großdeutschen Reformvereins die (später vielcitirte) Aeußerung fallen lassen: „Lieber fran= zösisch wie preußisch!" Metz brachte diese ihm von Dr. Varrentrapp gemachte Mittheilung unter Berufung auf sei= nen Gewährsmann in der darmstädtischen Kammer öffentlich zur Sprache; Senator v. Bernus konnte jedoch mit gutem Gewissen darauf erwidern, daß in seinem Hause die frag= liche Aeußerung nicht gefallen sein könne, und es verhielt sich damit in der That auch ganz anders. Freiherr v. Varn= büler hatte in der Hitze des Gespräches beim Nachhause= gehen aus einer Gesellschaft in dem Bernus'schen Hause jene unbedachte Aeußerung fallen lassen und durch die Vermitt= lung des Herrn Dr. Varrentrapp gelangte sie, wie bemerkt, an den Darmstädter Advocaten Metz.

Ein weit vernünftigerer Antrag, als derjenige Varren= trapp's war, wurde am 20. April von Hrn. Vogtherr im gesetzgebenden Körper gestellt, nämlich den Senat zur Be= schleunigung der Arbeiten wegen Trennung des Staats= und städtischen Vermögens von Frankfurt aufzufor= dern. Auch diesem Antrag lag offenbar der Gedanke an das heraufziehende Kriegsgewitter zu Grunde; aber erwähnt wurde das Letztere mit keinem Worte. Die seit Jahren auf der Tagesordnung gestandene Trennung des Staats= und städtischen Vermögens kam nicht mehr unter der freien Stadt zu Stande, obgleich der Senat seine Commissäre zu der betreffenden gemischten Commission abordnete; dafür hat später Preußen diese Arbeit mittelst des bekannten „Re=

cesses" übernommen. Zu derselben Zeit, in welcher der
Senat zum letzten Mal an diese Angelegenheit erinnert
wurde, hatte derselbe die Aufnahme eines Anlehens von
5 Millionen Gulden für Brücken, Canalisirung, Wasserleitung und Schulhausbauten beschlossen, die jedoch unter dem
Drucke der immer kriegerischer werdenden Situation nicht
mehr zu Stande kam.

Von jetzt an nahmen die Dinge einen immer rascheren
Verlauf; es erfolgte das diplomatische Schachspiel zwischen
Preußen und Oesterreich betreffs der „Abrüstung"; Sachsen
und Württemberg wurden von Preußen beschuldigt, daß sie
auf Krieg sännen und durch ihre furchtbaren Rüstungen
Preußen bedrohten, während eine Circularbepesche des Grafen Bismarck die auswärtigen Mächte belehrte, daß Oesterreich seinen zerrütteten Finanzen durch einen Kriegszug nach
Berlin aufzuhelfen entschlossen sei. Italien, dessen Bündniß mit Preußen längst kein Geheimniß mehr war, fühlte
sich nicht minder wie Preußen von dem Karnickel Oesterreich
bedroht und erfüllte die Welt mit seinen Klagen über die
bösartigen Absichten des Kaiserstaats, gegen den sich die
arme verfolgte Italia unita nur durch die außerordentlich-
sten Rüstungen sicher stellen konnte. Einen Augenblick lang
— es war zu Ende April — lag es noch in der Hand
Oesterreichs, die Coalition zwischen Preußen und Italien
zu sprengen und sich seine Stellung in Deutschland zu erhalten, wenn es die Anerbietungen angenommen hätte, welche
der zu diesem Zwecke in Begleitung des Grafen Arese
eigens nach Wien gekommene italienische Staatsmann Vis-
conti-Venosta betreffs der käuflichen Abtretung Venetiens
machte. (800 Millionen Lire war die gebotene Summe).
An dem eigenthümlichen „militärischen Ehrgefühl" des Kai-

fers Franz Joseph scheiterte jedoch diese Combination, deren
Zustandekommen alle mühsam aufgerichteten Pläne des Gra=
fen Bismarck wahrscheinlich zu Nichte gemacht haben würde.
In Frankfurt versuchten am 19. Mai die Regierungen
der auf der sog. Bamberger Conferenz vertreten gewesenen
Staaten (Bayern, Württemberg, Baden, Hessen=Darmstadt,
Nassau, Weimar, Meiningen und Coburg=Gotha) noch ein=
mal, die rollende Lawine aufzuhalten, indem sie den fünf
Tage später von der Bundesversammlung „einstimmig" an=
genommenen Antrag stellten, alle diejenigen Bundesglieder,
welche Rüstungen vorgenommen hatten, um eine Erklärung
zu ersuchen, ob und unter welchen Bedingungen sie bereit
seien, gleichzeitig und zwar von einem in der Bundesver=
sammlung zu vereinbarenden Tage an, zum Friedenszustande
zurückzukehren? Sowohl der österreichische wie der preußische
Gesandte gaben Erklärungen hierzu ab, welche von vorn=
herein zeigten, daß der „einstimmig" angenommene Antrag
ein todtgeborenes Kind bleiben werde. Der österreichische
Gesandte wies nämlich auf die gerade zu jener Zeit von
Preußen auf die hannöverische Regierung geübte Pression
hin, an der Seite Preußens gegen Oesterreich zu kämpfen,
zum Mindesten bei dem Ausbruche des Krieges eine un=
bedingte Neutralität zu bewahren — Verpflichtungen, welche
nach Hrn. v. Kübecks Darlegung gegen den Artikel 2 der
Bundesacte verstoßen würden. Hr. v. Kübeck verlangte,
daß „den betheiligten Regierungen die zuversichtliche Er=
wartung ausgesprochen werde, daß dieselben keine Verbind=
lichkeiten eingehen, welche den aus Bundesgesetzen fließenden
Verpflichtungen widerstreiten." Der preußische Gesandte
verwahrte sich gegen dieses „Hereinziehen eines dem vor=
liegenden Antrag fremdartigen und dem Gesandten geschäft=

lich unbekannten Gegenstandes in den Bereich der Discus=
sion" und versprach im Uebrigen, den Antrag zur Kenntniß
seiner Regierung zu bringen. Noch ehe jedoch diese An=
gelegenheit am Bunde ihr „geschäftsmäßiges" Ende fand,
ließen die neutralen Großmächte, Frankreich, England und
Rußland, eine Einladung zu einer Ministerconferenz in Paris
ergehen, auf welcher die drei brennenden Fragen des Tages,
die Elbherzogthümer, Venedig und die deutsche Bundes=
reform, auf diplomatischem Wege gelöst werden sollten.
Anfangs schien es, als ob diese Conferenz zu Stande kom=
men werde, da Preußen und Italien bereits ihre Theilnahme
zugesichert hatten; unerwartet aber erklärte das Wiener Cabinet,
nur unter dem Vorbehalte die Conferenz beschicken zu kön=
nen, „daß keine Combination auf derselben zur Verhand=
lung komme, welche einem der eingeladenen Staaten Ge=
bietserweiterung oder einen Machtzuwachs zuzuwenden
berechnet sei." Unter diesen Umständen erklärte Louis Na=
poleon mit den Zeichen lebhaftester Verstimmung das Zu=
sammentreten der Conferenz für gänzlich unnütz und auch
dieser schwache Faden für die Erhaltung des Friedens war
zerrissen. Jene Weigerung Oesterreichs war das Werk des
am Wiener Hofe damals einen sehr großen Einfluß üben=
den ungarischen Grafen Moritz Esterhazy, der damit der
Politik Bismarck einen ganz unschätzbaren Dienst leistete.

Am 8. Mai geschah in Berlin der Mordversuch des
jungen Cohen=Blind auf den Grafen Bismarck, dessen Po=
pularität in Preußen von diesem Augenblicke an erheblich
stieg. Am Abend des Tages sprach Bismarck zu einer vor
seinem Hotel versammelten Menschenmenge von mehreren
Tausend Köpfen die folgenden Worte: „Ich glaube, daß wir
Alle gern bereit sind, für König und Vaterland zu sterben,

sei auch das Straßenpflaster ein Schlachtfeld. Unsere ge=
meinsamen Gefühle finden den besten Ausdruck in einem
Hoch auf den König!" Sechsmal wurde dieser Hochruf von
der Menge wiederholt, dann die Nationalhymne abgesungen
und die Ovation war zu Ende. In dem Polizeigefängniß
aber fand der Attentäter Cohen=Blind zu derselben Stunde
Gelegenheit, sich mit einem „mehrklingigen Taschenmesser"
in den Kehlkopf zu stechen; er wurde darauf in die Zwangs=
jacke gelegt und starb am folgenden Morgen 5 Uhr. An
demselben Tage unterzeichnete König Wilhelm die Mobil=
machungsordre für die ganze preußische Armee.

Es war Pfingsten 1866 geworden. Das „liebliche
Fest" fand in Deutschland nur die Vorbereitungen zum
Bruderkriege und eine bis zum Siedepunkte gediehene Er=
regung der Gemüther. Im Saalbau zu Frankfurt tagte
am Pfingstsonntag Vormittag zum zweiten Mal binnen
Jahresfrist der vom Sechsunddreißiger Ausschuß einberufene
deutsche Abgeordnetentag, zu dem sich etwa 250 Ab=
geordnete aus allen deutschen Staaten eingefunden hatten.
Nach genauer Aufzeichnung vertheilten sich diese wie folgt:

aus Oesterreich		Niemand,
„ Preußen	18	Mitglieder,
„ Bayern	13	„
„ Sachsen	2	„
„ Württemberg	2	„
„ Hannover	3	„
„ Baden	36	„
„ Schleswig=Holstein	29	„
„ Kurhessen	31	„
„ Großherz. Hessen	27	„
„ Nassau	34	„

Die Uebrigen aus Frankfurt selbst und anderen deut=
schen Kleinstaaten. Es war dies die letzte große politische Versammlung,
welche in Frankfurts Mauern getagt hat, und es wird deß=
halb gestattet sein, ihr eine eingehendere Beschreibung zu
widmen. Zunächst glänzte am Präsidententisch wiederum,
wie neun Monate zuvor, das aristokratische Haupt des Hrn.
v. Benningsen aus Hannover; neben ihm hatten als Bei=
sitzer Dr. Barth aus Bayern und Dr. Siegmund Müller
aus Frankfurt Platz genommen, welch' Letzterer auch die
übliche Begrüßungsrede an die Versammlung hielt. Unter=
halb des Podiums und der Rednertribüne saßen in zwei
langen Reihen gegen 80 Zeitungsberichterstatter aus Deutsch=
land, England und Frankreich; alsdann kamen die Sitze der
Abgeordneten und weiter hinaus im Saale, sowie in den
Logen und auf den Gallerien, die dichtgedrängte Masse der
Zuhörer. Zwei Logen rechts der Tribüne waren der Bun=
destagsdiplomatie gewidmet; außer einigen Legationsräthen ꝛc.
befanden sich darin der Gesandte von Frankreich (Graf de Re=
culot) und derjenige von Rußland (Freiherr v. Ungern=Stern=
berg), sowie der badische Bundestagsgesandte Robert v. Mohl.
Gerade gegenüber diesen diplomatischen Herren hatte die
Galanterie des ordnenden Comités zwei Logen für Damen
reservirt, welche zumeist von jüngeren Repräsentantinnen
ihres Geschlechtes eingenommen waren. Die Zuhörermenge,
welche sich in den übrigen Räumen des Saales einschließlich
der offen gelassenen Corridor's, des Vestibüls und der Treppe
zusammengedrängt hatte, betrug wohl an 5000 Köpfe. Gleich
zu Beginn der Verhandlung entstand ein ziemlich hitziger
Streit darüber, ob die Abstimmung über die Beschlüsse, wie
es Schulze=Delitzsch aus Berlin verlangte, nach Lands=

mannſchaften getrennt, ober — wie Dr. Paſſavant und
Dr. Müller aus Frankfurt, unterſtützt von Freſe aus
Berlin, befürworteten — einfach nach der Stimmenzahl der
theilnehmenden Abgeordneten erfolgen ſolle, wobei die (etwa
40) anweſenden Mitglieder des Frankfurter geſetzgebenden
Körpers nur die Stimmenzahl von 10 repräſentiren ſollten.
Die Frankfurter Anſicht trug den Sieg davon.

Nach Ablehnung einer Anzahl nicht genügend unter=
ſtützter Anträge ſtanden ſich nur noch zwei Reſolutions=
entwürfe gegenüber, um deren Annahme oder Verwerfung
die ganze folgende Debatte ſich drehte. Die erſte Reſolution
war von Dr. Paſſavant aus Frankfurt*) und 40 Genoſſen
eingebracht; ſie bezeichnete die Annexionspolitik des Miniſte=
riums Bismarck in Preußen als die einzige Urſache der
brohenden Kriegsgefahr und forderte alle Regierungen in
Deutſchland zum activen Widerſtande gegen dieſe Politik
auf; — die zweite, von dem Ausſchuß entworfene Reſolution
verdammte zwar in ebenſo kräftigen Ausbrücken die preu=
ßiſche Annexionspolitik und den bevorſtehenden „Kabinets=
krieg, der nur dynaſtiſchen Intereſſen dienen ſolle,“ for=
berte aber zugleich die Neutralität der deutſchen
Mittel= und Kleinſtaaten in dem Kampfe zwiſchen
Preußen und Oeſterreich. Dieſe letztere Forderung,
welche den Kern des Ganzen bildete, war in folgende Worte
gekleidet:

„Sollte es nicht gelingen, den Krieg ſelbſt durch
den einmüthig ausgeſprochenen Willen des Volkes noch
in letzter Stunde zu verhindern, ſo iſt wenigſtens
dahin zu trachten, daß er nicht ganz Deutſchland in

---

*) Dem jetzigen Magiſtratsmitglied. Anm. des Verf.

zwei große Lager theile, sondern auf den engsten Raum
beschränkt werde. Wir erblicken hierin das wirksamste
Mittel, um die Wiederherstellung des Friedens zu
beschleunigen, die Einmischung des Auslandes abzu=
halten, durch die Heeresmacht der nichtbetheiligten
Staaten die Grenzen zu decken und, im Falle der
Krieg einen europäischen Charakter annehmen sollte,
mit noch frischen Kräften dem äußeren Feinde ent=
gegenzutreten. Diese Staaten haben also die Pflicht,
so lange ihre Stellung geachtet wird, nicht ohne Noth
in den Krieg der beiden Großmächte sich zu stürzen.
Insbesondere liegt es den Staaten der südwest=deut=
schen Gruppe ob, ihre Kraft ungeschwächt zu erhalten,
um gegebenen Falles für die Integrität des deutschen
Gebiets einzustehen."

Dr. Völck aus Augsburg vertheidigte als Bericht=
erstatter des Ausschusses diese Resolution in einer Rede,
welche im Anfang eine donnernde, von vielfachen Beifalls=
rufen unterbrochene Philippika gegen Preußen enthielt, im
ferneren Verlauf aber ebenso entschieden vor Oesterreich's
Freundschaft warnte und dringend die bewaffnete Neutralität
der Mittelstaaten anrieth. Als der Redner etwa eine Viertel=
stunde gesprochen und eine Blumenlese von Ausdrücken über
den Grafen Bismarck geliefert hatte, die einen sehr unter=
haltenden Contrast zu dem späteren „Frühlingsliede" des=
selben Abgeordneten bieten, erdröhnte plötzlich der weite
Saal von drei mächtigen Pulverexplosionen, deren Rauch=
wolken auf dem östlichen Theile der Gallerien aufstiegen.
Ein panischer Schrecken bemächtigte sich der meisten Zuhörer
in den Logen und auf den Gallerien; Alles stürzte nach
den Ausgängen, die glücklicher Weise nicht geschlossen waren

und so einen raschen Abfluß der Menge ermöglichten, ohne daß ein Unglücksfall zu beklagen war. Nach zehnminuten= langer Unterbrechung durch dieses „Bubenstück" nahm Dr. Völck den Faden seiner Rede wieder auf; noch zweimal erfolgten Kanonenschläge, aber die Versammlung kehrte sich nicht mehr daran. Der greise Welcker aus Heidelberg ver= theidigte hierauf mit schwacher, kaum vernehmbarer Stimme den Passavant=Müller'schen Antrag, zu dessen Gunsten als= dann auch der Antragsteller, Dr. Passavant, selbst das Wort ergriff. Nach seinen Ausführungen war die Neutra= lität unmöglich; nur wenn alle deutschen Staaten nach Her= stellung eines festen Bündnisses unter sich die Partei Oesterreichs ergriffen, könne den Plänen Preußens ein Ziel gesetzt, könne der Friede erhalten bleiben, denn einer solchen Coalition gegenüber werde Preußen es gar nicht wagen, den Krieg zu beginnen. — Mit leidenschaftlicher Erregung sprach nun Schulze=Delitzsch aus Berlin. Er suchte die vorhin gehörten Mordschläge, die er einer den preußischen Abgeordneten feindlich gesinnten Partei zuschrieb, in heftiger Weise auszunutzen, um Stimmung für seine fol= genden Ausführungen zu machen, fand aber weder mit dem Einen noch mit dem Anderen den gewünschten Anklang. Ironisches Gelächter und vielfache Zurufe: „Oho!" unter= brachen fortwährend seine Rede, deren Thesis darauf hinaus= lief, daß trotz der ungeheueren und wohlverdienten Unpopu= larität, welche das Regiment Bismarck in Preußen genieße, doch der „Beruf Preußens" nach wie vor derselbe bleibe, während Oesterreich immerdar ein reactionärer, der deutschen Einheit und Freiheit feindlich gesinnter Staat bleiben werde. Der Sieg Oesterreichs würde rabenschwarze Nacht über Deutschland bringen; die preußische Regierung aber könne

nicht handeln wie sie wolle, sondern sie müsse das Volk fra=
gen. (Großes Gelächter von allen Seiten.) „Ja, sie muß
das Volk fragen," fuhr der Redner mit steigender Heftig=
keit fort, „denn wenn einmal der Staat in den Krieg ver=
wickelt ist, dann wird der Krieg ein Volkskrieg werden
und zu guten Zielen führen wie jeder Volkskrieg." Zu
dieser offenen Apotheose des bevorstehenden Krieges zwischen
Deutschen und Deutschen wollte es nun allerdings schlecht
passen, daß der Redner unmittelbar darauf erklärte, in
Preußen verlange Niemand nach dem Krieg, während
umgekehrt in Oesterreich Alles danach lechze. Hunderte von
Kehlen erhoben einen so lauten Widerspruch gegen diese
Behauptung, daß Herr Schulze=Delitzsch ganz außer Fassung
gerieth und den unterbrechenden Mitgliedern die beleidigen=
den Worte zurief: „Ihre Zurufe werden mich so wenig stören,
wie Ihre Kanonenschläge!" Der Präsident würde dem
allgemeinen Verlangen nach einem Ordnungsruf gegen den
Redner wahrscheinlich Genüge geleistet haben, wenn dieser
nicht selbst sich entschuldigt und seine Aeußerung zurück=
genommen hätte. Bleicher noch als gewöhnlich, mit fast
aschfahler Gesichtsfarbe, verließ Herr Schulze=Delitzsch die
Rednertribüne, um dem Schleswig=Holsteiner v. Neergard
Platz zu machen. Dieser erklärte mit dem seinem Volks=
stamme eigenen Phlegma, wenn die preußischen Abgeordneten
wirklich den Frieden wollten, dann möchten sie doch die
Annexionspolitik des Grafen Bismarck offen und ehrlich
verdammen; thäten sie dies nicht, dann sei es den Schles=
wig=Holsteinern auch nicht zuzumuthen, auf preußische Rath=
schläge zu hören. — Bluntschli aus Heidelberg gab den
charakteristischen Rath, das deutsche Volk möge sich um des
dynastischen Streites zwischen Preußen und Oesterreich willen

doch nicht erhitzen, sondern sich ja recht „kühl verhalten."
Wohl sei das Recht die Grundlage der Staaten, aber nicht
ein einzelnes Recht, sondern das Recht der nationalen Ge=
staltung und für dieses Recht werde „vielleicht" Preu=
ßen kämpfen. Die Rede Bluntschli's wurde mit Gelächter
und Mißfallensbezeigungen aufgenommen und lieferte dem
folgenden Redner, Dr. Frese aus Preußen, einen willkom=
menen Boden, um seinem tiefen Groll über das Verhalten
des preußischen Abgeordnetenhauses in der schleswig=hol=
steinischen und deutschen Frage Luft zu machen. Er klagte
das Abgeordnetenhaus geradezu an, daß es von großpreu=
ßischen Machtgelüsten beherrscht seine Opposition gegen die
Politik Bismarck bis zum Tage seiner Auflösung (9. Mai)
nur noch zum Scheine fortgeführt habe und in Wahrheit
auf Seiten der Kriegspartei stehe. Die Urheber der vom
Ausschuß beantragten Resolution seien Mitglieder des Natio=
nalvereins, desselben Nationalvereins, der stets gegen den
Gedanken der Dreitheilung Deutschlands gekämpft habe —
und sonderbarerweise verlangten sie jetzt die faktische Her=
stellung dieser selben Dreitheilung in Gestalt einer dritten
neutralen Gruppe. Der Redner schloß seine Philippika mit
den Worten: „Im Namen Preußens helfen Sie uns, unsere
Rechte wiederherzustellen, helfen Sie uns, die Berliner Kriegs=
partei dahin zu bringen, wohin sie gehört: unter die Füße!
Nur dann wird Preußen frei, wenn es in Deutschland auf=
geht, geht aber Deutschland in Preußen auf, dann gnade
Gott denjenigen, die nach uns kommen werden!" Das
Auditorium brach bei diesen Worten in stürmische Beifalls=
rufe aus und Alles, was die folgenden Redner noch vor=
brachten, blieb unbeachtet. Auf die Mehrheit der anwesen=
den Abgeordneten, welche allein stimmberechtigt waren, blieb

5*

jedoch die Stimmung der Zuhörerschaft ohne Einfluß,
und die Ausschußanträge — Neutralität der Mittel= und
Kleinstaaten — wurden im Gegensatze zu dem Passavant'=
schen Antrage angenommen. Um 4 Uhr Nachmittags war
die Versammlung beendet; an ihrer Statt tagte nun
im Circus auf dem Klapperfeld eine etwa 3000 Köpfe starke
Volksversammlung unter dem Vorsitze des 1848er Parla=
mentsmitgliedes G. F. Kolb aus Speyer. Die von dem
Abgeordnetentage angenommene Resolution wurde hier in der
energischesten Weise verdammt und neben einer Reihe auf
die deutsche und die schleswig=holsteinische Frage Bezug
habenden Forderungen fast einstimmig die Erklärung abge=
geben: „Gegen die friedensbrecherische Politik Preußens ist
der bewaffnete Widerstand Deutschlands geboten. Neutra=
lität ist Feigheit oder Verrath."

Der Verfasser der „Tagebuchblätter eines deutschen
Staatsmannes" bemerkt über die beiden Versammlungen im
Saalbau und Circus in seinen Aufzeichnungen Folgendes:
„Der gestrige Pfingstsonntag war sehr bewegt. Vormittags
tagte eine Versammlung des deutschen Abgeordnetentages
im Saalbau, — und Nachmittags fand eine Volksversamm=
lung im Circus statt. Die Beschlüsse beider laufen diametral
einander entgegen; erstere wollen Neutralität — letztere ver=
langen Krieg. Die Versammlung im Saalbau ward durch
vier oder fünf starke Kanonenschläge, die in den Gängen
losgebrannt wurden, sehr in Verwirrung gebracht. Man
bringt dies Kunststückchen auf Rechnung derjenigen Partei,
welche die Nachmittags=Versammlung einberufen hatte.*)
Beide Versammlungen waren eine Satyre auf das Pfingstfest

---

*) Eine absolut falsche Vermuthung. Anm. des Verf.

— denn von dem Geiste, der auf die Versammlung herab=
gestiegen, war nichts zu bemerken."

Von Ende Mai an fanden die Vorbereitungen zum
Kriege in immer rascherem Tempo statt. Die Eisenbahnen
in Preußen waren mit Militärtransporten überfüllt; eine
Beschränkung der Privat=Güter= und Personenbeförderung
brauchte um deswillen nicht angeordnet zu werden, weil der
Verkehr sich bereits von selbst auf ein Minimum reducirt
hatte. In Frankfurt, wo das Jahr 1865 einen sehr leb=
haften geschäftlichen Aufschwung, namentlich auch sehr zahl=
reiche Häuserbauten gebracht hatte, stockte nun mit einem
Male alle Geschäftsthätigkeit. Ein Zeitungsartikel von Ende
Mai schildert nach dieser Richtung hin die Lage wie folgt:
„Die Arbeitslosigkeit und die damit verbundene Broblosigkeit
nimmt in Folge der kriegerischen Verhältnisse hier und in der
Umgegend immer größere Dimensionen an. Nachdem die
Bauhandwerker den größten Theil ihrer Gehülfen bereits
entlassen, haben nunmehr auch die hiesigen Fabrikanten ähn=
lich denjenigen in Offenbach den größten Theil ihrer Arbeiter
fortgeschickt und für diejenigen, welche sie noch beschäftigen,
mit Verringerung der Arbeitszeit auch den Lohn herabgesetzt.
Aber nicht genug damit, haben auch verschiedene Kaufleute
ihr Bureaupersonal verringert und die Reisenden zurückbeor=
dert. Manche hiesige Handlungsreisende, welche für norb=
deutsche, namentlich preußische Häuser in Süd= und Mittel=
deutschland seit Jahren reisten, sind entlassen oder, wo dies
nicht ganz geschehen ist, auf bessere Zeiten angewiesen.
Mancher Familienvater, dem es vor wenigen Wochen noch
erträglich ging, ja Mancher, der eine sorgenfreie Existenz
sich gegründet zu haben wähnte, sieht einer trostlosen Zu=
kunft entgegen. Mit den traurigen Aussichten schwinden

auch die Ersparnisse, welche in den Sparkassen angelegt sind, immer mehr; selbst zur Zeit des italienischen Krieges fand kein so massenhafter Andrang zur Erhebung der Ersparnisse wie dermalen statt."

Wir haben oben gesehen, daß Herr v. Bennigsen aus Hannover den beiden letzten Versammlungen des deut=schen Abgeordnetentages (October 1865 und Mai 1866) präsidirte — Versammlungen, in welchen die Bismarck'sche Politik von fast allen Rednern, auch von denen, welche für die Neutralität der Mittel= und Kleinstaaten plaidirten, in der heftigsten Weise angegriffen wurde. Es ist nun für die spätere Entwickelung der Dinge nicht ohne Bedeutung, daß nach glaubhaften Berichten, denen unseres Wissens niemals widersprochen ist, die Herren v. Bennigsen aus Hannover, Fr. Oetker und Nebelthau aus Kassel unmittelbar nach der Pfingstversammlung in Frankfurt zu Berlin Con=ferenzen mit dem Grafen Bismarck gehabt haben sollen. Die Erklärung hierfür darf wohl in dem Umstande gesucht werden, daß in beiden Ländern (Hannover und Kur=hessen) ein tiefgehender Zwiespalt zwischen den Kammern und Regierungen bestand, wobei die obengenannten Männer die Führer der Opposition bildeten. Ihren einheimischen Re=gierungen mißtrauend und bei denselben ohne jeglichen Ein=fluß, lag es für sie nahe, daß sie in der schweren Krisis jener Zeit jede sich darbietende Gelegenheit benutzten, um die Absichten des Mannes zu erforschen, von dessen Entschlüssen in diesem Augenblicke der Gang der deutschen Geschichte und die Zukunft ihrer eigenen Heimath abhängig waren. Graf Bismarck andererseits hatte jedenfalls ein Interesse, mit den Männern in Berührung zu treten, die auf die öffentliche Meinung in Kurhessen und Hannover unter Umständen

einen sehr erheblichen Einfluß üben konnten. In Kurhessen
übte denn auch factisch Friedrich Oetker diesen Einfluß, und
zwar von Ende Mai an in einer dem Grafen Bismarck ge=
wiß nicht unangenehmen, seinen Absichten keineswegs schäd=
lichen Weise. Die Nummern der Oetker'schen „Morgen=
zeitung" vom 26. und 27. Mai enthielten ein sehr entschie=
benes Plaidoyer für die Aufrichtigkeit der preußischen Re=
formbestrebungen und versuchten den Beweis, „daß Preußen
keine Politik der Gewaltthätigkeit und des Angriffs verfolge."
Graf Bismarck, so hieß es in diesen Darlegungen, vertrete
in der deutschen Frage nichts weniger als die Bestrebungen
des preußischen Junkerthums, sondern mit voller Entschlossen=
heit dasjenige, was seit 1848 die vorgeschrittensten Liberalen
vergeblich zu verwirklichen gesucht hätten; jede fernere Oppo=
sition gegen diese Politik sei eine blinde Unterstützung des
Habsburgerthums und seiner Parteigänger, die hierdurch zum
Kriege ermuthigt würden, den man doch verhindern wolle.
Man hat aus der Thatsache jener Zusammenkunft in Ver=
bindung mit der Sprache des hessischen Oppositionsblattes
später den Schluß gezogen, daß Oetker und Nebelthau, sowie
Bennigsen in Hannover schon vor der Schlacht bei König=
grätz mit dem Grafen Bismarck über die demnächstige An=
nexion der beiden Länder einig gewesen seien und dieselbe
hätten vorbereiten helfen. Eine durchaus haltlose Annahme,
wenn man berücksichtigt, daß Bismarck selbst zu jener Zeit
noch nicht wissen konnte, wie im entscheidenden Augenblicke
die Dinge sich gestalten, auf welche Seite namentlich die
Regierungen in Cassel und Hannover bei ausbrechendem
Kriege sich schlagen, geschweige denn wie der Ausgang des
Letzteren selbst sein werde. Es konnte also von einer An=
nexion der Länder Kurhessen und Hannover damals auch

nicht einmal in „akademischer Weise" die Rede sein; wahr=
scheinlich ist nur, daß Bennigsen, Oetker und Nebelthau mit
Bismarck darüber einverstanden waren, daß der gegenwärtige
Augenblick zu einer gründlichen Aenderung der Bundesver=
fassung Deutschlands unter preußischer Hegemonie benutzt
werden müsse. Am kurfürstlichen Hofe zu Cassel hat man
von diesem Einverständniß volle Kenntniß gehabt und es ist
nicht unwahrscheinlich, daß gerade dieser an sich unbedeutende
Nebenumstand viel zu dem Starrsinn des Kurfürsten bei=
getragen hat, mit dem er in den Junitagen 1866 lieber
Krone und persönliche Freiheit in die Schanze schlug, als
daß er sich den preußischen Forderungen fügte. Andererseits
hat aber auch Friedrich Oetker später aus seiner gründlichen
Enttäuschung über die von ihm von den Ereignissen des
Jahres 1866 für Kurhessen erhoffte neue Aera kein Hehl
gemacht und namentlich ist ihm die Vernichtung der freisin=
nigen hessischen Verfassung sammt einer Reihe sich daran
knüpfender trefflicher Institutionen stets ein Gräuel gewesen.
Leichter und geschmeidiger hat sich in den Wechsel der Dinge
die diplomatische Natur des Herrn v. Bennigsen gefunden,
dessen Charakter überhaupt sehr verschieden von dem Oet=
ker's ist.

Mit vielem Geschick nutzte übrigens Graf Bismarck für
seine Politik den von ihm am Bunde gestellten Antrag auf
Berufung eines deutschen Parlamentes aus. In der Bun=
destagssitzung vom 24. Mai stellte der preußische Gesandte
dem Abrüstungs=Antrage der sog. Bamberger Regierungen,
dem er im Namen seiner Regierung ohne Weiteres beitrat,
die Erklärung entgegen, es sei in hohem Grade zu verwun=
dern, daß auch Württemberg sich diesem Friedensantrage
angeschlossen habe, da gerade dieser Staat neben Sachsen

sich durch provocatorische Rüstungen auszeichne. „Preußen, schon jetzt die durch die Haltung einiger Bundesglieder heraufbeschworenen Leiden und Verkehrsstockungen in Deutsch= land würdigend, habe rechtzeitig den Weg eingeschlagen, auf welchem einem Kriege vorgebeugt und sichere Bürgschaften gegen die Wiederkehr des unnatürlichen Verhältnisses ge= wonnen werden können, daß Deutsche gegen Deutsche unter Waffen stehen. Preußen beantragte am 9. April die Be= rufung eines Parlamentes in der Gewißheit, daß das Parlament den Frieden sichert. Im einträchtigen Zusam= menwirken der Regierungen und des Volkes für die Befrie= digung der gerechten Forderungen der Nation wäre der Zwiespalt gelöst und die sicherste Bürgschaft des künftigen Bundesfriedens gefunden worden. Es hat sich gezeigt, daß die deutschen Volksstämme eine Ausgleichung ihrer Interessen auf friedlichem Wege erstreben und die Verfolgung künstlich trennender Sonderinteressen auf dem Wege kriegerischer Ca= binetspolitik nicht gut heißen. Die schleunige Berufung eines Parlaments ist das beste und vielleicht einzige Mittel, den Bundeskrieg und dessen verhängnißvolle Folgen zu verhüten. Die preußische Regierung erneut die ernste Mahnung an ihre Bundesgenossen, dem deutschen Volke das Elend eines inneren Krieges zu ersparen, indem sie zu schleuniger Be= schlußfassung über den preußischen Parlaments = Antrag schreitet."

Zu dieser Friedensliebe und volksthümlichen Hinneigung nach einer Repräsentivverfassung in Deutschland, welche das Parlament zu einem obersten Schiedsgericht über die Streitigkeiten und „Sonderinteressen" der Dy= nastien und Cabinete machen sollte — denn anders läßt sich die obige Erklärung Preußens am Bundestage doch

wohl schwerlich auslegen — stimmten nun allerdings außerordentlich schlecht die gleichzeitig mit aller Energie betrie-
benen Bündnißverhandlungen mit Italien, von denen der
Graf Bismarck unmöglich voraussetzen konnte, daß sie je die
Zustimmung eines deutschen Parlamentes, und gar eines in
der damaligen Zeit gewählten, finden würden, stimmte noch
weniger die ganze politische Vergangenheit und die vor Augen
liegenden Handlungen dieses Staatsmannes; er erwartete
also sehr viel von den Regierungen wie vom Volke, wenn
er volles Vertrauen für seine Reform-Vorschläge beanspruchte,
zumal zu einem Zeitpunkte, wo die Gemüther bereits so
furchtbar erregt waren, daß zwischen Nord und Süd eine
an Raçenhaß grenzende Feindschaft aufloderte! Aber wie
es sich auch damit verhalten mag, wie hoch oder gering
man die Aufrichtigkeit der Bismarck'schen Vorschläge an-
anschlagen mochte, immerhin ist es heute tief zu beklagen,
daß er von keiner Seite damit auf die Probe gestellt
wurde. Wollte Bismarck wirklich, wie damals Viele behaupteten und noch heute Viele glauben, à tout prix eine
Lösung der Frage der deutschen Einheit mit dem Schwert,
so hätte ihm sicherlich nichts Ungelegeneres passiren können,
als wenn seine Gegner auf den Parlamentsvorschlag ruhig
eingegangen und ihm so durch eine geschickte Wendung die
Waffe aus den Händen gewunden hätten, deren er sich
bediente, um Oesterreich und den Bund der Verfolgung
einer „kriegerischen Cabinetspolitik" und der Mißachtung der
wahren Bedürfnisse des deutschen Volkes zu beschuldigen.
Jeder Vorwand zu einem Bruche des Bundesfriedens wäre dann Preußen genommen gewesen
und Graf Bismarck hätte einer außerordentlich schwierigen
Situation gegenübergestanden, welche die Annexion der

streitigen Herzogthümer schlechthin unmöglich machen mußte.
Wollte aber der Minister wirklich den Frieden, dann konnte
es für alle Diejenigen, denen die Kräftigung der Volks=
gewalt durch ein deutsches Parlament am Herzen lag, gar
kein günstigerer Augenblick zur Verwirklichung dieses Strebens
geben, als der Moment, in welchem die bisher autokratische
preußische Regierung selbst erklärte, daß sie bereit sei, die
oberste Entscheidung über die künftige Verfassung Deutsch=
lands in die Hände eines vom Volk gewählten Parlamentes
zu legen, dessen Aussprüchen sie sich dann folgeweise auch
ihrerseits hätte fügen müssen. Ein im Mai 1866 ge=
wähltes deutsches Parlament hätte also auch ohne
ausdrückliche Verfassungsparagraphen thatsächlich
eine Gewalt besessen, wie sie das Parlament von
1848 monatelang in Händen hatte; es wäre der
souveräne Schiedsrichter zwischen den Regierungen
gewesen! Fast unbegreiflich und nur durch die furchtbare
Erregung jener Zeit erklärlich muß deßhalb heute das Ver=
halten der demokratischen und liberalen Parteien in dem
nichtpreußischen Deutschland erscheinen, daß sie den Grafen
Bismarck nicht beim Worte nahmen, resp. die Regierungen
aufforderten, dies zu thun! Wie ganz anders würde der
Gang der Weltgeschichte gewesen sein, wie ganz anders
namentlich das Schicksal des deutschen Volkes sich gestaltet
haben, wenn statt des Krieges von 1866 der Schiedsrichter=
spruch eines Parlamentes — wozu auch Deutsch=Oester=
reich seine Deputirten gewählt haben würde — die neue
Verfassung Deutschlands festgesetzt hätte! Allerdings läßt
sich kaum annehmen, daß Graf Bismarck ernstlich die Absicht
hatte, diese letztere Eventualität herbeizuführen; konnte dies
aber ein Grund sein, ihn nicht beim Worte zu nehmen?

Für die Regierungen vielleicht, für das Volk und die liberalen Parteien entschieden nicht. Und so wird denn das Urtheil der unparteiischen Geschichte dahin lauten müssen, daß leider im Jahr 1866 von Denen, welche die Sache des Volkes und der Freiheit vertraten, ebenso große Fehler begangen worden sind, wie im Jahr 1848, wo man es auch versäumt hatte, den richtigen Moment zu ergreifen. Der Verfasser der „Tagebuchblätter eines deutschen Staats= mannes" fühlte mit dem Scharfblick eines praktischen Poli= tikers dies schon damals heraus, indem er über eine wegen des Parlaments = Projectes abgehaltene Volksversammlung schrieb: „Die Hauptredner waren gegen das Project, weil es von Bismarck ausgehe. Man macht stets wieder die Erfahrung und glaubt es dennoch nicht, wie unbegreiflich wenig staatsmännisches Zeug in allen diesen Rednern steckt. Sie meinen es aufrichtig mit dem Volke, sie bleiben ihren Principien treu, — aber Keiner hat eine Ahnung davon, daß es Momente giebt, wo man die vom Feinde gehand= habte Waffe diesem durch eine geschickte Wendung entreißen und sie gegen ihn kehren muß. Einer der Redner sagte z. B.: Wenn es sich ereignen sollte, daß dieser Antrag Fleisch und Blut gewönne, so würden die Herren, die diese Geister gerufen, sie nicht bannen können. Nun ja! Das ist es ja gerade, worauf es dieser Partei ankommen muß! Der angeführte Grund könnte ein Mitglied des Herrenhauses bestimmen, gegen den Antrag aufzutreten; aber die liberale Partei kann daraus doch nur die Veranlassung entnehmen, das Project mit aller Macht zu unterstützen."

Für Frankfurt speciell würde die Verwirklichung des Parlamentsprojectes von ganz außerordentlichem Vortheil gewesen sein, denn es leidet ja gewiß keinen Zweifel, daß

ein im Mai 1866 gewähltes Parlament, welches nicht nur
Norddeutschland, sondern auch Deutsch-Oesterreich und den
Süden umfaßt hätte, nur in Frankfurt neben dem Bundes-
tage seinen Sitz haben konnte.

Uebrigens replicirte die württembergische Regierung
in der Bundestagssitzung vom 1. Juni auf die preußische
Insinuation vom 24. Mai, daß Württemberg neben Oesterreich und Sachsen mit provocatorischen Rüstungen begonnen
habe und es deßhalb Verwunderung erregen müsse, wenn
die Stuttgarter Regierung jetzt einen Friedensvermittlungs-
antrag beim Bunde einbringe, Folgendes: „Als die Kgl.
württembergische Regierung den Antrag auf Wahrung des
Bundesfriedens in Verbindung mit einer Mehrzahl anderer,
deutschen Regierungen stellte, vermied sie in Uebereinstimmung
mit denselben, in bundesfreundlichem Sinne sich lediglich an
die Sache haltend, jede Erörterung über die Frage der Prio-
rität der Rüstungen, da solche bei der allseitig behaupteten Absicht eines rein defensiven Verhaltens nicht
von entscheidender Bedeutung erschien. Wenn diesem gegenüber die k. preußische Regierung in vorstehender Weise auf
jene Frage zurückkommt, so kann die k. württembergische
Regierung zuvörderst den Ausdruck ihres größten Erstau-
nens darüber nicht zurückhalten, daß gerade die königlich
preußische Regierung keinen Anstand nimmt, sie als eine
solche zu bezeichnen, welche unter Beiseitesetzung bundesgesetz-
licher Bestimmungen durch ihr Vorgehen die Rüstungen der
k. preußischen Regierung veranlaßt habe. Der k. württembergischen Regierung wäre es sehr leicht, den Nachweis zu
liefern, daß von ihr auch nicht eine vorbereitende Maßregel
ergriffen worden war, als bereits die in der k. preußischen Depesche vom 24. März angekündigten

Rüstungen in vollem Gange waren; allein sie findet in dem gegen sie erhobenen Vorwurfe hierfür nicht den genügenden Grund. Sie glaubt sich aber schuldig zu sein, den im Schooße der Bundesversammlung öffentlich im Angesichte Deutschlands gegen sie geschleuderten Vorwurf einer Verletzung ihrer Bundespflicht und dadurch verschuldeter Theilnahme an der Herbeiführung der gegenwärtigen traurigen Lage Deutschlands öffentlich als einen völlig unberechtigten auf das Entschiedenste zurückzuweisen."

In derselben Bundestagssitzung (vom 1. Juni) stellte Bayern den Antrag auf Entfernung der preußischen und österreichischen Truppen aus Frankfurt a. M., sowie aus den Bundesfestungen Mainz und Rastatt, und gab endlich Oesterreich folgende überaus wichtige Erklärung ab:

„In Folge des Bundesbeschlusses vom 24. v. Mts. ist der Gesandte beauftragt worden, die nachfolgende Erklärung abzugeben:

„Die hohen Regierungen des deutschen Bundes sind im Besitze vielfacher Beweise für die ausdauernde Friedensliebe, welche der k. österreichische Hof in seinen Verhandlungen mit Preußen über die Zukunft der Elbherzogthümer an den Tag gelegt hat. Oesterreich blickt auf seine langmüthigen, trotz mancher Verkennung beharrlich fortgesetzten Bestrebungen, ein Einverständniß mit Preußen zu Stande zu bringen, mit um so ruhigerem Bewußtsein zurück, je tiefer und allgemeiner in der Nähe der Gefahr die Schwere des Unglücks gefühlt wird, welches ein Bruch zwischen beiden deutschen Großmächten und ein innerer Krieg über Deutschland heraufbeschwören würde. Se. Maj. der Kaiser Franz Joseph ist in seinen Zugeständnissen

an Preußen so weit gegangen, als es Oesterreich's
Würde und angestammte Stellung in Deutschland,
als es des deutschen Bundes Recht und Verfassung
nur irgend gestatteten. Allein der Berliner Hof hat
nicht nur unberechtigte Forderungen aufgestellt, sondern
auch unglücklicher Weise in stets steigendem Maße
die Neigung bethätigt, diese Forderungen mit Hint=
ansetzung aller anderen Rücksichten und zuletzt selbst
mit gewaltsamen Mitteln durchzusetzen. Sowie Preußen
schon kurz nach dem Abschlusse des Wiener Friedens=
vertrages die Räumung Holsteins durch die Truppen
Sachsens und Hannovers mit Eigenmacht zu erzwingen
gedroht hatte, so behandelte es auch gegenüber Oester=
reich, seinem Bundesgenossen, in dem im Namen
deutschen Rechtes gegen Dänemark unternommenen
Kriege, die schließliche Lösung der Verwicklung nur
als eine bloße Frage der Macht, und trat selbst nicht
vor dem beklagenswerthen Entschlusse zurück, sich auf
die Hilfe auswärtiger Gegner des Kaiserstaates zu
stützen. Schon zur Zeit der Gasteiner Convention
hatte die preußische Regierung sich der Allianz des
Florentiner Hofes gegen Oesterreich zu versichern ge=
trachtet, und sie erneuerte dieses Bestreben, als später
das kaiserliche Cabinet die unbillige Forderung, Hol=
stein nach den Dictaten der preußischen Annexions=
politik zu verwalten, ablehnte, und man in Berlin
anfing, über kriegerische Eventualitäten Rath zu halten.
Von zwei Seiten gefährdet, ungewiß, ob der erste
Angriff im Süden oder im Norden erfolgen werde,
hat Oesterreich sich in Vertheidigungsstand gesetzt, um
das Seinige zu behaupten, und die treuen Völker der

Monarchie, einig in sich, des guten Rechts sich bewußt, nach dauerhaftem Frieden verlangend, tragen willig und entschlossen die neuen schweren Opfer, welche der Ruf des bedrohten Vaterlandes von ihnen fordert. Solches war die Veranlassung der Rüstungen Oesterreichs; aus dieser Veranlassung ergeben sich von selbst die Voraussetzungen, unter welchen die kaiserliche Regierung die Rückkehr zum Friedensstande beschließen könnte.

Was jedoch die militairischen Vorkehrungen gegen Italien betrifft, so sind sie nicht Gegenstand dieser Erklärung, nachdem die hohen antragstellenden Regierungen mit Recht ihre Absicht auf die in der Richtung gegen Bundesgenossen vorgenommenen Rüstungen eingeschränkt haben. Der kaiserliche Hof hat dieser Begrenzung des Antrages um so sicherer gewärtig sein dürfen, als er durch die Vertheidigung seiner italienischen Besitzungen zugleich die Pflicht erfüllt, den Territorialbestand des deutschen Bundes zu schützen. Es handelt sich sonach nur um die Heeresaufstellung gegen Preußen. Was diese betrifft, so würde der kaiserliche Hof bereit sein, sie rückgängig zu machen, sobald Oesterreich weder auf eigenem Gebiete, noch in Holstein, noch auf dem Gebiete seiner Bundesgenossen einen Angriff von Seiten Preußens zu besorgen hätte und ihm gegen die Wiederkehr der entstandenen Kriegsgefahr genügende Sicherheit geboten wäre.

Der gesammte deutsche Bund bedarf nicht weniger wie Oesterreich dieser Sicherheit. Sie hängt im Allgemeinen davon ab, daß in Deutschland nicht eine

Politik der Gewalt, sondern Recht und Vertrag re=
giere, und daß auch Preußen, wiewohl europäische
Macht, den grundsätzlich verbürgten Frieden des Bun=
des, wie dessen verfassungsmäßige Beschlüsse achte.
Sie ist insbesondere dadurch bedingt, daß die schles=
wig=holsteinische Frage, aus welcher der gegenwärtige
Conflict hervorgegangen ist, nicht nach den einseitigen
Ansprüchen Preußens, sondern nach Recht und Gesetz
des deutschen Bundes und im Einklange mit dem
Landesrechte der Herzogthümer ihre Lösung erhalte.
Der kaiserliche Präsidialgesandte ist demnach beauftragt,
der hohen Bundesversammlung unter Bezugnahme auf
die Erklärung Oesterreichs und Preußens in der
Sitzung vom 24. August v. J. die Anzeige zu erstat=
ten, daß die kaiserliche Regierung ihre Bemühungen,
einen definitiven bundesgemäßen Abschluß der Herzog=
thümerfrage durch ein Einverständniß mit Preußen
vorzubereiten, für jetzt als vereitelt betrachte, und daß
sie in dieser gemeinsamen deutschen Angelegen=
heit alles Weitere den Entschließungen des
Bundes anheimstelle, welchen von Seiten
Oesterreichs die bereitwilligste Anerkennung
gesichert ist.

Der kaiserliche Gesandte ist in den Stand gesetzt,
dem betreffenden Ausschusse auf dessen Wunsch jede
zur Aufklärung der rechtlichen und faktischen Sachlage
dienliche Mittheilung über den Verlauf der seitherigen
Verhandlungen zu machen. Der Gesandte hat schließ=
lich mit der vorstehenden Erklärung die weitere An=
zeige zu verbinden, daß dem kaiserlichen Statt=
halter in Holstein soeben die erforderliche

6

Specialvollmacht zur Einberufung der holsteinischen Ständeversammlung übersendet worden
ist, damit die gesetzliche Vertretung des Landes, um
dessen Schicksal es sich handelt, und dessen Wünsche
und Rechtsanschauungen einen der berechtigten Factoren
der Entscheidung bilden, nicht länger der Gelegenheit
entbehre, ihre Ansichten auszusprechen."
Preußen erklärte diesen Schritt Oesterreichs und namentlich die Einberufung der holsteinischen Stände als eine
Provocation zum Kriege, Verletzung des Gasteiner Vertrags und als einen Angriff auf seine Souveränetätsrechte.
Eine Circularnote an sämmtliche europäische Mächte erhob
Protest gegen das Verfahren Oesterreichs und stellte thatsächlichen Widerstand Preußens in unmittelbare Aussicht.
Am 8. Juni rückten denn auch preußische Truppen von
Schleswig aus in alle von den Oesterreichern nichtbesetzten
Theile Holsteins ein; General Gablenz, der Statthalter
von Holstein, zog sich mit der Brigade Kalik und dem
österreichischen Kanzleipersonal nach Altona zurück, von
wo aus er Protest gegen den Einmarsch preußischer Truppen in Holstein erhob. Dem Namen nach war die „Lan-
desregierung Holsteins" nach Altona verlegt, in Wirklichkeit
ist von ihr dort keine Amtshandlung mehr vorgenommen
worden. Wäre Gablenz in Holstein geblieben, um der
preußischen Occupation Widerstand zu leisten, so würde der
erste Kanonenschuß im Kriege von 1866 wahrscheinlich in
Holstein, statt in Böhmen gefallen sein; zugleich aber hätte
Oesterreich seine kleine Truppenmacht im Norden Deutschlands von jeder Hülfe abgeschnitten und sie nutzlos aufgeopfert, während sie durch den vorgenommenen zeitigen
Rückzug zur Verstärkung der Hauptmacht dienen konnte.

General Gablenz motivirte seinen Rückzug nach Altona durch eine trockene „Bekanntmachung" vom 7. Juni im holsteinischen Verordnungsblatt, General Manteuffel dagegen, der preußische Commandant in Schleswig, richtete an eine Deputation von acht Personen, darunter der bekannte spätere Oberpräsident v. Scheel=Plessen, die ihm auf Schloß Gottorp aufwarteten, folgende characteristische Ansprache: „Seit dem Antritt meines Amtes bin ich Euch mit Offenheit entgegengekommen und wende mich auch heute mit Offenheit an Euch. Die Souveränetät des Königs über Holstein ist gefährdet, und die Interessen Eures Landes sind in Frage gestellt, denn die Berufung des Landtages eines der Herzogthümer kann nur Behufs Ablehnung einer Gesammtvertretung statthaben. Ich bin beauftragt, Eure Rechte zu wahren und hierzu ist die Verlegung der Truppen nach Holstein erfolgt. Diese militärischen Maßregeln tragen einen reinen Defensivcharakter. Ich habe Euren Gesetzlichkeitssinn achten gelernt und gebe einen Beweis davon, indem ich die Herzogthümer von Truppen entblöße. Ihr werdet nun zeigen, daß nicht die Furcht, sondern die Loyalität den Charakter Eures bisherigen Verhaltens veranlaßte. Ihr habt mich kennen gelernt und wisset von meiner Treue für die Interessen Eures Landes. Ihr nehmt meine Worte mit Vertrauen auf und Ihr zweifelt nicht an Preußens Macht und Willen. Glaubt an Beide!"

Schlag auf Schlag folgten nun die gegenseitigen Anschuldigungen Preußens und Oesterreichs wegen Vertrags= und Friedensbruches. In der Bundestagssitzung vom 9. Juni gab der preußische Gesandte v. Savigny eine Erklärung ab, worin „die Insinuation" der österreichischen Regierung, als ob Preußen die Annexion der Elbherzogthümer mit Gewalt

habe durchführen wollen, wiederholt als wahrheitswidrig
zurückgewiesen wurde; die Uebertragung der schleswig=hol=
steinischen Sache an den Bund sei ein Vertragsbruch gegen
Preußen und der Bund zur Entscheidung dieser Sache in
keiner Weise competent. Indessen wolle die preußische Re=
gierung auch jetzt noch sich bereit zeigen, die Angelegenheit
auf friedliche Weise zu lösen, wenn dieselbe im Zusammen=
hang mit dem preußischen Bundesreformproject be=
handelt werde. Den Inhalt dieses Reformprojectes gab nun
auch endlich der königlich preußische Staatsanzeiger auf
Grund eines preußischen Circular=Erlasses an die Regie=
rungen vom 10. Juni wie folgt an:

„Die österreichischen und niederländischen Landes=
theile sind vom Bundesgebiet ausgeschlossen. Die
Legislative übt ein Bundestag mit einer periodischen,
direct nach dem Reichswahlgesetz von 1849 gewählten
Nationalvertretung aus. Die Umgestaltung des Bun=
destages ist mit dem Parlament zu vereinbaren. Zu
einer Kriegserklärung, welche im Fall einer feindlichen
Invasion unter allen Umständen erfolgen muß, ist sonst
die Zustimmung von mindestens zwei Dritteln der
Bevölkerung erforderlich. Die Kriegsmarine der Nord=
und Ostsee steht unter preußischer Leitung. Kiel und
Jahde werden deutsche Bundeskriegshäfen. Für die
Erhaltung der Marine trägt die gesammte Bevölkerung
unter Feststellung eines Präcipuums der Uferstaaten
bei. Die Landmacht zerfällt in eine Nord=
armee und eine Südarmee unter dem Ober=
befehl der Könige von Preußen und Bayern
als Bundesoberfeldherrn im Krieg und Frie=
den. Für jedes Bundesheer wird mit der National=
vertretung ein Budget vereinbart. Die Beziehungen

des Bundes zu Deutsch-Oesterreich werden mit dem einzuberufenden Parlament vereinbart."

So lange hatte also Graf Bismarck gewartet, bis er den eigentlichen Grundgedanken seines Reformprojects — Ausschluß Oesterreichs aus dem deutschen Bunde und Theilung der militärischen Gewalt über das übrige Deutschland zwischen Preußen und Bayern — kundgab. Graf Bismarck mußte wissen und rechnete auch offenbar darauf, daß auf dieses Project Oesterreich in friedlicher Weise niemals, von den übrigen deutschen Regierungen kaum ein nennenswerther Bruchtheil, vielleicht nicht eine einzige, eingehen werde. Bayern insbesondere hatte schon längst zuvor (auf der Bamberger Conferenz) durch den Minister v. b. Pforbten die feierliche Versicherung abgeben lassen, daß es niemals auf Kosten der übrigen Bundesglieder Vortheile an sich reißen werde, und diese Versicherung war, was man auch sonst von dem Charakter v. b. Pforbten's halten mag, ganz gewiß ehrlich gemeint, denn Bayern wäre nach Ausschluß Oesterreichs aus dem Bunde an der Spitze der Südstaaten dem weit mächtigeren Preußen gegenüber in eine ganz unmögliche Lage — die Quelle unaufhörlicher Reibungen und Streitigkeiten mit endlosen Gefahren im Hintergrunde — gebracht worden. Das preußische Bundesreformproject sammt dem Parlamentsvorschlage stellte sich also für alle Welt nur noch als ein diplomatischer Schachzug des Grafen Bismarck dar und es kann gewiß nicht Wunder nehmen, daß es gar nicht mehr zu einer Erörterung darüber kam. Am 10. Juni war von Berlin aus dieser „Reformentwurf" an die deutschen Regierungen versandt worden und am 11. Juni stellte Oesterreich bei dem Bundestage mit Rücksicht auf das gewaltsame Vorgehen Preußens

in Holstein den Antrag auf Mobilisirung sämmtlicher
Bundestruppen. Folgendes sind die wichtigsten Stellen
dieses Antrags, dessen drei Tage später erfolgte bedingungs=
weise Annahme den Ausbruch des Krieges zur Folge hatte:
„Preußen hat zum Schutze vermeintlich verletzter
Rechte den Weg der Selbsthülfe betreten. Es liegt
demnach der im Artikel XIX. der Wiener Schlußacte
vorgesehene Fall vor und die Bundesversammlung ist
berufen, der unternommenen Selbsthülfe Einhalt zu
thun. Nach diesem gewaltthätigen Vorgehen, dem
Preußens umfangreiche Rüstungen zur Seite stehen,
kann nur in der Aufbietung aller übrigen verfügbaren
militärischen Kräfte des Bundes eine Gewähr des
Schutzes für die innere Sicherheit Deutschlands und
die bedrohten Rechte seiner Bundesglieder gefunden
werden. Die Kaiserliche Regierung erachtet die schleu=
nige Mobilmachung sämmtlicher nicht zur preußischen
Armee gehörigen Armeecorps des Bundesheeres für
nothwendig. Bedürfte diese Maßregel noch weiterer
Begründung, so findet sie dieselbe in der Haltung der
königlich preußischen Regierung gegenüber den Be=
schlüssen, welche in letzter Zeit und bei stets steigender
Gefahr von der Bundesversammlung zur Wahrung
des Bundesfriedens gefaßt worden sind. Dem aus
Anlaß der Bedrohung Sachsens gefaßten Beschlusse
vom 9. Mai: „die königlich preußische Regierung an=
zugehen, daß durch geeignete Erklärung dem Bunde
volle Beruhigung gewährt werde", hat die königlich
preußische Regierung nicht entsprochen. Die Antwort
Preußens auf den Beschluß vom 24. Mai kann nicht
für befriedigend erkannt werden, da es die in jenem

Beschlusse in Aussicht genommene gleichzeitige Abrüstung abgelehnt hat. Bei beiden Anlässen hat die königlich preußische Regierung sich zum Richter über den deutschen Bund aufwerfend, ihr Verhältniß zu diesem Staatenbunde und ihre weiteren Entschließungen davon abhängig erklärt, daß derselbe Preußens Forderungen erfüllen wolle und könne. Aus all diesen Gründen erscheint der kaiserlichen Regierung für die hohe Bundesversammlung die unvermeidliche Nothwendigkeit heranzutreten, diejenigen dringlichen Maßregeln zu ergreifen, welche sie in die Lage setzen, die ihr obliegenden Verpflichtungen zu erfüllen." (Folgt der Antrag auf Mobilmachung sämmtlicher Bundescorps spätestens innerhalb 14 Tagen.)

Die Beschlußfassung über diesen Antrag wurde auf den 14. Juni festgesetzt; nur der preußische Gesandte beantragte, wahrscheinlich um zum letzten Mal etwas Komisches im Palais auf der Eschenheimergasse vorzubringen, „Verweisung an einen Ausschuß." Seit fünfzig Jahren war dies gleichbedeutend mit der Leichenbestattung jeder auf solche Weise im Bundestage behandelten Angelegenheit gewesen und Herr v. Savigny wird bei Stellung seines Antrages wohl ein ironisches Lächeln, wenn auch nur ganz still für sich, kaum haben unterdrücken können. (Von Berlin aus wurde er nachträglich telegraphisch angewiesen, gegen jede geschäftliche Behandlung dieses Antrages zu protestiren.)

Die drei Tage zwischen dem 11. und 14. Juni waren für die Bevölkerung Frankfurts Tage der höchsten Spannung und Erwartung. Keine Seele glaubte mehr an die Möglichkeit der Erhaltung des Friedens und als am Abend des 13. Juni die österreichische Brigade Kalik auf dem Durch-

marsch nach Oesterreich hier eintraf — General Gablenz
hatte im „Hotel Westendhall" nächst dem Bahnhofe der
Mainweserbahn sein Nachtquartier genommen — wogten
Tausende von Menschen auf den freien Plätzen vor den
Westbahnhöfen, um sich das erste Vorspiel des Krieges, die
dem Kampfe entgegenziehenden Truppen, zu betrachten.
Bereits fünf Tage vorher war die preußische Garnison
Frankfurts (das 31. Infanterieregiment) in früher Morgen=
stunde von hier nach Wetzlar abgerückt; zwei Tage später
folgte die österreichische Besatzung, das hauptsächlich aus
böhmischen Landeskindern bestehende „Bataillon Nobili",
welches über Hanau nach Aschaffenburg zur Nordarmee
in Böhmen dirigirt wurde. Die späte Nachmittagsstunde
des Ausmarsches, sowie der Umstand, daß die Offiziere
dieses Bataillons während ihres mehrjährigen Aufenthaltes
in Frankfurt viel persönliche Bekanntschaften mit Civil=
personen angeknüpft hatten, die den Scheidenden noch ein
Lebewohl sagen wollten, mochte die Ursache sein, daß am
Hanauer Bahnhof sich eine ziemlich große Zahl Menschen
zusammenfand, die auf den Perrons neben dem bereit=
stehenden Extrazug mit dem abziehenden Militär in freund=
licher Weise verkehrten. Der Abschied würde ohne jede
Demonstration verlaufen sein, wenn nicht eine einzige
Person — ein Zeitungsreporter war's — im Augenblicke,
als der Zug langsam sich in Bewegung setzte, auf den
Einfall gerathen wäre, seinen Hut zu schwenken und aus
voller Kehle: „Sieg den Oesterreichern!" zu rufen.
Einige Umstehende ahmten den Ruf und das Hutschwenken
nach, was schon am folgenden Tage durch die preußischen
offiziösen Blätter zu einer „großartigen Demonstration",
welche die Frankfurter beim Abzug der Oesterreicher in

preußenfeindlichem Sinne gemacht hätten, aufgeblasen wurde.
Dazu kam noch das schon im Eingange dieser Schilderung
von uns erwähnte alberne Gerücht von den „faulen
Aepfeln", welche den preußischen Truppen bei ihrem
Abzuge nachgeworfen sein sollten und die nicht minder
legendenhafte Drohung eines Unteroffiziers, der mit geballter
Faust gerufen haben sollte: „Wir werden in vier Wochen
wieder da sein und Revanche nehmen!" Jenes: „Sieg den
Oesterreichern!" und jene erfundenen faulen Aepfel haben
redlich dazu beitragen müssen, um in Preußen nach der
Schlacht bei Königgrätz Stimmung gegen Frankfurt zu
machen. Der alte Kolb aus Speyer schrieb am 14. Juni
aus Anlaß des Vorganges auf dem Hanauer Bahnhofe in
der „Neuen Frankfurter Zeitung" Folgendes: „Wir finden
in einheimischen und fremden Blättern viel erzählt über die
theilnehmende Aufregung des Volks in Frankfurt beim Abzug der österreichischen Besatzung; es sei auch der Ruf er-
schollen: „Sieg den Oesterreichern!" Wir begreifen die
Stimmung, aus der eine solche Demonstration unwillkürlich
hervorgegangen sein kann. Gewiß war das Verhalten der
österreichischen Truppen hier ein sehr freundliches gegen die
Bevölkerung und gewiß ist die jetzige Rückkehr Oesterreichs
zum Bundesrechte einer patriotischen Anerkennung werth.
Allein wenn deutsche Truppen zum unvermeidlichen Kampfe
gehen gegen deutsche Truppen, da ist, so gerecht auch die
Abwehr ist, für die sie ausziehen, nicht die rechte Zeit für
das Aussprechen von Siegeswünschen, da geziemt sich nur
ernste Theilnahme und Manche haben kein Bewußtsein davon,
daß in einem Bürgerkriege die Niederlage schrecklich, aber
der Sieg darum nicht freudig ist. Wir haben preußische
und österreichische Soldaten gesehen, die weinend von ein-

ander Abschied nahmen, mit dem Gefühl des tiefsten
Schmerzes, daß bald der Bruder auf den Bruder schießen
müsse; Deutsche hüben, Deutsche drüben, zwischen ihnen ze-
rissen und blutend das Vaterland, vernichtet die Wohlfahrt,
die Freiheit, die Civilisation, die Humanität, der Rechtssinn, alle die Errungenschaft von fünf Jahrzehnten. Da
muß der Brudergruß dem Ernst der Ziele angemessen sein,
da zeige der Bürger, daß er versteht, um was es sich
handelt, daß er weiß, daß es zum Kriege zwischen
Deutschen geht. In Rom erhielt selbst der Sieger
im Bürgerkriege nicht die Ehre des Triumphs. Nun, wo
es für Recht und Freiheit der Nation zum Kampfe kommen
soll, vergessen wir nicht, daß dem Kampf, wie er auch ausgehe, in Millionen von deutschen Häusern und Hütten die
Trauer um die besten Söhne folgen wird."

Zur selben Zeit bestimmte die Bundesmilitärcommission
gemäß der noch im Einverständniß mit Preußen beschlossenen
Maßregel, die Bundesfestungen Mainz und Rastatt während des Krieges zwischen Oesterreich und Preußen für neu-
tral zu erklären und auch in Frankfurt, als am Sitze des
Bundestages nur „neutrale" Truppen zu lassen, — daß
in dieser Stadt fernerhin von fremden Truppen nur das
bayerische Bataillon bleiben solle, das nach Bedürfniß
zu verstärken sei. „Ueber die fernere Gestaltung der Com-
mando-Verhältnisse werden Bayern und Frankfurt sich vereinbaren."

Und nun, ehe der Vorhang zum blutigen Schauspiele
entrollt wurde, erhob auch noch Kaiser Louis Napoleon,
der Spaziergänger von Biarritz, — jene „Verjüngungs-
quelle" für den Grafen Bismarck — seine Stimme zu dem
bevorstehenden Kriege. In der Sitzung des französischen

Geſetzgebenden Körpers vom 12. Juni wurde ein Schreiben
des Kaiſers an den Miniſter Drouyn de Lhuys verleſen,
in welchem das Scheitern der von Napoleon vorgeſchlagenen
Conferenz beklagt und folgendes geſagt wird: „Wir könnten
nur an eine Ausdehnung unſerer Grenzen denken,
wenn die Karte von Europa zum ausſchließlichen
Vortheil einer Großmacht verändert würde und wenn
Grenzgebiete durch ihren frei ausgedrückten Wunſch die An=
nexion an Frankreich fordern, andernfalls halte ich es
unſeres Landes würdiger, jeder Gebietserweiterung den un=
ſchätzbaren Vortheil, in guter Eintracht mit unſeren Nach=
barn zu leben, vorzuziehen, indem wir ihre Unabhängigkeit
und ihre Nationalität achten .... Der Conflict hat
drei Urſachen: die ſchlecht begrenzte geographiſche
Lage Preußens, den Wunſch Deutſchlands nach einer
Verfaſſung, die mehr ſeinem Bedürfniß entſpricht, und die
Nothwendigkeit für Italien, ſeine nationale Unabhängigkeit
ſicher zu ſtellen ... Was uns betrifft, ſo hätten wir für
die zum deutſchen Bunde gehörigen Staaten zweiten Ranges
ein engeres Aneinanderſchließen, eine kräftigere Organiſation,
eine wichtigere Rolle gewünſcht; für Preußen mehr Abrun=
dung und Kraft im Norden; für Oeſterreich die Erhaltung
ſeiner großen Stellung in Deutſchland. Wir würden außer=
dem gewünſcht haben, daß Oeſterreich gegen eine verhält=
nißmäßige Entſchädigung Venetien an Italien cedirt hätte;
denn wenn es, ohne ſich um den Vertrag von 1852 zu
bekümmern, mit Preußen einen Krieg gegen Dänemark im
Namen der deutſchen Nationalität geführt hat, ſo ſchien es
mir gerecht, daß es in Italien den gleichen Grundſatz aner=
kennen werde, indem es die Unabhängigkeit der Halbinſel
vervollſtändigt."

Am Schlusse dieses Briefes erklärt dann Napoleon, daß Frankreich eine „aufmerksame Neutralität" bewahren und verlangen werde, daß keine der Frankreich berührenden Fragen ohne dessen Zustimmung gelöst werde. Den practischen Commentar zu letzterem Satze lieferte einen Monat später die Mission Benedetti's nach Nikolsburg.

Wie Louis Napoleon auf die in dem obigen Schreiben dargelegten Gedanken und Projecte gerathen konnte, darüber würde Lamarmora's bekanntes Buch: „Ein wenig mehr Licht" Auskunft geben, wenn nicht Fürst Bismarck Alles was darin über seine angeblich im Jahr 1866 gehegte Absicht, Frankreich durch Abtretung eines Theils des linken Rheinufers für Preußen zu gewinnen, gesagt ist, am 15. Januar 1874 im deutschen Reichstag als „dreiste tendenziöse Lüge und Verleumdung, erfunden um seine (Bismarck's) Person anzuschwärzen," erklärt hätte. Historisch ist es nun unanfechtbar, daß Herr von Bismarck allerdings niemals eine derartige Zusage gegeben hat, indessen hat er es auch sicherlich nicht verhindert, daß Louis Napoleon, auf die Mittheilungen dritter Personen und namentlich italienischer Zwischenträger (Govone, Nigra u. A.) vertrauend, sich derartigen süßen Hoffnungen hingab und dadurch zu einem Verhalten bestimmt wurde, welches im Ganzen für Preußen äußerst günstig war. Der preußisch-italienische Allianz- vertrag vom 15. April 1866 insbesondere wäre ohne die Zustimmung, ja ohne die Hülfe Napoleons niemals zu Stande gekommen.

Am 14. Juni in der Mittagsstunde erfolgte im Bundes- palais auf der Eschenheimergasse die Abstimmung über den österreichischen Mobilisirungsantrag. Das Resultat war die

Annahme desselben mit 9 gegen 6 Stimmen,*) jedoch unter
Zurückweisung des Punktes 4 (sofortige Ernennung des
Oberbefehlshabers über die mobilisirten Streitkräfte) und
unter folgender von Bayern beantragten wichtigen Aenderung:
„Die königlich bayerische Regierung, welche noch immer
an der Hoffnung der Erhaltung des Friedens
festhält, stimmt den Anträgen, insoweit sie die Mobilisirung des 7., 8., 9. und 10. Bundes-Armeecorps betreffen;
bei, da sie im Hinblick auf die fortdauernden Rüstungen
Oesterreichs und Preußens, deren Differenzen inhaltlich
der beiderseitigen Erklärungen vom 1. d. M. noch immer
ungeschlichtet sind, die hohe Bundesversammlung ebenso für
verpflichtet wie berechtigt erachtet, in der beantragten Weise
die erforderlichen Vorsichtsmaßregeln zu treffen, um etwaigen Störungen des Bundesfriedens gegenüber die
ihr obliegenden Verpflichtungen zu erfüllen. Dabei
vermag sich indessen die königliche Regierung die Motivirung
des Antrages mit dem erfolgten Bruche der Gasteiner Convention nicht anzueignen, da diese Convention weder für
die königliche bayerische Regierung noch für den Bund
existirt.“

Der große Unterschied zwischen dieser Erklärung Bayerns
welche die Grundlage des Bundesbeschlusses
bildete, und dem österreichischen Antrag vom 11. Juni

---

*) Es stimmten für den Antrag mit der ihm von Bayern
gegebenen Aenderung: Oesterreich, Bayern, Sachsen, Hannover, Württemberg, Kurhessen, Großherzogthum Hessen, Braunschweig-Nassau (Braunschweig in der Kurie dagegen) und die 16 Kurie (Lichtenstein, Reuß,
Lippe 2c. Dagegen stimmten außer Preußen: Mecklenburg, Oldenburg,
sächsische Häuser und freie Städte (Frankfurt innerhalb der Kurie
für den Antrag); Baden und Luxemburg gaben so verklausulirte Abstimmungen ab, daß sie der Minorität zugezählt wurden.

springt sofort in die Augen. Der Antrag Oesterreichs richtete seine Spitze ausschließlich gegen Preußen und dessen Annahme wäre somit allerdings ein feindlicher Act gegen Preußen gewesen; durch die von Bayern beantragten Aenderungen aber war einstweilen nichts weiter als die bewaffnete Neutralität des Bundes in dem bevor= stehenden Kampfe zwischen dessen beiden mächtigsten Gliedern proclamirt. Damit hatten sich selbst die Vertheidiger Preu= ßens auf dem Abgeordnetentage einverstanden erklärt und in der That war dies nach dem Bundesrecht das Geringste, was der Bund in der damaligen Lage der Dinge thun konnte und mußte.

Aber Herr v. Savigny hatte im Voraus seine In= struction aus Berlin empfangen, welche sowohl den Fall der Ablehnung wie denjenigen der Annahme des öster= reichischen Antrages im Auge hatte. Den dritten Fall — die Amendirung des österreichischen Antrages durch Bayern — hatte Graf Bismarck nicht vorausgesehen, und auf daß mitten in dem Ernst der Lage auch die Ironie der Weltgeschichte ihren Platz finde, mußte es dem Herrn v. Savigny passiren, daß er nach Verkündigung des Abstimm= ungsresultats sich in den vor ihm liegenden Papieren ver= griff und diejenige preußische Erklärung vorzulesen begann, welche auch für den Fall der Ablehnung des österreichischen Antrages, nur mit anderer Motivirung, den Austritt Preußens aus dem Bunde verkündigte. Herr v. Savigny bemerkte indeß rasch seinen Irrthum und verlas nun die richtige Erklärung, der wir Folgendes entnehmen:

„Nachdem das Vertrauen Preußens auf den Schutz, welchen der Bund jedem seiner Mitglieder verbürgt hat, durch den Umstand tief erschüttert worden war,

daß das mächtigste Glied des Bundes seit 3 Monaten
im Widerspruch mit den Bundesgrundgesetzen zum
Behufe der Selbsthilfe gegen Preußen gerüstet hat,
die Berufung der königlichen Regierung aber an die
Wirksamkeit des Bundes und seiner Mitglieder zum
Schutze Preußens gegen willkürlichen Angriff Oester=
reichs nur Rüstungen anderer Bundesmitglieder ohne
Aufklärung über den Zweck derselben zur Folge gehabt
haben, mußte die königliche Regierung die äußere und
innere Sicherheit, welche nach Art. 2 der Bundesacte
der Hauptzweck des Bundes ist, bereits als in hohem
Grade gefährdet erkennen. Diese ihre Auffassung hat
der vertragswidrige Antrag Oesterreichs und die ein=
gehende, ohne Zweifel auf Verabredung beruhende
Aufnahme desselben durch einen Theil ihrer bisherigen
Bundesgenossen nur noch bestätigen und erhöhen können.
Durch die nach dem Bundesrechte unmögliche Kriegs=
erklärung (?) gegen ein Bundesglied, welche durch den
Antrag Oesterreichs und das Votum derjenigeu Re=
gierungen, welche ihm beigetreten sind, (?) erfolgt ist,
sieht das königliche Kabinet den Bundesbruch als
vollzogen an. Im Namen und auf allerh. Befehl
Se. Maj. des Königs seines allergnädigsten Herrn
erklärt der Gesandte daher hiermit, daß Preußen den
bisherigen Bundesvertrag für gebrochen und deßhalb
nicht mehr verbindlich ansieht, denselben vielmehr als
erloschen betrachtet und behandeln wird. Indeß will
Se. Maj. der König mit dem Erlöschen des bisherigen
Bundes nicht zugleich die nationalen Grundlagen, auf
denen der Bund auferbaut gewesen, als zerstört be=
trachten. Preußen hält vielmehr an diesen Grund=

lagen und an der über die vorübergehenden Formen
erhabenen Einheit der deutschen Nation fest und sieht
es als eine unabweisliche Pflicht der deutschen Staaten
an, für die Letztere den angemessenen Ausdruck zu
finden. Die königliche Regierung legt ihrerseits die
Grundzüge einer neuen, den Zeitverhältnissen entsprechenden Einigung hiermit noch vor, und erklärt
sich bereit, auf den alten, durch eine solche Reform
mobificirten Grundlagen einen neuen Bund mit denjenigen deutschen Regierungen zu schließen, welche ihr
dazu die Hand reichen wollen. Der Gesandte voll-
zieht die Befehle seiner allerhöchsten Regierung, indem
er seine bisherige Thätigkeit hiermit nunmehr für
beendet erklärt."

Nachdem Herr v. Savigny geendet, erklärte der österreichische Gesandte, Herr v. Kübeck, wörtlich Folgendes:

„Der deutsche Bund ist nach Artikel I der Bundesacte ein unauflöslicher Verein, auf dessen unge-
schmälerten Fortbestand das gesammte Deutschland
sowie jede einzelne Bundesregierung ein Recht hat,
und nach Artikel V. der Wiener Schlußacte kann der
Austritt aus diesem Vereine keinem Mitgliede desselben
freistehen. Indem Präsidium sich gegenüber der von
dem königlich preußischen Gesandten eben erfolgten
beklagenswerthen Erklärung auf den gefaßten zu Recht
bestehenden Beschluß bezieht, Namens der hohen Versammlung auf obige Grundgesetze hinweist und die
Motive der preußischen Erklärung als rechtlich unzu-
lässig und factisch unbegründet erklärt, muß dasselbe
in förmlichster und nachdrücklichster Weise alle Rechte
und Zuständigkeiten des Bundes wahren, welcher in

vollkommen bindender Kraft fortbesteht. Präsidium
behält der hohen Bundesversammlung alle weiteren
Entschließungen vor und ladet hochdieselbe ein, sich
diesem feierlichen Proteste anzuschließen."
Nachdem sich die Bundesversammlung dem Proteste
angeschlossen hatte, äußerte Herr v. Kübeck weiter:
„Die Verantwortlichkeit für die schwere Verwickelung,
welche in Folge des Schrittes der preußischen Regie=
rung für Deutschland eintritt, trifft diese allein. Die
bundestreuen Regierungen werden ihre Pflichten gegen
einander und gegen die deutsche Nation zu erfüllen
wissen, indem sie auf dem Boden des Bundesrechts
zusammenstehen."
Was weiter noch in dieser Sitzung des Bundestags
vorging, erzählt der Verfasser der schon mehrfach citirten
„Tagebuchblätter" in folgender Weise: „Nachdem Herr
v. Savigny die Austrittserklärung verlesen und seine Amts=
führung als damit geschlossen bezeichnet hatte, entfernte er
sich nicht etwa, sondern vernahm die nunmehr nach der
Reihe folgenden Proteste und Erklärungen der übrigen
Gesandten, von denen sofort der bayrische den Nagel auf
den Kopf traf, indem er hervorhob, daß die Motivirung
der preußischen Erklärung auf die Abstimmung
Bayerns und auf den herbeigeführten Bundes=
beschluß in keiner Weise passe. Erst als der württem=
bergische Gesandte in seiner emphatischen Weise von dem
allgemeinen Erstaunen sprach, den dieser Schritt der preu=
ßischen Regierung in ganz Deutschland hervorrufen werde,
und der preußischen Regierung das Recht bestritt, wiederum
die Behauptung aufzustellen, als habe Württemberg in
Uebereinstimmung mit Oesterreich gerüstet, — erst da empfand

Herr v. S., daß er schon längst nicht mehr an seinem Platze sei; er unterbrach daher den württembergischen Gesandten, was wieder von diesem lebhaft urgirt ward, und entfernte sich, ohne aus seiner bisherigen collegialischen Stellung die so nahe liegende Veranlassung zu nehmen, seine Person von seinem Amte zu trennen. Dies soll die andern Gesandten peinlich berührt, aber nicht überrascht haben."

Bereits durch eine Depesche vom 12. Juni hatte Graf Bismarck den sämmtlichen deutschen Regierungen erklärt, daß Preußen die Zustimmung zu dem österreichischen Mobilisirungsantrag als Parteinahme für Oesterreich und als „selbstständige Kriegserklärung" gegen Preußen ansehen werde.

Die norddeutschen Regierungen waren hierauf noch besonders aufmerksam gemacht worden; namentlich aber fanden noch in der Nacht vom 14. auf den 15. Juni in Kassel und Hannover die bringendsten Pressionen statt, damit diese beiden Regierungen ein Sonderbündniß mit Preußen eingehen sollten, was sie jedoch ablehnten. Sowohl die kurhessische wie die hannöverische Kammer protestirten am Vormittag des 15. Juni durch Majoritätsbeschluß gegen die von ihren Regierungen Tags vorher in Frankfurt gegebene Abstimmung und forderten die Nichtausführung des Bundesbeschlusses, sowie Rückkehr zu einer „neutralen Haltung". Man vergaß dabei, was auch die preußische Regierung in ihren weiteren Erklärungen (Staatsanzeiger vom 15. Juni) geflissentlich übersah, daß der österreichische Antrag vom Bunde gar nicht angenommen war, sondern der ganz anders lautende bayerische, welcher nichts als die bewaffnete Neutralität des Bundes forderte.

III.

Der Krieg.

In der Nacht vom 15. auf den 16. Juni rückten preußische Truppen fast zu derselben Stunde in Sachsen, Hannover und Kurhessen ein. Der Krieg war da. Sachsen rief die Hülfe des Bundes gegen den preußischen Gewaltschritt an, welche in der Bundestagssitzung vom 16. Vormittags mit 10 gegen 5 Stimmen (die sich der Abstimmung enthielten) auch beschlossen wurde. Oesterreich erklärte, „daß es mit allen Kräften für die Sicherheit der bedrohten Staaten einstehen werde und von den bundestreuen Regierungen das Gleiche erwarte."

Der Senat zu Frankfurt setzte eine permanente Kommission zur Vornahme etwa erforderlicher eiliger Maßregeln ein. Diese Kommission bestand aus den Herren: Dr. Müller, Fellner, v. Oven und Spelz.

Seit fünfzig Jahren hatte in Deutschland Friede geherrscht und in den Truppencontingenten der Mittel- und Kleinstaaten waren nur noch hie und da einige alte Graubärte zu finden, welche jemals den Krieg gesehen hatten. (An dem deutsch-dänischen Kriege von 1864 hatten bekanntlich nur österreichische und preußische Truppen theilgenommen.) Dazu kam, daß von Seiten der Regierungen mit alleiniger

7*

Ausnahme Sachsens, für die selbmäßige Ausrüstung ihrer
Truppen bis zum Tage des Bundesbeschlusses vom 14. Juni
so gut wie nichts geschehen war, und daß noch viel weniger
irgend eine dieser Regierungen — wiederum mit Ausnahme
Sachsens, dessen Truppen nach dem preußischen Einmarsche
sofort mit der österreichischen Nordarmee in Böhmen vereinigt wurden — an eine planmäßige Cooperation mit ihren
Verbündeten gedacht hatte. Man war in den mittel- und
kleinstaatlichen Residenzen trotz der langen Vorgeschichte des
Krieges bis zur letzten Stunde noch immer nicht auf den
preußischen Angriff gefaßt und verließ sich auf den „Bun-
desschutz", ohne zu bedenken, daß der schwerfällige Geschäfts-
gang am Bunde — von der in ihm herrschenden Zerrissen-
heit ganz abgesehen — den Verlust einer sehr kostbaren
Zeit zur Vertheidigung unwiderbringlich zur Folge haben
mußte. Der Krieg begann unter solchen Umständen im
Bundeslager mit einer schrecklichen Verwirrung und Plan-
losigkeit, die nothwendig demjenigen Theile der Kriegführenden zu Gute kommen mußte, der sich längst an den Gedanken des Krieges gewöhnt und seine Vorbereitungen dazu
seit Jahren getroffen hatte. Das Letztere war bei Preußen der Fall, wie der Aufruf des Königs Wilhelm „an
mein Volk" vom 18. Juni 1866 es in folgenden Worten
selbst bestätigt:

> „Bei sorglicher Voraussicht dessen, was nun ein-
> getreten ist, habe ich es seit Jahren als die erste Pflicht
> meines königlichen Amtes erkennen müssen, ein streitbares Preu-
> ßenvolk für starke Machtentwicklung vorzubereiten."

Der Aufruf enthielt ferner den Hinweis auf die traditio-
nelle Feindschaft Oesterreichs gegen Preußen, auf die „Un-

bill", welche das Letztere auch in neuerer Zeit von Oester=
reich erdulden mußte,*) und ferner folgende Stelle:

> „Oesterreich will nicht vergessen, daß seine Fürsten einst Deutsch=
> land beherrschten, will im jüngeren Preußen keinen natürlichen
> Bundesgenossen, sondern nur einen feindlichen Nebenbuhler er=
> kennen. Preußen, meint es, ist in allen Bestrebungen zu be=
> kämpfen, weil, was Preußen frommt, Oesterreich schade. Alte
> unselige Eifersucht ist in hellen Flammen wieder aufgelodert.
> Preußen soll geschwächt, vernichtet, entehrt werden. Ihm gegen=
> über gelten keine Verträge mehr. Gegen Preußen werden deutsche
> Bundesfürsten nicht blos aufgerufen, sondern selbst zum Bundes=
> bruch verleitet. Wohin wir in Deutschland schauen, sind
> wir von Feinden umgeben, und deren Kampfgeschrei ist:
> Erniedrigung Preußens!"

„Wohin wir in Deutschland schauen, sind wir von
Feinden umgeben" — dieses Wort war wohl nicht ganz
buchstäblich zu nehmen, denn in Kurhessen beispielsweise
hatte General Beyer, der von Wetzlar her am 16. Juni
mit seinen Truppen in Marburg einrückte, in einem über=
aus herzlichen Aufruf den Hessen „die preußische Bruder=
hand" gereicht und lediglich die Verblendung des Kurfürsten
und seiner Räthe als die Ursache der Occupation des Lan=
des bezeichnet, dessen Verfassung und Gesetze auf's Strengste
aufrecht erhalten werden sollten. In Marburg wollte man
nun freilich einen Widerspruch mit dieser brüderlichen Ge=
sinnung darin erblicken, daß die Eisenbahnschienen auf dem
Bahnhof aufgerissen und Pferdelieferungen ausgeschrieben
wurden; aber im Ganzen hatte der Krieg in Kurhessen in

---

*) Damt war offenbar der Gang nach Olmütz im Jahr 1850
gemeint. Aber dies wa. doch weit weniger das Werk Oesterreichs, als
vielmehr des „besten Freundes" Preußen's — Rußland! Anm. des
Verf.

der That etwas „Gemüthliches", wenn man bedenkt, daß
schon am ersten Tage ein höherer hessischer Regierungs=
beamter an der Seite des Generals Beyer in der aller=
freundlichsten Weise ben in Marburg einrückenden preußischen
Truppen vorausfuhr, nachdem Tags zuvor der Stadtrath
dortselbst durch den General brieflich von der bevorstehen=
den Ankunft der Preußen in Kenntniß gesetzt worden war.
Das Regierungscollegium in Marburg hatte in Folge dieser
Notification telegraphisch aus Cassel Verhaltungsmaßregeln
gefordert, welche Letzteren aber zur Verwunderung der an=
fragenden Herren gänzlich ausblieben. Man hatte im Eifer
der Geschäfte ganz vergessen, daß es eine preußische Tele=
graphenstation war, bei der jene Depesche aufgegeben wurde
(in Kurhessen war das Telegraphenwesen längst vertrags=
mäßig in preußischen Händen) und daß preußische Beamte
nicht so naiv sein würden, in jener Stunde einen Corre=
spondenzwechsel zu befördern, der dem Kurfürsten und seiner
Regierung zu Gute kommen sollte. General Beyer fand
demnach bei seinem Einmarsch in Marburg alles in schönster
Ordnung vor; er erließ seine brüderliche Proclamation, ent=
waffnete die kleine Besatzung auf dem Schlosse, nahm etwa
20 Pferde weg und schlug schon am 17. Juni den Weg
nach Cassel ein, nachdem er in Marburg einige Locomotiven
und die Eisenbahnschienen auf dem Bahnhof hatte demoliren
lassen. Wie nun in Cassel unter großer Verwirrung die
hessischen Truppen nach dem Süden (Hanau) dirigirt, die
Bemühungen der Regierung, den Staatsschatz wegzuschaffen,
vom landständischen Ausschuß vereitelt wurden und wie
schließlich (am 21. Juni) der Kurfürst selbst verhaftet und
nach Stettin gebracht wurde — Alles dies gehört gleich den
Vorgängen in Hannover und Sachsen der allgemeinen

Geschichte an, die wir von jetzt an nur soweit berühren können, als es zum Verständniß der Ereignisse in Frankfurt nöthig ist.

Schon am 16. Juni, Nachmittags 4 Uhr, trafen in Frankfurt die ersten Bundestruppen, bestehend aus 4000 Mann hessen-darmstädtischer Infanterie und Cavallerie, ein, denen am folgenden Tage (einem Sonntag) angeblich weitere 20,000 Mann folgen sollten. Seit Samstag früh war es auch bekannt geworden, daß Prinz Alexander von Hessen, der im italienischen Kriege von 1858 eine österreichische Brigade geführt hatte, den Oberbefehl über das achte Bundesarmeecorps übernehmen werde. Neugier und Aufregung trieb die Bevölkerung in Massen auf die Straßen, in denen sich ein bundes militärisches Bild entwickelte. Offiziere und Soldaten, Nachzügler, Sattelpferde, Munitionswagen und militärische Hülfsmittel aller Art boten sich den erwartungsvollen Blicken der Menge dar; was aber am Meisten imponirte, war das Schauspiel des „scharfen Ladens", welches von Seiten mehrerer Compagnien auf dem freien Raume vor den Westbahnhöfen geboten wurde. Die „Civilisten", welche sich neugierig an die Soldaten und Unteroffiziere herandrängten, um etwas über die im Gange befindlichen Ereignisse zu erfahren, wurden denn auch bereitwilligst belehrt, daß es morgen „gegen die Preußen" gehen solle, die von Wetzlar her im Anmarsch nach der Wetterau, begriffen seien. Nun gab es große Aufregung in der Stadt und das Gerücht von einem unmittelbar bevorstehenden Zusammenstoß zwischen Hessen-Darmstädtern und Preußen fand weitere Nahrung durch den Umstand, daß in der Gegend der Friedberger Warte ein Theil der Nachmittags angekommenen Truppen zum feldmäßigen Bivouac zusammengezogen

wurde. Einige junge Frankfurter wagten sich spät Abends
hinaus und hätten beinahe das Schicksal erlitten, welches
zwei Tage später eine preußische Patrouille bei Oberlahn=
stein ereilte, die sich einem ausgestellten Posten der eigenen
Truppen in Schußweite näherte, ohne — wahrscheinlich um
in scherzhafter Absicht die Wachsamkeit des Postens zu prü=
fen — auf den erfolgten Anruf Parole zu geben. Der
Posten feuerte ohne Weiteres und ein Mann der Patrouille
hatte das Leben eingebüßt. Dies war der erste „Gefallene"
im Kriege von 1866, dem bald ungezählte weitere Opfer
folgen sollten.

Ein frischer und schöner Morgen war's, der am Sonn=
tag den 17. Juni anbrach. Die Glocken auf den Kirch=
thürmen läuteten wie gewöhnlich, und in den Straßen war
es nach dem militärischen Getümmel in Folge der Ankunft
und der Einquartierung der hessischen Truppen (sie bezogen
die leer gewordenen Kasernen und sonstigen hierzu eingerich=
teten öffentlichen Locale) verhältnißmäßig still geworden; von
Neuigkeiten hörte man nur, daß die preußischen Mitglieder
der Bundes=Militärcommission früh Morgens von hier nach
Coblenz abgereist seien. (Herr von Wentzel, der preußische
Ministerresident bei der freien Stadt Frankfurt, blieb noch
da.) Aber im Laufe des Tages sollten noch zwei Ereignisse
die Gemüther in Bewegung setzen. Das erste war die
Schließung der preußischen Telegraphen=Station im Börsen=
gebäude durch eine Abtheilung der hier befindlichen bayerischen
Bundesgarnison — ein Vorkommniß, welches von der preu=
ßischen Regierung, wie wir später sehen werden, in gar son=
derbarer Weise ausgenutzt wurde — das zweite ist die
falsche Schlacht bei Friedberg, entstanden durch ein lustiges
Böllerschießen bei einer Fahnenweihe in Niederhöchstadt. Um

die zweite Mittagsstunde nämlich hörte man in Frankfurt
plötzlich in regelmäßigen Zwischenräumen schweren Geschütz-
donner erschallen, der sofort auf Rechnung des seit gestern
Abend in der Wetterau erwarteten Zusammenstoßes zwischen
den Hessen-Darmstädtern und den Preußen gesetzt wurde.
Alles eilte vor die Thore, um über die Richtung, aus welcher der Kanonendonner kam, sich zu vergewissern; wer gute
Beine hatte, stieg auch auf den Pfarrthurm, um mit Hülfe
von Fernröhren die Gegend des Kampfes auszukundschaften.
Erst gegen Abend stellte sich heraus, daß die guten Bauern
in Niederhöchstadt ihrer Nachbarschaft den Kriegsteufel an
die Wand gemalt hatten; unter Lachen und gegenseitigem
Spott zerstreuten sich nun die Neugierigen in Frankfurt.
Die Berliner Zeitungen aber veröffentlichten Tags darauf
durch Extrablätter und mit großer fetter Schrift gedruckt
folgende Tartarenbotschaft: „Das erste Gefecht hat stattgefunden und zwar nicht in Sachsen, sondern in Süddeutschland. Das 4. Darmstädter Infanterieregiment, welches die
preußischen Truppen aus ihrer Stellung vertreiben sollte,
ist heute von den Preußen bei Friedberg fast vollständig vernichtet worden."
Weniger humoristisch, obwohl auch sensationsmäßig
ausgestattet, wozu dann noch später die geflissentlichen Uebertreibungen aus preußischer Quelle kamen, vollzog sich das
andere Ereigniß von jenem Sonntag: die Schließung des
preußischen Telegraphenbureaus auf der Börse. Wir müssen
diesem Vorgang, der für Frankfurt von politischer Wichtigkeit werden sollte, ein näheres Eingehen widmen. Bekanntlich war schon in der Bundestagssitzung vom 10. Juni noch
in Einverständniß mit Preußen beschlossen worden, daß in
Frankfurt als Bundesbesatzung fernerhin nur die bayeri-

schen Truppen bleiben sollten, welche also nach den Bun=
desgesetzen wesentlich die Bestimmung hatten, der „Sicher=
heit der Bundesversammlung" zu dienen. Nachdem nun
Preußen den Krieg an Oesterreich erklärt und denselben
gegen den Bund faktisch durch den Einbruch in Kurhessen,
Hannover und Sachsen begonnen hatte, würde die Bundes=
militärcommission in Frankfurt gewiß ohne allen gesunden
Menschenverstand gehandelt haben, wenn sie geduldet hätte,
daß in Frankfurt der Telegraph dazu benutzt werden konnte,
um den in Kurhessen, Wetzlar und bei Coblenz stehenden
preußischen Truppentheilen Nachrichten über die Bewegungen
der Bundestruppen bei Frankfurt zu geben. Die Bundes=
militärcommission beschloß erst am Sonntag früh den
17. Juni, was sie von Rechtswegen schon Tags zuvor hätte
thun müssen, die Schließung des preußischen Telegraphen=
bureaus und beauftragte mit der Ausführung dieser Maß=
regel den Commandeur der bayerischen Besatzung von
Frankfurt. Wie dieser seinen Auftrag — im Gegensatz zu
späteren Uebertreibungen und Entstellungen — vollzog, mag
am Besten durch das Zeugniß eines für Preußen sehr partei=
nehmenden Chronisten*) gezeigt werden: „Vor der Börse
stand ein großer Haufe Menschen, welcher die den Eingang
besetzt haltenden Soldaten angaffte. Hier erzählte man sich,
sämmtliche preußische Telegraphenbeamte seien gefangen ge=
nommen und besonders einer in engen Gewahrsam gebracht,
da er in dem Augenblicke, wo der bayerische Offizier in das
Bureau getreten sei, noch eine Depesche habe abschicken wollen.
„Die ganze Geschichte ist nicht wahr," flüsterte mir mein Freund

---

*) „Juni= und Julitage 1866 in Frankfurt a. M." Kassel,
Verlag von Karl Luckhardt.

zu, „ich habe soeben einen Telegraphenbeamten gesprochen.
Der bayerische Offizier hat einfach die Beamten
aufgefordert, ihre Functionen einzustellen."

Hören wir nun, wie von preußischer Seite dieser Vor=
gang ausgenutzt wurde. Die Nationalzeitung in Berlin
vom 18. Juni schrieb: „Der in Folge amtlicher Anord=
nung erfolgte Ueberfall der preußischen Telegraphen=
station in Frankfurt a. M. durch bayrische Truppen und
die Verhinderung der preußischen Beamten in ihren Func=
tionen durch Gewaltandrohungen constatirt einen Bruch des
Völkerrechts mitten im Frieden durch Bayern, gegen
welchen Preußen Protest erhoben hat. Der bayrische Ge=
sandte in Berlin hat nach diesem Gewaltact heute (18.)
seine Pässe gefordert und erhalten."

Und der preußische Staatsanzeiger vom 19. ent=
hielt über das Verkömmniß folgende amtliche Note: „Von
der preußischen Regierung ist in Veranlassung dieses Ereig=
nisses an die europäischen Mächte ein Circular wegen des
stattgefundenen Bruches des Völkerrechts gerichtet worden.
Die preußische Telegraphenstation befand sich in Frankfurt
auf Grund rechtsbeständiger Staatsverträge, deren Gültig=
keit keinem Zweifel unterliegen konnte, da Preußen mit
der freien Stadt Frankfurt in Frieden lebt, auch
bisher von einer bayrischen Kriegserklärung keine Kenntniß
hat. Zu der Zeit, wo dieser Akt der Gewalt in Frankfurt
vorfiel, waren sogar die diplomatischen Beziehungen zwischen
Berlin und Wien noch in Wirksamkeit. Mit demselben
Rechte, mit welchem Bayern gegen die preußische Tele=
graphenstation einen Akt der Gewalt ausführte, hätten die
bayrischen Zoll= und anderen Beamten in Berlin preußischer=
seits verhaftet werden können. Ja sogar die Sicherheit

der bayrischen Gesandtschaft und ihrer Archive in Berlin
beruhte auf demselben Grunde des Völkerrechts und der=
selben Achtung vor den Verträgen, welche die preußische
Telegraphenstation und ihre Archive in Frankfurt a. M.
hätte schützen müssen. Als Entschuldigung für diese Rechts=
verachtung wird die Behauptung aufgestellt, daß man in
Frankfurt einen Ueberfall durch preußische Trupppen be=
fürchtet habe. Wenn auch die Thatsache, daß zunächst vom
österreichischen Bevollmächtigten beim vormaligen Bundes=
tage der Befehl zur Ausführung des Gewaltactes in Frank=
furt ertheilt sei, begründet ist, so befreit dieser Umstand
die bayrische Regierung nicht von der Verantwortlichkeit
für die Handlung, aber es liegt darin der Beweis, daß
von Oesterreich die politische wie militärische Dic=
tatur in Frankfurt ausgeübt wird."

Man beachte wohl, daß am 19. Juni 1866 der königlich
preußische Staatsanzeiger (wahrscheinlich unter Wiederholung
des gleichlautenden Ausdrucks in der preußischen Protest=
note über das Vorkömmniß) förmlich constatirte, daß Preußen
„mit der freien Stadt Frankfurt in Frieden lebe", ferner,
daß die in Rede stehende Maßregel ohne jede Mitwirkung
und Einflußnahme der Behörden und Organe der freien
Stadt, vielmehr lediglich von bayrischen Truppen auf Grund
eines Befehles der Bundesmilitärcommission vorgenommen
wurde. Außer der Schließung des preußischen Telegraphen=
bureau's im Börsengebäude zu Frankfurt ist nun erweislich
kein anderer „feindlicher Akt" gegen preußische Truppen
oder Beamte bis zum 16. Juli 1866 in Frankfurt vorge=
kommen, denn was im Bundespalais auf der Eschenheimer=
gasse verhandelt und decretirt wurde, lag gänzlich außerhalb
der Machtsphäre und des Wirkungskreises der Frankfur=

tischen Behörden, gleichwie diese auch die Conzentration der Bundestruppen in Frankfurt in keiner Weise hindern konnte. Von Frankfurtischem Militär befand sich dagegen nicht ein Mann unter diesen Truppen; das vorhandene Bataillon wurde vielmehr lediglich zu frieblichen Wachtdiensten und Patrouillen in den Straßen der Stadt verwendet. Trotz aller dieser Umstände, die denn doch beweisen müßten, daß die Stadt Frankfurt mit Preußen „in Frieden lebte" ist die spätere Einverleibung der freien Stadt unter der Moti= virung erfolgt, daß die Regierungen von Hannover, Kur= hessen, Nassau und Frankfurt „an dem Krieg Oesterreichs gegen Preußen thätig Antheil genommen" und die Entscheidung des Krieges über sich und ihre Länder ange= rufen hätten.

Worin nun die „thätige Theilnahme" Frankfurts am Kriege bestanden hat, da es noch am 19. Juni nach dem eigenen Zeugniß des k. preußischen Staatsanzeigers mit Preußen „in Frieden lebte" und selbst der einzige „Gewalt= act", der in den vier Wochen vom 16. Juni bis 16. Juli 1866 gegen preußische Beamte und Staatsangehörige in Frankfurt verübt wurde (die Schließung des Telegraphen= bureaus), nicht auf Rechnung der Frankfurter kam — das haben wir nie ermitteln können und müssen diesen Punkt als ein geschichtliches Räthsel unaufgeklärt lassen.

Zwei Tage nach Ankunft der ersten hessen = darm= städtischen Truppen rückten auch die Württemberger, die nach altem Sprüchwort „des Reiches Sturmfahne" voran= tragen sollten, in Frankfurt ein und Prinz Alexander von Hessen, den man seit Sonntag den 17. sehr häufig in offenen Wagen durch die Straßen fahren sah — gewöhnlich ging die Tour nach dem Bundespalais in der Eschenheimergasse

und zurück in den englischen Hof auf den Roßmarkt —
begann nun das Revue-Abhalten auf der Grindbrunnenwiese, dem sich auch der in Rumpenheim weilende Prinz
Friedrich von Hessen, der präsumtive Thronfolger des Kurfürsten, zu mehreren Malen anschloß. Das Publikum sah
diesen militärischen Paraden mit sehr gemischten Gefühlen
zu, da die öftere Wiederholung derselben und die merkwürdig sich verzögernde Ankunft des badischen Truppen-
contingentes auf nichts weniger als ein „energisches Handeln"
des achten Bundesarmeecorps schließen ließ. In diesen
erwartungsvollen Tagen begann leise der Geist der Schwarz-
seherei und des Mißtrauens sich in die Gemüther einzu-
schleichen. Dem Verfasser dieser Blätter wurde eines Nachmittags, als die badischen Truppen immer und immer
wieder angekündigt wurden und doch nicht kommen wollten,
von einem auf der Zeil flanirenden Bekannten eine Wette
darauf angeboten, daß „Alles Verrath und Spiegelfechterei
sei" und auch die hannöverischen Truppen mit Nichten ihre
Vereinigung mit den Bayern bewerkstelligen würden, vielmehr dazu bestimmt seien, gleich einem gehetzten Wilde den
Preußen in die Hände zu fallen. „Habe ich's nicht vor-
ausgesagt?" rief derselbe Sceptiker uns zu, als die Katastrophe von Langensalza bekannt wurde.

Das Mißtrauen stieg, als am Bundestage ein nord-
deutscher Kleinstaat nach dem andern das Beispiel Preußens
befolgte und sich vom Bunde lossagte. Oldenburg machte
den Anfang, Mecklenburg, Anhalt-Dessau und Schaumburg-
Lippe folgten rasch nach, jedesmal einen elegisch-zürnenden
Protest des Präsidialgesandten, Herrn von Kübeck, mit auf
den Weg nehmend. Der oldenburgische Gesandte, Herr von
Eisendecher, gab sogar selbst den schmerzlichen Gefühlen

Ausdruck, die ihm dieser Act, zu dem ihm ein Befehl seiner
Regierung zwinge, bereite; er konnte aber den tröstlichen
Nachsatz hinzufügen, daß er immerhin noch als Vertreter
von Anhalt und Schwarzburg-Rudolstadt in der Mitte der
hohen Bundesversammlung verbleiben werde. Zwei Tage
später zeigte Herr von Eisendecher auch den Abfall Anhalt's an, aber er war immer noch kein „entlaubter
Stamm", denn es blieb ihm ja noch Schwarzburg-Rudolstadt übrig. Wie es später mit dieser Bundesstimme geworden ist, darüber enthalten die Annalen des Bundestages
nichts Ausdrückliches; wahrscheinlich ist sie, als die Zeiten
drangvoller wurden, ohne Sang und Klang verschwunden.
Uebrigens hatte die preußische Regierung am 21. Juni an
diejenigen Regierungen, welche in der Bundestagssitzung
vom 14. Juni gegen den österreichischen Mobilisirungs-
antrag gestimmt hatten und dennoch ihre Gesandten beim
Bunde gelassen hatten, die kategorische Aufforderung gerichtet, aus dieser preußenfeindlichen Gesellschaft zu scheiden oder
zu gewärtigen, daß sie selbst von Preußen als Feinde behandelt würden. „Fürstenthum Reuß ältere Linie" machte
in der That am 22. Juni bei dem Bundestage die Anzeige, „daß die königlich preußische Regierung der fürstlichen
Regierung Reuß ältere Linie gestern den Krieg erklärt habe,
weil die Regierung des Fürstenthums fortwährend am Bunde
festhalte und daß der Einmarsch preußischer Truppen jeden
Augenblick bevorstehe, daher die fürstliche Regierung schleu-
nigst um Bundeshülfe ersuche." — „Präsidium bezog sich,"
so fährt der offizielle Sitzungsbericht fort, „auf den
Bundesbeschluß vom 18. d. M. in Betreff der gegen Kurhessen verübten Vergewaltigung, durch welchen bereits alle
bundestreuen Regierungen aufgefordert worden seien, den

durch das gewaltthätige Vorgehen Preußens bedrängten Re=
gierungen Bundeshülfe zu leisten, womit die Bundesver=
sammlung sich sofort in ihrer Majorität übereinstimmend
erklärte." — Also nur eine Majorität der beim Bunde
bislang noch vertretenen Regierungen wollte überhaupt
Bundeshülfe gegen preußische Angriffe gewährt wissen, eine
Minorität dagegen war der Ansicht, daß die Angegriffenen
sich selbst zu überlassen seien! In Wirklichkeit kam freilich
Beides auf Eins heraus, denn die den Angegriffenen ver=
sprochene Bundeshülfe blieb auf dem Papiere stehen. Wie
der preußische Krieg gegen „Reuß ältere Linie" abgelaufen
ist und warum dieser Staat, dem doch faktisch der Krieg
erklärt worden war, nicht gleich Hannover, Kurhessen,
Nassau und Frankfurt in das Einverleibungspatent vom
17. August 1866 aufgenommen worden ist, darüber berich=
tet die Geschichte nichts. Wahrscheinlich sah man in Berlin
die „politische Nothwendigkeit" für diese Einverleibung nicht
ein, oder fand den abseits liegenden Bissen zu klein, um
damit „den schmalen Leib Preußens" aufzufüttern.

Der Bundestag hielt von jetzt an fast regelmäßig
täglich Sitzungen, in denen ebenso regelmäßig einzelne der
norddeutschen Regierungen dem Beispiele ihrer Nachbarn
und dem Drucke Preußens folgend ihren Austritt aus dem
Bunde anmeldeten, wobei die Gesandten jedesmal ohne zu
erröthen eine entsprechende Strafrede aus dem Munde des
Herrn von Kübeck entgegennahmen. Die in Frankfurt und
Umgegend vorhandenen Bundestruppen, zu denen am 22. Juni
auch wieder die sechs Tage zuvor aus Frankfurt aus=
marschirten Oesterreicher nach einem nutzlosen Marsche
bis nach Mähren zurückkehrten, wurden einstweilen durch
Revuen, Tagesbefehle und ermüdende Hin= und Hermärsche

im Main- und Lahnthale in guter oder vielmehr in schlimmer
Laune erhalten. Berliner Blätter ließen Baden, dessen
Truppen nimmer zum Ausmarsch fertig werden wollten,
bereits vom Bunde abfallen uud äußerten sich über die
militärischen Operationen des Letzteren in der wegwerfendsten
Weise. „Der Bundesrumpf", schrieb u. A. die Berliner
Börsenzeitung, „berathschlagt noch immer, wem der Oberbefehl über die Armee zu übertragen sei. Wenn die Herren
in Frankfurt sich nicht beeilen, so dürfte bald für den
Bundesfeldherrrn keine Bundesarmee mehr vorhanden sein
und es ist überdies nicht unwahrscheinlich, daß das Ratten-
nest auf der Eschenheimergasse eines schönen Tages
von preußischen Füsilieren aufgehoben wird."

Unter solchen Auspizien zog am 22. Juni früh Morgens die hohe Bundesversammlung plötzlich die schwarzrothgoldene Fahne vor dem Palais in der Eschenheimergasse
auf und erhielten die Truppen des achten Armeecorps den
Befehl, als gemeinsames Feldabzeichen eine schwarzrothgol-
bene Binde zu tragen. Da es an Vorräthen für die Letzteren fehlte, so bildete sich in Frankfurt neben dem Comité
für die Pflege der Verwundeten und Kranken (ohne Unterschied der Staatsangehörigkeit, also auch für die preußischen Soldaten) ein besonderes Damencomité, welches
die Soldaten des achten Bundesarmeecorps mit schwarzrothgoldenen Armbinden versorgte. Dies ist möglicherweise
in den Augen der preußischen Regierung jene „thätige
Theilnahme am Kriege" gewesen, durch welche die freie
Stadt Frankfurt „die Entscheidung der Waffen" angerufen
hat; war es so, dann haben eigentlich die Frauen in
Frankfurt Preußen den Krieg erklärt und mit ihren schwarzrothgoldenen Armbinden die spätere Eroberung und Annexion

8

der freien Stadt verschuldet. Uebrigens machte das kleine
Fähnlein vor dem Bundespalais, das zwischen den massiven
Steinfiguren des Portals fast versteckt war und nicht stolz
im Winde flatterte, sondern nachdenklich den Kopf hängen
ließ, auf den Beschauer einen ziemlich tristen Eindruck, der
auch dadurch nicht aufgewogen wurde, daß das Ding noch
aus den Märztagen 1848 stammte, wo die Bundesversamm=
lung gleichfalls in extremis zu den schwarzrothgoldenen
Farben griff. Achtzehn Jahre lang hatte das seidene In=
ventarstück ein friedliches Stillleben in einer Mansarde des
Bundespalastes geführt und der Bund hätte ihm ebensogut
auch ferner die Ruhe gönnen dürfen.

Ueber die Zustände in Frankfurt wurde von jetzt an
in der preußischen Presse eine von Feindseligkeiten und Ent=
stellungen strotzende Sprache geführt. Die Norddeutsche
Allgemeine Zeitung log, daß die preußischen Telegraphen=
beamten mit Zurücklassung ihrer Habe aus Frankfurt hätten
fliehen müssen und daß Jeder, der in Frankfurt durch seinen
Dialect die norddeutsche Abkunft verrathe, sich der Gefahr
der Verhaftung als Spion aussetze. Die Kreuzzeitung vom
23. Juni gab folgendes Bild von den Zuständen in Frank=
furt: „Die „freie" Stadt Frankfurt steht jetzt unter der
Dictatur des Präsidenten der österreichischen Liga. Auf
seine Anordnung überfallen die Bayern mitten im Frieden
die preußische Telegraphenstation zu Frankfurt; auf seine
Anordnung brechen Darmstädter Truppen unter Führung
eines Bayern in die Telegraphenstation zu Homburg ein;
auf seine Anordnung werden die preußischen Unterthanen
aus Frankfurt ausgetrieben. (?) Personen, welche seit Jahren
dort ihr Gewerbe treiben, müssen die Stadt verlassen (?!)
Der Frankfurter Senat ist diesem völkerrechts=

widrigen Treiben gegenüber ohnmächtig. Das preu=
ßische Cabinet hat die großen Mächte auf dieses Treiben
aufmerksam gemacht, welches nur noch in einigen fremden
Welttheilen vorkommen dürfte. Es ist kaum anzunehmen,
daß die europäischen Regierungen, welche in Frankfurt Ver=
treter haben, ihre Gesandten unter Verhältnissen daselbst
noch ferner belassen werden, welchen weder die Sitte noch
das Völkerrecht zur Seite stehen. Von der Autorität
des Frankfurter Senats ist nicht die Rede; eine
österreichische Dictatur ist an ihre Stelle getreten.“

Hier war also direct durch ein hervorragendes preu=
ßisches Blatt, das damals noch in der vollen Gunst des
Grafen Bismarck stand, bezeugt worden, daß alle „preußen=
feindlichen“ Handlungen, die in Frankfurt begangen wurden
— und von dem ganzen Sündenregister war nur die
Schließung des preußischen Telegraphenbureaus wahr —
lediglich auf Rechnung der Bundesbehörden und der „öster=
reichischen Dictatur“ kamen und die Frankfurter Behörden,
deren Autorität lahmgelegt sei, an diesen Dingen keinerlei
Schuld trügen. Es sollte indeß bald eine andere Melodie
aufgespielt werden, die sich nur gegen die Stadt Frankfurt
und deren Bevölkerung richtete. Einstweilen besorgte unsere
liebe Nachbarstadt Offenbach das schöne Geschäft, Frankfurt
nach Möglichkeit anzuschwärzen. Von dort aus wurden Flug=
blätter, deren Verfasser ein öfters genannter „Dichter“ war,
unter den hessen=darmstädtischen Truppen vertheilt, um diese
wegen der angeblich schlechten Behandlung, die ihre
Kameraden in Frankfurt gefunden haben sollten, gegen die
freie Stadt aufzuhetzen. Wir setzen folgende Schilderung,*)

*) „Juni= und Julitage 1866 in Frankfurt a. M.“ Kassel,
Verlag von Karl Luckhardt.

welche als Resumé jener Pamphlete gelten kann, hierher „Das erste hessen-darmstädtische Infanterieregiment kam Mittags kurz nach 1 Uhr, nachdem es bei großer Hitze von Darmstadt bis Frankfurt marschirt war, in Frankfurt an. Ihm wurde zuerst die Kaserne in der Hasengasse zugewiesen. Die Leute waren völlig erschöpft; aber sie fanden in der Kaserne weder Wasser, noch Brod, noch Streu — nichts als Wanzen. Es war daher kein Wunder, daß sich der Strom der Soldaten in die umliegenden Wirthshäuser ergoß, wo sie ihren Durst mit spirituösen Getränken löschten und in dem Zustande, in den sie hierdurch versetzt wurden, sich weigerten, in die Kaserne zurückzukehren. Später wurde Brod von der Stadt geliefert; es war jedoch so schlecht, daß die Leute es an Droschkenkutscher, den Laib zu einem oder zwei Kreuzer, verkauften, aber selbst die Droschkenpferde weigerten sich, diese Nahrung zu sich zu nehmen. Die Schwadronen darmstädtischer Reiterei, die in der Hasenkaserne untergebracht wurden, wandten sich beschwerend an den zufällig in Frankfurt weilenden Prinz Ludwig von Hessen. Derselbe begab sich sofort persönlich in die Kaserne, und fand dort nicht allein alles Nothwendige mangelnd, sondern es ließ ihn auch der pestilenzialische Gestank, der sowohl in den Ställen, wie in den Räumen für die Mannschaft herrschte, den Ausbruch von Krankheiten befürchten. Er erklärte dem Senat, daß die Soldaten sofort bei den Bürgern einzuquartieren seien. Dies geschah Nachmittags 6 Uhr zuerst mit der Cavallerie, deren Pferde in den Ställen des Circus untergebracht wurden. Die Einwohner Frankfurts, natürlich nicht auf Einquartierung vorbereitet, empfingen ihre Gäste gerade nicht mit den freundlichsten Gesichtern. Es war ein Hin- und Herrennen, ein Schimpfen

auf den Senat, ein Schimpfen auf die Kaserne, ein Jammern
um das Geld, das es kosten werde, welches kaum enden wollte."
An diesen gehässigen Schilderungen war nur das Eine
wahr, daß die Militärbehörden aus Gründen der leichteren
Disposition über die Truppen diese Letzteren in die durch
den Abzug der preußischen und österreichischen Besatzung leer
gewordenen Casernen legte und für die vollständige Rei=
nigung der Letzteren allerdings nicht ausreichend gesorgt
worden war. Namentlich hatten die von den früheren Be=
wohnern zurückgelassenen Wanzen nicht nur in wenigen
Tagen das Bibelwort: „seid fruchtbar und mehret Euch"
getreulich erfüllt, sondern stürzten sich auch heißhungrig auf
die neu angekommenen Soldaten, die hierüber bei dem
Commando Beschwerde führten. Daß keine Betten vor=
handen gewesen seien und die Soldaten von Nahrungs=
mitteln nur verschimmeltes Brod erhalten hätten, war ein=
fach erlogen, wie die bald darauf bei den Bürgern ein=
quartierten Mannschaften es selbst bestätigten.

In Hannover hatte inzwischen General Vogel von Fal=
kenstein ein kleines Vorspiel zu den vier Wochen später in
Frankfurt ausgeschriebenen Kriegscontributionen geliefert.
Hannover mußte sehr namhafte Naturallieferungen für die
preußischen Truppen machen*); damit aber hierdurch nicht

---

*) „Hannover, 21. Juni. Die bis heute Mittag zu liefernde
Kriegscontribution soll bestehen in: 5000 Ctr. Roggenmehl, 3000 Ctr.
lebendes Rindfleisch, 12,500 Ctr. Hafer, 3300 Ctr. Heu, 5000 Ctr. Stroh,
700 Ctr. Reis, 250 Ctr. Speck, 117 Ctr. Kaffee, entsprechend Salz u. s. w.
Sie ist eine sog. eiserne; d. h. sie muß fortwährend im Bestande erhal=
ten, jeder Abgang sofort neu ersetzt werden. Als Kriegscontribution ist
neben dem einfachen Betrag der doppelte Betrag der sämmtlichen directen
Steuern für Juli zu entrichten." — „Göttingen, 23. Juni. Unserer
Stadt ist eine Kriegscontribution von 12,000 Thaler auferlegt worden."
— „Aus dem Amte Uslar. Dem Amte ist eine Kriegscontri=
bution von 16,000 Thaler auferlegt."

die in die Hände der Letzteren gefallenen hannöverischen
Staatskassen erleichtert würden, ordnete General v. Fal=
kenstein ausdrücklich an, daß die Kosten dieser Lieferungen
durch eine Kriegscontribution der Bevölkerung auf=
zubringen seien. Demgemäß erließen die von Herrn v. Fal=
kenstein eingesetzten Regierungscommissäre (Ministerialräthe
der Departements des Innern und der Finanzen) unterm
22. Juni folgendes Decret: „Die unterzeichneten königlichen
Ministerien bestimmen auf den Befehl des commandirenden
Generals der königlich preußischen Truppen was folgt: Der
doppelte Betrag der für den Monat Juli d. J. zu ent=
richtenden Grundsteuer, Häusersteuer, Personensteuer, Ge=
werbesteuer, Einkommensteuer, Besoldungs= und Erwerb=
steuer ist von jedem Steuerpflichtigen gleichzeitig mit den
für diesen Zeitraum zu entrichtenden regelmäßigen Steuer=
beträgen als außerordentliche Kriegscontribution bei
den betreffenden Hebestellen zu entrichten."

Es war diese harte Maßregel eine gar wunderbare
Illustration zu der am Tage des Einrückens der preußischen
Truppen erlassenen Proclamation, wonach diese nicht als
Feinde, sondern als „Freunde" nach Hannover kamen, und
es läßt sich mit allem Grunde die Frage aufwerfen, ob nach
den in moderner Zeit herrschenden Begriffen über das
Kriegsrecht — das Privateigenthum soll hiernach auch
im Kriege geschützt sein! — General v. Falkenstein berech=
tigt war, außer den weggenommenen hannöverischen Staats=
kassen auch noch die Taschen der Privatleute vom reichsten
bis zum ärmsten Bewohner des Landes herab, zu Kriegs=
zwecken zu brandschatzen! Würde auch selbst das „Kriegs=
recht", das ja leider Gottes noch weit dehnbarer ist als
das gewöhnliche Recht, ein solches Verfahren gestatten, so

verdient es immerhin für alle Zeiten als abschreckendes Bei=
spiel hingestellt zu werden, daß mitten im neunzehnten Jahr=
hundert auf deutschem Boden von deutschen Truppen=
führern gegen eine friedliche deutsche Bevölkerung derar=
tiges sich ereignen konnte! Noch trauriger fast als das
Verfahren des Generals v. Falkenstein will es uns erschei=
nen, daß sich hannöverische Beamte gefunden haben, die
bereit waren, auf Befehl eines feindlichen Generals ihren
Landsleuten völlig ungesetzliche Steuern als „außerordent=
liche Kriegscontribution“ aufzuerlegen. Der Herr v. Ben=
nigsen, der in der letzten Sitzung der hannöverischen Kam=
mer (am 15. Juni) den Mund so voll gegen die heimische
Regierung wegen ihrer Zustimmung zu dem Bundesbeschlusse
vom Tage zuvor nahm, hat es nicht gewagt, gegen die
preußischen Brandschatzungen in Hannover auch nur ein
Wort des Widerspruches zu erheben.

Die lebhafteste Theilnahme wendete man in Frankfurt
dem Schicksale der hannoverschen Armee zu, die sich in
Märschen von Göttingen aus durch den Thüringer Wald
jenseits Coburg mit den Bayern zu vereinigen gedachte.
Hätte man bayerischerseits sich nur die geringste Mühe ge=
geben, diesen tapferen Truppen die Hand zu reichen, so
würde es nimmermehr möglich gewesen sein, daß sie nach
der siegreichen Schlacht von Langensalza (26. Juni) durch
dreitägige Scheinverhandlungen über einen Waffenstillstand
aufgehalten, zur Capitulation an den inzwischen sehr be=
deutend verstärkten und ringsum alle Defileen besetzt halten=
den Feind gezwungen worden wären. Die Nachricht von
dieser Katastrophe und von der eigenthümlichen Rolle, welche
Herzog Ernst von Sachsen = Coburg = Gotha dabei gespielt
hatte, traf in Frankfurt wenige Tage nach dem Bekannt=

werden des Sieges der Oesterreicher bei Custozza über die italienische Armee und inmitten der falschen Siegesberichte aus dem Hauptquartier der österreichischen Nordarmee in Böhmen ein. Als nun am 30. Juni und 1. Juli die angeblich österreichischen Siege bei Münchengräß, Trautenau, Nachod und Skaliß*) sich als ebensoviel schwere Niederlagen der österreichischen Armee erwiesen und die Operationen der Bundestruppen wie der bayerischen Armee (welche letztere

---

*) Wir setzen als Beispiele dieser Tartarenbotschaften folgende Telegramme hierher: „Pardubiß, 27. Juni. Seit zehn Uhr Vormittags zwischen Neustadt und Nachod anhaltendes Geschüßfeuer. Die Preußen sind bei Skaliß zurückgeworfen, wo Caballerie in die Action tritt. Abends 6 Uhr. Die Preußen sind geschlagen und in vollem Rückzuge begriffen. Sie haben ihre Todten und Verwundeten auf dem Plaße gelassen.“ „Pardubiß, 29. Juni. Die Preußen wurden gestern von den Oesterreichern unter Gablenz vollständig geschlagen, ließen tausend Todte und Verwundete zurück und zogen sich auf preußisches Gebiet gegen Glaß zurück. Gestern hatten die Preußen Jicin (Gitschin) beseßt, wo sie von der Caballeriedivision des Generals Edelsheim angegriffen und, aus Jicin herausgeworfen, gegen Turnau zurückgetrieben wurden. In Folge dessen räumten die Preußen in verflossener Nacht Melnik, Dauba, Leipa, sich eilig nach Niemes zurückziehend. Der Verlust durch den Angriff Edelsheims ist enorm. Die strategische Operation der österreichischen Armee ist vollständig gelungen, da die beabsichtigte Vereinigung der Armee des Prinzen Friedrich Karl mit der schlesischen Armee dadurch verhindert worden. Der Verlust österreichischerseits in den Kämpfen der leßten drei Tage beträgt annähernd 2000 Mann an Todten und Verwundeten. Der Verlust der Preußen ist mindestens ebenso stark.“ — Ganz anders lautete schon die folgende Depesche: Wien, 30 Juni Abends. In den Kämpfen der beiden leßten Tage ist es bem ersten Armeecorps nicht gelungen, das preußische Centrum bei Jicin zu durchbrechen, welches genommen, aber wieder verlassen werden mußte. — Das erste Armeecorps und die Sachsen haben sich auf die Hauptarmee zurückgezogen. Eine entscheidende Schlacht steht bevor. — Und am 1. Juli berichtete die Darmstädter Zeitung aus Wien: „Die Verbindung der zwei preußischen Armeen war nicht mehr zu hindern. Benedek telegraphirt aus Königinhof 30. Abends 6 Uhr: Das Zurückdrängen des ersten Corps und des sächsischen Armeecorps nöthigt mich zum Rückzug in der Richtung von Königgräß.

erst am 30. Juni marschfähig war, nachdem sie am 27. Juni
den beinahe 70jährigen Prinzen Carl von Bayern zum
Obercommandanten erhalten hatte) nahezu alles zu wünschen
übrig ließ, da bemächtigten sich der Bevölkerung von Frank=
furt die lebhaftesten Besorgnisse, denen ein Zeitungsartikel
vom 2. Juli den folgenden anschaulichen Ausdruck gab:
„Eine tiefe Verstimmung herrschte gestern in unserer Stadt.
Jeder Krieg hat seine Wechselfälle, und so folgten auch
gestern den günstigen Berichten der letzten Tage unerfreu=
liche Meldungen von mehreren Seiten. Das hannover'sche
Armeecorps war nach heldenmüthigen Versuchen sich durch=
zuschlagen der Masse der auf dasselbe eindringenden Feinde
erlegen. Diese traurige Kunde wäre dem Publikum weniger
überraschend gekommen, wenn nicht die in den letzten Tagen
verbreiteteten günstigen Gerüchte, die jedoch nie auf sichere
Quellen zurückzuführen waren, eine gegen alle Wahrschein=
lichkeit genährte Hoffnung erweckt hätten. In Böhmen ist
es den österreichischen Generalen nicht gelungen, die Ver=
einigung der beiden preußischen Armeen zu verhindern; eine
Reihe blutiger, wenn auch keineswegs entscheidender Kämpfe
blieb für den erstrebten Zweck erfolglos. Allein die öster=
reichische Hauptarmee hat durch die letzten blutigen Gefechte
wohl nicht viel mehr als der Feind gelitten und sie steht
in einer festen Stellung dem Feinde gegenüber. Es ist in
keinem Kriege noch zu verhindern gewesen, daß der offensiv
vorgehende Feind an einzelnen Punkten eine Uebermacht
vereinigt und dadurch augenblickliche Erfolge erringt, ohne
daß dadurch eine Entscheidung herbeigeführt wurde. In
Wien, wo man zu sanguinisch gewesen und sich einen ebenso
leichten Sieg über die Preußen wie über die Italiener
versprochen hatte, wirkte der Rückzug Benedek's auf das

von Josephstadt nur wenige Meilen entfernte Königgräy
denn auch niederschlagender als hier, wo das Publikum
mehr als von den Vorgängen in Böhmen sich von der Un=
thätigkeit der Bundesarmee betroffen zeigte. Wo stecken
die Bayern, von denen man soviel erwartet? Warum kom=
men sie nicht in Sachsen zum Vorschein, wo ihre Anwesen=
heit die nach Böhmen strömenden Preußen gefesselt und
theilweise von Benedeck abgelenkt haben würde? Warum
vervollständigt sich das achte Armeecorps so langsam? Von
Württemberg und Baden sind die Contingente noch nicht
vollständig eingetroffen, während Alles doch zur Eile drängt.
Wäre man überall mit demselben anerkennenswerthen Eifer
wie im Großherzogthum Hessen dabei vorgegangen, das
achte Armeecorps würde schon längst dem Feinde entgegen=
gegangen sein. Am Traurigsten für den Laien nehmen
sich die von ganz kleinen Abtheilungen Preußen in's Nassau=
ische unternommenen Streifzüge aus. Hier zeigt sich der
Mangel einer Volkswehr in kläglicher Weise. 50 Mann
überfallen einen Ort, kommen und gehen unbehelligt auf
der Eisenbahn. Warum die nach Rheinpreußen durch's
Nassauische führenden beiden Eisenbahnen nicht abgebrochen
werden, vermag Niemand zu begreifen. Ueberall, wo solche
Streifzüge möglich sind, sollte der Landsturm aufgeboten
werden, damit dem Feinde die Ausleerung der Kassen doch
nicht gar zu leicht gemacht wird. In den Städten, und
namentlich hier, würden sich aus Turnern und Schützen
Wehrvereine bilden und dadurch gegen Ueberfälle (die selbst
im Rücken der Heere versucht werden können) Schuy
gewährt werden, wenn von oben herab dazu ermuntert
würde, während bisher jedem Appell an den Volksgeist
ängstlich entgegengewirkt wurde. Warum geschieht nicht von

vornherein, was im Laufe des Krieges doch unausbleiblich geschehen muß?"

In dieser Schilderung der im Bundeslager herrschenden Misére war zu erwähnen vergessen, daß die nassauische Kammer am 26. Juni Abends mit 24 gegen 14 Stimmen die Bewilligung der Gelder zur Mobilmachung der nassauischen Truppen abgelehnt hatte, in Folge dessen die Regierung sich auf diverse Revuen und Paraden über ihre Truppen beschränkte, — daß ferner in Mainz die kurhessischen Truppen 7000 Mann stark nutzlos festgehalten wurden, während sie allein schon genügt haben würden, Nassau und das Lahnthal bis Gießen herab vor preußischen Streifzügen zu sichern. Es ist nicht unmöglich, ja sogar wahrscheinlich, daß man im Bundespalais zu Frankfurt der Stimmung dieser Truppen stark mißtraute; wenigstens war es von den Offizieren bekannt, daß sie fast durchweg preußische Sym= pathien hegten und weder für den kriegsgefangenen Kur= fürsten, noch für Oesterreich und den Bund sich gern aufgeopfert haben würden. Die Erinnerung an 1850 und die „Strafbayern" war eben in Kurhessen auch nach sechs= zehn Jahren noch immer sehr mächtig. Von dem Durchzuge der hessischen Truppen durch Frankfurt und von ihrem Aufenthalte in der Bundesfestung Mainz entwirft ein Augen= zeuge, der allerdings auch nicht von preußischen Sympathien frei ist, folgende Schilderung: „Es war ein Tag, an dem Sonnenschein mit Regengüssen wechselte, als Abends gerade unter einem heftigen Schauer mit klingendem Spiele sich die Helme der Küraffe der kurhessischen Garde=du=Corps lang= sam die Zeil heraufbewegten. Schon am Tage hatten die Frankfurter die riesigen Gestalten der einzelnen Fourriere angestaunt; jetzt, wo die stattlichen Leute in Reih und Glied daherzogen, brach die Menge in wildes Hurrahgeschrei aus, welches die Reiter durch Schwingen der Pallasche erwiderten. Sie wurden trotz des Regens bis halbwegs Höchst begleitet. Ihnen folgte ein Husarenregiment und Artillerie. Die Infanterie wurde mit besonderen Eisenbahnzügen von Hanau nach Frankfurt und mit der Verbindungsbahn weiter transportirt, so daß den Frankfurtern der Anblick der in äußerer Erscheinung und militärischem Wesen sehr imponirenden Truppen entzogen wurde. In Mainz fanden die Kurhessen in den Bayern ein Element, mit dem sie sich schwer vereinigen konnten. Die Verschiedenheit des Nationalcharakters und die Abneigung gegen die „Strafbayern" von früher mögen genug Anlaß zu häufig sehr blutigen Schlägereien gegeben haben. Als Grund einer solchen erzählt ein in Mainz gewesener Frankfurter Folgendes: Ein Kurhesse und ein Bayer ereiferten sich über die Art und Weise ihres beiderseitigen Exerzirens, wobei sich der Kurhesse zu der Aeußerung hinreißen ließ, die Bayern und Württemberger könnten gar nicht exerziren! Der Bayer, gereizt, rief seine herzutretenden Landsleute, der Kurhesse die seinigen zu Schiedsrichtern auf. Ein Unteroffizier von den kurhessischen Füsilieren erklärte nun: „Ihr seid gar keine Soldaten, wir und die Preußen sind die einzigen Soldaten!" — „Bismärcker!" schrien die Bayern und die Militärschlägerei war da. Es wird weiter erzählt, daß jener Füsilier-Unteroffizier allerdings einige Tage Arrest bekommen habe, von seinem Hauptmann aber für die selbstbewußte Antwort entschädigt worden sei." Es muß zur Aufklärung des letzteren Umstandes, den auch wir für gar nicht unglaubwürdig halten, wiederholt darauf hingewiesen werden, daß der kurhessische Verfassungskampf, an dem das ganze Volk einschließlich des Militärs den lebhaftesten Antheil genommen und welcher den Kurfürsten wie den Bundestag gleichmäßig unpopulär gemacht hatte, umgekehrt für die preußische Poli= tik ein bequemes Mittel gewesen war, sich Freunde in diesem Ländchen zu machen, wie denn seit langen Jahren die öffentliche Meinung in Kurhessen nichts mit lebhafterer Freude begrüßt hatte, als die im Jahre 1862 erfolgte Ankunft des bekannten preußischen „Feldjägers". In Kassel selbst konnte man es täglich sehen, wie Beamte und Offiziere, wenn sie von Weitem den Wagen des Kurfürsten kommen sahen, sich eiligst in eine Seitengasse abdrückten, um nicht grüßen zu müssen, was für sie ein sehr unangenehmes Geschäft war. Die Bürger selbst, mit Ausnahme der Hof= lieferanten, grüßten den Kurfürsten und die Glieder seiner Familie niemals. Wenn also die preußische Politik im Jahr 1866, wie nicht zu läugnen ist, in Kurhessen auf die Sympathieen der Mehrzahl der Bevölkerung und der Trup= pen stieß, so war hieran lediglich die Abneigung gegen das kurfürstliche Regiment und den dasselbe stützenden Bundes= tag schuld.

Mitten im schweren Ernst der Zeit sollte ein erheitern= des Gegenstück zu der Bundesmisére beim achten Armee= corps durch die von Württemberg im Namen des Bundes vollzogene Occupation der preußischen Enclaven Hohen= zollern=Hechingen und Sigmaringen geliefert werden. Die Besitzergreifung der beiden Fürstenthümer erfolgte durch ein einziges Bataillon vom 6. Infanterieregiment unter Zu= hülfenahme von 30 bis 40 Landjägern; Soldaten und das zahlreich am Bahnhof versammelte Publikum vereinigten sich nach abgemachter „Eroberung" zu einem fröhlichem Trinkgelage, bei welchem sich die deutsche Einigkeit in der

allerwünschenswertesten Weise documentirte. Der militä=
rischen Campagne war zwei Tage zuvor eine provisorische
Besitzergreifung durch „Volkswehren" vorausgegangen, wo=
rüber die Augsburger Abendzeitung vom 24. Juni Folgen=
des berichtete: „Kaum war gestern hier die (unbegründete)
Nachricht eingetroffen, daß Preußen bei Hof in bayerisches
Gebiet eingefallen seien, als sofort ein Kriegszug in die
angrenzende preußische, ehemals sigmaringische Herrschaft
Achberg, eine Enclave zwischen Bayern und Württemberg,
in's Werk gesetzt wurde. Ein starkes Dutzend junger Leute
marschirte von hier aus, mit Flinten, Pistolen u. f. w.
versehen, nach dem Hauptort Esseralsweiler. Im dortigen
Wirthshaus wurde das Hauptquartier aufgeschlagen, die
Waffen im Ort mit Beschlag belegt, die darunter befind=
lichen Böller an den Fenstern des Hauptquartiers aufge=
pflanzt und dann zur Besitznahme des Landes geschritten.
.... Das Volk nahm dies offenbar günstig auf und trank
mit den Befreiern zur Feier der Vereinigung freigebig ge=
spendetes Annexionsbier. Oberhalb der demolirten
Tafel wurden dann die deutsche und bayerische Flagge auf=
gehißt und mit dreimaligem Hoch und Schüssen begrüßt.
Mit Ausnahme eines alten Försters, gegen den energisch
aufgetreten werden mußte, war die Bevölkerung schließlich
ganz enthusiasmirt und stimmte freudig unter Hutschwenken
in das Hoch ein. Bei Einbruch der Nacht marschirte die
Schaar nach Lindau zurück."

In Frankfurt sagten inzwischen auch die noch übrigen
kleinen norddeutschen Staaten, sowie die „freien Hansestädte"
Hamburg, Lübeck und Bremen, dem Bundestage Valet. Die
sehr diplomatisch und unaufrichtig gehaltene Erklärung der
Letzteren lautete, „daß die Senate nach den thatsächlichen

Verhältnissen außer Stande seien, an der Ausführung derjenigen Maßregeln theilzunehmen, welche zu dem zwischen
bisherigen Bundesgenossen ausgebrochenen Kriege in Beziehung stehen, der Gesandte somit angewiesen sei, der
Theilnahme an der Berathung und Beschlußfassung über
darauf bezügliche Anträge sich zu enthalten, und da diese
in nächster Zeit den ausschließlichen Gegenstand der Verhandlungen der Versammlung bilden werden, bis auf Weiteres sich nicht an der Thätigkeit derselben zu betheiligen."

„Die „freien Hansestädte" schieden mit einer Unwahrheit aus dem Bunde; denn nicht die Neutralität, auf die
man doch nach der obigen Erklärung schließen mußte, hatten sie Preußen versprochen, sondern sie waren in ein förm-
liches Offensiv=Bündniß mit diesem getreten. Der Senat
zu Hamburg sträubte sich lange gegen die Forderung, das
dortige Contingent in dem ausgebrochenen Kriege verwenden
zu lassen, weil er das Gehässige einer solchen Handlungs-
weise wohl einsah; er gab aber schließlich nach, da der
preußischen Regierung weder mit Neutralität noch mit
einem platonischen Bündniß auf Grundlage des bekannten
Reformprojects gedient war. In Bremen machte sich die
Sache noch leichter; Senat und Bürgerschaft gingen auf die
preußischen Anträge ohne viel Besinnen ein und die Letztere
bewilligte in ihrer Sitzung vom 30. Juni die Mittel zur
feldmäßigen Ausrüstung der Bremensischen Truppen. Diese
sowohl wie die Hamburger Truppen sind in den Tagen
nach dem 16. Juli zur Occupation Frankfurts mitver-
wendet worden und haben hier ganz besonders sich darin
ausgezeichnet, die Noth und Drangsal der einstigen Schwester-
stadt zu vermehren. Hamburg war noch seinen Dank für
die großartigen Spenden schuldig, die Frankfurt nach dem

furchtbaren Bränbe von 1840 borthin fließen ließ, unb es hat biese Dankesschulb baburch abgetragen, baß seine Trup, pen in Frankfurt im buchstäblichem Sinne bes Wortes als Feinbe hausten. Es ist bies auch ein Blatt, aber kein rühmliches, in ber Geschichte ber „freien Hanseftadt!"

IV.
Die Schlacht bei Königgräß und ihre nächsten Folgen.

Schon seit dem 1. Juli war die Bevölkerung Frank=
furts von den düstersten Besorgnissen erfüllt; man fühlte
instinctmäßig heraus, daß für den deutschen Bund und da=
mit für Frankfurt selbst ein furchtbarer Schlag sich vor=
bereite. Diese Befürchtungen erhielten durch die in früher
Morgenstunde des 4. Juli (es war Mittwoch) ausgegebenen
Nachrichten vom böhmischen Kriegsschauplatz ihre erste Be=
stätigung durch folgende kurze Depesche: „Wien, 4. Juli.
Gestern Schlacht zwischen Königgräß und Josephstadt. Er=
folg bis 2 Uhr Nachmittags den österreichischen Waffen
günstig. Nach dieser Zeit begann der Feind uns zu über=
flügeln und zurückzudrängen." — Von weiteren Nachrichten
traf im Laufe des Tages, jedoch auf dem Umwege über
Paris, die nachstehende Berliner Depesche vom 4. Juli
10 Uhr Vorm. ein: „Aus Horziß wird vom 3. Juli Abends
gemeldet: Unsere acht Armeecorps haben bei Königgräß
einen glänzenden Sieg erkämpft. Der Kampf dauerte acht
Stunden. Die Verfolgung des Feindes ist im Gange.

9

Unsere Trophäen haben wir noch nicht gezählt; die Verluste
sind auf beiden Seiten groß."

Am folgenden Morgen (5. Juli) war man in Frank=
furt über die Bedeutung der Schlacht bei Königgrätz, Leippa,
Horzitz oder Sadowa"*) vollständig im Klaren; ja man
hörte von sonst sehr ruhig überlegenden Männern die
melancholische Versicherung aussprechen: „Die ganze öster=
reichische Armee ist zersprengt und vernichtet." Diesen Ur=
theilen lagen außer den vom Bundespalais aus sich ver=
breitenden Nachrichten die folgenden Wiener Telegramme
zu Grunde, die wir wegen ihrer historischen Denkwürdigkeit
hier wiedergeben wollen:

„Wien, 4. Juli Nachmittags. Feldmarschall=Ober=
commandant Benedek an den Kaiser: Hohenmauth,
4. Juli, 3 Uhr Morgens. Nach mehr als fünfstün=
digem glänzenden Kampfe der ganzen Armee und der
Sachsen in theilweise verschanzter Stellung von Königs=
grätz, mit dem Centrum in Leippa, gelang es den
Feinden, sich unbemerkt in Chlum festzusetzen. Das
Regenwetter hielt den Pulverdampf am Boden, so
daß er eine bestimmte Aussicht unmöglich machte.**)
Hierdurch gelang es dem Gegner, bei Chlum in unsere
Stellung einzubringen. Plötzlich und unvermuthet in
Flanke und Rücken heftig beschossen, wankten die
nächsten Truppen und ungeachtet aller Anstrengungen
konnte es nicht gelingen, dem Rückzuge Einhalt zu
thun. Derselbe ging Anfangs langsam vor sich, nahm

---

*) Die preußische Kriegsleitung selbst war einige Tage lang über
die passendste Benennung der Schlacht im Zweifel, bis man sich für
Königgrätz entschied. Die Franzosen haben sie stets „Schlacht bei
Sadowa" genannt.
**) Das war der sprüchwörtlich gewordene „Nebel von Chlum."

aber an Eile zu, je mehr der Feind drängte, bis sich
Alles über die Kriegsbrücken der Elbe, sowie nach
Parbubitz zurückzog; der Verlust ist noch nicht zu
übersehen, ist aber gewiß bedeutend."

Der Eindruck, welchen diese Depesche in Verbindung
mit den ungeheuren Transporten Verwundeter, die unauf=
hörlich auf dem Nordbahnhofe in Wien eintrafen, in dieser
Stadt machte, spottet aller Beschreibung. Schmerz und
Verzweiflung wechselten mit theils gerechten, theils unge=
gerechten Zornesausbrüchen über die Fehler der österreichi=
schen Armeeleitung. Nachdem Benedek in seinem räthsel=
haften und mit dem Nimbus des unburchdringlichen Geheim=
nisses umgebenen Operationsplane zuerst die beiden preu=
ßischen Heersäulen unter Prinz Friedrich Karl und dem
Kronprinzen völlig unbehelligt durch die engen Defileen des
Erzgebirges auf der einen und des Riesengebirges auf der
anderen Seite in Böhmen hatte einmarschiren lassen — eine
Operation, welche auf einem wie dem anderen Punkte den
Zeitraum von mehreren Tagen erforderte und bei recht=
zeitiger Beunruhigung der defilirenden Truppen äußerst
gefährlich hätte werden können — nachdem er ferner dem
glücklich auf österreichischem Boden angekommenen Feinde
stets nur einzelne Armeecorps unter Gablenz, Edelsheim,
Clam=Gallas und Erzherzog Leopold entgegengestellt hatte,
die untereinander nur schlechte Verbindungen hatten und von
den Vortheilen der vortrefflichen österreichischen Artillerie
der Terrainschwierigkeiten halber meist keinen rechten Ge=
brauch machen konnten, während das weittragende preußische
Zündnadelgewehr furchtbare Verheerungen unter den haupt=
sächlich auf den Bajonnetkampf eingeübten österreichischen
Truppen anrichtete, ehe diese auch nur an den Feind heran=

9*

kommen ober mit ihren Gewehren alter Construction ihm
Schaden zufügen konnten — nach biefen blutigen Einzel=
kämpfen von Münchengräß, Nachob, Skaliß, Trautenau
und Jicin hatte Benebek seine noch immer vom besten Geiste
beseelte Armee und die über alles Lob erhabenen sächsischen
Truppen in die befestigte Stellung von Josephstadt-König=
gräß zurückgezogen, wo er drei Tage lang vollständig Zeit
hatte, alle strategisch wichtigen Punkte zu besetzen und inguten
Vertheidigungszustand zu bringen. Die Schlacht von König=
gräß wäre, wie von preußischer Seite selbst zugestanden
ist, zweifelsohne für Preußen verloren gewesen, wenn
Benebek auf der Höhe von Chlum rechtzeitig einen genügen=
den Theil seiner Reservetruppen aufgestellt und dadurch den
Flankenangriff der zweiten (Elb=) Armee auf das öster=
reichische Centrum auch nur eine Stunde lang verhindert
hätte. Der „Nebel von Chlum" hätte dann keinen Schaden
anrichten können und die Weltlage wäre wahrscheinlich eine
andere geworden — ob eine bessere, haben wir nicht zu
untersuchen.

Diese Fehler der österreichischen Armeeleitung wurden
auch in den Wiener Regierungskreisen anerkannt, denn es
erfolgte zunächst die Absetzung des Chefs des Generalstabes,
von Henikstein, der nebst den Generalen Krismanik und
Clam=Gallas vor ein Kriegsgericht gestellt werden sollte.
Benebek selbst konnte unter den obwaltenden Umständen nicht
sofort seines Commando's enthoben werden. Aber die amt=
liche Wiener Abendpost brachte eine für diesen unglücklichen
Heerführer, der vor seiner Niederlage eine außerordentliche
Popularität in Oesterreich genoß, wenig rücksichtsvolle Note.
Das Regierungsblatt gab dem Schmerze über die unglück=
liche Wendung der Ereignisse, „wie sie keine menschliche

Voraussicht erwarten ließ," Ausdruck und fuhr dann fort:
„Um so erschütternder lastet dieser Schmerz auf uns, als
an der Spitze der Armee ein Mann stand, der von dem
vollsten Vertrauen der Bevölkerung wie des Heeres getragen
wurde, dem der Kaiser vorzugsweise wegen dieser Ein=
müthigkeit des öffentlichen Urtheils in jeder Beziehung
vollkommenste Freiheit seiner Entschließungen und Hand=
lungen gewährt hatte. Nicht der mindeste bestimmende Ein=
fluß wurde auf den Obercommandanten der Armee geübt,
die Wahl seiner Untergebenen und seine Anordnungen hatten
von vornherein die Genehmigung des Kaisers. Hierdurch
widerlegen sich alle die Stimmen, welche von Beeinflussung
des Feldherrn und von Octroyirung gewisser Persönlichkeiten
sprechen.*) An maßgebender Stelle sind alle Einleitungen
bereits getroffen, um diejenigen Personen, denen ein spezielles
Verschulden zur Last fällt, mit der verdienten Strafe zu
treffen. Wir vernehmen, daß die energischesten Schritte
bereits geschehen sind, welche sicher hoffen lassen, daß das=
jenige, was in militärischer und politisch=diplomati=
scher Richtung noch erreicht werden kann, auch bald
und wirksam werde erreicht werden."

Die Schlacht bei Königgrätz war das Chäroneia
Frankfurts und mußte hier naturgemäß die größte Be=
stürzung erregen. Am 4. Juli, dem Tage, an welchem die
erste Kunde von der furchtbaren Niederlage der österreichischen
Armee in Frankfurt eintraf, begegnete man überall auf den
Straßen wie in den Kaffeehäusern Gruppen von Menschen,
welche die Ereignisse discutirten und sich bange fragten,
was nun aus dem deutschen Bunde werden, welches Schick=

---

*) Damit waren Clam=Gallas und der Erzherzog Leopold ge-
meint, denen man in Wien einen großen Theil der Schuld zuschob.

sal die freie Stadt Frankfurt im Laufe dieses Krieges finden
werde? Die Autorität des Bundestages war faktisch schon
dahin; er führte nur noch eine Scheinexistenz, wie wir an
einem eklatanten Beispiele zeigen wollen. Der Bund hatte
nach der Gefangennahme und Abführung des Kurfürsten
von Hessen nach Stettin für die von den preußischen Trup=
pen noch nicht occupirten (südlichen) Theile dieses Landes
den kurhessischen Legationsrath v. Baumbach zum Regie=
rungscommissar bestellt und dieser erließ bald von Hanau,
bald von Frankfurt aus (wo er im „Russischen Hofe“ resi=
dirte), seine Verfügungen an die betreffenden kurhessischen
Behörden. Kaum erfuhr dies der commandirende preußische
General in Cassel (v. Beyer), als auch die sämmtlichen Be=
hörden in den Provinzen Hanau und Fulda durch eine
ihnen durch die Post zugesandte Proclamation verständigt
wurden, daß sie keine anderen Befehle als die des preu=
ßischen Generals und seiner in Cassel befindlichen Regie=
rungscommissäre anzunehmen hätten. War schon die Be=
förderung dieser feindlichen Decrete in die nicht occupirten
hessischen Landestheile etwas Wunderbares — sogar durch
das Frankfurter Oberpostamt liefen diese mit preußischem
Siegel versehenen Briefsendungen ungehindert weiter, und
einzelne Postbeamte gaben ihrem Erstaunen über diese „Ge=
müthlichkeit“ unverhohlen, aber erfolglos Ausdruck — so
mußte es gewiß noch weit auffallender erscheinen, daß ein
Theil der Behörden in den noch im Bereiche der militä=
rischen Gewalt der Bundestruppen befindlichen Städten es
vorzogen, lieber den Befehlen des preußischen Generals
v. Beyer, als denen des Bundescommissars Folge zu leisten.
Die Postmeister in Hanau und Bockenheim — also einer
wenige Minuten von Frankfurt gelegenen, mit dem Letzteren

territorial ganz zusammenhängenden Stadt! — wagten es,
den Befehlen des Bundescommissars zu trotzen und gerirten
sich durch beharrliche Nichtausgabe der von dem preußischen
General verbotenen Zeitungen schon wie preußische Beamte.
Ob die Thurn= und Taxis'sche Generalpostdirection in dem
Postgebäude auf der Zeil absichtlich ihre Augen gegen dieses
Treiben verschloß, um dadurch bei den˙Preußen „einen
Stein im Brette" zu gewinnen und sich für alle Fälle
möglich zu erhalten, weiß der Verfasser dieser Blätter nicht
zu sagen; wohl aber erinnert er sich noch eines Gesprächs,
welches er über diese und andere Vorgänge mit dem ihm
persönlich bekannten Ablatus des Herrn v. Baumbach, dem
später öfters genannten Cabinetsrath Schimmelpfeng, in
einem Zimmer des „Russischen Hofes" führte. Herr
Schimmelpfeng, ein treuer Anhänger des Kurfürsten und
des Bundes, dabei eifriger Verfechter „conservativer Prin=
zipien", nahm Alles, was ringsum vorging, wie ein Fatum
und als eine längst von ihm geahnte Folge der fehlerhaften
österreichischen Politik hin. „Als Oesterreich," meinte er,
„im Krimkriege Rußland sich zum Feinde machte, beging
es den größten Fehler im Laufe des Jahrhunderts, und
diesen Fehler muß es jetzt auf's Schwerste büßen — wir
leider Gottes mit ihm! Jetzt hat Preußen Rußland auf
seiner Seite und es wird seine Gewalt rücksichtslos aus=
nutzen." — „Damit ist aber doch noch lange nicht gesagt",
bemerkte der Schreiber dieser Zeilen, „daß hier in Frank=
furt und Umgegend, wo noch kein Preuße steht, die preu=
ßischen Generale par distance commandiren dürfen? — „Aller=
dings", erwiderte S., „es gehen ganz unbegreifliche Dinge
vor; man traut seinen Augen kaum!" Und schwer seufzend
trat der Mann an das nach dem Hofe gehende Fenster,

wo er einige Augenblicke nachsann, bis ein Diener ihn zu dem „Herrn Legationsrath" rief. Mit einem kurzen Hände- druck verabschiedete er sich von mir; ich habe ihn nicht wie- der gesehen, aber seine spätere dornenvolle Laufbahn noch oft mit Interesse verfolgt.

Am Abend des 5. Juli traf in Frankfurt folgende Depesche ein: „Eine wichtige Thatsache hat sich so eben zugetragen. Nach Wahrung der Ehre seiner Waffen in Ita- lien hat der Kaiser von Oesterreich, eingehend auf den Ge- danken, welchen der Kaiser Napoleon in seinem Schreiben vom 11. vor. Monats an Hrn. Drouyn de Lhuys ausge- drückt, Venetien an den Kaiser der Franzosen abgetreten und dessen Vermittlung zur Herbeiführung des Frie- dens angenommen. Kaiser Napoleon beeilte sich, diesem Ansinnen zu entsprechen und wandte sich sofort an die Könige von Preußen und Italien, um einen Waffenstillstand herbeizuführen."

Man hat in preußischen Blättern, welche die spätere Behandlung Frankfurts durch die preußischen Generale zu rechtfertigen suchten, unter Anderem auch an diese Episode des Krieges schwere Verdächtigungen gegen die freie Stadt geknüpft. Es sei, so wurde behauptet, nach der ersten Bestürzung über Königgrätz in Folge der obigen Depesche wieder großer Jubel in Frankfurt eingekehrt, da man die Truppen Napoleon's schon auf dem Marsche nach dem Rhein begriffen zu sehen glaubte 2c. 2c. Wie so vieles Andere, was in jener Zeit geschrieben wurde, war auch dies eine Lüge. Von „Jubel" war am Abend des 5. Juli in Frankfurt nicht das Geringste zu bemerken; Straßen und öffentliche Locale waren sogar weit öder als gewöhnlich. Die einzige Hoffnung, welche sich an jene Depesche knüpfte,

war die, daß es nach dem kurzen, aber überaus blutigen
Kriege vielleicht nun rasch zum Frieden kommen werde,
ohne daß Frankfurt noch weiter in die Ereignisse verwickelt
werden würde. Bereits seit dem 1. Juli hatte das Com=
mando des achten Bundes=Armeecorps, das bis dahin außer
einigen ziel= und planlosen Hin= und Hermärschen nach der
Wetterau und dem Vogelsberg noch nicht die geringste mili=
tärische „Action" entwickelt hatte, mit der Aufwerfung von
Schanzen auf den Höhen ringsum Frankfurt begonnen
und dadurch bei einem großen Theile der Bürgerschaft sehr
berechtigte Besorgnisse wegen einer eventuellen Beschießung
Frankfurts hervorgerufen — Besorgnisse, welche zu den
später mitzutheilenden Schritten des Senats beim Bundes=
tage führten. Inmitten dieser schweren Besorgnisse und
der Schlag auf Schlag folgenden Unglücksbotschaften vom
böhmischen Kriegsschauplatz, sowie Angesichts der jammer=
vollen Wirthschaft im Bundeslager, war es gewiß erklärlich
und natürlich, daß jede Aussicht auf Friedensvermittlung,
kam diese auch von französischer Seite her, von den Bürgern
Frankfurts willkommen geheißen wurde, denn in Frankfurt
konnte man sich doch unmöglich dafür begeistern, daß das
im Bunde mit Italien befindliche Preußen den „Stoß in's
Herz" gegen die österreichische Monarchie führen und ganz
Deutschland auf Gnade und Ungnade zu seinen Füßen
liegen sehen möge. Man glaubte am Abend des 5. Juli
in Frankfurt an einen baldigen Frieden, täuschte sich aber
darin zur Zeit noch schwer. Die Abtretung Venetiens „an
den Kaiser Napoleon" hatte nicht einmal den Erfolg, daß
die Italiener (hierin dem ausdrücklichen Verlangen Bis=
marcks und dem eigenen Ehrgeiz folgend) sich von weiterem
Vorgehen in das von Oesterreich fortan unvertheidigt ge=

laffene Festungsviereck abhalten ließen, geschweige denn, daß Preußen die energische Ausnützung seiner Siege wäh= rend der überaus langsam und schwierig sich hinziehenden Waffenstillstandsverhandlungen unterließ.

Aber auf dem Kriegsschauplatze in West= und Süd= deutschland hätte auch nach der Schlacht bei Königgrätz und trotz der Capitulation der Hannoveraner bei Langensalza bei nur einigermaßen gutem Willen (oder Fähigkeit?) der Regierungen und Corpsführer zweifellos noch immer so viel geleistet werden können, daß ein Vorbringen der preußischen Truppen bis zum Main hin unmöglich gemacht wurde. Aber niemals, seit Kriege geführt wurden, ist wohl soviel Unaufrichtigkeit, Unfähigkeit, und als Folge davon soviel unnützes, zum Himmel schreiendes Blutvergießen dagewesen, wie in diesen Kämpfen am Main und an der Lahn, im Spessart= und Rhöngebirge. Bereits in einer an die euro= päischen Cabinette gerichteten Depesche vom 22. Juni hatte Graf Bismarck (aus Anlaß der angeblich gefälschten Bundes= Abstimmung vom 14. Juni) die folgenden Worte nieder= geschrieben:

„Die Thatsachen werden dazu beitragen, den Verfall zu erklären, in welchen seit langer Zeit die Bundesinstitutionen durch Parteigeist, Intrigue und Bestechlichkeit ge= rathen sind; sie werden nur zu sehr die Mißachtung rechtfertigen, in welche das höchste Organ der deutschen Gemeinschaft ge= rathen ist."

Es wäre die würdige Aufgabe eines Geschichtsforschers, dem dermaleinst vielleicht die Geheimnisse der Archive er= schlossen werden, zu ermitteln, welchen Antheil jene drei Dinge: „Parteigeist, Intrigue, und Bestechlichkeit" möglicherweise an der Kriegführung in Süd= und West= deutschland anno 1866 gehabt haben? Wie man damals

in den Kreisen der Bevölkerung über die Kriegführung des
Bundes und Bayerns dachte, davon geben zahlreiche Zei-
tungsartikel aus jener Zeit ein äußerst anschauliches Bild.
Wir setzen einige der bezeichnendsten Schilderungen dieser
Art hierher:

Der Augsburger Allgem. Zeitung schrieb man aus
Frankfurt 1. Juli: „Ueber die wiederholten Beutezüge
der Preußen auf das rechte Rheinufer zu berichten ist wohl
kaum der Mühe werth. Scheint es ja doch von anderer
Seite nicht der Mühe werth gehalten zu werden, diesem
Unfug mit Waffengewalt zu wehren. Es ist eine ver-
gnügliche Zeit, „still und bewegt", mit Göthe zu reden.
Der Bürgersmann sitzt ein jeder unter seinem Weinstock
und seinem Feigenbaum und liest Proclamationen, während
ihm der Feind die Trauben vom Weinstock und die Flaschen
aus dem Keller holt und sein Feigenbaum ihm nichts ein-
trägt, als etwa Ohrfeigen im eigentlichen und uneigentlichen
Sinne. Es ist der aus dem Italienischen in's Preußische
übersetzte gemüthliche Brigantaggio, in dem wir leben, der
schwarzweiße — — — — — — — — — — —*)
Ergeben wir uns ruhig in das Bestehende, fassen wir die
Streifzüge der Preußen nach Lahnstein, Braubach, Herborn,
ihre Weinkur in Bad Ems, ihre Besuche in Rüdesheim
u. s. w. als idyllische Kriegsepisoden auf; nehmen wir die
Sache so, wie es die nationalvereinliche „Mittelrheinische
Zeitung" in ihrem Bericht aus Montabaur 29. Juni thut:
„Gestern Morgen 10 Uhr", sagte sie, „erhielten wir unerwartet einen Besuch der Preußen aus der nahen Festung

---

*) Unter den heutigen Verhältnissen nicht mittheilbare Stellen.
Anm. des Verf.

Ehrenbreitstein. Es waren ihrer 300 Mann Infanterie vom 25. Landwehr-Regiment und etwa 30 Husaren. Die Mannschaft rückte mit gezücktem Säbel, geladenen und vor= gehaltenen Karabinern und aufgestecktem Bajonett ein. Nachdem sie die hiesige Rezeptur besetzt, verlangte der com= mandirende Offizier, Lieutenant Nobis, die Auslieferung der herzogl. Rezepturkasse, welche der Beamte, sobald er sich von der Erfolglosigkeit eines Widerstandes überzeugt hatte, gegen Bescheinigung im Betrage von 5000 fl. auslieferte. Der hohe Cassenbestand hatte seinen Grund in der eine Stunde zuvor geschehenen Ablieferung des zweiten Steuersimpels. (Wie es gekommen, daß die Preußen gerade eine Stunde nach dieser Ablieferung einrückten, er= zählt die Mittelrheinische Zeitung nicht.) Hierauf nahmen die Mannschaften Stellung auf dem Markt, die in Ge= müthlichkeit überging, als sie durch die in der Richtung nach Limburg ausgestellten Vorposten die Gewißheit er= langt hatten, daß Bundestruppen hier in der Gegend nicht lagen, und als sie die Harmlosigkeit der Einwohner sahen, die durch den immerwährenden Verkehr mit dem nahen Preußen in dem Anblick der Soldaten nichts Ungewöhn= liches fanden. Die Mannschaften haben sich während ihres sechsstündigen Aufenthaltes recht anständig betragen. Von einem Exceß keine Spur, von Verletzung des Gemeinde= und Privateigenthums kein Gedanke. Ruhig standen sie auf dem Markt und erwarteten, des eingetretenen Regen= wetters ungeachtet, ihre Quartierbillete. Um 4 Uhr Nach= mittags wurden sie zum Aufbruch nach Ehrenbreitstein allarmirt, wohin sie in aller Ruhe wieder abzogen. Was sie von Wein, Bier, Cigarren rc. genossen, haben sie baar bezahlt." — Es wird nach Lesung dieser Idylle, bemerkt

der Correspondent der Allg. Ztg. hierzu, gewiß Jedermann
wünschen, daß solche „Gemüthlichkeit" und „Harmlosigkeit"
möglichst permanent bleibe und sich mehr und mehr auch
auf andere Gegenden des deutschen Bundesgebietes ausdehne."
Obgleich nun die gesammte Kriegsmacht, über welche
Preußen zu dieser Zeit in der Gegend von Nassau und
Rheinhessen zu verfügen hatte, in wenigen Bataillonen Landwehr bestand, so glaubte doch die amtliche Karlsruher
Zeitung am 3. Juli zur Beruhigung ängstlicher Gemüther
melden zu müssen, daß ein Theil der badischen Artillerie zur Verstärkung der Bundesbesatzung nach
Mainz entsendet werden würde! Hier konnte nun
diese Artillerie neben 7 bis 8000 Hessen und 4000 Bayern
in aller Gemüthlichkeit Maulaffen feil halten oder sich die Zeit
damit vertreiben, daß sie die von den alten schönen Bäumen
befreiten Wälle („Glacis") der Bundesfestung von Zeit zu
Zeit mit einigen Kugeln bestrich, damit man in Mainz
doch auch merkte, daß Krieg sei. Unterdessen machte das
achte Armeecorps in Frankfurt immer noch „mobil" und
nahm abwechselnd in Frankfurt, Hanau oder Friedberg
sein Hauptquartier, wobei die „Begeisterung der Truppen
in stetem Steigen war" — mit alleiniger Ausnahme der
Tage, an denen im Vogelsberge herumfouragirt wurde,
wo die Soldaten regelmäßig fluchten und die unglückliche
Bevölkerung die Hände über dem Kopf zusammenschlug,
wenn in Ermanglung sonstiger Nahrung die Kartoffelfelder
für die Soldaten herhalten mußten. Weil aber im Vogelsberg immer nur Kartoffeln und keine Preußen sich zeigen
wollten, so rief Prinz Alexander seine Regimenter wieder
nach der Wetterau zurück, um dort in größerer Gemüths-
ruhe die noch fehlenden württembergischen und badischen

„Contingentstheile" zu erwarten. Am 3. Juli, dem Tage
der Schlacht von Königgrätz, hatte der Prinz die Freude,
wieder einige „Reichstruppen" (wie die Preußen con=
sequent die Bundesarmee betitelten) in seinem Lager
ankommen zu sehen und ein Offiziosus der Bundesmili=
tärcommission in der Eschenheimergasse meldete dieses
glückliche Ereigniß schon am folgenden Tage dem auf die
kommenden Dinge harrenden Publikum mit folgenden
Worten: „Gestern sind wieder Badenser, Württemberger
(leichte Cavallerie) und Kurhessen (Husaren) durch unsere
Stadt nord= und westwärts weitergezogen. An der Ver=
zögerung der Action gegen die Preußen trug auch der
Mangel an tüchtig organisirten Verpflegungscolonnen bei.
Prinz Alexander bestand darauf, daß diesem Mangel gründ=
lich abgeholfen werde. Man hatte eben mit allerlei Hin=
dernissen zu kämpfen (!) und darum ist es schier ein
Wunder zu nennen, daß in 14 Tagen das 8. Armee=
corps in Action treten konnte. Erfolgt die Vereinigung
mit den Bayern, in der festgesetzten Zeit (1 bis 3 Tagen)
so werden wir wohl am Ende der Woche schon (!) von
einem Treffen berichten können." — Einen recht tragi=
komischen Eindruck macht auch folgende Correspondenz aus
Mainz 4. Juli (also einen Tag nach der Schlacht bei
Königgrätz): „Zwischen den auch noch in der Nacht und
früh am Morgen einrückenden Kurhessen wurden wir heute
Vormittags durch die Ankunft des 4. württembergischen
Infanterieregiments überrascht, das erst gestern Mor=
gen in Ulm Marschordre erhalten hatte. Das
5. Regiment wird heute Mittag erwartet. . . . . Bei
dem seit drei Tagen anhaltenden strömenden Regen campir=
ten die jubelnden, von Gesundheit und Leben strahlenden

Schwaben, die sämmtlich die schwarzrothgoldene Feldbinde am linken Arm trugen, zunächst in der Einsteigehalle der Eisenbahn. Passagiere der den Rhein allein noch befahren= den holländischen Dampfer erzählen, daß Coblenz und alle Ortschaften rheinaufwärts von (preußischen) Truppen wim= meln. Beim Anlegen in Coblenz und St. Goar, wo genaue militärische Durchsuchung des Schiffes vorgenommen wird, sprachen die Offiziere, in Uebereinstimmung mit hierher ge= langten Briefen, laut von ihrem demnächstigen Einzug in Mainz und Frankfurt". — Zur Vervoll= ständigung des letzteren Punktes sei erwähnt, daß höhere preußische Offiziere in Coblenz damals auch schon von der der Stadt Frankfurt aufzuerlegenden schweren Kriegs= contribution sprachen.

So sah es also bis zum Tage der Schlacht bei König= grätz, und noch eine gute Weile nachher, mit der „Actions= fähigkeit" des 8. Bundesarmeecorps aus. Wie nun bei den bayerischen Truppen, welche ganz getrennt von diesem Corps operirten und auf welche vorzugsweise die Hoffnungen der zum Bunde haltenden Bevölkerung gerichtet sein mußten? In München machte man darüber zu Anfang Juli den beißenden Witz, „die bayerische Armee ziehe schon so lange nordwärts, daß sie auf einer Nordpolexpedition begriffen zu sein scheine." Und am 4. Juli — einen Tag nach König= grätz! — schrieb ein Münchener Correspondent in beneidens= werther Harmlosigkeit folgende Notizen nieder: „Diesen Abend beehrte Se. Majestät der König das Volkstheater mit wiederholtem Besuch. Sowohl das sehr zahlreich in den Straßen und auf dem Platz vor dem Theater, wie das in Letzterem versammelte Publikum begrüßte den König mit den herzlichsten Zurufen. Mit großem Beifall gastirt in

genanntem Theater der ausgezeichnete Wiener Komiker Herr
Knaak." — „Ein Tragikomiker," bemerkte entrüstet die
Redaction der „Allg. Zeitung" hierzu, wäre wohl eher am
Platz gewesen!"

In Folge dieser öffentlichen Beschwerden erschien am
3. Juli in der offiziösen „Bayerischen Zeitung" eine be-
schwichtigende Note aus dem damaligen Hauptquartier des
Prinzen Karl (Meiningen), welche indeß den Unmuth der
Bevölkerung eher zu steigern als zu verringern geeignet war.
Unter allerhand sonstigen vagen Entschuldigungen für die
Unthätigkeit der bayerischen Armee wurde speciell in Bezug
auf die unterlassene Rettung der Hannoveraner bemerkt,
man habe bei den Zickzackbewegungen der letzteren keine
Kenntniß von ihrer Stellung gehabt und außerdem hätten
sie ja keine Hülfe von den Bayern verlangt!

„Daß wir nicht rascher vorgerückt sind," hieß es wörtlich in dieser offiziösen Entschuldigungsnote, „um noch eine
rechtzeitige Vereinigung mit den Hannoveranern zu erzielen,
mag aufgefallen sein, namentlich Leuten, welche die Verhältnisse nicht kennen. Ich will in dieser Beziehung nur bemerken, daß bis zum letzten Moment vor der Capitulation
auch nicht ein Offizier aus Hannover ankam, der verlässige
Kunde von der Stellung, dem Aufenthalt oder der Absicht
der Hannoveraner gebracht hätte."

Der hannöverische Archivrath Dr. Onno Klopp veröffentlichte in Folge dieser Note aus dem bayerischen Hauptquartier in der „Augsb. Allg. Zeitung" vom 13. Juli eine
längere Erklärung, aus der hier Folgendes wiedergegeben
sein mag: „Die Wahrheit, welche dieser Passus (s. o.)
enthält, beruht lediglich auf dem Worte; „ein Offizier."
. . . . . „Ich verließ um Mitternacht am 23./24. Juni

das hannover'sche Hauptquartier in Langensalza. Daß ein
Offizier in oder mit Uniform nicht durch die preußischen
Vorposten gelaugt wäre, bedarf kaum der Erwähnung. Ich
erreichte Lichtenfels, mithin sicheres bayerisches Gebiet, am
Abend des 24. Juni. Sofort telegraphirte ich in ausführ=
licher Weise nach Wien, Frankfurt und München an
die betreffenden Autoritäten.... Am Morgen des 25. Juni
erhielt ich in Lichtenfels von offizieller Seite aus Frankfurt
die Antwort: daß meine Nachrichten dem bayerischen Haupt=
quartier in Bamberg mitgetheilt seien. Mithin war das
bayerische Hauptquartier in Bamberg schon am Morgen des
25. Juni (am Montag) über die Sachlage in und um
Langensalza in zuverläſſiger Weise unterrichtet. Ich erhielt
von Frankfurt die Weisung, mich in's bayer. Hauptquartier
zu begeben.... Ich benutzte den Zug um 1³/₄ Uhr
Nachmittags und fuhr vom Bahnhof in Bamberg aus sofort
zum Herrn General v. d. Tann (Chef des bayer. General=
stabes). Dieser erwiderte auf meine Darlegung des Sach=
verhalts, daß eine Nachricht von Eisenach her die Capitu=
lation der Hannoveraner melde. Ich bestritt die Wahrheit
dieser Nachricht in entschiedener Weise. Ich erklärte, daß
der König (von Hannover) entschlossen sei, eher Alles über
sich ergehen zu lassen, als daß er capitulire und daß er sich
auf seine Armee unbedingt verlassen könne. Ich gab dann
Auskunft über die Formation, den Bestand, die Beschaffen=
heit der einzelnen Theile, die Stellung derselben und die
Absicht, die Eisenbahn bei Eisenach und Gotha zu forciren.
Der Herr General v. d. Tann rügte die Fehler, welche bis=
her in der Leitung der hannoverschen Armee begangen seien.
Er erwiderte dann, daß seit meinem Abgang aus dem han=
növerischen Hauptquartier reichlich 36 Stunden verflossen

10

seien, daß seitdem die Dinge sich sehr verändert haben
könnten. (!!) Ich hielt dies für sehr unwahrscheinlich.
Ich hob hervor, daß wir vor den etwa nachrückenden Fein=
den einen bedeutenden Vorsprung hätten, daß dagegen vor
uns, nämlich in Gotha und Eisenach, wo die Eisenbahn
forcirt werden müßte, nach meiner eigenen Wahrnehmung
und Erkundigung sehr wenig feindliche Truppen ständen.
Der Weg von Gotha nach Lichtenfels, den ich am Tag zu=
vor gekommen, sei völlig frei. Der Herr General v. d. Tann
forderte mich dann auf, mit ihm nach dem Telegraphen=
Amt zu fahren. Der Draht war nämlich, wenn ich nicht
sehr irre, ganz bis nach Eisenach in Dienst. Der Herr
General ließ dort, vom Bahnhof in Bamberg aus, in
Eisenach anfragen: wie es um die Nachricht von der Capi=
tulation der Hannoveraner stehe. Die Antwort meldete Dies
und Jenes, alles als Gerücht, und gab für die Nachricht
einer Capitulation so wenig Anhalt, daß sowohl der Herr
General v. d. Tann als ich gar nicht daran dachten, eine
Abschrift des Telegrammes zu uns zu nehmen. . . . In=
zwischen kam Se. K. H. der Prinz Karl zum Bahnhof ge=
fahren; denn das Hauptquartier sollte an diesem Tag, am
25. Juni, von Bamberg nach Schweinfurt verlegt werden.
General v. d. Tann führte S. K. H. mich als Abgesandten
aus dem hannoverschen Hauptquartier vor. Ich legte S.
Hoheit so kurz und eindringlich wie möglich den Stand der
Dinge in und um Langensalza dar. Ich bemerkte, daß das
Gerücht von einer Capitulation sowohl nach meiner Kennt=
niß der Sachlage nicht gerechtfertigt sei, als auch durch das
eben eingelaufene Telegramm aus Eisenach nicht bestätigt
werde. Zum Schlusse fragte S. K. Hoheit nochmals:
„Wie stark ist denn Ihre Armee?“ Auf meine Antwort:

19,000 Mann, erfolgte die Erwiderung: „Mit 19,000
Mann schlägt man sich durch!" Auf meine nochmalige
Bitte schloß S. K. Hoheit mit den Worten: „Ich werde
thun, was in meinen Kräften steht!" — Dies war am
Montag Nachmittag, am 25. Juni, vier volle Tage vor
der wirklich geschehenen Capitulation der hannoveri-
schen Armee! Der Verlauf der Dinge hat meine Aus-
sagen vom 25. Juni durchaus bestätigt. Ich erkläre daher,
daß das bayerische Hauptquartier am Montag den 25. Juni
über deu Bestand, die Stellung und den Aufenthalt der
hannoverschen Armee genau unterrichtet war, und zwar aus
zuverlässiger, weil vom bayerischen Hauptquartier selbst nicht
angezweifelter Quelle."

Es wird gewiß niemals möglich sein, die seltsame
Kriegsführung der bayrischen und der übrigen Bundestruppen
im Jahr 1866 vom rein militärischen Geschichtspunkte
aus erklärlich zu machen. Mag auch noch soviel von den
vorgekommenen Ungeheuerlichkeiten und zum Theil fast muthwillig herbeigeführten Niederlagen auf Rechnung der mangelhaften Vorbereitungen zum Kriege oder der Unfähigkeit der
Corpsführer gesetzt werden — dies Alles würde nicht aus-
reichen, um eine Reihe von Vorgängen, die wir theils schon
geschildert ;haben, theils noch mittheilen werden, auch nur
einigermaßen dem gesunden Menschenverstande begreiflich zu
machen. Wohl aber werden diese Räthsel gelöst, wenn man
dasjenige scharf in's Auge faßt, was in den Cabineten
vorging, während die Truppen draußen im Felde standen
und nutzlos ihr Blut für die Sache des Bundes verspritzten.
Von „Verrath" im militärischen Sinne kann wohl bei
keinem der hier in Betracht kommenden Bundesstaaten die
Rede sein; aber niemals wird andererseits vor der unpar-

teiischen Geschichte der Nachweis geliefert werden können, daß namentlich die bayrische und die badische Regierung in jenen entscheidenden Tagen voll und ganz auf Seiten der Sache, für welche ihre Truppen kämpfen mußten, standen und daß nicht politische Reservationen und Schwankungen aller Art zu verschiedenen Zeitpunkten einen sehr verhängnißvollen Einfluß auf die militärische Action ausgeübt haben. Der Leser möge darüber an der Hand der nachstehenden Darlegungen urtheilen:

Von der bayerischen Regierung, und speziell dem Ministerpräsidenten Freiherrn v. b. Pfordten war es bekannt, daß diese bis zum letzten Momente des Conflicts-ausbruches zwischen Oesterreich und Preußen geschwankt hatte, auf welche Seite sie treten sollte. Dem Herrn v. b. Pfordten schwebte, wie auch sein zum Beschluß erhobener Antrag in der Bundestagssitzung vom 14. Juni zeigt, eine bewaffnete Neutralität des Bundes vor, welche Bayern „freie Hand“ gelassen haben würde, je nach dem Ausgange des Ringens zwischen Oesterreich und Preußen bei den Verhandlungen über die Neugestaltung Deutschlands sein Gewicht in die Wagschale zu werfen. Dieser Plan der bewaffneten Neutralität wurde jedoch durch das rasche Vorgehen Preußens gegen Hannover, Kurhessen und Sachsen und durch dessen Kriegserklärung gegen den Bund vereitelt. Die bayerische Regierung mußte sich nun zu einer Wahl entschließen, zumal sie jetzt auch von Oesterreich an den früheren Ausspruch v. b. Pfordten’s gemahnt wurde: „Wer von den beiden Großmächten zuerst die Feindseligkeiten beginnt, der hat Bayern zum Feinde!“ Das bayrische Cabinet ließ also wohl oder übel die „Politik der freien Hand“ fahren, handelte aber gleichwohl nicht als Glied des Bundes das sich nur als ein Theil des Ganzen betrachtete, sondern schloß in selbständiger Weise einen Bündnißvertrag speziell mit Oesterreich ab, der zwar schon vom 14. Juni datirt war, aber erst am 30. Juni durch den förmlichen Austausch der beiderseitigen Ratificationen perfect wurde. In diesem Bündnißvertrag — „Militärconvention" wurde das Ding später beschönigend von der amtlichen „Bayerischen Zeitung" genannt — war ausdrücklich festgesetzt worden, daß Oesterreich Bayern seinen territorialen Besitzstand garantire und dafür einstehe, daß etwa nöthige Gebietsabtretungen nur gegen entsprechende anderweite Entschädigung erfolgen würden. Dieser Vertrag wurde nicht nur von den Verhandlungen im Bundespalais zu Frankfurt sorgfältig ferngehalten, sondern auch vor den Regierungen der übrigen noch am Bunde festhaltenden Staaten verheimlicht. Demungeachtet erhielten diese noch vor Ablauf des Monats Juni davon Kenntniß und man kann sich die Wirkung dieser Entdeckung leicht vorstellen. Wo sollte die eventuelle „Entschädigung" für bayerische Gebietsabtretungen anders herkommen, als von den Bayern umgebenden Bundesländern, speciell von Baden und Württemberg, und welchen Eifer mußten diese bei solcher Perspective fühlen, sich unter den militärischen Oberbefehl des Prinzen Karl von Bayern zu stellen? Die Augsburger Allgemeine Zeitung hat später diesen Vorgang mit den folgenden Worten charakterisirt: „Wie konnte ein Mitglied des deutschen Bundes einen Vertrag mit Oesterreich abschließen, der Bayern separatim sein Territorium garantiren sollte? Es hatte sich doch auf den Standpunkt des Bundesrechts gestellt. Wußte der Minister nicht, daß die Bundesacte alle einzelnen Bundesgebiete garantirt? Und wenn ihm ein Zweifel an der

Macht des Bundes bei den Chancen des Krieges gekommen
war, mußte er dann nicht um so mehr alle anderen Bundes=
genossen solidarisch zur gemeinsamen Garantie ihrer Be=
sitzungen auffordern, anstatt ein separates Bündniß zu
schließen? Das tiefste Mißtrauen gegen eine solche Politik
mußte dadurch bei den Bundesgenossen hervorgerufen wer=
den. Man theilte ihnen den Vertrag nicht mit, sie erfuhren
ihn erst später durch Oesterreich selbst — und es war wohl
sehr natürlich, daß Baden in diesem Vertrage eine
Auffrischung längst vergessener Ansprüche auf Theile
seines Gebietes sah."

An der Hand dieses Vertrages erklärt sich nun auch
ohne Weiteres die absolute Unthätigkeit der bayrischen Armee
bis zu Ende des Monats Juni und die geflissentliche Unter=
lassung jeder Hülfeleistung an die Hannoveraner. Am 30.
Juni wurde der Separatvertrag zwischen Bayern und Oester=
reich ratificirt und am 30. Juni erst erschien im Regierungs=
blatte zu München die Kriegsproclamation des Königs von
Bayern an seine Truppen. Aber auch selbst zu diesem
späten Zeitpunkte wurde die militärische Action noch nicht
ernsthaft begonnen; man schickte vielmehr von Meiningen
und Coburg aus einige Cavallerieregimenter ohne alle
Infanterie nach Fulda, welche am 3. Juli auf der
Straße nach Eisenach bis in die Nähe des kurhessischen
Städtchens Hünfeld vorrückten, um dort in einem engen
Gebirgsdefilee derartig von preußischer Artillerie empfangen
zu werden, daß sie in wilder Flucht nach Fulda zurück=
jagten und diese Stadt — den beabsichtigten Vereinigs=
punkt der bayrischen Truppen mit dem 8. Armeecorps —
sofort preisgaben. Noch toller ging es am folgenden Tage
oder vielmehr in der Nacht vom 4. zum 5. Juli bei Gers=

feld, einem etwa 6 Stunden von Fulda entfernten bayrischen Städtchen bei Brückenau in der Rhön, her. Dort hatte sich dieselbe Cavallerie, welche 24 Stunden vorher aus Fulda geflohen war, wieder gesammelt, um — ohne jede Fühlung mit der Infanterie und Artillerie — sich zum zweiten Mal den Weg nach Fulda zu bahnen. Plötzlich fielen auf völlig unerklärte Weise (von preußischen Truppen stand kein Mann in den Bergen) einige Schüsse, und die Cavallerie, welche sich verrathen glaubte, stob in rasender Eile auseinander; einzelne Reiter jagten bis nach Würzburg zurück und verbreiteten dort und in ganz Unterfranken panischen Schrecken. Am folgenden Tage erschoß sich aus Scham und Verzweiflung über diese Vorgänge der Oberst des 5. bayrischen Chevauxlegers-Regiments, v. Pechmann, in Poppenhausen bei Gersfeld, und im Lande verbreiteten sich solche Gerüchte über die Führung der bayrischen Armee, daß unter dem Volke das Wort „Hauptquartier" zu einem förmlichen Schimpfnamen wurde. Wenn einer dem andern eine recht starke Beleidigung in's Gesicht schleudern wollte, rief er bloß: „Du Hauptquartier!" Unter solchen Umständen konnten die bei Dermbach und Roßdorff ꝛc. von den compacteren Theilen der bayrischen Armee mit den Truppen des Generals Falkenstein bestandenen Kämpfe, welche ohnehin stets mit dem Rückzug der Bayern endeten, keine Bedeutung haben; General Falkenstein begleitete dieselben in seinem Kriegsbericht vom 6. Juli mit den folgenden fast verächtlichen Bemerkungen:

„Nachdem die unter Befehl des Generals von Falkenstein stehende Armee am 29. Juni die Capitulation der hannover'schen Truppen bei Langensalza erzwungen hatte, concentrirte sie sich am 1. Juli in der Gegend von Eisenach und trat am 2. Juli ihren Vormarsch in der Richtung auf Fulda an. Man wußte, daß sowohl im Werra-

thal als im Thüringer Walde bayerische Truppen umher=
schweiften. Es konnte jedoch nicht die Aufgabe der Armee
sein, auf diesen weitzerstreuten Feind Jagd zu machen und
hatte man bei dem Vormarsch nur darauf zu achten, ob
derselbe sich etwa concentriren und in unsere Nähe kommen
würde, um ihm dann einen kräftigen Stoß zu versetzen."

Einzelne Gefechte gegen diesen „weitzerstreuten Feind"
fanden denn auch bei Dermbach, Roßdorff, Neidhardshausen
und Geysa statt; sie hatten das Resultat, daß am 6. Juli
die Preußen in Fulda einzogen und nunmehr mit ihrem
Hauptcorps zwischen den Bayern und dem 8. Armee=
corps standen, welches letztere, nachdem es in der Nacht
vom 5. bis zum 6. Juli 1½ Meile weit westlich von
Fulda gestanden, nun in Folge der Nachricht von der bay=
rischen Niederlage bei Dermbach wieder bis Gießen zurück=
ging. Die amtliche Bayerische Zeitung aber brachte am
10. Juli die höhnische und verdächtigende Bemerkung:
„Das 8. Bundesarmeecorps hat entschieden darauf
verzichtet, sich mit der bayerischen Armee zu ver=
einigen und ist gegen Frankfurt zurückgegangen."
Diese Insinuation erregte im Hauptquartier des Prinzen
Alexander nicht geringe Entrüstung und die „Frankfurter
Postzeitung" brachte einen gepfefferten Protest dagegen, in
welchem gesagt wurde, daß das 8. Armeecorps, obwohl unter
dem Commando des Prinzen Carl stehend, von diesem
nicht ein einziges Mal einen Befehl empfangen habe, sondern
stets auf eigene und oft sehr unzuverlässige Informationen
angewiesen gewesen sei.

Die Krone der bayerischen Kriegsführung aber wurde
in dem blutigen Gefecht bei Kissingen (am 10. Juli)
erreicht. Ueber diesen Kampf, welcher für das Schicksal
Frankfurt's von geradezu entscheidender Bedeutung werden

sollte, gab die am 19. October 1866 gegen den Redacteur
des „Volksboten" zu München, Herrn Zander, geführte
Schwurgerichtsverhandlung „wegen Beleidigung des Generals
Freiherrn von der Tann durch die Presse," Aufschlüsse, welche
fast in das Gebiet des Unglaublichen gehören würden, wenn
es sich nicht um unwiderleglich festgestellte Thatsachen han=
delte. Unter dem Eindruck derselben wurde der angeklagte
Redacteur vom Schwurgericht einstimmig freigesprochen, die
von ihm erhobenen schweren Beschuldigungen aber hatten
zur Folge, daß zwei Tage nach diesem Prozesse Prinz Carl
von Bayern seine sämmtlichen militärischen Würden nieder=
zulegen für gut fand. Aus der Thatsache, daß General
von der Tann selbst, von dem Angeklagten als Entlastungs=
zeuge citirt, die Aussage verweigerte, weil er nicht von
dem Amtseide der Verschwiegenheit entbunden war,
geht übrigens in Verbindung mit gewichtigen anderen An=
zeichen hervor, daß die Schlacht bei Kissingen lediglich in
Folge geheimer politischer Weisungen für die Bayern
verloren gegangen ist. (Vergl. auch Wolfgang Menzel,
Krieg von 1866.) Wie die Stimmung des bayrischen Volkes
damals war, davon zeugt ein Tagesbefehl des Prinzen
Adalbert an die Landwehr, worin er die Letztere aufforderte:
„verbrecherische Umtriebe, welche die öffentliche Ruhe
stören, mit aller Energie niederzuhalten". Diese
„verbrecherischen Umtriebe" bestanden einfach darin, daß das
Volk die Wahrheit bezüglich des von Herrn v. d. Pfordten
inscenirten „Scheinkrieges" schon sehr frühe ahnte, und sich
darüber mit einer Offenheit aussprach, die in dem obener=
wähnten originellen Schimpfwort: „Du Hauptquartier!"
ihr sprechendstes Characteristikum fand.

Diese Vorgänge im bayerischen Cabinet und im bayerischen Kriegslager erklären denn auch zum guten Theile die Haltung Badens im Kriege von 1866, zumal in den höchsten Regierungskreisen dieses Staates von vornherein ganz widersprechende Einflüsse hinsichtlich der im entscheidenden Augenblicke zu ergreifenden Parteinahme für oder wider Preußen thätig waren. Der Ministerpräsident v. Edelsheim hatte die Zustimmung Badens zu dem Bundestagsbeschlusse vom 14. Juni durchzusetzen gewußt, aber im Ministerium blieb bis zum 5. Juli einer der entschiedensten Parteigänger der großpreußischen Politik, welche Süddeutschland besaß — Staatsrath Mathy — und wußte dort im Verein mit seinem Freunde und Gesinnungsgenossen Geh. Rath Bluntschli, sowie mit dem früheren Minister v. Roggenbach die am großherzoglichen Hofe vorherrschenden persönlichen Stimmungen trefflich für die Sache, welcher seine Sympathien gewidmet waren, auszunutzen. — Großherzog Friedrich von Baden stand überdies in nahem verwandschaftlichen Verhältnisse zum preußischen Königshause (Schwiegersohn des Königs Wilhelm) und muß bei den herzlichen persönlichen Beziehungen, die ihn an den Vater seiner Gemahlin knüpften, gewiß einen sehr schweren Kampf mit sich durchgekämpft haben, ehe er als constitutioneller Fürst dem zwingenden Druck der Ereignisse nachgebend sich zum Kriege gegen Preußen entschloß. Prinz Wilhelm von Baden dagegen, Bruder des Großherzogs und nachmals Oberbefehlshaber der badischen Division bei dem 8. Armeecorps, hatte aus seinen Sympathien für Preußen nie ein Hehl gemacht und es bleibt heute noch ein Räthsel, das wir nicht zu lösen wagen, warum gerade er — dem doch in keinem Falle die Nothwendigkeit hierfür sich aufdrängte — das

Commando der badischen Truppen zum Kriege gegen Preu=
ßen übernahm. Die ganze Periode vom 14. bis zum
30. Juni, an welchem Tage die badischen Truppen sich zu=
erst nach Norden hin in Bewegung setzten, schloß eine Reihe
von heftigen Meinungsdifferenzen im badischen Ministerium
in ¡sich, bei denen auch die Entdeckung des von Bayern
mit Oesterreich insgeheim abgeschlossenen Separat=Vertrages
(s. o.) gewiß eine sehr hervorragende Rolle gespielt haben
mag. Warum aber Staatsrath Mathy auch n a ch dem Aus=
marsche der badischen Truppen noch fünf Tage lang im
Ministerium blieb, während doch die von diesem gefaßten
Entschlüsse in grellem Widerspruch zu seinen politischen
Meinungen standen, das läßt sich ebensowenig auf gewöhn=
liche Weise erklären, wie jene Uebernahme des Militär=
Commando's von Seiten des Prinzen Wilhelm. Einen sehr
interessanten Einblick in die bis zum Datum des 1. Juli
in Karlsruhe noch thätig gewesenen Meinungsgegensätze
gewährt dagegen der nachstehende Brief, welchen der frühere
badische Minister von Roggenbach gerade an diesem
Tage (also 24 Stunden nach dem Vormarsche der ersten
badischen Regimenter) an den Grafen Bismarck zu Berlin
von Neuwied aus richtete:

„Verehrter Herr Graf! Nachdem der Kampf zwischen
Preußen und dem mit Oesterreich zu blutigem Bürgerkrieg
verschworenen deutschen Particularismus ausgebrochen ist,
treten alle Erwägungen in den Hintergrund, die ich machen
mußte, so lange es galt, in meinem Heimathsland
die Möglichkeit nützlichen Wirkens auf dem Boden
fester Grundsätze zu erhalten. Der Uebertritt der
großherzoglichen Regierung in die Reihen ihrer eigenen
größten und gefährlichsten Feinde, unter die Zahl der zur

Erhaltung der österreichischen Herrschaft in Deutschland
und des für die nationalen Interessen unverträglich und
unmöglich gewordenen Bundesrechts verbundenen Staaten
macht mir Letzteres unmöglich und entbindet mich jeder
schonenden Rücksichten gegen dieselbe. (nämlich die badische
Regierung.) Der Umstand, daß ein ungerechtfertigter Druck
durch Badens Nachbarstaaten es dem patriotischen Fürsten
meines Heimathlandes unmöglich gemacht hat, sich dieser
schändlichen Verbindung aller selbstsüchtigen und vaterlands-
verrätherischen Leidenschaften zu entziehen (!), enthält für
mich eine weitere Aufforderung, meinerseits wenigstens nach
Kräften die Regierungen zu bekämpfen, welche sich nicht
entblödeten, diese Vergewaltigung eines ihrer Mit=
fürsten unter dem Vorwande eines von ihnen.miß=
deuteten Bundesrechts zu vollziehen. Der einfachen
Aufgabe, wie sie heute für jedes ehrliche deutsche Herz und
für jedes deutsche Gewissen liegt, gedenke ich in vollem
Maße Genüge zu thun. Lassen wir diese Verkennung der
Stellung deutscher Bundesfürsten, wie sie die letzten Bun-
desbeschlüsse offenbarten, den letzten Mißbrauch sein, den
Habsburgische Intrigue mittelst des vom Wiener Cabinet
schlau gefügten Bundesrechts vollbrachte. Ich meinerseits
wenigstens bin der Meinung, daß ähnlicher Frevel, wie dieser von den Mittelstaaten (!) muthwillig über ihre Völker
und Deutschland gebrachte Bundeskrieg, künftig verhütet wer=
den muß. Dazu ist nothwendig, daß das System des im
Jahre 1815 von Oesterreich zu seinem Dienste geschaffenen
und stets zum Dienen bereiten deutschen Bundes gebrochen
und statt dessen ein deutscher Staat gegründet werde, stark
genug, sich künftig dem zersetzenden Einflusse dieser fluch=
würdigen Politik des Wiener Hofes zu entziehen. Sind

Ew. Excellenz bereit, ganze Arbeit zu machen und fest=
zustehen im Kampfe, bis die wesentlichen Zielpunkte alles
Ringens des deutschen Volkes seit 50 Jahren erreicht sind,
so werden Sie auch mich jederzeit bereit finden, mitzuarbei=
ten für die Neugestaltung der deutschen Staatsverhältnisse,
wie sich solche aus der Niederwerfung der österreichischen,
auf Unterdrückung aller Nationalitäten und aller Freiheit
begründeten österreichischen Machtstellung und aus der Be=
schränkung der Souveränetätsrechte der mit Oesterreich hierzu
verbündeten Regierungen von selbst ergeben wird. Wie es
zur Zeit nur ein Ziel gibt, so giebt es zur Stunde auch
keine weitere Voraussetzung für mein Anerbieten, als
die Energie des Willens, dasselbe um jeden Preis zu er=
reichen. Ich ermächtige Ew. Excellenz, wenn Sie es für
nützlich halten, dieses Schreiben zu veröffentlichen. Geneh=
migen Sie, Herr Graf, die Versicherung meiner ausgezeich=
neten Hochachtung. v. Roggenbach."

So der Wortlaut dieses damals von Berliner Blättern,
sowie von der amtlichen „Weimarer Zeitung" als authen=
tisch veröffentlichten Briefes, an dessen Aechtheit zu zweifeln
nicht der mindeste Grund vorliegt. Wir haben also hier
die merkwürdige Thatsache vor Augen, daß einer der her=
vorragendsten badischen Staatsmänner, dessen Verbindungen
auch in seinem Heimathslande jedenfalls noch sehr weit
reichten, es für geeignet hielt, mitten im Kriege dem er=
klärten Landesfeinde gegenüber seine glühenden Sym=
pathieen für dessen Ziele und seinen ebenso glühenden Haß
gegen die Sache, für welche die badischen Truppen kämpfen
und bluten sollten, öffentlich auszusprechen! Ist es nun
eine zu weit gehende Vermuthung, wenn wir annehmen,
daß Herr v. Roggenbach nimmermehr mit einer so merk=

würdig gearteten Kundgebung hervorgetreten wäre, wenn er
nicht gewußt hätte, daß er hierdurch keineswegs in den=
jenigen Kreisen, auf deren Urtheil es ihm ankam, einen
Sturm der Entrüstung hervorrufen werde? Und wie mag
es wohl gekommen sein, daß die sonst so redselige amtliche
„Karlsruher Zeitung" über den Roggenbach'schen Brief,
der damals sehr großes und berechtigtes Aufsehen erregte,
mit Stillschweigen hinwegging? Der Leser mag diese Frage
sich selbst beantworten; jede Reflexion von unserer Seite
würde überflüssig sein. Auch in Baden war die „Bundes=
treue" — abgesehen von der Stimmung im Volke, worauf
es indessen blitzwenig ankam — ein Messer ohne Klinge
dem der Stiel fehlt, und am Ende war dieß nach der vor=
ausgegangenen mehr als zweideutigen Haltung Bayerns auch
kaum mehr zu verwundern.

„Was die badische Kriegführung betrifft," (so schreibt
Menzel in seinem „Krieg von 1866" und wir ziehen es
aus besonderen Gründen vor, gerade über diesen heiklen
Punkt den genannten preußenfreundlichen Historiker reden
zu lassen) — „über die nachher als über den „badischen
Verrath" in einer Wiener Flugschrift*) geklagt wurde, so
erhielt die badische Division im Beginn des Feldzuges (d. h.
am 2. Juli) den Befehl, sich von Frankfurt aus der Punkte
Gießen und Wetzlar zu bemächtigen, um sowohl die Ope=
rationsbasis am Main zu decken, als auch der Armee, die
in's Fuldathal vorrückte, Flanken und Rücken zu sichern.
Der Befehl wurde vollzogen; als aber am 6. Juli der
Vormarsch der übrigen Theile des 8. Armeecorps in's

---

*) Man schrieb sie dem Prinzen Alexander von Hessen zu, der
aber auf heftige Reclamationen von Karlsruhe aus die Versicherung
gab, daß er sie nicht verfaßt habe. Anm. des Verf.

Fuldathal aufgehalten und rückgängig gemacht wurde, weil
die Bayern bei Kaltennordheim von den Preußen geschlagen
worden waren und sich gegen Franken zurückzogen, verließ
Prinz Wilhelm eigenmächtig die ihm angewiesene Stellung,
obgleich ihm wiederholt befohlen worden war, sie zu be=
haupten. Ein badischer Lieutenant erschien am 6. Juli im
Hauptquartier des Prinzen Alexander zu Crainfeld und
meldete ihm im Namen des Prinzen Wilhelm einfach, die
badischen Truppen zögen sich hinter Frankfurt zurück. Hier=
auf wurde sogleich der im Hauptquartier als Souschef des
Generalstabs befindliche badische Major Krauß mit dem ge=
messenen Befehl an den Prinzen Wilhelm abgesandt, über
die unbegreifliche Retirade Erkundigungen einzuziehen; seine
schriftliche Instruction ist jedoch (wie die Wiener Flugschrift
sagt) aus den Acten verschwunden. (Sie besagte, daß
jetzt die beiden anderen im Rückmarsch befindlichen Divi=
sionen des 8. Armeecorps durch die Badenser am linken
Flügel völlig preisgegeben seien und namentlich die zwischen
Alsfeld und Hersfeld herumschwärmende Reservereiterei dem
Feinde geradezu in die Hände geliefert werden könne.)
Mündlich ertheilte Prinz Alexander dem Major Krauß die
weitere Instruction, den Prinzen Wilhelm nöthigenfalls zu
bedeuten, daß er seines Commando's enthoben werden würde,
falls er nicht augenblicklich gehorche. Daß wirklich davon
im Hauptquartier die Rede war, bezeugte später auch General=
lieutenant v. Baur, Chef des Generalstabs im 8. Armee=
corps. Prinz Wilhelm befand sich bereits in Frankfurt und
entschuldigte sich in einem Schreiben ins Hauptquartier wie
auch gegen den österreichischen Generalmajor v. Packeny, in
unklarer und nicht erschöpfender Weise. Am 7. schickte
Prinz Alexander dem Prinzen Wilhelm den strengsten Be=

fehl zu, augenblicklich umzukehren. Zugleich herrschte große Aufregung in Frankfurt, sowohl unter den badischen Truppen wie unter der Bevölkerung, und von Karlsruhe erfolgte die Weisung an den badischen Prinzen, sich dem Befehle des Prinzen Alexander zu unterwerfen. Dies geschah nun, allein die badischen Truppen nahmen den feurigen Antheil am Kampfe gegen Preußen nicht, den man ihnen zumuthete. Insbesondere wurde ihnen zum Vorwurf gemacht, sie seien nahe genug gewesen, um die am 14. Juli vor Aschaffenburg in blutigem Kampf begriffenen Hessen unterstützen zu können, hätten es aber nicht gethan. Der hessische Oberlieutenant Möller bat die auf der Chaussée zwischen Babenhausen und Aschaffenburg lagernden zwei bis drei Bataillone um Hülfe, sie erklärten aber, sie hätten keinen Befehl. Prinz Alexander ertheilte hierauf dem Prinzen Wilhelm noch am 14. Abends 6 Uhr den Befehl, die Preußen aus Stockstadt zu vertreiben, der Befehl aber wurde nicht ausgeführt."

Wir gehen nun nach diesen allgemeinen Darlegungen, die uns zum Verständniß der über Frankfurt hereinge=
brochenen Katastrophe nothwendig schienen, zu den gleichzei=
tigen Vorgängen in der Bundesstadt selbst über.

Die Tage vom 5. bis zum 14. Juli brachten zwar für Frankfurt selbst keine Ereignisse von größerer Bedeutung, immerhin jedoch eine Reihe nicht uninteressanter Vorgänge, die sich in der Bundesstadt abspielten. Der hohe Bundes=
tag vor Allem war in Gestalt der „Bundesmilitärcommission" in Permanenz und suchte durch zahlreiche Beschlüsse, welche freilich auf den Gang der Ereignisse keinerlei Wirkung mehr auszuüben vermochten, das Scheinbild seines Daseins auf=
recht zu erhalten. Von diesen Beschlüssen ist insbesondere derjenige vom 5. Juli zu erwähnen, durch welchen im Hin=

Hinblick auf die von uns bereits geschilderten Streifzüge preußischer Landwehrpikets in Nassau den bundestreuen Regierungen auf das Dringendste empfohlen wurde, „Landwehren und Milizen, ja selbst Freicorps" zu bilden, ohne daß man dabei das traurige Loos bedachte, welches namentlich die Freischärler im Falle eines Zusammenstoßes mit den Preußen und einer Gefangennahme erwartet haben würde. Hatten doch die in Cassel und Hannover commandirenden preußischen Generale sogar diejenigen Reservisten, welche etwa noch der vor der Occupation ergangenen Einberufungsordre Folge leisten und sich zum Bundesarmeecorps begeben würden, mit „kriegsrechtlicher Aburtheilung" bedroht, was in diesem Falle mit Erschießen gleichbedeutend war. Dennoch fanden sich bis zum 5. Juli insbesondere aus Hannover noch dergleichen Leute, die sich mit Gefahr ihres Lebens durch die von Preußen occupirten Gebiete durchgeschlichen hatten, in Frankfurt ein, so daß an jenem Tage auf dem Goetheplatze etwa 300 jener armen halbverhungerten Soldaten gemustert werden konnten, die einstweilen „bis zu ihrer Indienststellung" in einer der leerstehenden Kasernen untergebracht wurden. An den Märschen des 8. Armeecorps haben sie indessen keinen Theil mehr genommen, sondern sind bis zum Friedensschluß in Mainz geblieben. — Der Senat von Frankfurt arbeitete in Folge des oben erwähnten Bundesbeschlusses den nachstehenden Gesetzentwurf ohne Datum aus, welcher zwar niemals Gesetzeskraft erlangte, der preußischen Regierung aber später als willkommenes Argument für die angebliche „Betheiligung Frankfurts am Kriege" gedient hat: „Alle Bürger, Bürgerssöhne und Permissionisten vom 21. bis zum zurückgelegten 60. Lebensjahre sind dienstpflichtig,

11

und zwar bis zum 50. Jahre zu persönlicher Dienstleistung, vom 51. Jahre an, wenn es die öffentliche Ordnung und Sicherheit erfordert. Die Bürgerwehr steht unter dem älteren Bürgermeister und wird von einem Obersten com= mandirt. Sie besteht aus 12 Bezirksabtheilungen und for= mirt insgesammt vier Bataillone. Der Staat liefert der Bürgerwehr die Waffen. Die Montirung besteht in einer Dienstmütze und einer Armbinde. (Offenbar war somit von keiner Verwendung der Bürgerwehr im Kriege die Rede. Anm. des Verf.) Diese Montirung hat sich der Bürgerwehr= mann zu stellen. Frei vom Bürgerwehrdienst sind: die Mitglieder des Senats, des gesetzgebenden Körpers und des Einundfünfzigercollegiums; ferner diejenigen Personen, welche das Recht der Exterritorialität genießen und deren Diener= schaft, fremde oder hiesige Offiziere außer Dienst, fremde Handwerksburschen, mit Ausnahme derjenigen, welche ihrem Beruf nach zu den Arbeiterabtheilungen des Löschbataillons verpflichtet sind, die Geistlichen und Candidaten der Theo= logie, sowie die israelitischen Rabbiner, die ordentlichen Lehrer an den Schulanstalten, die Aerzte und Apotheker, sowie die Beamten der Staatskörperschaften und Behörden." — Die= ser Gesetzentwurf sollte in der Sitzung des gesetzgebenden Körpers vom 16. Juli zur Berathung kommen; der Einzug der Preußen in Frankfurt machte diese „Tagesordnung" zu Nichte.

Am Morgen des 7. Juli hatte der Senat zum ersten Mal in diesem Kriege Veranlassung, seine Autorität in Sachen der Presse zu zeigen. Die „neue Frankfurter Zeitung" veröffentlichte nämlich am 6. Juli Abends eine kurze Notiz über die bereits von uns erwähnte Rückzugs= bewegung der badischen Truppen, worin gesagt war, Prinz

Wilhelm von Baden habe sich geweigert, unter den obwal=
tenden Umständen noch weiter am Kriege Theil zu nehmen
und den Rückzug seiner Truppen hinter Frankfurt anbe=
fohlen. (Thatsächlich hatte die Direction der Main=Neckar=
Bahn die Weisung erhalten, alle Güter= und Personenzüge
einzustellen und die sämmtlichen Waggons zur Rückbeför=
derung der badischen Truppen bereit zu halten. Am Abend
des 6. Juli war jedoch diese Ordre bereits wieder auf=
gehoben.) Die neue Frankfurter Zeitung fügte hinzu, daß
in den Reihen der badischen Regimenter über diese Vor=
gänge solche Unzufriedenheit entstanden sei, daß einzelne
Soldaten ihre Gewehre fortgeworfen und ihre Säbel zer=
brochen hätten. Vor dem Local der genannten Zeitung
waren kleine Ausschnitte, welche jene allarmirende Mit=
theilung enthielten, an die Mauer angeklebt, und eine große,
von Minute zu Minute wachsende Menschenmenge bedeckte
aus diesem Anlaß die Eschenheimergasse. Auch vor dem
„englischen Hof", woselbst Prinz Wilhelm von Baden an
diesem Rückzugstage eingetroffen war und von den Stra=
patzen seiner „Vorwärtsbewegung" gegen Gießen hin aus=
ruhte, sammelten sich zahlreiche Gruppen, die in lebhafter
und aufgeregter Weise discutirten. Prinz Wilhelm war
jedoch an diesem Abend durch die verschiedenen Botschaften
aus dem Hauptquartier des 8. Armeecorps sowie aus
Carlsruhe zu sehr in Anspruch genommen, um gegen die
so „unberufen" in militärische Angelegenheiten sich einmischende
Zeitung Schritte zu thun; erst am folgenden Morgen war
der Senat im Besitze einer bezüglichen Beschwerde, welche
zur Folge hatte, daß der Chef des Polizeiamtes, Senator
Dr. Spelß, sich in Person auf das Redactionsbureau
der neuen Frankfurter Zeitung begab und dort kategorisch

11*

die Schließung der Offizin, sowie „noch ganz andere Maß=
regeln" in Aussicht stellte, falls Veröffentlichungen der
obigen Art sich noch einmal wiederholen sollten. Die neue
Frankfurter Zeitung hielt aber trotz dieser Verwarnung ihre
Nachricht im Wesentlichen aufrecht und wurde deßhalb con=
fiscirt, sowie mit einem Preßprozesse schlimmster Art be=
droht, aber — eine Woche später saßen Senator Dr. Spelh
und die noch übrig gebliebenen Redacteure der neuen Frank=
furter Zeitung von den Preußen gefangen auf der Haupt=
wache am Roßmarkt und dachten an ganz andere Dinge,
als an den Zorn des Prinzen Wilhelm von Baden über
die „Verbreitung falscher Nachrichten!"

Montag den 9. Juli hatte das achte Armeecorps seinen
Rundmarsch durch die Wetterau und den Vogelsberg voll=
endet und das Hauptquartier war glücklich wieder im „Gast=
haus zum Adler" in Bornheim installirt. Dort konnte
man den alten hessischen Oberst v. Stockhausen, welcher zum
Generalstab des Prinzen Alexander gehörte, ruhig aus dem
Fenster blickend sein Pfeifchen rauchen sehen, während von
Hanau her die österreichische Brigade Neipperg, bestehend
aus sieben Bataillonen und etwas Artillerie, in Frankfurt
einrückte, die Badenser sich wieder gegen Gießen hin, die
württembergische und hessen=darmstädtische Brigade dagegen
auf der alten Leipziger Straße bis über Gelnhausen vor=
schoben. Von Höchst her sollten die nassauischen Truppen
sich an die Brigade Neipperg anschließen; da aber der
Herzog von Nassau dringend um Ueberlassung seiner Truppen
zum Schutze des eigenen Landes gegen die preußischen Con=
tributionsstreifzüge bat, so vermochten ihm Prinz Alexander
und die Bundesmilitärcommission in Frankfurt auf wieder=
holtes Drängen diese Gefälligkeit nicht abzuschlagen und

das „naſſauiſche Contingent" widmete ſich fortan ganz
ſpeciell der Vertheidigung des eigenen heimathlichen Stück=
chens Erde.

Prinz Alexander von Heſſen, welcher zweimal vergeb=
lich die Vereinigung mit den Bayern geſucht hatte, war am
10. Juli von dem politiſch ganz richtigen Gedanken be=
herrſcht, wenigſtens die Bundesſtadt Frankfurt und die
Feſtung Mainz mit dem Aufgebot aller ihm zu Gebote
ſtehenden Kräfte gegen die von der Saale her anrückenden
Preußen zu vertheidigen und ließ deßhalb ringsum Frank=
furt die ſchon ſeit dem 2. Juli beſchloſſenen Befeſtigungs=
arbeiten mit Energie in Angriff nehmen. In einem großen
Halbkreis um die Stadt ſollten Lunetten aufgeworfen wer=
den; oberhalb Oberrad bei Bergen, zur Beſtreichung der
Straße von Hanau nach Frankfurt, bei der Friedberger
Warte zur Beſtreichung der Vilbelerſtraße und dicht vor
Bockenheim zur Dominirung der Straßen von Hebbernheim
und Rödelheim. Zur Fertigſtellung dieſer Werke wurde ein
Theil der kurheſſiſchen Truppen nebſt 200 Taglöhnern be=
ſchäftigt, ſo daß ſämmtliche Schanzarbeiten ſpäteſtens bis
zum 14. Juli vollendet ſein konnten. In der Sitzung des
Bundestages vom 11. Juli brachte jedoch der Geſandte der
freien Stadt Frankfurt nach vorgängigen vertraulichen Ver=
handlungen den folgenden bringlichen Antrag ein:

„Die hohe Bundesverſammlung hat in ihrer Sitzung
vom 4. d. M. Gelder aus Bundesmitteln zur An=
legung paſſagerer Schanzen in der Umgebung von
Frankfurt zu bewilligen ſich veranlaßt geſehen. Der
Geſandte der freien Stadt Frankfurt hat dieſem Be=
ſchluß nicht zugeſtimmt und hat in ſeiner motivirten
Abſtimmung ſeiner Regierung weitere Erklärung aus=

brücklich vorbehalten. Nachdem die Arbeiten jener Ver=
schanzungen in der That begonnen und nunmehr auch
die Truppen des achten Armeecorps in der nächsten
Nähe der Stadt Frankfurt concentrirt worden sind,
ist der Gesandte von Frankfurt von dem Senat dieser
Stadt zu der nachfolgenden Erklärung und zu dem
damit verbundenen Antrag ermächtigt worden. Der
Senat, welcher der in der Sitzung vom 4. d. M.
von seinem Gesandten abgegebenen Erklärung seine
vollste Zustimmung ertheilt,˙ bescheidet sich, die mili=
tärischen Anordnungen, welche in der Nähe von Frank=
furt sich entwickeln, vom militärischen Standpunkte
aus einer Beurtheilung zu unterziehen, er giebt den
Zweifeln keinen Ausdruck, welche in dieser Beziehung
bei ihm laut geworden sind. Dagegen sind es zwei
andere Gesichtspunkte, welche anzudeuten er eben so
verpflichtet als berechtigt ist. Die erwähnten mili=
tärischen Maßregeln und Aufstellungen können zum
Zweck haben: entweder die Sicherung dieser hohen
Versammlung oder die Sicherung der Stadt Frankfurt.
Eine andere Aufgabe vermag der Senat bei der der=
maligen Lage der Verhältnisse nicht zu finden und
nicht anzuerkennen. Handelt es sich um die
Sicherung der hohen Versammlung, so steht zunächst
der Bundesversammlung selbst die Entscheidung darüber
zu, ob überhaupt, oder welche militärische Anordnungen
getroffen werden sollen. Nimmt aber der Senat an
— und er darf dies, ohne einer Aengstlichkeit Raum
zu geben, die ihm ferne liegt — daß die beabsichtigte
Sicherung dieser hohen Versammlung eine große Be=
schädigung, wenn nicht eine Vernichtung der Stadt

Frankfurt zur Folge haben könnte, so darf der Senat vertrauen, daß die Bundesversammlung mit einem solchen Opfer ihre Sicherung nicht wird erkaufen wollen. Handelt es sich dagegen lediglich um die Sicherung der Stadt Frankfurt, so wird dieser Stadt wohl vergönnt sein, auch ihr Wort dabei einzulegen und ihre Auffassung dabei zur Geltung zu bringen; die hohe Versammlung wird es sich bundesverfassungs= gemäß nicht versagen wollen, dasjenige vorzubahnen, was zum Schutz Eines im Bunde, der um Schutz anruft, dienlich ist. Die Stadt Frankfurt bedarf, wie der Senat offen und unverhohlen ausspricht, in der gegenwärtigen Lage der Verhältnisse eines militärischen Schutzes nicht. Sie ist der Ansicht, daß die mili= tärischen Maßregeln, welche zu ihrem Schutze zur Zeit angeordnet und ausgeführt werden, für sie ge= fährlicher sind als die Gefahren, vor welchen sie ge= schützt werden soll, und kommt damit zu der Ueber= zeugung, daß sie, wenn sie wahrhaft vor Nachtheil und Verderben bewahrt werden soll, als offene unbe= festigte und unvertheibigte Stadt betrachtet und be= handelt werden müsse. Der Gesandte ist nach dieser Erklärung, rücksichtlich deren er jeden Zweifel an der dauernden Bundestreue der Stadt mit aller Entschie= denheit ablehnen muß, zu dem Antrag beauftragt: „Hohe Bundesversammlung wolle beschließen und ver= ordnen, daß alle, sei es zur Sicherung dieser hohen Versammlung, sei es zur Sicherung der Stadt, in der Umgebung derselben und sonst bis jetzt getroffenen militärischen Anordnungen einzustellen und hinweg= zuziehen seien. Der Gesandte ist weiter beauftragt, um sofortige Entschließung hoher Versammlung zu bitten und behält vorsorglich dem Senat weitere Ent=schließung vor."

Die Bundesversammlung zeigte sich sehr entgegenkom=mend und gab von dem Antrage der Stadt Frankfurt noch an demselben Tage dem Commando des 8. Armeecorps mit dem Anheimgeben Kenntniß, den Wünschen der Stadt, „so=weit es die militärischen Operationen gestatten", zu ent=sprechen. Das Commando des 8. Armeecorps machte jedoch nur die Concession, daß auf dem Territorium der Stadt Frankfurt selbst keine Schanzen errichtet werden sollten und ließ an den letzteren weiter arbeiten, bis die Ereignisse vom 14. Juli jede Fortsetzung dieser Vertheidigungsmaßnahmen überflüssig machten.

Wir gehen nun zu den Vorgängen über, welche dem Kampf bei Aschaffenburg am 14. Juli vorausgingen.

Nach dem Tage der Schlacht bei Kissingen (am 10. Juli) hatte der preußische General Vogel v. Falkenstein aus dem Hauptquartier zu Pardubitz die sehr allgemein gehaltene Weisung empfangen, „eine Schlacht zu gewinnen", sei es über die etwa bei Wetzlar stehenden feindlichen Streit=kräfte, sei es über die Bayern. „Wir können nur wünschen", schloß das Schriftstück, „die bayerische Armee irgendwo ver=sammelt zu finden, um sie anzugreifen. Vor Nürnberg muß sie sich stellen. Die Länder nördlich des Mains fal=len uns zu, ohne daß wir hineingehen. Gablenz mit seinem Waffenstillstandsgesuch hier zum zweiten Mal abge=wiesen."

General Falkenstein meldete als Antwort auf diese Depesche seinen Sieg über die Bayern von demselben Tage (bei Kissingen) sowie den für den nächsten Tag in Aussicht

genommenen Vormarsch nach Schweinfurt, wohin sich
Prinz Karl von Bayern mit dem Gros seiner Truppen
zurückgezogen hatte. Die Dispositionen zu dieser Operation
waren bereits getroffen und das Manteuffel'sche Corps am
folgenden Tage schon auf dem Marsch von Oerlenbach
nach Schweinfurt begriffen, als unerwarteterweise Mittags
1 Uhr an den General Falkenstein*) auf Veranlassung des
Ministerpräsidenten Grafen Bismarck eine chiffrirte Depesche
des Generalstabschefs v. Moltke einging, deren Inhalt
zwar nur theilweise entziffert werden konnte, deren Schluß=
passus jedoch folgendermaßen lautete:

„. . . . Factische Occupation. . . . . Länder
nördlich des Mains für voraussichtliche Verhandlungen auf
(Grundlage des) status quo jetzt politisch wichtig.“

Diese Depesche, welche den Operationen der preußischen
Mainarmee plötzlich eine völlig veränderte Richtung gab,
beweist auf das Klarste, daß die Stadt Frankfurt
nicht im Laufe der Kriegsoperationen „erobert“
worden ist, sondern daß man sich mit Beiseite=
setzung aller eigentlich militärischen Rücksichten der
Bundesstadt mittelst eines Handstreiches bemäch=
tigte, um für die im Zuge befindlichen Friedens=
verhandlungen einen plausibelen Vorwand zu den
längst geplanten Annexionen „nördlich des Mains“
zu haben.

General Falkenstein meldete als Antwort auf den obigen
Befehl:

„Auf Marsch nach Schweinfurt Telegramme aus Horsitz vom
9. d. erhalten. Marschire rechts ab und rücke spätestens am 17. in
Frankfurt ein. Dieses in Bezug auf etwaige Verhandlungen.“

---

*) Em. Knorr, „Feldzug des Jahres 1866 in West= und Süd=
deutschland.“ II. Bd. S. 260.

Der Verfasser des obencitirten militärischen Werkes, Hauptmann Em. Knorr vom preußischen Generalstab, bemerkt hierzu: „Die unter den obwaltenden Umständen strategisch unzweifelhaft richtigen Operationen unterblieben demzufolge. Die militärischen Maßnahmen mußten sich jetzt, nachdem auf dem Hauptkriegstheater die Entscheidung des Riesenkampfes durch die Schlacht bei Königgrätz bereits herbeigeführt war, den politischen Rücksichten unterordnen. Die Stunden militärischen Handelns in Süddeutschland schienen somit gezählt. Mußte es auch zweifelsohne von nicht zu unterschätzender Bedeutung sein, den Bayern eine Niederlage, und das zwar eine voraussichtlich entscheidende bereiten zu können, um sich für alle Fälle des gefährlicheren Gegners entledigt zu sehen, so wurde Angesichts der Sachlage in Böhmen dennoch ein größerer militärischer Erfolg in Süddeutschland weder für nothwendig noch wünschenswerth erachtet. Man nahm an, daß selbst ein neuer Sieg die Hauptresultate des Krieges zu ändern nicht im Stande, ein doch immerhin möglicher Mißerfolg dagegen die Verhandlungen mit den Südstaaten wesentlich zu beeinträchtigen geeignet sein würde. Politisch schien es daher jetzt wichtig, vor Eintritt der Friedensverhandlungen in dem Gebiete nördlich des Mains festen Fuß gefaßt zu haben.“

General v. Manteuffel, der im Laufe dieses Krieges noch nicht ein einzigesmal Gelegenheit gefunden hatte, „an den Feind zu kommen“ und sich kriegerische Lorbeern zu erringen, den ein mißgünstiges Schicksal vielmehr dazu verurtheilte, immer im Nachtrabe Falkenstein's zu bleiben (zu dem er, wie sich später gezeigt hat, persönlich in einem keineswegs angenehmen Verhältnisse stand) — General

Manteuffel verzichtete nur ungern auf den bereits begonnenen Vormarsch gegen die bei Schweinfurt stehende
bayerische Armee und trat seine Rückwärtsbewegung „so
unbemerkt vom Gegner an, daß dieser erst am 12. Juli
die veränderte Marschrichtung der Mainarmee wahrnahm."
Aber General Manteuffel würde auch ohnedies auf alle Fälle
kaum Gelegenheit gefunden haben, mit den Bayern Kugeln
zu wechseln, denn Prinz Karl von Bayern hatte noch am
Abend des 11. Juli den auf der rechten Seite des Maines
stehenden Truppen den gemessenen Befehl ertheilt, sofort
auf das linke Mainufer zurückzugehen, falls von
den Preußen ein ernstlicher Angriff beabsichtigt
werde. Prinz Luitpold von Bayern, welcher in und um
Schweinfurt über etwa 30,000 Mann Infanterie, Cavallerie
und Artillerie verfügte, wartete jedoch die Annäherung der
Preußen nicht einmal ab, sondern brach am Morgen des
12. Juli von dem rechten Flußufer auf, um seine Truppen
im Laufe des Tages vollständig nach der linken Mainseite
zurückzuführen. Das achte Armeecorps, welches die Aufgabe hatte, Frankfurt gegen die heranziehenden Preußen
zu decken und welchem unbedingt durch ein Nachrücken der
Bayern von Schweinfurt aus hätte Luft verschafft werden
können — die preußischen Generalstabsberichte selbst geben
diese, übrigens ganz selbstverständliche Thatsache zu — das
achte Armeecorps wurde von dem bayerischen Obercommando
wissentlich seinem Schicksale überlassen! Beweis dafür ist
eine am 13. Juli von dem bayerischen Ministerium des
Auswärtigen an den Prinzen Karl erlassene telegraphische
Weisung: „weiteres Blutvergießen zu vermeiden und
Unterhandlungen mit dem Commandanten der preußischen Mainarmee einzuleiten." — Diese Unterhand-

lungen konnten selbstverständlich nur einseitig im Namen
und zum Nutzen Bayerns geführt werden, denn politisch=
militärische Befehle im Namen des Bundes zu ertheilen,
dazu hatte das bayerische Ministerium des Auswärtigen in
München weder ein Recht, noch war es gewillt, dieses zu
thun. Es liegt somit hier ein abermaliger und wahrlich
nicht der unwichtigste Beweis für die seltsame Art von
„Bundestreue“ vor, deren sich die bayerische Regierung im
Kriege von 1866 gegen ihre Bundesgenossen befleißigte!

Wir haben oben gesagt, daß Prinz Alexander von Hessen
am 10. Juli von dem Gedanken beherrscht war, nicht in
erster Linie mehr sein Augenmerk blos auf die Vereinigung
mit den Bayern zu richten, sondern mit den ihm zur Ver=
fügung stehenden Streitkräften wenigstens die Bundesstadt
Frankfurt und die Festung Mainz zu decken. Tags zuvor
(am 9. Juli) hatte der Präsident der Bundesversammlung,
Freiherr v. Kübeck, an den Prinzen die Anfrage gerichtet:
„ob die Versammlung nach Augsburg übersiedeln solle?“
hierauf jedoch den Rath erhalten: „noch zu warten.“
Im Einklange hiermit stand eine von den Regierungen zu
Karlsruhe, Stuttgart und München am 11. Juli früh an
den Prinzen Karl wie den Prinzen Alexander erlassene
Collectivaufforderung: „wenn möglich Frankfurt und
die Mainlinie nicht unmittelbar vor dem Waffen=
stillstand aufzugeben“ — eine Weisung, die, wenn sie
von beiden Armeeführern mit Energie befolgt worden
wäre, die Occupation Frankfurts durch die Preußen wahr=
scheinlich verhindert haben würde. Aber, wie von Anfang
des Krieges an, so herrschte auch in diesem kritischen Zeit=
abschnitte weder zwischen den obengenannten drei Regierungen,
noch zwischen den beiden Armeeführern ein wirkliches Ein=

verständniß, und noch weit weniger ein gemeinsames Handeln. In der Nacht vom 10. zum 11. Juli (also früher
als die obige Aufforderung) erhielt Prinz Alexander die
Nachricht von dem Ausgange des Gefechtes bei Kissingen
und von dem Rückzuge der Bayern hinter den Main und
nun waren seine Entschlüsse mit einem Male vollständig
geändert. Fast zu derselben Stunde, wo der preußische
General Falkenstein aus Böhmen die Weisung empfing,
aus politischen Gründen die bayerischen Streitkräfte bei
Seite liegen zu lassen und seinen Marsch gegen Frankfurt
zu richten, beschloß Prinz Alexander, wie sein Feldzugsjournal beweist, aus militärischen Gründen: „Frankfurt
aufzugeben" und nunmehr um der Sicherheit des 8. Armeecorps willen wieder die Vereinigung mit den Bayern,
und zwar in der Gegend von Würzburg, anzustreben.
Die zwei Tage vom 11. und 12. Juli gingen darüber hin,
daß Prinz Alexander eine dringende Botschaft über die
andere an den Prinzen Karl wegen Erzielung eines gemeinsamen Handelns zum Zwecke der Vereinigung richtete,
worauf er jedoch bis zum 13. Juli nicht einmal eine Antwort bekam! Sehr charakteristisch ist in dieser Beziehung
der nachfolgende Depeschenwechsel:

Prinz Alexander an den Prinzen Karl d. d. Bornheim 10. Juli
Nachts 12 Uhr: „Erfahre soeben durch Baron Kübeck, daß Königlich
bayrische Truppen Rückzug von Kissingen angetreten, bitte um schleunige Nachricht über Ew. Königliche Hoheit fernere Absichten, um bestimmt
zu wissen, ob und an welchem Orte Vereinigung mit dem 7. Corps
mir möglich."

Als bis 11. Juli Abends 7 Uhr eine Antwort auf
diese Depesche nicht eingetroffen war, wendet sich Prinz
Alexander mit folgendem Telegramm an den österreichischen
Bevollmächtigten, Feldmarschalllieutenant Graf Huyn:

„Ich bitte Sie inständigst, mit eine Antwort auf mein Telegramm von heute Nacht an Prinz Karl wegen Vereinigung zu erwirken."

Aber auch diese Botschaft blieb ohne Antwort. Am
12. Juli früh wiederholt Prinz Alexander seine Vorschläge
— diesmal ausgesprochenermaßen behufs Vereinigung beider
Armeecorps über Heidenfeld bei Würzburg. Um aber (wir
citiren hier wörtlich das Feldzugsjournal des Prinzen
Alexander) „irgend eine Nachricht über die Absichten
der bayrischen Armee zu erhalten", wurde jetzt der
österreichische Oberst v. Schönfeld in das Hauptquartier des
Prinzen Carl abgesandt, der noch an demselben Tage zwar
keine Kunde von dem letzteren gab, wohl aber die Mittheilung
machen konnte, daß die Preußen in Eilmärschen gegen Lohr
am Main anrückten. Prinz Alexander ließ in Folge dessen
sofort die erste hessische Brigade von Hanau per Eisenbahn
nach Aschaffenburg dirigiren, um sich dieses wichtigen Main=
überganges zu versichern, forderte die Bundesversammlung
auf, „nach Augsburg überzusiedeln" und traf seine Maß=
regeln, um das Gros seiner Truppen bei Aschaffenburg zu
sammeln und mit diesen sich den Weg nach Würzburg zu
erzwingen. In einem Tagesbefehle d. d. Bornheim,
13. Juli ordnete der Prinz an, daß die bereits in Aschaffen=
burg angekommene hessische Division „die angeblich von
Lohr anmarschirenden preußischen Colonnen recognosciren,
sich jedoch heute noch in kein ernstliches Gefecht
einlassen solle," da bis zum 14. und spätestens 15. Juli
sämmtliche Truppen des 8. Armeecorps zur Stelle sein
würden. Wir werden alsbald sehen, daß dieser Befehl von
Seiten des Commandanten der hessischen Truppen in ver=
hängnißvoller Weise außer Acht gelassen und dadurch die
unnütze blutige Niederlage der Hessen bei Laufach und

Frohnhofen (13 Juli) herbeigeführt wurde. Im Laufe des Vor- und Nachmittags des 13. Juli wurde auch der größere Theil der österreichischen Brigade Neipperg von Frankfurt nach Aschaffenburg gesandt; Abends spät oder vielmehr in der Nacht folgte das nur aus Italienern bestehende, früher in Mainz in Garnison gelegene österreichische Regiment Baron Wernhardt. Diese Truppen, welche sämmtlich schon von der Ausscheidung Venetiens aus dem österreichischen Staatsverbande Kenntniß hatten, geberdeten sich trotzdem sehr kampfbegierig und versicherten den am Neckarbahnhof mit ihnen verkehrenden Frankfurtern sehr pathetisch, sie würden sich zum letzten Mal auf Leben und Tod für die Ehre der österreichischen Fahnen schlagen.

Der Tag nach dem Abmarsch der Brigade Neipperg, sowie der übrigen Theile des 8. Armeecorps verfloß in Frankfurt sehr still und unter immer steigender Erwartung über den Ausgang des Kampfes bei Aschaffenburg. Hunderte stiegen an diesem und dem folgenden Tag (Samstag und Sonntag) die steile Wendeltreppe des „Pfarrthurmes" hinauf, wo ein gutes Fernrohr bei klarem Himmel einen weiten Ausblick in die mainaufwärts liegenden Gegenden ermöglichte. Allein man gewahrte nichts von Armeen und kriegerischen Vorgängen, obwohl Gerüchte von dem unglücklichen Ausgange des Kampfes der Hessen mit den Preußen bei Frohnhofen (13 Juli Nachmittags) bereits hierher gedrungen waren. Immer noch setzte die Bevölkerung ihre Hoffnung auf ein Zurückwerfen des Feindes bei Aschaffenburg durch die Truppen des 8. Armeecorps und Niemand dachte daran, daß, wie auch die Schlacht ausfallen mochte, Frankfurt nebst allen nichtbayerischen Gebieten nördlich des Mains schon seit dem 11. Juli Abends von der Bundes-

militär=Commission und dem Prinzen Alexander, welcher
hierin dem Verhalten des bayerischen Armee=Commando's
folgen mußte, unter allen Umständen aufgegeben war. Prinz
Alexander war zu diesem Entschlusse gelangt, nachdem er
sich überzeugt hatte, daß von Seiten der bayerischen Armee
ihm bei längerem Verweilen nördlich des Maines keinerlei
Hülfe zu Theil werden würde, vielmehr die erste Niederlage
in isolirter Stellung dem 8. Armeecorps das Schicksal der
Hannoveraner bei Langensalza bereiten müsse. Ueberdies
empfing er endlich am Abend des 13. Juli (also am Tage
vor dem Kampfe bei Aschaffenburg) auf seine vielfachen
beweglichen Anfragen die Weisung von dem Prinzen Carl,
seine Vereinigung mit den Bayern unterhalb Würzburg
— über Miltenberg und Tauberbischofsheim bei Uffenheim
— zu bewirken, also alles dahinter liegende Gebiet nördlich des
Maines zu räumen. Diese Operation zu ermöglichen, keines=
wegs um den Preußen den Weg nach Frankfurt zu versperren,
das war der einzige Zweck des Kampfes bei Aschaffenburg
am 14. Juli, welcher einen Tag früher stattfand, als Prinz
Alexander den Zusammenstoß mit den Preußen an diesem
Punkte erwartet hatte. Die hessische Division war am Abend
vorher in Folge ihres übereilten und gegen die Instructio=
nen des Prinzen Alexander verstoßenden Angriffes bei Lau=
sach und Frohnhofen mit einem Verluste von 684 Todten
und Verwundeten nach Aschaffenburg zurückgeworfen worden
und in hohem Grade entmuthigt; Prinz Wilhelm von Baden
stand mit seinen Truppen zwischen Babenhausen und Se=
ligenstadt, ohne sich, sei es am 13. oder 14., irgendwie zu
rühren; ja ein ausdrücklicher Befehl des Prinzen Alexander
am Vormittage des 14. Juli: „Stockstadt, als den wichtigen
Uebergang der Eisenbahn über den Main, zu nehmen und

beſetzt zu halten", wurde von ihm, nachdem er dagegen
ſeine „Bedenken" geäußert und angeblich keine weitere
Ordre empfangen hatte, ſchlechthin unbeachtet gelaſſen; die
Württemberger endlich ſtanden noch zwiſchen Langenſelbold
und Hanau und vermochten in den Kampf bei Aſchaffen=
burg nicht zeitig mehr einzugreifen. So kam es, daß die
am Morgen des 14. Juli vor Aſchaffenburg eingetroffenen
Preußen (Brigade Wrangel und Brigade Kummer) nur die
öſterreichiſchen und heſſiſchen Truppen unter Graf Neipperg
und Oberſt v. Perglas, zuſammen etwa 10,000 Mann ſtark,
vor ſich ſahen und nur mit dieſen den Kampf zu beſtehen
hatten. Das Gefecht, welches ſich zuerſt um den Beſitz des
Bahnhofes und der Mainbrücke drehte, und, nach der Er=
ſtürmung der letzteren durch die Preußen mit großer Hart=
näckigkeit in den Häuſern und Straßen der Stadt fortgeſetzt
wurde, dauerte über 6 Stunden und endete mit einer voll=
ſtändigen Niederlage der Bundestruppen. 1687 Oeſter=
reicher, faſt ſämmtlich Italiener vom Regiment Wernhardt,
wurden gefangen; indeſſen zeugten 670 Todte und Ver=
wundete, von denen der allergrößte Theil (599) auf die
Oeſterreicher kamen, dafür, daß die Bundestruppen —
vielleicht mit einziger Ausnahme der in ihren Reihen fech=
tenden Italiener, was vielfach behauptet und beſtritten
worden iſt — ihre Schuldigkeit vollauf gethan hatten, und
die von badiſcher Seite ſpäter aufgeſtellte Behauptung, die
Niederlage bei Aſchaffenburg ſei lediglich eine Folge der
ſchlechten Haltung der Oeſterreicher geweſen, in der That
alles Maß des Erlaubten überſtieg,*) zumal wenn man an

---

*) Graf Neipperg ſagte am 6. Auguſt, als er auf dem Rück=
marſche nach Oeſterreich ſeine Truppen bei Anſpach muſterte: „Das

12

das gänzliche passive Verhalten des Prinzen Wilhelm von
Baden an diesem Tage denkt!

„Das Bewußtsein erfüllter Pflicht erlaubt uns abzusehen von den bös-
willigen Zeitungsberichten, welche Euch bei Aschaffenburg überrascht und
in die Flucht geschlagen darstellten, während Ihr gegen einen dreimal
stärkeren Feind hartnäckig ankämpfend, nur Schritt um Schritt zurück-
wichet. Die badische Landeszeitung hat sich unterstanden, zu behaupten,
wir wären aus Sorglosigkeit beim Abkochen vom Feinde überfallen
worden; diese Anschuldigung ist eine Lüge. Wir können stolz zurückkehren in die Reihen der österreichischen Armee, der Tag von Aschaffenburg bleibt ein Ehrentag dieser Brigade. Wir haben allein gekämpft,
Niemand ist uns zu Hülfe gekommen.“

V.

Die Occupation Frankfurts.

Der Weg nach Frankfurt lag für die preußische Mainarmee offen. Merkwürdigerweise aber theilte General Falckenstein noch am Morgen des 15. Juli (Sonntag) mit der Bevölkerung in Frankfurt den Irrthum, daß der Vormarsch der Bundestruppen nach Aschaffenburg den Zweck hätte haben sollen, Frankfurt gegen die Preußen zu decken und daß diese auf ihrem Wege dahin noch auf das eigentliche Hauptcontingent des 8. Armeecorps stoßen würden.*) Er traf deshalb am Nachmittage des 15. Juli unter Anderem folgende Anordnung, welche wiederum beweist, ein

*) Vergl. Knorr, Feldzug von 1866, Band II., Seite 361: Nach den in der Nacht vom 14. zum 15. und am Morgen des 15. unternommenen Recognoscirungen sollten die bei Aschaffenburg geschlagenen feindlichen Truppen, zu denen auch die heff. Division gezählt wurde, in der Richtung auf Darmstadt abgezogen sein und diese Stadt besetzt hatten. Ob jedoch die übrigen Reichstruppen in Frankfurt noch stänben, namentlich ob sie Hanau noch besetzt hielten und die Absicht zeigten, sich dort zu schlagen, darüber war mit Bestimmtheit nichts in Erfahrung gebracht worden."

wie großes politisches Gewicht, vor dem die militärischen Rücksichten schweigen mußten, preußischerseits auf die schleunige Besetzung Frankfurts gelegt wurde: „Am 17. wird für den Fall der feindlichen Besetzung Hanau's beabsichtigt, mit den Divisionen Göben und Beyer unter Umgehung von Hanau über Langenselbold und Bruchköbel in der Richtung auf Frankfurt vorzugehen; während das Corps Manteuffel von Hoesbach über Feldkahl, Schimborn und Michelbach nach Somborn rückt und das Detachement aus Aschaffenburg über Dettingen und Michelbach heranzieht."

Am Abend des 15. Juli erhielt jedoch General Falckenstein die sichere Nachricht, daß auf dem ganzen Wege nach Frankfurt keine Bundestruppen mehr stänben und daß auch die seit dem 14. Juni in Frankfurt als Garnisonsbesatzung gelegenen wenigen Compagnien Bayern gleichzeitig mit der Abreise der Bundesversammlung nach Augsburg (Samstag früh) Frankfurt verlassen hätten, somit als einziger „Feind" nur noch das Frankfurter Linienbataillon vorhanden war! Zu derselben Stunde, in der diese Nachrichten im Hauptquartier des Generals Falckenstein einliefen, erhielt er von dem Prinzen Karl von Bayern einen aus Gerolzhofen vom 14. Juli datirten Waffenstillstandsantrag, in welchem gesagt war, daß auf Grund der Verhandlungen zwischen Oesterreich und Preußen, an denen Bayern theilzunehmen eingeladen sei, wahrscheinlich in den nächsten acht Tagen der Friede zu Stande kommen werde, daß somit jedes inzwischen stattfindende Blutvergießen unnütz sein würde. Er schlage vor, daß sowohl die Preußen wie die Bayern und die Truppen des achten Armeekorps ihre dermalen innehabenden Stellungen unverändert beibehalten und

gegenseitig alle Feindseligkeiten auf acht Tage einstellen
sollten. General Falckenstein antwortete sehr gerührt, „daß
auch er es unter den obwaltenden Umständen im Interesse
der Menschlichkeit für wünschenswerth erachte, unnützes Blutvergießen vermieden zu sehen,“ weshalb er vorschlage, daß
die bayerischen Truppen in ihren gegenwärtigen Stellungen
stehen bleiben möchten, in denen er (Falckenstein) sie nicht
angreifen werde, so daß auf diese Weise thatsächlich eine
achttägige Waffenruhe hergestellt sein würde. General Falckenstein hat bei dem Niederschreiben dieses Vorschlags gewiß
ein sardonisches Lächeln kaum unterdrücken können, denn es
war ihm ja offenbar nicht darum zu thun, die Bayern anzugreifen und nach Würzburg zu marschiren, sondern er wollte
möglichst unbehelligt nach Frankfurt gelangen, wozu ihm
jene „Waffenruhe“ unter allen Umständen recht sein konnte.
Prinz Karl von Bayern antwortete am 16., so habe er die
Sache nicht gemeint, vielmehr müßten beide Theile in
ihren dermaligen Stellungen verbleiben; General Falckenstein steckte aber diesen Brief einfach in die Tasche, ohne
Seiner bayerischen Hoheit auch nur eine Antwort darauf
zu geben.

Inzwischen hatte in Frankfurt die hohe Bundesversammlung ihren schon seit dem 11. Juli gefaßten Entschluß, nach Augsburg abzureisen, in der Nacht vom Freitag
auf Samstag ausgeführt und sich mit folgendem Schreiben
auf Nimmerwiedersehen empfohlen:

Note an den älteren Bürgermeister der freien
Stadt Frankfurt, Herrn Senator Fellner.

„Die Bewegungen der feindlichen Truppen legen
der Bundesversammlung die Pflicht auf, für die Freiheit ihrer Berathungen und den ungestörten Verkehr

der Bundestagsgesandten mit ihren Regierungen Sorge
zu tragen. Aus dem Ernste der Zeiten erwachsen der
Bundesversammlung neue, schwere Obliegenheiten, die
sie zu erfüllen fest entschlossen ist, und dieselbe glaubt
es den im gemeinsamen Kampfe für Deutschlands
Recht und Freiheit zusammenstehenden Regierungen
und Völkern gleichmäßig schuldig zu sein, die oberste
Bundesbehörde in freier Thätigkeit zu erhalten, da sie
die Unauflöslichkeit des Nationalverbandes und die
Zusammengehörigkeit aller deutschen Länder in gesetz-
licher Form vertritt.

„Sie hat daher beschlossen, ihren Sitz provisorisch
nach Augsburg zu verlegen und das beim deutschen
Bunde beglaubigte diplomatische Corps einzuladen,
ihr zu folgen.

„Indem sie Frankfurt zeitweilig verläßt, spricht
sie ihre lebhafte Anerkennung der vaterlandstreuen
Gesinnung aus, welche diese freie Stadt durch manchen
Wechsel der deutschen Geschicke unverändert bethätigt
hat. Diese Gesinnungen wird Frankfurt bei seinem
regen Gefühle für Deutschlands Größe und Freiheit
auch ferner bewahren.

„Die in dieser Versammlung vertretenen bundestreuen Regierungen werden fest und ungebeugt zur
Sache des Vaterlandes und des Rechtes gegen Son-
derbnnd und Vergewaltigung stehen, und die Bundesversammlung darf daher im Vertrauen auf den endlichen Sieg der guten Sache die Hoffnung aussprechen,
daß in den Mauern dieser an Erinnerungen deutscher
Größe reichen Stadt sich die Vertreter der Fürsten

und Völker zusammenfinden werden, um Deutschlands
Macht und Freiheit dauernd zu begründen.

„Der Unterzeichnete hat die Ehre, im Namen der
hohen Bundesversammlung Vorstehendes zur Kenntniß
Seiner Hochwohlgeboren des älteren regierenden Bür=
germeisters Herrn Senator Fellner zu bringen und
ergreift zugleich diesen Anlaß zur erneuten Versicherung
seiner ausgezeichnetsten Hochachtung.

v. Kübeck."

Der Senat von Frankfurt seinerseits beging die historisch
gewordene Bétise, am Sonntag den 15. Juli früh das
folgende Placat an allen Straßenecken Frankfurts anschlagen
zu lassen:

„Der Senat an die Bürgerschaft von Stadt
und Land.

Der zwischen deutschen Bruderstämmen ausge=
brochene Krieg droht auch das Gebiet der freien Stadt
Frankfurt zu überziehen.

Die hohe deutsche Bundesversammlung, welche in
hiesiger freien Stadt ihren Sitz hat, ist bereits zu dem
Entschlusse gelangt, diese Stadt zeitweise zu verlassen.

Unsere Stadt ist eine offene Stadt und steht als
solche unter dem Schutze des durch die Anerkennung
aller Nationen geheiligten Völkerrechtes. Leben und
Eigenthum der Bürger und Einwohner erscheinen daher
in keiner Weise bedroht.

Dagegen fühlt der Senat in dieser verhängnißvollen
Zeit sich gedrungen, der Bürgerschaft offen und frei=
müthig das Nachfolgende zu verkünden:

Der Senat wird treu zu dem Bunde stehen, der
als unauflöslicher Verein gegründet ist und die Er=

haltung der Unabhängigkeit und Unverletzbarkeit der einzelnen deutschen Staaten zum Zweck hat. Derselbe hält aber eine Umgestaltung der Bundesverfassung, die Schaffung einer starken Centralgewalt und die Einsetzung einer wirksamen Vertretung des gesammten deutschen Volkes für dringend geboten und wird sich freudig allen hierauf gerichteten Bestrebungen an= schließen.

Es ist der feste Entschluß des Senats, bis zu glücklich erreichter Umgestaltung der Bundesverfassung die durch völkerrechtliche und Bundesverträge begründete und gewährleistete Unabhängigkeit und Unverletzbarkeit hiesiger freien Stadt zu wahren.

Mag dieser Entschluß auch unserer freien Stadt, diesem friedlichen Gemeinwesen, dieser Stätte des Handels und der Gewerbe, dieser Quelle des Wohl= standes und der Wohlthätigkeit, schwere Prüfungen auferlegen, so hegt doch der Senat die feste Zuversicht, daß die gesammte Bürgerschaft, in ihrem Rechtsgefühl nnd ihrer Treue für das deutsche Vaterland, ihm zur Seite stehe, und im Bewußtsein, das Rechte gewollt und Treue bewahrt zu haben, die Prüfungen, die über uns kommen können, standhaft ertragen werde. Gott beschütze das deutsche Vaterland und die freie Stadt Frankfurt!

Frankfurt a. M., den 15. Juli 1866.

Bürgermeister und Rath
der freien Stadt Frankfurt."

Da wir bei dieser Darstellung bestrebt sind, Jedem seine Verdienste zu Theil werden zu lassen, so sei es unver= schwiegen, daß dieses wunderbare Actenstück den Herrn Bürger=

meister, Senator und Syndikus Dr. Müller zum Ver=
fasser hatte, dessen wenige Tage später vor dem General
Manteuffel im englischen Hofe abgegebene Erklärung, er
wisse wohl, „daß die geschichtliche Entwickelung die
Einverleibung Frankfurts in Preußen mit sich
bringe", mit der hier gelobten ewigen „Bundestreue" auf
alle Fälle in einem sehr starken Contraste steht, welcher
auch darin nicht seine Erklärung finden kann, daß in jener
ereignißreichen Zeit die Bilder von Tag zu Tag natur=
gemäß wechseln mußten! Wir haben es nicht zu vermitteln
vermocht, welche Motive den Senat veranlaßten, nach voll=
ständigem Zusammenbruch des Bundes und nachdem Frank=
furt von dessen Heerführern längst absichtlich preisgegeben
war, noch einmal aus voller Kehle das Lied von der
unverbrüchlichen Bundestreue zu singen und die Straßen
Frankfurts zum Gaudium des heranrückenden Feindes mit
diesem Placate zu schmücken. Das aber können wir auf
Grund zuverlässiger Mittheilungen sagen, daß die obige An=
sprache „an die Bürgerschaft von Stadt und Land" keines=
wegs in einer Plenarsitzung des Senats berathen
und gebilligt worden ist, daß vielmehr einzelne
Senatoren dieselbe zu ihrem höchsten Erstaunen
erst an den Straßenecken lasen und ihrer Entrüstung
über eine so unkluge und nußlose Manifestation leb=
haften Ausdruck gaben, womit freilich nichts mehr an
der Sache geändert werden konnte.

In den Straßen von Frankfurt herrschte am Sonntag
den 15. Juli eine Grabesstille. Die Flucht der Bundes=
versammlung nach Augsburg, wohin ihr sämmtliche bei der=
selben accreditirten Gesandten (nicht zu verwechseln mit den
auswärtigen Residenten bei der freien Stadt) gefolgt waren,

hatte auch zahlreichen einheimischen Familien, sowie einer
Anzahl politisch exponirter Persönlichkeiten das Signal zur
Abreise nach dem Süden gegeben. Von der Redaction der
„Neuen Frankfurter Zeitung" waren Kolb und Sonnemann
nach Stuttgart übergesiedelt, um von dort aus dieses in
Süddeutschland sehr verbreitete Blatt weiter herauszugeben;
Dr. Braunfels war schon vorher nach Heidelberg und von
da nach der Schweiz gegangen. Der Redacteur der „Frank=
furter Latern", Friedrich Stoltze, hatte in den Listen des
preußischen Gerichtes zu Wetzlar schon von früheren Zeiten
her noch ein Conto von $1\frac{1}{2}$ Jahren Gefängniß wegen
diverser in contumaciam abgeurtheilter „Preßvergehen" offen
stehen und war mit Recht der Ansicht, daß die zu Zeiten
der freien Stadt nutzlos gebliebenen Aufforderungen zur
„Gestellung" und Ableistung der alten Schuld nach der
Occupation Frankfurts durch preußische Truppen mit weit
wirksamerem Erfolge wiederholt werden würden. Auch er,
sowie der Redacteur des „Volksfreund für das mittlere
Deutschland", Nikolaus Habermann, zogen es deshalb vor,
den anrückenden Preußen aus dem Wege zu gehen und im
Süden Deutschlands die weitere Entwicklung der Dinge
abzuwarten. Politische Gegner haben später aus dieser
ganz natürlichen Klugheitsmaßregel Capital gegen die oben=
genannten Männer zu schlagen gesucht; die Frage ist jedoch
einfach die, was ihr Verbleiben in Frankfurt und die daraus
für sie erwachsenden Gefahren der Stadt genützt haben
würden? Nicht das Geringste; ein unnützes Märtyrerthum
aber pflegt kein Vernünftiger aufzusuchen.

Charakteristisch für die Befürchtungen, die man in
Frankfurt allgemein an den bevorstehenden Einzug der
Preußen knüpfte, war der Umstand, daß viele Familien

ihre Gelber und Werthsachen, ähnlich wie es im 30jährigen
Kriege geschah, bei Zeiten in Sicherheit zu bringen suchten,
ja sie zum Theil in Keller und sonstige versteckte Orte ver=
gruben. Die Ursache hierfür war in den Drohungen zu
suchen, welche einzelne Officiere in Wetzlar und in den
preußischen Rheinplätzen im Laufe des Krieges gesprächs=
weise gegen Frankfurt ausgesprochen hatten — Drohungen,
welche natürlich durch die Fama in sehr vergrößertem Maß=
stabe nach Frankfurt getragen wurden und desto lebhaftere
Besorgnisse erregten, je näher der Augenblick der Occupation
der freien Stadt heranrückte. Von dem Vorhandensein
dieser Besorgnisse giebt auch die nachstehende Proclamation
des Senates Zeugniß, welche am Morgen des 16. Juli
(Montag) auf die Kunde hin, daß die Preußen noch an
demselben Tage in Frankfurt einrücken würden, an den
Straßenecken angeschlagen wurde:

„Der Senat an die Bürger und Einwohner
von Stadt und Land.

Königlich preußische Truppen werden in unsere
Stadt und deren Gebiet einrücken. Dieser Einmarsch
erfolgt unter Verhältnissen, welche wesentlich verschieden
von denjenigen sind, unter welchen königlich preußische
Truppen noch vor kurzer Zeit friedlich bei uns ge=
wohnt haben. Der Senat beklagt den Wechsel, der
in den Verhältnissen eingetreten ist. Vor der Größe
der Opfer, von welchen dieser Wechsel bis jetzt schon
begleitet war, verschwindet die Belastung, welche der
Stadt und dem Lande bevorsteht. Den Bürgern und
Einwohnern ist es bekannt, daß die Disciplin der
königlich preußischen Truppen musterhaft ist. Der
Senat ermahnt unter diesen Umständen die Bürger

und Einwohner von Stadt und Land zur freundlichen Aufnahme der königlich preußischen Truppen."

Die ersten preußischen Truppen waren Vormittags zwischen 10 und 11 Uhr unter persönlicher Führung des Generals Falkenstein in Hanau eingerückt und setzten nach kurzer Rast und Verpflegung ihren Marsch längs der Chaussee nach Frankfurt fort; die Infanterie wurde Nachmittags zum größeren Theile mit der Eisenbahn bis zu den Röberhöfen bei Frankfurt befördert, wo nach den Anordnungen Falken= steins der Sammelpunkt sämmtlicher Truppen sein sollte.

Vom Dome aus konnte man gegen 6 Uhr deutlich die in der Abendsonne blinkenden Bajonette und die zum Marsche sich formirenden Truppen erkennen; eine halbe Stunde später bewegten sich je eine Abtheilung Küraffiere und Husaren auf der Straße nach Frankfurt hin; sie hatten den Auftrag, sofort sämmtliche Stadtthore und Eisenbahnhöfe zu besetzen. Es war 7 Uhr, als eine preußische Patrouille, bestehend aus 10 Husaren und einem Offizier, das gespannte Pistol in der Hand, von dem Allerheiligenthor her in scharfem Trabe herankommend auf der Zeil erschien; eine Viertelstunde später folgten die beiden Escadrons, die sich ihres Auftrages (der Besetzung der Bahnhöfe und Stadtthore) entledigten und mit ihren staubbedeckten und überaus abgemagerten Pferden bis zur Ankunft der übrigen Truppen auf offener Straße bivouakirten. Eine dichte Menschenmenge, zum größten Theile den unteren Ständen angehörig, hatte sich auf der Zeil und längs der Allerheiligengasse bis zum Hanauer Bahnhof zusammengedrängt, um den Einzug der Haupt= masse der preußischen Truppen mitanzusehen. Die Neu= gierde trug auch in diesem Falle über alle anderen Gefühle den Sieg davon; doch verhielt sich die Menge selbst nach dem Zeugniß der preußischen Berichte durchaus schweigend und zurückhaltend; in einem dieser Berichte wird das Schweigen sogar als geradezu „unheimlich" bezeichnet. Etwa fünfzehn Minuten vor acht Uhr begann unter Führung des Generals Falckenstein der Einzug des Gros der preußischen Truppen; luftige Musikstücke spielend und in den Intervallen uuf gegebene „Erlaubniß" (oder auch Commando) singend, bewegten sich die Massen schweren Trittes stundenlang vom Hanauer Bahnhof her über die Allerheiligengasse und Zeil nach dem Roßmarkt, wo sie vor dem General Falckenstein, der im Englischen Hof Quartier genommen hatte, eine Zeitlang defiliren mußten. Von acht Uhr an folgten sich die Truppenzüge ununterbrochen die ganze Nacht hindurch und wenige Häuser mag es gegeben haben, deren Bewohner in dieser Nacht den Schlaf zu finden vermochten, da, abgesehen von der durch die Ereignisse herbeigeführten Aufregung die ankommenden Soldaten, denen man kurzweg überlassen hatte, sich abtheilungsweise in den einzelnen Straßen einzuquartieren, die Bewohner nirgends zur Ruhe kommen ließen. Von Seiten des Senates resp. der Militär- und Einquartierungscommission war Anfangs versucht worden, Ordnung in das Quartiergeschäft zu bringen; da aber Niemand von der Zahl der unterzubringenden Soldaten, die sich mit jedem Augenblicke vermehrte, einen Begriff hatte und die preußischen Officiere ihrerseits sich keinen Pfifferling um die Einquartierungscommission kümmerten, von deren Existenz viele unter ihnen ohnehin keine Ahnung hatten, so mußten die Herren im Römer bald den Dingen ihren Lauf lassen, so daß einzelne Häuser der Stadt rasch bis zum Giebel mit Soldaten überfüllt, andere beinahe oder ganz leer waren. Einzelne Hausbesitzer, die beim besten

Willen keine Soldaten mehr annehmen konnten, suchten sich
durch Zuschließen der Hausthüren vor weiterem Segen zu
bewahren, erreichten aber damit sehr häufig nur, daß die
Thüren mit Gewalt gesprengt wurden, da die ermüdeten
Soldaten sich auf jede Weise zu helfen suchten.

Auf der Constablerwache an der Zeil und der Haupt=
wache am Roßmarkt befand sich an diesem Abend die ge=
wöhnliche Wachtmannschaft des Frankfurter Linien=
bataillons, welche den Befehl empfangen hatte, den ein=
rückenden preußischen Truppen zu salutiren. Sie that dies
mit Hornsignalen und Trommelschall, so oft eine preußische
Fahne in dem Zuge der einrückenden Regimenter erschien.
Es waren die letzten Functionen, welche das Frankfurter
Linienbataillon ausübte; am folgenden Morgen waren Haupt=
wache und Constablerwache von den Preußen besetzt und
das Bataillon bis zu seiner wenige Tage später erfolgten
Auflösung in der Kaserne an der Hasengasse consignirt.

Es ist in Zeitungsberichten und auch in späteren ge=
schichtlichen Werken gesagt worden, beim Einzug der Preußen
in Frankfurt seien vereinzelte Hurrahrufe laut geworden,
aus einigen mit Fahnen bedeckten Häusern seien Tücher und
Hüte geschwenkt und sonstige Zeichen des Willkommens ge=
geben worden. Damit verhält es sich nun sehr einfach
folgendermaßen: Die Fahnen an den Häusern, wo sie wirk=
lich vorhanden gewesen sind, waren von Angehörigen oder
naturalisirten Bürgern auswärtiger Staaten ausgesteckt,
die damit andeuten wollten, daß sie sich gegenüber etwaigen
gewaltthätigen Handlungen der einziehenden preußischen
Truppen auf den Schutz ihrer resp. Regierungen berufen
würden. Die vielen englischen, amerikanischen, französischen
und sonstigen fremden Staatsangehörigen, welche in Frank=

furt lebten, glaubten sich auf diese Weise gegen eine Be=
handlung, wie sie in „Feindesland" üblich und für Frankfurt
speziell prophezeit war, zu sichern; gar mancher Frankfurter
außerdem, der in irgendwelchen Beziehungen zu auswärtigen
Staaten, sei es als Consul oder sonstwie stand, machte von
der „neutralen Flagge" Gebrauch, ohne freilich davon einen
sonderlichen Nutzen zu erleben. Beispielsweise war auch
über den Druckereilocalitäten der „Neuen Frankfurter Zei=
tung", welche an einen amerikanischen Bürger Namens
Müller verkauft waren, das Sternenbanner angebracht, was
indeß am folgenden Morgen die Herren Preußen nicht im
Mindesten hinderte, dort ganz nach „Kriegsrecht" zu hausen.
Was nun die Hurrahrufe und das Tücherschwenken betrifft,
so ist auch daran etwas Wahres, und Schreiber dieses hat
selbst Gelegenheit gehabt, eine solche Begrüßungsscene mit
anzusehen. Ich ging um 8 Uhr über den Götheplatz und
den Roßmarkt, wo General Falkenstein an dem offenen
Balconfenster im ersten Stock des „englischen Hofes" stand.
Plötzlich sah ich eine im Schritt fahrende Droschke vor mir,
in der zwei Männer aus voller Kehle Hurrah schrieen, und
die Hüte, sowie eine improvisirte Fahne schwenkten; — der
Eine von den beiden Gratulanten hatte merkwürdig bekannte
Züge für mich und war Niemand Anderes, als ein seit
Jahresfrist im Bureau der „Neuen Frankfurter Zeitung"
angestellt gewesener ehemaliger Literat, der mir oft genug
die Ohren von den Leiden vollgesungen hatte, die er in der
Manteuffel'schen Reactionsperiode in Preußen auszustehen
gehabt habe! Von der Zeit an hatte der Mensch einen
wüthenden Preußenhaß eingesogen, den er bei jeder Gelegen=
heit kundgab, bis der Einzug der Preußen in Frankfurt
am 16. Juli 1866 den alten Adam bei ihm austrieb und

ihn zu einem neuen Menschen machte. Ich habe jedoch
Grund zu der Vermuthung, daß die Metamorphose schon
früher, und zwar auf dem nicht mehr ungewöhnlichen Wege
der Anstellung als Spion, bei ihm eingetreten war, zumal
der preußische Regierungsassessor Urban wenige Tage später
sich der Thatsache berühmt hat, daß die „neue Frankfurter
Zeitung" seit einem Jahre der allergenauesten Ueberwachung
seitens des preußischen Preßbureau's ausgesetzt gewesen sei. —
Von anderen Freudenbezeigungen über den Einzug der
preußischen Truppen ist uns außerordentlich wenig bekannt
geworden, indessen muß ebenso constatirt werden, daß in der
Nacht vom 16.; auf den 17., wo doch ein ziemlich wildes
Durcheinander herrschte, weder von Seiten der Soldaten
erhebliche Exzesse begangen, noch von Seiten der Bürger
ihnen in unfreundlicher oder gar gehässiger Weise begegnet
wurde. Die eigentlichen Leiden der Frankfurter Bevölkerung
sollten erst in den folgenden Tagen beginnen.

Wer mit der anbrechenden Morgenröthe des 17. Juli
durch die Straßen Frankfurts ging (auch dem Verfasser
dieser Blätter gab eine schlaflose Nacht den Anlaß zu einer
solchen Wanderung) dem bot sich bald an mehr als einem
Punkte das Bild eines förmlichen Kriegslagers dar. Längs
der Westbahnhöfe standen Kanonen, Lafetten, Proviant-
und Munitionswagen, abgeschirrte und noch gesattelte Pferde
inmitten Haufen von Stroh, auf denen zahlreiche Soldaten,
den Tornister unter dem Kopf und den Mantel über sich
gedeckt, sich eines tiefen Schlafs erfreuten; die Höfe und
Hallen der Bahnhöfe, sowie das Hotel Westendhalle nebst
Umgebung waren gleichfalls von militärischen Utensilien,
Strohlagern und schlafenden Soldaten angefüllt, während
am Ausgang der Taunus- und Gutleutstraße Schildwachen

auf- und abgingen. Ganz ähnlich sah es auf einem Theile des Roßmarktes und vor der Hauptwache aus, wo überdies zwei regelrecht gerichtete Kanonen drohend ihre Mündungen nach der Zeil hin ausstreckten. Die aufgehende Sonne aber beleuchtete bereits an den Straßenecken die folgende Procla=mation des commandirenden preußischen Generals:

„Die Regierungsgewalt über das Herzogthum Nassau, die Stadt Frankfurt mit deren Gebiet, sowie über die von mir occupirten Theile des Königreichs Bayern und des Großher-zogthums Hessen geht zur Zeit auf mich über.

Die in den genannten Ländern fungirenden Verwaltungs-behörden verbleiben vorläufig in ihrer Stellung, haben aber fortan allein von mir Befehle anzunehmen, deren präciser Ausführung ich entgegengesehen wissen will.

Hauptquartier Frankfurt, 16. Juli 1866.

Der commandirende General der Mainarmee:

v. Falckenstein.

Der diesen kategorischen Imperativ verstärkende sty=listische Schnitzer am Schlusse des Actenstücks rief selbst an jenem schmerzensreichen Morgen einige Heiterkeit bei den Beschauern hervor, indessen sollten bald ernstere Dinge die Gemüther in Anspruch nehmen. Früh zwischen 7 und 8 Uhr berief General Falckenstein den älteren Bürgermeister Fellner und den schon öfters in diesen Blättern genannten Senator Dr. Müller zu sich, um ihnen zu eröffnen, daß der Senat, die ständige Bürgerrepräsentation und die gesetzgebende Ver=sammlung aufgelöst, dagegen sie, die Herren Fellner und Dr. Müller, unter dem Titel „Regierungsbevollmächtigte" zu Assistenten des Generals in der Regierung über die Stadt Frankfurt ernannt seien. Soviel ermittelt worden ist, haben beide Herren diese Eröffnung des Generals ohne jedwede, auch nur allgemein gehaltene Remonstration ent=

13

gegengenommen, vielmehr versprochen, die getroffenen An=
ordnungen zur Kenntniß der betheiligten Körperschaften zu
bringen und sich selbst dem erhaltenen Auftrage zu unter=
ziehen. Indessen haben sie erst am 18. den sämmtlichen
Gerichts= und Verwaltungsbehörden die eingetretene Aende=
rung angezeigt und die bezügliche Bekanntmachung erlassen.

Um 8 Uhr war der Senat in seinem Sitzungszimmer
im Römer vollzählig versammelt; auch die Herren v. Ber=
nus und Dr. Spelt, über deren noch vor 9 Uhr erfolgte
Verhaftung und Abführung auf die Hauptwache wir alsbald
berichten werden, waren anwesend. In dieser letzten Sitzung
des Senats der freien Stadt Frankfurt führte, wie uns
mitgetheilt worden ist, Senator Dr. Müller hauptsächlich
das Wort und seine Stimmung war — im Gegensatz zu
derjenigen seiner Collegen — äußerlich heiter und auf=
geräumt. Zwischen ihm und dem erst seit einem Jahre im
Senate befindlichen Dr. jur. Mumm, dem jetzigen Ober=
bürgermeister) soll es sogar zu einem kleinen charakteristischen
Wortwechsel über den sehr verschiedenartigen Eindruck, wel=
chen Beide von den stattgefundenen Ereignissen empfangen
hatten, gekommen sein; indessen wollen wir diese unver=
bürgte Mittheilung nicht in ihren Details wiedergeben.
— Senator Dr. Spelt wurde in seiner Wohnung, Herr
v. Bernus auf der Haupttreppe des Römergebäudes ver=
haftet. Der diese Maßregel ausführende Offizier vermied
es jedoch, auf die sofort von Herrn v. Bernus gestellte
Frage: ob der gegen ihn ausgeführte Act der Gewalt eine
Verhaftung sein solle?, eine bestimmte Antwort zu geben,
sondern erwiederte höflich: „Ich habe den Auftrag, Ihre
Person unter Ueberwachung zu nehmen, bis der General

das Nähere bestimmt," und begleitete Herrn v. Bernus, welcher entschieden erklärte, unter allen Umständen Vorsorge hinsichtlich der seiner Obhut anvertrauten Kasse des Rech= nei= und Rentenamtes treffen zu müssen, zunächst in das Senatszimmer, wo noch ein Theil der Senatsmitglieder anwesend war und aus dem Munde des Herrn v. Bernus selbst Kunde von dem Vorgefallenen erhielt, und von da aus in die Localitäten des Rechneiamtes. Hier setzte Senator v. Bernus den anwesenden Beamten mit kurzen Worten das Vorgegangene auseinander, sagte ihnen, daß sie ihre Ge= schäfte in gewohnter Weise fortführen sollten und stieg unter ausdrücklichem Protest gegen die an seiner Person ausgeübte Gewaltthat an der Seite des Offiziers in eine gerade am Römer vorbeifahrende Droschke, welche beide Herren nach der Hauptwache am Roßmarkte brachte. Herr v. Bernus fand hier in dem nach der Zeil hin gelegenen ehemaligen Auditeurzimmer des Frankfurter Linienbataillons bereits seinen Collegen Dr. Spelß vor und sollte im Laufe des Vormittags noch weitere Gesellschaft aus nichtoffiziellen Krei= sen erhalten. Ehe wir jedoch über den letzteren Punkt be= richten, sei folgende, die Verhaftung der beiden Senatoren betreffende Correspondenz hier mitgetheilt:

„Seiner Excellenz Herrn General Vogel von Falckenstein.

Die Unterzeichneten, Mitglieder hohen Senats dieser freien Stadt und Vorstände von freistädtischen Aemtern, sind heute Vormittag auf Verfügung der Commandantur in Detention verbracht worden. Indem dieselben gegen diese Beeinträchtigung ihrer persönlichen Freiheit hiermit Ver= wahrung einlegen, bitten dieselben dringend, sie mit der

13*

Urſache der über ſie verhängten Maßregel bekannt machen zu wollen.

Hochachtungsvoll

(gez.) Dr. Spelß. v. Bernus.

Obercommando der Main-Armee. Sect. III. Nr. 1138.

An die Senatoren der freien Stadt Frankfurt,

Herren Spelß und von Bernus hier.

Auf Ihre gemeinſame, mir heute vorgelegte Vorſtellung ohne Datum erwiedere ich Ihnen, daß Ihre Detention nur den Zweck hat, Ihnen während der diesſeitigen Occupation Frankfurts die Gelegenheit zu entziehen, Ihre preußenfeindlichen Geſinnungen hier zur Geltung bringen zu können.

H.-Q. Frankfurt a. M., den 17. Juli 1866.

Der commandirende General der Main-Armee

(gez.) von Falckenſtein.

Die augenblicklich detinirten Herren Senatoren Freiherr von Bernus und Spelß ſind ihrer Haft zu entlaſſen und iſt ihnen gegen Verpfändung ihres Ehrenwortes anzuweiſen, ſich binnen 24 Stunden nach der Feſtung Cöln zu begeben und ſich bei dem dortigen Commandanten General von Frankenberg zu melden.

Frankfurt a. M., den 17. Juli 1866.

Der Oberbefehlshaber der Main-Armee.

(gez.) von Falckenſtein."

In Köln wurden die beiden Herren nur ſieben Stunden gefangen gehalten und ſollten dann einfach entlaſſen werden; auf ihr Verlangen ſtellte jedoch der dortige FeſtungsCommandant ihnen ein Schriftſtück folgenden Inhaltes aus :

„Die Senatoren von Bernus und Dr. Spelß haben

sich heute Morgen 11 Uhr hier bei mir gemeldet und sind
Abends 6 Uhr entlassen worden.

Cöln, den 19. Juli 1866.

Königliche Commandantur.

(gez.) von Frankenberg,

Generalmajor und Commandant."

Von Köln aus richteten die beiden Senatoren nach=
stehendes Schreiben an den älteren Bürgermeister, Senator
Fellner zu Frankfurt:

„An Seine Hochwohlgeboren Herrn Bürgermeister
Senator Fellner in Frankfurt a. M.

Die unterzeichneten Senats=Mitglieder wurden am
17. d. M. bald nach der an diesem Tage stattgehabten
ordentlichen Senatssitzung, durch königlich preußische Offiziere
verhaftet und auf die Hauptwache in Detention verbracht,
von da gegen Verpfändung ihres Ehrenwortes, sich binnen
24 Stunden nach der Festung Cöln zu begeben und sich
bei dem dortigen Commandanten General v. Frankenberg
zu melden, in ihre Wohnungen entlassen, auch, nachdem sie
ihr Ehrenwort eingelöst hatten, in der Festung Cöln inter=
nirt; jedoch am 19. d. M., Abends 6 Uhr, von der Festung
Cöln entlassen.

Dem mitunterzeichneten Senator v. Bernus war es
unmittelbar nach seiner Verhaftung noch möglich, unter Be=
gleitung des seine Verhaftung ausführenden Offiziers in
dem Senatszimmer, woselbst ein Theil der Senatsmitglieder
versammelt war, von der gegen ihn geübten Gewalt Anzeige
zu machen.

Dagegen war den Unterzeichneten mit ihrer Verbringung
auf die Hauptwache jede Theilnahme an der hohem Senate

zustehenden Regierungsgewalt, sowie die Ausübung der ihnen obliegenden Amtsverpflichtungen unmöglich gemacht.

Durch die mündlichen Benachrichtigungen, welche Euer Hochwohlgeboren den Unterzeichneten bei Ihrem sehr freund= lichen Besuche auf der Hauptwache gegeben haben, sind die Unterzeichneten auf die gewaltsame Suspension der Ver= fassung der freien Stadt Frankfurt vorbereitet worden, welche durch die öffentliche Bekanntmachung des commandirenden Generals der Königlich preußischen Main=Armee Herrn von Falckenstein vom 16. Juli 1866 zur politischen Thatsache geworden ist.

Inhaltlich dieser Bekanntmachung ist die Regierungs= gewalt über die Stadt Frankfurt mit deren Gebiet zur Zeit auf den commandirenden General der Main=Armee über= gegangen und haben die fungirenden Verwaltungsbehörden allein von dem gedachten commandirenden General Befehle anzunehmen.

Die unterzeichneten Senatsmitglieder haben an der durch diese politische Thatsache herbeigeführten zeitweisen Suspension der Verfassung der freien Stadt Frankfurt kei= nen Theil.

Dieselben sind durch ihre Gefangenhaltung gewaltsam verhindert worden, gegen diese zeitweise Suspension der Ver= fassung ihrerseits Protest und Verwahrung einzulegen.

Dieselben dürfen endlich, eingedenk ihres Eides, die Rechte der freien Stadt Frankfurt, der Behörden, Körper= schaften und Bürger zu schützen, als Vorstände von Ver= waltungsbehörden die Befehle des commandirenden Generals der Main=Armee nicht annehmen und denselben keine Folge leisten.

Die unterzeichneten Senatsmitglieder wollen, indem sie die vorstehende Erklärung zur Kenntniß Euer Hochwohl= geboren als verfassungsmäßigen Vorsitzenden hohen Senats bringen, für ihre Person und in ihrer Eigenschaft als Mit= glieder hohen Senates der freien Stadt Frankfurt und als Vorstände von städtischen Verwaltungsämtern ihre Ehre und ihr Gewissen wahren, gegen die gewaltsame Suspension der Verfassung der freien Stadt Frankfurt nachträglich feierliche Verwahrung einlegen und als einzige Richtschnur ihres künftigen Verhaltens die treue Erfüllung ihres Diensteibes bezeichnen.

Dieselben verbinden damit die Anzeige, daß sie unter den gegenwärtigen Verhältnissen sich zur Zeit verpflichtet fühlen, nach Frankfurt nicht zurückzukehren, aber mit heißer Sehnsucht auf den Zeitpunkt harren, in welchem sie wieder= um für die verfassungsmäßigen Rechte der freien Stadt Frankfurt eintreten und die schweren Prüfungen, welche über ihre Vaterstadt gekommen sind, mit ihren Mitbürgern theilen können.

Wir übersenden Euer Hochwohlgeboren diese Zuschrift durch einen zuverläßigen Boten und bitten, demselben den Empfang gefälligst bescheinigen zu wollen.

Schließlich verfehlen wir nicht, Euer Hochwohlgeboren unsere ausgezeichnete Hochachtung zu bezeugen.

Cöln, den 20. Juli 1866.

(gez.) Dr. Speltz. v. Bernus."

Herr Fellner begnügte sich, eine kurze Bescheinigung über den Empfang dieses Schreibens auszustellen.

Wir kehren nun zu den Vorgängen in Frankfurt am Morgen des 17. Juli zurück. Unter allen Angelegenheiten

der Civilverwaltung richtete General Falckenstein sein Augen=
merk in allererster Linie auf die Presse, das heißt auf
die Unterdrückung der „preußenfeindlichen“ Organe, unter
denen die „Neue Frankfurter Zeitung“ und die „Post=
zeitung“ obenanstanden; diesen zunächst folgten der Haber=
mann'sche „Volksfreund“ und Stoltze's „Latern“, alsdann
auch das „Tagblatt“ und die „Neuesten Nachrichten“, zwei
kleine sog. Kreuzerblätter, welche im Grunde nichts weiter
verschuldet hatten, als daß sie auf ihre Weise in das Horn
der allgemeinen „Preußenfeindschaft“ mit eingestoßen hatten.
Die Verhaftung und etwa siebenstündige Detinirung der
noch anwesenden Redacteure der „Neuen Frankfurter Zeitung“
bot des Charakteristischen so viel, daß wir diese Vorgänge
als ein kleines Genrebild aus jenen stürmischen Tagen mit=
zutheilen nicht unterlassen wollen.

Das Personal der Zeitung hatte sich am 17. früh
wie gewöhnlich in den Bureaulocalitäten eingefunden und
die Setzer warteten auf Manuscript, nachdem sie die ein=
zige noch am Abend vorher geschriebene Tagesnachricht —
eine sechszeilige Notiz über den Einzug der Preußen in
Frankfurt — abgesetzt hatten. Alle fünf Minuten steckte
der Factor der Druckerei seinen Kopf in das Redactions=
zimmer, um an das ihm unumgänglich nothwendige Manu=
script zu erinnern. Aber die beiden anwesenden Redacteure,
H. und K., deuteten auf ihre flache Hand, auf die leeren
Tische, wo sonst Zeitungen, Correspondenzen und Tele=
gramme aufgethürmt lagen und empfahlen dem Setzer=
obersten, in Geduld zu warten, bis es anders werde. Eine
tiefe Stille lagerte sich über das Redactionszimmer. „Haben
Sie eine Ahnung davon, was werden wird?“ frug H. sei=
nen Collegen. „Nein“, antwortete dieser. „Ich auch nicht!“

replicirte der Erstere, und die Geister aller in diesen Räu=
men geborenen „preußenfeindlichen Artikel" schienen sich ein
Rendezvous mit dem heranrückenden neuen Regiment geben
zu wollen. Dieses letztere trat denn auch bald — es war
etwa 9½ Uhr — in sichtbare Erscheinung; ein ungeheures
Pochen an der Thür kündigte etwas ganz Neues und
Schreckhaftes an. In der nächsten Minute stand ein mar=
tialischer Hauptmann vor dem die Thür öffnenden Redacteur K.; den üblichen „guten Morgen" blieb er schuldig
und richtete statt dessen die kurze Frage an sein Gegenüber:
„Ist hier die Redaction der „Neuen Frankfurter Zeitung?"
— „Allerdings!" — „Dann sind Sie mein Gefangener,
stellen Sie sich hier hin!" — Der so unerwartet „Angestellte"
hatte noch keine Antwort gefunden, als die Thür zum Neben=
zimmer aufging und den Collegen H. sichtbar machte, den
die Langeweile wenige Minuten zuvor hinausgetrieben hatte.
„Gehört Der da auch dazu?" ließ sich der Hauptmann ver=
nehmen, und ein frisches „Jawohl!" erlöste auch Jenen von
seiner Redactionslaufbahn und machte ihn zum königlich
preußischen Staatsgefangenen. Beide Exredacteure standen
jetzt friedlich nebeneinander; der Hauptmann aber, der es
bislang nicht einmal der Mühe werth gefunden hatte, seine
Gefangenen nach ihren Namen zu fragen, ließ sich nach
kurzem Besinnen vernehmen: „Nun schaffen Sie mir
einmal das übrige Personal der Zeitung herbei!" Die
Redacteure bedauerten, daß sie als „Gefangene" diese
Function nicht auszuüben vermöchten, worauf der Haupt=
mann brummend replicirte, dann werde er selbst sich die
Leute holen müssen; würden aber inzwischen die Redacteure
auch nur im Geringsten Miene machen, zu echappiren, so
stehe unten ein Picket Soldaten, das sie zusammenschießen

ober niederstechen werde; überdies seien alle Ausgänge des
Gebäudes besetzt. Die beiden Redacteure versicherten, daß
sie sich einem so tragischen Geschick nicht aussetzen würden,
worauf der Hauptmann zur Thür hinaus verschwand. In=
zwischen konnten H. und K. vom Fenster aus bemerken,
daß im Vorderhof wirklich ein Unteroffizier mit etwa zehn
Soldaten, sowie zwei grimmig ausschauende „Feldgensdarmen"
aufpostirt waren, während im Hinterhof an der Brandmauer
nach der Gottesgnadenapotheke hin ein Soldat vor einem
grünenden Hollunderbusch Wache hielt. Was das zu be=
deuten hatte, stellte sich erst später heraus und beweist, wie
außerordentlich genau die Herren Preußen schon längst über
alle in Betracht kommenden Umstände unterrichtet waren.
Hinter dem Hollunderbusch befand sich nämlich ganz versteckt
und kaum von irgend Jemandem unter dem zahlreichen
Personal der Zeitung bemerkt, ein kleines Pförtchen, das in
alter Zeit als Schlupfloch gedient haben mochte, jetzt aber
gewiß seit Jahrzehnten nicht mehr geöffnet war. Auf daß
keiner von den Gefangenen durch dieses Pförtlein das Weite
suche, hatte der Hauptmann die Schildwache mit dem Ba=
jonett davorgestellt. Binnen wenigen Minuten waren die
Setzer=, das Druckerei= und Expeditionspersonal auf dem
Hof, gerade unter dem am Gebäude angebrachten „Sternen=
banner", versammelt und die beiden Redacteure durch einen
Unteroffizier von ihrem Standorte im ersten Stock herab=
geholt. Die Reise konnte nun beginnen, da der Hauptmann
erklärte, nur die beiden Redacteure mitnehmen zu wollen,
während das übrige Personal unter militärischer Bewachung
im Hofe stehen bleiben könne. In diesem Augenblick kam
jedoch der dritte noch in Frankfurt anwesende Redacteur
der Neuen Frankfurter Zeitung (Herr B. D.) von der

Eschenheimergasse aus herbeigewandelt, und der Hauptmann
nahm ihn nach kurzer Erkundigung als gute Prise noch zu
den Uebrigen in Empfang. Die freundliche Belehrung von
der mit jedem „Echappirungsversuch" verbundenen schweren
Schieß-, Hieb- und Stechgefahr wurde noch einmal wiederholt, und fort ging es, einen Feldgendarm rechts, einen
Feldgendarm links, den Hauptmann an der Spitze, nach dem
englischen Hof; eine verwundert zuschauende Menschenmenge
auf beiden Seiten der Eschenheimergasse bildete die Staffage
dieses sonderbaren Zuges. Im ersten Stock des englischen
Hofes angekommen, nahm der Hauptmann von seinen Gefangenen Abschied, indem er bemerkte, daß der General das
Weitere über sie verfügen werde. Eine volle Stunde ver-
ging ohne jede weitere Botschaft; die Gefangenen hatten es
sich inzwischen auf einer im Corridor stehenden langen Kiste,
welche wahrscheinlich die Effecten irgend eines Offiziers enthielt, bequem gemacht; sobald sie mit einander sprechen wollten, fuhr der eine der beiden Feldgendarmen, der von ganz
besonderem Grimm beseelt zu sein schien, mit einem derben
„Ruhig hier!" dazwischen. Aber an sonstiger Unterhaltung,
welche die Langeweile des Wartens verscheuchte, fehlte es
den auf der Kiste Sitzenden keineswegs. Offiziere und
Ordonnanzen kamen und gingen in unaufhörlichem Wechsel,
indem sie sich auf dem Gange manches auf die Tages-
geschäfte bezügliche Wort zuriefen und so ihren Theil zu dem
bunten Bilde des „Hauptquartiers der Mainarmee" bei-
trugen. Plötzlich aber, es war etwa halb elf Uhr, wurde
die Aufmerksamkeit der drei Redacteure auf eine eigenthüm-
liche Gruppe gelenkt, welche an der gegenüberliegenden Seite
des Corridors auftauchte. Ein ziemlich großer und nicht
unbeleibter Mann in Civilkleidung schleppte sich mühsam,

auf beiden Seiten von je einem Soldaten unterstützt, über
den Gang nach dem hinteren Theile des Gebäudes hin;
die schlurfenden Schritte des Kranken zeigten deutlich, daß
er, wären nicht die ihn auf beiden Seiten haltenden Sol=
daten dagewesen, zusammengebrochen sein würde. Es war
der Hofrath Dr. Fischer=Goullet, Chefredacteur der
„Postzeitung", der auf die Kunde von der Besetzung der
Localitäten der „Postzeitung" durch die Preußen aus seiner
Villa in Röbelheim zu Fuß nach Frankfurt geeilt und hier,
wahrscheinlich in Folge des raschen Ganges bei einer glühen=
den Hitze, vom Schlagfluß getroffen war. Er wurde von
den ihn verhaftenden Militärpersonen in den „englischen
Hof" gebracht, und als sein Zustand immer bedenklicher
wurde, in ein Bett gelegt, wo er zwei Tage später verschied.
Von den an ihn gerichteten Fragen hat er, wie in jenen
Tagen allgemein erzählt wurde, nur noch diejenige mit einem
mühsam gesprochenen „Ja" beantwortet, daß er der Chef=
redacteur der „Postzeitung" gewesen sei und die meisten
Leitartikel darin selbst geschrieben habe.*) Bedenkt man,

---

*) Der Verfasser der „Tagebuchblätter eines deutschen Staats-
mannes" erzählt den Vorgang anders, und zwar (wie schon aus der
unrichtigen Zeitangabe der Verhaftung Fischer's hervorgeht) ungenau.
Wir setzen gleichwohl den bezüglichen Passus der Tagesnotiz vom 18. Juli
hierher, um zu zeigen, welchen Einfluß die „Schreckenszeit" bereits auf
alle Gemüther übte: „Der Hofrath Fischer-Goullet, von der Postzeitung,
wurde gestern Abend mit militärischer Escorte in den Englischen
Hof abgeführt. Dort soll General von Falkenstein von ihm die Unterschrift einer Erklärung gefordert haben, worin Fischer sich einer syste-
matisch-verleumberischen Feindseligkeit gegen die preußische Regierung
schuldig bekannte. Diese Zumuthung hat den Mann so alterirt,
daß er einen Schlaganfall bekam. Man hat den Bewußtlosen dann
in einem Winkel liegen lassen (?) und sich nicht um ihn bekümmert,
bis später von Freunden und Verwandten Hülfe geleistet werden konnte.
Doch soll er heute gestorben sein."

wie außerordentlich geringfügig selbst vom preußischen
Standpunkte aus die Sünden des stets mit großer Mäßi=
gung aufgetretenen Dr. Fischer=Goullet erscheinen mußten
— und in Wirklichkeit hatte er gar nichts Weiteres gethan,
als nach Pflicht und Ehre den conservativen Standpunkt
der „Postzeitung" auch in diesem Kriege vertreten — so
kann wohl gefragt werden, welches moralische Recht der
preußische General selbst unter den damals herrschenden
Verhältnissen dazu hatte, den allgemein geachteten Mann
in solcher Weise zu behandeln, insbesondere auch, warum
nicht bei dem lebensgefährlichen Zustande des Kranken vor
allen Dingen ein Arzt herbeigerufen und die Angehörigen
benachrichtigt wurden, statt den Kranken noch mit unnützen
und quälenden Fragen zu belästigen? Mit dem tragischen
Tode des Hofraths Fischer ging auch nach mehr als zwei=
hundertjährigem Dasein die „Frankfurter Postzeitung" zu
Grabe.

Inzwischen waren unsere Gefangenen zu Dritt in ein
nach dem Hof gehendes Zimmer des Englischen Hofes ge=
führt, um von einem mürrisch und sauer dreinschauenden
Auditeur von hagerer langer Leibesgestalt inquirirt zu wer=
den. Hätte es sich in Wirklichkeit um schwere Vergehen
gehandelt, so würde man wohl die Vorsicht gebraucht haben,
die Delinquenten getrennt von einander zu ver=
nehmen; so aber gaben sie ihre Erklärungen in demselben
Zimmer nebeneinandersitzend vor ihrem militärischen Unter=
suchungsrichter ab, und es war ihnen sehr leicht gemacht,
jedweden Widerspruch unter sich zu vermeiden. Zum ersten
Mal seit ihrer Verhaftung wurden sie nun nach ihren
Namen, alsbann über die von ihnen bei der „N. Frankf.
Ztg." ausgeübten Functionen befragt. Diese waren sehr

leicht bezeichnet. D. hatte nur Auszüge aus englischen Blät=
tern für die Zeitung geliefert, H. den trockenen Handels=
theil, K. das unschuldige Feuilleton redigirt. Wer waren denn
aber die eigentlichen Faiseure an dem Schandblatt?"
frug der Auditeur. — „Kolb, Braunfels und Sonnemann
hatten die Ehre," erwiderten die Inquisiten. — „Wo stecken
diese?" — „Nicht hier in Frankfurt, sondern weiter süd=
wärts." — „Ah, das kann ich mir denken," fuhr der
Auditeur auf, „dann werden wir sie wohl heute nicht zu
sehen kriegen; nun unterschreiben Sie mal hier das Proto=
koll, der General wird dann das Weitere über Sie ver=
fügen, um Sie nöthigenfalls unschädlich zu machen!"
— Und die Drei setzten ihre Namensunterschriften unter
das Protokoll und zogen mit ihren beiden Freunden, den
Feldgendarmen, aus dem Englischen Hof nach der Haupt=
wache am Roßmarkt, wo sie bereits die Herren v. Bernus
und Dr. Spelz, hinter einem großen Tische sitzend, auf
welchem Schreibzeug und Tinte standen, vor sich sahen,
und zwar, wie sich sehr bald herausstellte, auch als Ge=
fangene, geradeso wie die drei anrückenden Leute vom „ver=
fehlten Beruf." Und als sollte an diesem Tage Alles in
steten Contrasten sich bewegen, so zeigte der über die Ge=
fangenen in der Hauptwache gesetzte militärische Kerkermeister
— ein noch junger Offizier, wenn wir nicht irren, mit
Namen v. Roques — eine ganz ausnehmende Liebenswür=
digkeit nicht nur gegen die Senatoren, sondern auch gegen
seine übrigen unfreiwilligen Gäste ohne Unterschied des
Ranges und Standes, denen er den Aufenthalt in dem
drückend heißen Dachzimmer so erträglich wie nur irgend
möglich zu machen suchte. Er sorgte für kühles Trink=
wasser, gutes Bier und ebenso gute Cigarren, für die

prompte Beförderung brieflicher Mittheilungen der Gefange=
nen an ihre Angehörigen (welche freilich vorher ihm zur
Durchsicht überreicht werden mußten) ja sogar für die all=
gemeine Unterhaltung, indem er, so oft ihm der Dienst als
Wachtcommandant einen freien Augenblick ließ, sich zu den
Gefangenen setzte und in ganz unbefangener Weise ein Ge=
spräch über Dies und Jenes anknüpfte. Wollte aber ein
Gefangener, was im Laufe des Tages nicht zu vermeiden
war, einmal nur auf wenige Augenblicke das Zimmer ver=
lassen, so geleitete ihn stets ein Soldat mit aufgestecktem
Bajonett bis zu dem „gewissen Orte" und brachte ihn ebenso
wieder zurück — Vorsichtsmaßregeln, wegen deren Unver=
meiblichkeit, „weil auf Befehl beruhend," der Offizier viel=
mals um Entschuldigung bat. Besuche, welche die Herren
v. Bernus und Spelz zahlreich von ihren Angehörigen
und Freunden empfingen, stießen auf keinerlei Schwierig=
keit, und so verflossen die Vormittagsstunden, abgesehen von
der peinlichen Ungewißheit über die zunächst zu erwartenden
Ereignisse, für die Gefangenen in leidlich erträglicher Weise.
Gegen 1 Uhr Mittags wechselte das Bild. Die beiden
Senatoren hatten gerade von ihrem Collegen, Herrn Bür=
germeister Forsboom, einen Besuch erhalten und dieser
war mit ihnen im Gespräch begriffen, als die Thür heftig
aufgerissen wurde und ein königlich preußischer Oberst in
augenscheinlich sehr aufgeregter Stimmung hereintrat. „Sind
Sie der Herr Bürgermeister Forsboom?" rief er den gerade
vor ihm stehenden Senator an. Auf die bejahende Antwort
fuhr der Oberst sehr heftig heraus: „Dann habe ich Ihnen
anzukündigen, daß ich Sie und die übrigen Magistrats=
räthe ohne Weiteres verhaften lassen werde, wenn nicht
binnen einer Viertelstunde meine Leute, die draußen vor

dem Thor schon seit einer Stunde ohne Quartier und Ver=
pflegung in der heißen Sonne stehen, Beides in ordnungs=
mäßiger Weise erhalten! Thut mir leid, so auftreten zu
müssen, aber es ist ein Scandal, wie hier für gar nichts
gesorgt ist; wo steckt denn eigentlich der Magistrat?" —
Offenbar hatte der polternde Oberst noch gar keine Kennt=
niß von der durch den General Falckenstein erfolgten Auf=
lösung des Senats, und auch Herr Forsboom gab ihm
darüber keinen Aufschluß, sondern versprach begütigend, daß
er für das Nöthige sorgen werde. „Soll mir lieb sein,
denn sonst werde ich ganz gewiß Maßregeln ergreifen!"
rief der Oberst und verschwand ebenso rasch wie er gekom=
men war. — „Lieber Himmel, es war einmal schön in
Frankfurt!" seufzte Senator Spelz, als der Oberst das
Zimmer verlassen hatte.

Gegen 7 Uhr Abends wurden, wie schon aus den
mitgetheilten Actenstücken ersichtlich, die Herren v. Bernus
und Dr. Spelz unter der auf Ehrenwort übernommenen
Verpflichtung, sich bei dem Festungscommandanten in Köln
zu melden, ihrer Haft entlassen; bezüglich der Redacteure
war dies ohne jede Einschränkung schon zwei Stunden zu=
vor geschehen. Gegen die letzteren einzuschreiten war offen=
bar kein Anlaß vorhanden, hinsichtlich der beiden Senatoren
aber genügte es dem preußischen General vollkommen, sie
zu verhindern, während der nächsten Zeit irgend
welchen Einfluß in Frankfurt auszuüben und
irgendwelche Rathschläge zu ertheilen. Dies war
namentlich in Bezug auf die jedenfalls schon am 17. Juli
geplante Contributions=Angelegenheit wichtig; denn
nur nach dieser Richtung hin wäre es ja beispielsweise
dem Herrn v. Bernus möglich gewesen „seine preußenfeind=

feindlichen Gesinnungen hier zur Geltung zu bringen", indem er aller Wahrscheinlichkeit nach die gutwillige Zahlung
der ersten 6 Millionen Gulden ebenso verhindert haben
würde, wie später trotz aller Drohungen und Zwangsmaßregeln es dem General Manteuffel nicht gelang, die zweite
Contribution von 25 Millionen Gulden herauszupressen.
Was hätte Falckenstein machen wollen, wenn die Frankfurter
Bank sich rundweg geweigert hätte, auf einen im Grunde
ganz werthlosen Bon der Herren Müller und Fellner hin
6 Millionen Gulden aus ihrem Baarschatze herzugeben,
wodurch ja ganz allein die Abführung der Contribution
ermöglicht wurde? Er hätte drohen und einschüchtern können so viel er wollte — an den Geldern der Bank als an
Privateigenthum konnte er sich nimmermehr vergreifen,
ohne sich vor ganz Europa eines Actes der wirklichen Plünderung schuldig zu machen und dies lag, wie wir später
zeigen werden, trotz Allem und Allem nicht in der Absicht
des preußischen Heerführers. Eine einzige Persönlichkeit von
genügendem Ansehen und energischem Willen hätte den Directoren der Bank das Sachverhältniß klar machen und die
Abführung der Contribution auf diese Weise verhindern können; es ist also auch sehr natürlich, daß General Falckenstein diejenigen Personen, denen er einen solchen Einfluß
zutraute, außer Stand setzen wollte, „ihre preußenfeindlichen
Gesinnungen hier zur Geltung zu bringen." Auf diese Weise
kamen die Herren v. Bernus und Speltz gefangen auf die
Hauptwache und von da nach Cöln; ein Vergehen irgendwelcher Art wurde weder dem Einen noch dem Andern vorgeworfen, wie sie denn auch von Cöln aus ihre Schritte
unbehelligt nach jedem beliebigen Punkte der Welt richten
durften — nur nicht nach Frankfurt, wo ihre „preußen

14

feindlichen Gesinnungen" — und wer hatte sie damals nicht? — möglicherweise Schaden anrichten konnten! Es ist auf= fallend, daß der sonst so scharfsichtige Verfasser der „Tage= buchblätter eines deutschen Staatsmannes" diese Gründe der gewaltsamen Entfernung gerade jener beiden Senatoren von Frankfurt nicht herausgefunden hat, vielmehr mit einer scur= rilen Bemerkung über diesen Vorgang hinausgeht.*)

General Falckenstein hatte noch am Abend des 16. Juli die berühmte Depesche des russischen Feldmarschalls Paskie= witsch nach dem Tage von Vilagos: „Ungarn liegt zu den Füßen Eurer zarischen Majestät" in dem folgenden Tele= gramm an König Wilhelm fast wörtlich nachgeahmt: „Die Länder diesseits des Mains liegen Ew. Majestät zu Füßen!" Wir lassen es gern dahingestellt, ob diese Nachahmung Folge einer zufälligen oder absichtlichen Remi= niscenz war; sie bezeichnet aber auf alle Fälle in sehr merk= würdiger Weise die Auffassung, welche der preußische Gene= ral und seine Untergebenen von dem Verhältniß der „er= oberten" Gebiete und ihrer Bevölkerungen, insbesondere der= jenigen Frankfurts, zu der preußischen Armee hatten. Nicht als Angehörige eines und desselben Volkes, die denn

---

*) Vergl. die Tagesnotiz vom 28. Juli: „Auch die Senatoren Bernus und Speltz sind verhaftet und auf die Hauptwache geführt. Man wallfahrtete vor den Fenstern vorbei, hinter deren Eisengittern der kleine dicke Bernus mit triumphirendem Gesicht sich bewundern ließ; er soll überglücklich sein, daß man ihn für eine so wichtige Person hielt." (Herr v. Bernus trat im Laufe des Tages ein= oder zweimal an's Fenster, um frische Luft zu schöpfen, was der Urheber dieser malitiösen Notiz wahrscheinlich auch gethan haben würde, wenn er an einem glühend heißen Sommertag in einem Dachzimmer eingesperrt gewesen wäre. Daß die vor der Hauptwache nach der Zeil hin versammelte Menge den an's Fenster Tretenden durch Zeichen sympathisch be= grüßte und dieser dafür dankte, ist wohl sehr natürlich. Anmerkung des Verf.)

doch wahrlich keine Schuld an der eingetretenen weltgeschicht=
lichen Krisis und ihrer Lösung durch „Blut und Eisen" tru=
gen, sondern als „Feinde" im weitgehendsten Sinne des
Wortes, an deren Wohlergehen der preußische General ge=
radesoviel oder geradesowenig Interesse hatte, wie im Jahre
1849 der russische Heerführer Paskiewitsch an den Ungarn,
betrachteten Falckenstein und seine Nachfolger die friedliche
Bevölkerung Frankfurts, der vom ersten Augenblick an die
volle Schwere des „Kriegsrechts" gezeigt werden mußte.
Schon der Ton, in welchem man mit der Bevölkerung und
den städtischen Behörden zu verkehren beschloß, war der
denkbar schroffste. Das folgende Actenstück, welches unmit=
telbar nach Besetzung der Hauptwache, am 16. Juli Abends,
von dem wachthabenden Lieutenant der letzteren an den Senat
gerichtet wurde, bildete gleichsam die Vorrede und Einleitung
zu allem Demjenigen, welches die nächsten Tage bringen
sollten:

„Der Magistrat der freien Reichsstadt Frankfurt
hat für die Hauptwache sofort zu gestellen:
erstens für die (sechs) Offiziere:
    6 Flaschen Champagner,
    6 Portionen warmes Abendessen,
    200 feine Cigarren;
zweitens für die Mannschaften (75 Mann):
    180 Flaschen Wein,
    2000 Stück Cigarren, gute Sorte,
    400 belegte Butterbrode.
Die umgehende Einsendung der verlangten Gegen=
stände wird erwartet."

(Folgt die Unterschrift.)

*   *   *

14*

„Bis jetzt sind für die Hauptwache noch fehlende 110 Flaschen Wein nicht angekommen. Sind dieselben binnen zehn Minuten nicht geliefert, sehen wir uns in der traurigen Nothwendigkeit, die Einquartierungs= commission verhaften zu lassen.

Zehn Uhr Abends.

N. N., Lieutenant und Wachthabender."

Ein einfacher Lieutenant also (nicht zu verwechseln mit dem früher erwähnten Wachtcommandanten am 17. Juli Vormittags) drohte aus einem äußerst geringfügigen Anlaß ohne Weiteres mit der Verhaftung der Behörden der freien Reichsstadt und zwar in diesem Falle gerade der= jenigen Behörde, deren Thätigkeit unter den obwaltenden Umständen gar nicht zu entbehren war! Man wird un= möglich annehmen können, daß der Lieutenant hier etwa auf eigene Faust einen „Exceß" begangen hätte, bezüglich dessen er sich der Verantwortlichkeit vor seinen Vorgesetzten bewußt gewesen wäre; es war dieser Ukas vielmehr nur der erste Act jenes Systems von Drohungen und rücksichtsloser Anwendung des „Kriegsrechts" in seiner denkbar weitesten Ausdehnung, das die Schreckensperiode von 1866 charakterisirt!

Der Wein= und Cigarrenverordnung des Lieutenants auf der Hauptwache folgte am 17. Juli die folgende Be= kanntmachung des Generals Falckenstein selbst:

„Mit Bezug auf meinen Corps=Befehl d. d. Han= nover, den 19. Juni d. J. bestimme ich betreffs der Verpflegung der unter meinem Befehle stehenden Truppen der Main=Armee, so lange dieselbe auf feind= lichem Gebiete steht, was folgt:

„Die Offiziere, die im Offizier=Range stehenden
Beamten, die Feldwebel, Portepée=Fähnriche und die
in Offizierstellen fungirenden Unteroffiziere haben zu
verlangen:

des Morgens: Kaffee mit Zuthat;
des Mittags: Suppe, Fleisch, Gemüse, Braten
und 1 Flasche Wein;
des Nachmittags: Kaffee;
des Abends: Abendbrod und außerdem täglich
8 Stück gute Cigarren.

„Die mit Verpflegung einquartierten Mannschaften
erhalten:

des Morgens: Kaffee mit Zuthat;
des Mittags: 1 Pfund Fleisch, das dazu
erforderliche Gemüse und Brod, sowie
$\frac{1}{2}$ Flasche Wein;
des Abends: einen Imbiß nebst 1 Seidel
Bier und außerdem täglich 8 Stück
Cigarren. Die Speisen müssen aus=
reichend sein und den Mann hinläng=
lich sättigen. Ueberall da, wo die Ver=
pflegung der Truppen nicht durch die
bequartierten Wirthe erfolgt, wie bei=
spielsweise durch Bivouacs, oder auch
da, wo die bequartierten Wirthe nicht
im Stande sind, den Mannschaften die
Verpflegung nach obigen Sätzen selbst
zu gewähren, besteht die dem Soldaten
competirende Portion, welche von den
Truppencommandeuren durch die Orts=

vorstände im Wege der Requisition zu
beschaffen ist, aus folgenden Sätzen:

1 Pfund 26 Loth Brod;
1 Pfund frisches Fleisch oder
1/2 Pfund geräucherten Speck;
6 Loth Reis oder
7 1/2 Loth Grauben oder
15 Loth Hülsenfrüchte (Erbsen, Boh-
nen, Linsen) oder
3 Pfund Kartoffeln;
1 Loth gebrannten Kaffee;
1 1/2 Loth Salz;
1/2 Flasche Wein und 1 Seidel Bier,
resp. für Offiziere 2c. 1 Flasche
Wein, 8 Cigarren.

„Die Cigarren werden überall nicht von den Wirthen
oder Communal-Vorständen, sondern lediglich aus dem
von der Feldintendantur der Main-Armee in Frankfurt zu errichtenden Requisitions-Magazin entnommen.
Für die in Kurhessen einquartierten Offiziere und
Mannschaften der Main-Armee wird auch der Wein
— im Gegensatz zu den auf anderem feindlichen Gebiet liegenden Truppen — nicht von den Wirthen
oder Ortsbehörden hergegeben, sondern aus dem Requisitions-Magazin in Frankfurt empfangen.

„Die Fourage-Ration, welche bis auf Weiteres aus
den Magazinen zu Frankfurt, Hanau und Aschaffenburg zu empfangen ist, bleibt allgemein wie folgt festsetzt:

12 Pfund Hafer,
5 Pfund Heu und
7 Pfund Stroh.

„Ueber die empfangene Verpflegung jeder Art wird von den Truppen Quittung ertheilt und zwar bei der Verpflegung durch die Quartierwirthe, resp. betreffs der vorangedeuteten Requisitionen durch die Truppen-Commandeure an die Ortsbehörden, und bei der Verabreichung der Fourage, resp. des Weines und der Cigarren aus Magazinen an die Magazinverwalter, wobei bemerkt wird, daß die Quittungen mit deutlicher Unterschrift und dazu gesetztem Charakter zu versehen sind.

Hauptquartier Frankfurt, 17. Juli 1866.

Der Oberbefehlshaber der Main-Armee:

v. Falckenstein,

General der Infanterie."

Die erste Abtheilung dieses Schriftstücks (bis zu der Stelle, wo bestimmt wird, daß die Cigarrenlieferungen nicht von den Quartiergebern oder Gemeinden geliefert, sondern lediglich aus den Feldmagazinen entnommen werden sollten) stimmt im Wesentlichen mit den schon bei Ausbruch des Krieges für das occupirte Hannover ꝛc. erlassenen Anordnungen überein, die zweite, auf die Cigarrenlieferung bezügliche Spezialbestimmung dagegen war neu und kam ganz hauptsächlich für Frankfurt zur Anwendung. Ueber die Ursachen dieser Sonderbestimmung äußerte sich in dem am 9. Januar 1869 vor der Strafkammer des K. Stadtgerichts zu Frankfurt verhandelten Preßprozeß gegen die „Frankfurter Zeitung" (wegen behaupteter „Verläumdung und Beleidigung der Führer der Mainarmee und der Militärbefehlshaber von Frankfurt im Jahre 1866") der Vertheidiger Dr. Braunfels in folgender Weise: „Diese Cigarrenlieferung ist etwas ganz Neues in der Geschichte, noch neuer als das Zündnadelgewehr, überhaupt die neueste Erfindung im Kriegswesen. Bis dahin war es noch nicht vorgekommen, daß eine gebrandschatzte Einwohnerschaft auch noch Cigarren liefern sollte. Aber das Interessanteste war: nicht von den Bürgern sollten die Cigarren verabreicht, sondern sie mußten aus dem in Frankfurt errichteten Requisitions= magazin angeschafft werden. Man fragte sich: woher hat denn das belobte preußische Magazin auf Einmal diese Millionen Cigarren in Vorrath? und man berichtete darüber, es seien kaiserlich=österreichische Regie=Cigarren in Böhmen erbeutet worden und man habe sie nun in Frankfurt recht vortheilhaft verwerthen können. In Hannover, Kurhessen und Nassau, in Böhmen und Mähren hat man von dieser originellen Cigarrenidee keinen Gebrauch gemacht; sie war für uns vorbehalten. Das geschah am 17. Juli. Da die Sache so bequem war, so kam man schon am 18. darauf, ihr eine größere Ausdehnung zu geben. Ein neuer Befehl verfügte die Lieferung von etwa 60,000 Paar Stiefeln, 300 „gut gerittenen" Reitpferden und die Zahlung einer Jahreslöhnung für die Mainarmee, d. h. gegen sechs Mil= lionen Gulden. Dagegen sollte die Stadt von jeder Natu= rallieferung „mit Ausnahme von Cigarren" befreit sein."

Diese Bemerkungen bezüglich deren damals von Seiten des öffentlichen Anklägers keine Widerlegung versucht wurde, enthalten in der That die logisch richtigste Erklärung für die auffallende Bestimmung betreffs der Cigarren. Wenn man nun selbst den famosen Satz des „Kriegsrechtes" gel= ten lassen will, daß „der Krieg den Krieg ernähren" oder, wie General Falckenstein es am 18. Juli ausdrückte: daß „die Armeen im Kriege darauf angewiesen sind, sich ihren

Unterhalt in Feindesland zu sichern" — so ist doch
sofort die Frage aufzuwerfen, aus welchem Grunde denn
die Cigarrenlieferungen den Bürgern, resp. der Gemeinde
aufgeladen wurden, da doch die Magazine der preu=
ßischen Armee bereits mit diesem Artikel so sehr
überfüllt waren, daß sie sogar das Verkaufsmono=
pol für die Cigarren erhielten? Es handelte sich hier
also sonnenklar nicht um eine für den augenblicklichen
„Unterhalt" der Armee nothwendige Naturallieferung
— denn die preußischen Feldmagazine hätten ja sehr leicht
die bereits in ihrem Besitze befindlichen Cigarren direct an
die Truppen abliefern können — sondern um eine schlecht
verhüllte Kriegscontribution in Geld, geradeso, wie es
bei der „Vorausbezahlung der Löhnung der Mainarmee auf
ein Jahr" (!!) und in noch höherem und krasserem Maße
bei der Manteuffel'schen 25 Millionen=Forderung der Fall
war. Wir werden, sobald unsere Darstellung an diese bei=
den letzteren Punkte gelangt, die Frage zu untersuchen haben,
ob selbst das sogenannte „Kriegsrecht" in seiner gebräuch=
lichen Auslegung den preußischen Generalen gestattete, der
Frankfurter Bevölkerung jene Contributionen, zu deutsch
Brandschatzungen, aufzuerlegen; · für jetzt gehen wir zur
Schilderung der Vorgänge über, die sich an die in obiger
Weise „geregelte" Einquartierung und Verpflegung der preu=
ßischen Truppen in Frankfurt knüpfen. Nicht um „alte
Wunden wieder aufzureißen", sondern lediglich um ein ge=
treues Bild jener Zeit zu liefern, die in der Geschichte
Frankfurts ihres Gleichen nicht hat und hoffentlich nie wie=
der haben wird, müssen wir den düsteren Vorgängen, welche
den Untergang der freireichsstädtischen Institutionen Frank=
furts begleiteten, im vollen Umfange unsere Aufmerksamkeit

zuwenden, zumal selbst in „Geschichtsbüchern für das deutsche
Volk" (wir erinnern nur an Menzel und an die weitver=
breitete Fortsetzung der Schlosser'schen Geschichte, heraus=
gegeben von Dr. Jäger in Köln) jene Periode in der
tendenziös=gehässigsten Weise zum Nachtheil Frankfurts ent=
stellt und umgekehrt zu Gunsten des Eroberers in jeder
Beziehung beschönigt worden ist. Die unparteiische Geschichte
aber soll die Wahrheit und nichts als die Wahrheit an's
Licht bringen, damit spätere Generationen daraus eine blei=
bende Lehre schöpfen, das Gute nachahmen und vor dem
Bösen zurückschrecken mögen. Die Schicksale Frankfurts im
Jahr 1866 namentlich müssen für ewige Zeiten dem deut=
schen Volke eine Mahnung dafür sein, zu welchen abscheu=
lichen Consequenzen der politische Fanatismus führen
kann, der an Häßlichkeit und verabscheuenswerthen Wir=
kungen von jeher seinem religiösen Zwillingsbruder nicht
das Mindeste nachgegeben hat.

Wir haben an einer früheren Stelle unserer Darlegung
gesagt, daß der „gemeine Mann" in der preußischen Main=
armee von 1866 nicht die Schuld an den Leiden der
Frankfurter Bevölkerung während jener schrecklichen Julitage
trug, und wir halten dies auch Angesichts der nachfolgen=
den Schilderungen aufrecht. Die Soldaten der Mainarmee
zeigten — allenfalls mit Ausnahme der nach dem 16. Juli
eingerückten Bremer und Lippe=Detmolder Truppen
— im Allgemeinen keine Neigung zu rohen Exzessen und
zu Bedrückungen der Bürgerschaft und sie würden sicherlich
während ihres Aufenthaltes in den Mauern Frankfurts ihre
anderwärts bewiesene gute Disziplin auch hier bewährt
haben, wenn nicht Aufreizungen der schlimmsten Art hinzu=
gekommen wären und namentlich nicht in den Reihen der

Offiziere Anschauungen von angeblichen Verbrechen und
folgeweise von der Strafwürdigkeit der Frankfurter Bevölkerung verbreitet gewesen wären, die in den Augen dieser
Herren die schlimmsten Repressalien rechtfertigten. Eine
verlogene und schamlose Presse in Preußen hatte unter dem
Deckmantel des „Patriotismus" in der systematischsten und
niederträchtigsten Weise gegen Frankfurt und seine Bürger
gehetzt, und es ist erwiesene Thatsache, daß lange vor dem
Einzuge der preußischen Truppen in Frankfurt gerade diejenigen Blätter, welche die stärksten Aufreizungen gegen
Frankfurt enthielten, eine ganz besondere Verbreitung unter
den Soldaten und Offizieren der Mainarmee fanden. Zu
diesen haßerfüllten Aufreizungen, an denen auch ein großer
Theil der preußischen Civilbevölkerung theilnahm, so daß
sogar Kundgebungen bestialischer Schadenfreude über die
Leiden Frankfurts damals keineswegs zu den Seltenheiten
gehörten — wir erinnern beispielsweise nur an den von
Köln aus projectirten „Vergnügungszug" nach Frankfurt
— kam nun noch die ganz abnorme, durch den Krieg selbst
nimmermehr bedingte Härte, mit welcher die Stadt Frankfurt von Seiten des Armeecommando's behandelt wurde,
wodurch denn schließlich bei den Soldaten die Vorstellung
erweckt werden mußte, daß sie eine völlig rechtlose, für ungeheuere Verbrechen büßende feindliche Bevölkerung, nicht
aber die friedliche und achtungswerthe Bürgerschaft einer
mit den Annalen der deutschen Geschichte auf's Innigste
verwachsenen Stadt vor sich hätten!

Ueber die in Frankfurt in den Tagen vom 16. Juli
Abends und weiter hinaus von den einquartirten Truppen
begangenen Excesse (die Zwangsmaßregeln betreffs der Contribution, worüber wir später berichten werden, sind davon

ganz zu trennen) hatte der Vertheidiger in dem obenge=
nannten Preßprozesse die nachfolgenden Daten gesammelt,
hinsichtlich deren durch Namhaftmachung der Zeugen der
Wahrheitsbeweis angetreten werden sollte, welcher jedoch
durch Urtheil des Gerichtes vom 14. Januar 1869 um beß=
willen für überflüssig erklärt wurde, weil „die Staatsanwalt=
schaft in der Verhandlung die von der Vertheidigung zum
Beweis gestellten Thatsachen im Wesentlichen nicht be=
stritten hat, mit der Einschränkung, daß sie die geflis=
sentliche Aufreizung der Mannschaften durch deren
Vorgesetzte und die Drohung mit Plünderung und Bom=
bardement Seitens des Obergenerals v. Manteuffel in Ab=
rede stellt, eventuell behauptet, diese Drohung sei mindestens
nicht ernstlich gemeint gewesen." Die Thatsachen selbst
wurden somit vom Gerichte als wahr angenommen und
hierauf, sowie auf die beigebrachten Actenstücke hin die
Klage wegen „Verleumdung" zurückgewiesen, resp. in dieser
Beziehung ein freisprechendes Urtheil gefällt. Wir haben
deßhalb auch wohl unsererseits — ganz abgesehen von eige=
ner Ermittelung und Kenntniß jener Vorgänge — das Recht,
die in dem fraglichen Prozesse zum Beweis gestellten That=
sachen für wahr zu halten und stellen hier Dasjenige daraus
zusammen, was zu dem gegenwärtigen Abschnitt unserer
Schilderung gehört:*)

„Zeuge 9. a) Sind beim Einrücken der preußischen

*) Die Leser mögen es entschuldigen, wenn wir die etwas
hölzerne Form der „Zeugenfragen" hier absichtlich, wenn auch wider=
strebend, beibehalten. Wer zwischen den Fußangeln des Straf= und
Preßgesetzes wandelt, der muß sich eben mancherlei Gangarten ange=
wöhnen, die nicht mehr „natürlich", sondern oft recht gezwungen aus=
sehen. Anm. des Verf.

Truppen die Quartierbillets fertig gewesen; hat man die=
selben verlangt und abgenommen, oder vielmehr den Mann=
schaften die Selbsteinquartirung übertragen; und geschah
die letztere in der Weise, daß in der Nacht die Offiziere
und Mannschaften in die Straßen vertheilen, und beliebige
Mengen von Soldaten, theils unter Androhung von Gewalt,
in die Häuser legten.

f) Hat sich die Größe der gleich Anfangs auferlegten
Cigarrenlieferungen auf 3¼ Millionen Stück belaufen. —

g) Hat man die meisten Offiziere, Aerzte und General=
stabs=Angestellten in Gasthöfen auf Kosten der Stadt unter=
gebracht; haben dieselben dort eine enorme Vergeudung ge=
trieben, täglich Champagner und feinste Weine, bis zu
sieben Gulden die Flasche, sowie die theuersten Cigarren in
großer Menge gefordert, alles auf Kosten der Stadt, mit
einer Ausgabe von mehr als 70,000 Gulden monatlich.

h) Haben Offiziere meist Waaren, (z. B. Pferdedecken,
Landkarten, Sattlerwaaren, Handschuhe, Portemonnaie's,
Mappen, Blumenkränze) in den Läden gekauft, die Drosch=
ken tagelang benutzt, und die Zahlungen bis zu 12 Kreuzer
herab mit Gutscheinen auf die Stadtkasse geleistet.

i) Haben öfters Offiziere eigenmächtig die theuersten
Cigarren, bis zu 300 Gulden das Tausend — namentlich
bei dem Kaufmann G . . . . K . . . . — angekauft und
mit Gutscheinen auf die Stadt bezahlt.

k) Hat zu der Zeit, wo das Aufhören aller Requi=
sitionen schon amtlich verkündigt war, ein hochstehender
Militär (auf der Durchreise?) 10,000 Cigarren zu 300
Gulden bei demselben Kaufmann fordern lassen, gleichfalls
auf Kosten der Stadt.

l) Hat die Verpflegungscommiſſion, um den Vergeu=
bungen ein Ziel zu ſetzen, ein Reglement ausgearbeitet, wel=
ches ein ſehr reichliches Maß deſſen feſtſetzte, was die Offi=
ziere auf Koſten der Stadt zu verzehren hatten; hat der
Stadtcommandant von Jabeck dies Reglement genehmigt;
und hat General v. Manteuffel daſſelbe beſeitigt, mit der
Erklärung: „Es verträgt ſich nicht mit der Ehre preußiſcher
Offiziere, daß man ihnen vorſchreibe, bis zu welchem Geld=
betrag (auf Koſten der Stadt) ſich ihr Abendeſſen belaufen
darf, und welche Weine ſie (auf Koſten der Stadt) trinken
ſollen.“

m) Hat die Verpflegungs= und Einquartierungscom=
miſſion in Erfahrung gebracht, daß einquartierte Mannſchaften,
namentlich Offiziere, ſehr häufig die den Bürgern unentbehr=
lichſten Räume, namentlich Speiſe= und Familienzimmer für
ſich in Beſchlag nahmen und beſchädigten, während ihnen
ſehr gute Zimmer anderweitig im Hauſe angeboten waren;
haben öfters Offiziere nach Willkür in verſchiedenen Häuſern,
bald da, bald dort, ſich ſelbſt einquartiert.

n) Hat neben der Einquartierung bei den Bürgern
die Stadt noch eine tägliche Ausgabe von 4000 Gulden für
Verpflegung in den Kaſernen gehabt; und betrugen die
Ausgaben für andere Lieferungen, als die ſchon erwähnten,
166,000 Gulden ſchon in den erſten vierzehn Tagen.

o) Hat, als der Vorfall beim Zeugen 24 zur Unter=
ſuchung kam, die Stadt dem unterſuchenden Auditeur täglich
einen Wagen auf ihre Koſten ſtellen müſſen, und iſt über
das Ergebniß dieſer Unterſuchung jemals etwas mitgetheilt
worden.

p) Hat, neben der Wegnahme von 300 und dann noch
122 Reitpferden, der Stadtcommandant am 21. Juli den

Befehl erlassen, daß alle Besitzer von Fuhr= und Wagen=
pferden täglich vor acht Uhr Morgens anzuzeigen hätten,
wie viel von ihren Pferden anwesend seien und zu militä=
rischen Zwecken verwendet werden konnten.

q) Ist dennoch außerdem noch vorgekommen, daß Fuhr=
werke auf der Straße angehalten, Aerzten ihre Wagenpferde
weggenommen, ja von beladenen Wagen auf der Straße die
Pferde ausgespannt wurden.

r) Haben die Herren Polizeirath Gravelius und Dr.
jur. Ebner sich veranlaßt gesehen, die ausgestreuten Ver=
leumbungen über Mißhandlungen preußischer Offiziersfrauen
in öffentlichen Zeitungen Lügen zu strafen.

Zeuge 12.·b) Sind bei der Einquartierungs= und Ver=
pflegungscommission preußische Offiziere auf die schroffste und
roheste Weise mit Forderungen unerhörter Art aufgetreten;
— und einzelne Beweise hiervon.

Zeuge 18. a) Sind Offiziere öfters in den Anlagen,
obschon ein guter Reitweg neben denselben läuft, sowie auf
den Trottoirs umhergeritten und Frauen und Kinder damit
geängstigt und in Gefahr gebracht.

Zeuge 20. Haben die bei Ihnen einquartierten Sol=
daten (zwölf Mann), ehe sie das Quartier verließen, sich
ihres Unraths in den Betten und anderen Möbeln ent=
ledigt.

Zeuge 21. Haben die bei Ihnen einquartierten Sol=
daten (fünfundzwanzig Mann), bevor sie das Quartier ver=
ließen, sich ihres Unraths in den Schubladen der Tische,
Kommoden u. s. w. entledigt.

Zeuge 24. a) Haben die bei Ihnen auf Ihrem Oeko=
nomiehof einquartierten Soldaten, etwa 20 Mann, Nachts
den Heuboden erstiegen, nachdem sie vorher zwei Wachen

ausgestellt; haben sie sodann die in einem abgesonderten Raum schlafenden vier Knechte mit Waffengewalt fortgetrieben, und den in einem andern Theil des Heubodens schlafenden Taglöhnerinnen, unter denen sich ein siebenzehnjähriges Mädchen und eine Taubstumme befanden, Gewalt angethan.

b) Haben Sie hiervon Anzeige gemacht und ist eine Untersuchung eröffnet worden; hat diese Untersuchung ein Ergebniß gehabt, und ist Ihnen ein solches jemals, amtlich oder sonstwie, mitgetheilt worden.

c) Ist eines Tages ein Offizier in einer Droschke auf Ihrem Oekonomiehof erschienen, und hat dann folgendes Gespräch wörtlich stattgefunden:

Offizier (zum Fenster hinaufrufend): N. N.! (Name des Zeugen): N. N.! Landwirth!

Zeuge (herunterkommend): Mit wem habe ich die Ehre?

Offizier (hinter sich auf die Droschke deutend): Droschke bezahlen!

Zeuge schweigt erstaunt.

Offizier (aufbrausend): Schnell, schnell! Droschke bezahlen!

Zeuge zahlt.

Offizier: Fünf Pferde Vorspann! So und soviel Wagen.

Zeuge liefert Vorspann und Wagen.

Offizier zieht ab, ohne ein Wort weiter zu reden.

Zeuge 25. a) Hat ein bei Ihnen einquartierter Offizier Ihnen verboten, im Hausrock durch Ihre eigenen Zimmer zu gehen, wenn er sich darin befinde?

b) Hat derselbe Offizier es für hohe Anmaßung erklärt, daß ein Kaufmann in Frankfurt Parquet=Fuß= böden habe.

c) Hat derselbe Offizier den mit ihm einquartierten Soldaten befohlen: sie sollten sich wegen der feinen Möbel und guten Fußböden nicht geniren, vielmehr die Möbel nach Belieben behandeln und die Gewehrkolben aufstoßen; ist dies wirklich geschehen und dadurch Beschädigung entstanden.

Zeuge 26. a) Ist, nachdem bereits Einquartierung in Ihrem Hause war, in Ihrer Abwesenheit ein Lieutenant gekommen, hat sich von den ihm angebotenen Zimmern gerade den Speisesaal zum Quartier gewählt, ist in schroff= ster Weise Ihrer Frau gegenüber aufgetreten und hat der= selben unter Anderem gesagt, indem er seinen Säbel hin= warf:

„Hier will ich bleiben. Sehen Sie, mit diesem Säbel habe ich drei Bayern erschlagen. Wir kommen hierher als Feinde. Sie brauchen das Büffet und die Teppiche nicht fortnehmen zu lassen; ich liebe Tep= piche," u. a. m.

Zeuge 28. a) Haben Sie sich mit Ihrer Familie drei Wochen vor dem Einzug der Preußen zur Kur nach Wild= bad begeben, und haben Sie, weil bei Ihrer Abreise bereits Einquartierung von Bundestruppen erwartet wurde, einen Zettel an die Thüre geheftet hinterlassen, auf welchem Sie mit großer Schrift die etwa kommende Einquartierung er= suchten, sich in den Saalbau zu begeben, wo auf's Beste für sie gesorgt werde.

b) Ist ein preußischer Lieutenant, als er sich in Ihrer Wohnung einquartieren wollte, von den Hausbewohnern er= sucht worden, sich in einer Droschke in den Saalbau zu be=

15

geben, und hat der Lieutenant dies abgelehnt und eigen=
händig mit einem Beile die Thüren zum Vorplatz und zum
Salon in Stücke gehauen, so daß dieselben in Splittern am
Boden lagen.

c) Hat derselbe eine Kiste eröffnet, aus derselben eine
Flasche Wein genommen und ausgetrunken.

d) Hat derselbe, nachdem er erfahren, daß der Mie=
ther dieser Wohnung ein Preuße sei, fünf Thaler für den
Schaden bezahlt, der über fünfzig Gulden betrug und sich
entfernt, ohne wiederzukommen, obschon er versprochen, auch
den Rest des Schadens zu vergüten.

Zeuge 29. Hat ein Offizier, als Sie bei dessen Ein=
treten vom Tisch, an dem Sie arbeiteten, nicht sogleich auf=
standen, Sie mit beiden Fäusten ins Gesicht geschlagen und
Sie so behandelt, daß Sie Ihre Wohnung im Stiche ließen
und nach Straßburg flüchteten.

Zeuge 30. a) Haben in der Nacht vom 16. auf den
17. Juli 1866, um ein Uhr, ein Hauptmann und ein
Militärarzt sich lärmend und tobend bei Ihnen einquartiert.

b) Bezeigten sich dieselben im höchsten Grade anspruchs=
voll, beschwerten sich über die Stearinkerzen, „weil sie nur
Wallrathkerzen gewohnt seien."

c) Haben dieselben Sie durch Toben und Schreien
gezwungen, Ihren Sohn mit einem Zuber auf den Kopf
in die Nachbarschaft zu schicken, um mitten in der Nacht
Hafer zu holen, während die Dienerschaft mit Herbeischaffung
des Essens zu thun hatte.

d) Haben dieselben über das Essen roh geschimpft;
haben sie des folgenden Tages in Ihrer Abwesenheit die
Dienerschaft genöthigt, ihnen mehrere Flaschen Champagner

zu bringen, und haben dieselben, als Sie bei Ihrer Heim=
kunft erklärten, sich bei Ihrem Vetter Herrn v. Savigny
beschweren zu wollen, sofort eifrigste Entschuldigungen vor=
gebracht, namentlich diese: „sie hätten geglaubt, bei einem
Senator zu sein."

Zeuge 31. a) Sind am 17. Juli zwei Offiziere in
den Bundespalast gekommen und haben sich von Ihnen
herumführen lassen, haben diese Sie dabei verhöhnt und
gefragt, „ob dies der Saal sei, wo die Hunde von Landes=
verräthern gesessen;" haben dieselben, als Sie eine Thüre
öffnen wollten, Ihnen so auf den Hinterkopf geschlagen, daß
Sie wider die Thüre fielen, sodann Sie mit der Säbelscheide
zwischen die Beine geschlagen, Sie mit den Worten ange=
fahren: „Gerade halten! Arme ausstrecken!" u. dgl., und
Sie dabei so in die Arme gekneipt, daß die Spuren davon
mehrere Tage sichtbar blieben.

b) Hat ein im Bundespalast zurückgebliebener öster=
reichischer Diplomat hierüber eine Beschwerde an den General
Vogel von Falckenstein gerichtet; hat diese Beschwerde ein
Ergebniß gehabt und sind Sie jemals von demselben in
Kenntniß gesetzt worden.

Zeuge 32. Hat auf der Eschenheimergasse am . . . .
Hause ein Offizier zu Pferde, an der Spitze seiner Mann=
schaften, schimpfend und tobend Einlaß gefordert, gerufen:
„schlagt den Juden die Thüren ein!" dann befohlen, die
Thüre am Laden eines Buchhändlers mit Aexten einzu=
schlagen, und als ihm angezeigt worden, daß das Haus
bereits mit Einquartierung belegt sei, dennoch neue hinein=
beordert und dabei gerufen: „Wir kommen als Feinde in
diese verdammte Stadt; werft die Leute aus den Betten
und legt Euch hinein!" u. a. m.

15*

Zeuge 33. a) Hat auf dem Götheplatz ein Hauptmann an seine zum Appell angetretene Mannschaft folgende Frage gerichtet: „Seid Ihr zufrieden mit Euren Quartieren?" und als die Leute mit Ja antworteten, gerufen: „Das ist nicht genug; sehr zufrieden müßt Ihr sein; hört Ihr, sehr zufrieden!"

b) Hat ein Offizier, als er Cigarren zu kaufen begehrte und Sie ihm dieselben zur Hälfte des Einkaufs= preises berechneten, gesagt: „Die Frankfurter wollen uns prellen, man wird sie aber schon herunterkriegen!"

Zeuge 33. f) Hat man eines Tages, als Sie sich gegen Aufnahme neuer Einquartierung sträubten, unter An= gabe des Grundes, daß Sie solche schon hätten, Ihnen ge= droht: wenn Ihre Angabe sich als unwahr herausstellte, würden Sie erschossen werden.

Zeuge 34. Haben sich, als Sie schon acht Mann Einquartierung hatten, noch zwei Offiziere mit zwei Burschen bei Ihnen einquartiert; haben sich diese roh und schroff be= nommen, erklärt, daß sie als Feinde kämen und das Recht besäßen, die Bürger aus ihren Betten zu werfen.

Zeuge 35. Haben bei Ihnen einquartierte Soldaten geäußert: ihre Offiziere hätten ihnen gesagt, wenn ihnen die Betten nicht gut genug seien, müßten ihnen die Haus= leute die ihrigen geben und sich auf's Stroh legen.

Zeuge 37. a) Sind Ihnen 116 Mann Einquartierung auf einmal ins Haus gelegt worden; hat man mit den einquartierten Mannschaften fast täglich gewechselt, um Ihnen desto größere Unbequemlichkeiten zu bereiten.

b) Ist bei Ihnen ein Epileptischer, der nach ärztlicher Aussage ins Spital gehört hätte, nebst fünf Mann Bedie= nung einquartiert worden.

c) Haben die Einquartierten sich, namentlich in den ersten Tagen, auf sehr schroffe und rohe Weise benommen.

d) Hat man Ihnen gesagt: all diese große Beläftigung geschehe, weil Sie angeblich öfterreichisch gesinnt seien.

e) Ist in ähnlicher Weise Ihre Schwiegermutter beläftigt worden.

f) Hat man Ihnen unter anderen Pferden auch das Reitpferd Ihrer Tochter weggenommen; und hat der Offizier, in dessen Besitz es kam, dies von Ihnen auferzogene und Ihrem ganzen Hause sehr werthe Pferd beim Abmarsch an Ihrem Fenster vorbeigeritten und zu diesem Zwecke sich von seiner Truppe entfernt und einen Umweg gemacht.

a) Hat sich in der Nacht vom 16. Juli ein Officier mit 52 Mann bei Ihnen einquartiert.

b) Hat sich die Mannschaft sehr lärmend und schroff benommen und hat der einquartierte Offizier, als Sie sich darüber bei ihm beschwerten, Ihnen erklärt: „Ich kann Ihnen nicht helfen; meine Leute haben den Auftrag, sich in Frankfurt so schroff als möglich zu benehmen."

Zeuge 39. a) Haben die bei Ihrem jetzt verstorbenen Vater einquartierten Soldaten, 34 Mann, wobei ein Unteroffizier und ein Trommler, in der ersten Nacht großen Lärm aufgeführt; hat der Unteroffizier die gröbsten Schimpfworte ausgestoßen; haben die Soldaten in der Nacht geschrieen, getobt, unter Trommelschlag mit den Füßen gestampft; haben dieselben am anderen Morgen Ihrem Vater erklärt: sie hätten von ihren Offizieren Befehl, soviel Lärm wie möglich zu machen.

b) Ist eines Tages in Ihre Wohnung ein Unteroffizier mit einem Trupp Soldaten gekommen; hat derselbe auf Ihre Bemerkung, daß Sie schon fünf Mann und nur kleinen

Raum hätten, Sie mit den gröbsten Worten angefahren und Ihnen gesagt: gerade, weil Sie die Bemerkung gemacht hätten, bekämen Sie jetzt noch einen (den sechsten) Mann; hat er auf Ihren Widerspruch geschrieen: „jetzt bekommen Sie sieben Mann!" und als Sie ihm ein Wort entgegnen wollten, abermals geschrieen: „Nun acht Mann" und haben Sie diese acht Mann wirklich in's Quartier nehmen müssen.

Zeuge 41. a) Hat man in auswärtigen Blättern, sowie unter den preußischen Soldaten die Nachricht verbreitet, es seien die in Frankfurt zurückgebliebenen Frauen preußischer Beamten und Militärs von Frankfurtern mißhandelt worden.

b) Sind diese Frauen mißhandelt oder im Gegentheil mit größter Theilnahme nnd Freundlichkeit behandelt worden.

c) Haben sich preußische Soldaten und Landwehrmänner beklagt: man habe in dieser wie in vielen anderen Beziehungen die Frankfurter bei ihnen angeschwärzt und arg verleumdet.

* * *

So weit die „Zeugenfragen" in dem obenerwähnten Preßproceß. Da wir bei Schilderung der hier in Betracht kommenden Vorgänge uns nur auf documentarische Nachweise stützen wollen, so unterlassen wir die Aufzählung einer Reihe von weiteren ähnlichen Thatsachen, welche auf dem Wege der mündlichen Mittheilung, sei es nun in jenen Tagen selbst oder in späterer Zeit, zu unserer Kenntniß gekommen sind. Dagegen würden wir einen sehr werthvollen Beitrag zur Charakteristik jener Periode Frankfurtischer Geschichte unberücksichtigt lassen, wenn wir die von der verstorbenen Frau M. Lutteroth unter dem unmittelbaren Eindruck der Ereignisse gemachten Aufzeichnungen für

unsere Darstellung verloren gehen ließen. Diese Aufzeich=
nungen sind nur als Manuscript für eine kleine Anzahl
von Verwandten und Freunden unter dem Titel: „Aus dem
Jahre 1866" gedruckt, und ein Exemplar davon, mit der
eigenhändigen Recognoscirung der Verfasserin versehen, liegt
uns zur Benutzung vor. Wir entnehmen daraus an dieser
Stelle unserer Erzählung Folgendes:

„Die Einquartierung war sehr schwer; der Speisezettel,
den General von Falckenstein herausgab, für Unbemittelte
hart: Morgens Kaffee mit Zuthat, Mittags 1 Pfd. Fleisch,
Gemüse, Brod, ½ Flasche Wein; des Abends ein Imbiß,
1 Seidel Bier, täglich 8 Cigarren. Oft verlangten und
erhielten sie als zweites Frühstück Butterbrod und Schnaps,
Nachmittags Kaffee. Die Feldwebel waren als Offiziere
zu behandeln, erhielten noch Braten, eine ganze Flasche
Wein, Nachmittags Kaffee, Abendbrod und 8 gute
Cigarren.

Gegen Mitte Juli verließen wir den Garten wegen
drohender Kriegsgefahr und verbrachten vier sehr uncom=
fortable Wochen in der Stadt. Dieses, sowie die Anord=
nung für vielfache Einquartierungen haben mich sehr er=
müdet, was wohl nicht zu verwundern bei dem gewöhnlichen
Quantum von 27 Soldaten. In meinem Gartenhaus hatten
sich am 18. Juli drei Offiziere mit Pferden und 10 Sol=
daten ohne Quartierbillet einlogirt und ließen sich ver=
köstigen, waren jedoch weniger grob als gewöhnlich in ihren
Forderungen. Während deren Anwesenheit, den 19. Nachts
11 Uhr, mußte ich auf dem Roßmarkt 22 Soldaten und
4 Unteroffiziere aufnehmen. Auf meinem Vorsaal wurden
die Soldaten, im Speisezimmer die Feldwebel servirt, letz=
tere in den Tanzsaal logirt. Kaum wieder zu Bett, ver=

nahm ich einen Höllenlärm. Vier betrunkene Studenten hatten sich bei ihnen eingefunden und blieben die ganze Nacht da. Während am folgenden Tage die Soldaten binirten und mein Kutscher mir schluchzend die Trensen, einziges Ueberbleibsel meiner — — — Pferde vorzeigte, erschienen nochmals zwölf Gemeine und zwei Unteroffiziere, behauptend, nur in meinem Hause, als die Garde Manteuffel's, der im Englischen Hof abgestiegen, wohnen zu können; Leute in allen Sorten von Montur und abgeschabter Civilkleidung. Es gelang Nachmittags, für einen Theil der früher Erschienenen ein anderes Quartierbillet zu erhalten; an dem Mittag hatte ich jedoch drei Offiziere, sechs Unteroffiziere und 44 Soldaten theils im Garten, theils in der Stadt zu verköstigen. Kein Wunder, wenn die Manteuffler nicht ganz so schnell bedient werden konnten, wie es ihr Magen oder ihre Stellung erheischte, sie wurden grob gegen meine Leute, denen endlich die Geduld riß; sie ließen sich zu ähnlichen Antworten verleiten. Ich hörte den Lärm in meinen Zimmern, und wohl wissend, wie wichtig es sei, jeden Anlaß zu gewünschten Conflicten zu vermeiden, gebot ich meinen Leuten, sich zu entfernen, hinzufügend: ich werde die Herren selbst bedienen, was glücklicher Weise zu vermeiden war, indem der Braten, Gegenstand der ungeduldigen Erwartungen, soeben aufgestellt worden.

Noch kürzlich, also seit sie Befehl haben, bescheiden zu sein, erhielt ich zweimal Quartierbillets auf eine Anzahl Soldaten. Beide Mal wiesen sich einige als Unteroffiziere aus, deponirten Bagagewagen im Hofe meines Stadthauses und verlangten bessere Stuben: die meiner Kammerjungfer, weil nach dem Hof gehend, wurde refusirt. So wurden sie

in das nach dem Roßmarkt gehende im zweiten Stock, wel=
ches die Entrée meines Gesellschaftslokals bildet, etablirt,
wo sie tüchtig rauchten und zwei Hunde bei sich hatten.
Später erschien ein Lieutenant und verlangte: der Herr
Feldwebel (der doch nur auf ein Soldatenbillet gekommen
war) müsse ein Zimmer im ersten Stock erhalten und die
Haupttreppe stets zu dessen Gebrauch geöffnet bleiben.

In vielen Häusern wurden von Offizieren und Unter=
offizieren die größten Brutalitäten begangen. Von der
Klinge ziehen gegen wehrlose Dameu; z. B. eine meiner
Schwestern, war oft die erste Demonstration, wenn nicht
gleich alle, auch die eigenen Zimmer, zur Auswahl geöffnet
wurden. — Ein Offizier drohte Herrn Louis Bernus im
Garten seiner Tante, der Frau Pfarrer Stein in Bocken=
heim, ihn an einen Baum aufzuhängen, wenn er sich unter=
stände, nochmals zu kommen, um Schonung der Wohnung
zu verlangen. — Trotz begehrter und erhaltener Delicatessen
und Champagnerflaschen gelang es nur schwer, die zum
Aufhängen der Tornister eingeschlagenen Kloben aus den
Marmorwänden der Bel=Etage zu entfernen. — Die Thüre
einer verschlossenen Wohnung in der Westendstraße, deren
Bewohner abwesend waren, wurde auf Befehl eines Offi=
ziers aufgehauen und die Soldaten auf den seidenen Salon=
Möbels etablirt. — Ein Offizier drang Nachts 2 Uhr ohne
Quartierbillet bei Herrn Lebrecht von Guaita ein, wo er
sich die gröbsten Ungezogenheiten zu Schuld kommen ließ.
— An den Tables d'hôte und Gaststuben fand das rück=
sichtsloseste Benehmen statt. Die Offiziere tranken, ohne
zu zahlen, Champagner nach Herzenslust auf Rechnung der
Stadt. In den Läden gaben sie Bons auf dieselbe, beson=
ders für Cigarren. — Der Portier des Zoologischen Gar=

tens mußte die Erfüllung seiner Vorschrift: 5 kr. Entrée von den Soldaten zu fordern, mit flachen Säbelhieben eines Offiziers büßen, worauf selbstverständlich für Alle frei Entrée erfolgte. — Dem Portier am Bundespalais ging es nicht besser; einige Offiziere verlangten den Sitzungssaal der Schweinehunde zu sehen; obgleich er augenblicklich öffnete, wurde er doch geprügelt und mißhandelt.

Seit 40 Jahren des Bestandes unseres herrlichen Friedhofes ist es nun zum ersten Mal nothwendig geworden, durch Plakate um Schonung der Ruhe der Todten zu mahnen, weil Offiziere sich erlaubten, hineinzureiten. Die Soldaten gaben selten Anlaß zu Klagen, und wo dies der Fall war, erklärten sie meist, von ihren Vorgesetzten ermächtigt, ja aufgefordert zu sein.

Mein Gedächtniß reicht 60 Jahre zurück. Kriegsstürme und Durchzüge aller deutschen Staaten, der Croaten und Panduren, der Russen mit ihren Kosacken und Baskiren, Napoleons Heeresmassen mit den gefürchteten Marschällen habe ich erlebt, aber nie einen Terrorismus und Säbelwirthschaft wie die, die wir jetzt hatten.

Besonders hart mitgenommen und verletzt wurde Hermann Mumm. Ohne Angabe irgend eines Grundes befahl General von Wrangel, demselben 250 Mann und 12 Offiziere Einquartierung zu geben. Auf Vorstellung der Einquartierungscommission wurde das Dictum auf 100 Mann und zwei Offiziere ermäßigt. Mit bedeutenden pecuniären Opfern schon zu den nöthigen Anschaffungen, und der angestrengten Thätigkeit selbst der Damen des Hauses gelang es, diese, sowie bereits einquartierte 15 Mann und einen epileptischen Zahlmeister nebst 5 Dienern, den die preußische Commandantur ohne Quartierbillet zugeschickt, zu befriedigen.

Mit der Drohung, die „Baracke" in den Grund zu schie=
ßen, wurde nicht ernst gemacht. Die Soldaten ließen sich's
wohl sein an den bekannten runden Tischen, an welchen
bereits die zweite Generation der Familie Gastfreundschaft
übt, an denen der (vorige) König, mehrere Prinzen, sämmt=
liche seit 50 Jahren hier anwesende preußische Gesandte,
viele Generäle, und bei Bällen die Offiziere, die sich hatten
im Hause vorstellen lassen, tafelten. Kein Jahr ist ver=
flossen, seit Frau und Fräulein v. Bismarck mit aller er=
denklichen Rücksicht auf einer Soirée dort empfangen wor=
den und ihrer Aeußerung nach sich wohl fühlten in dem
Kreis früherer Bekannten und Freunde. Damals war das
Verfahren, welches die Stadt jetzt erlitten, nicht zu erwar=
ten. Ich glaube zu träumen, wenn ich mir General
v. Voigt=Rhetz, v. Beyer, Oberst v. Selchow, Major
v. Frankenberg mit ihren Frauen, dann Oberstlieutenant
v. Krosigk, Oberstlieutenant v. Tiedemann vergegenwärtige,
wie sie vergangenen Winter oft meinen Salon als gern
gesehene Habitués besuchten. Die meisten waren in der
Nähe und gewiß nicht ohne Kenntniß der unsinnigen Ver=
läumdungen und Lügen, nur geschrieben und gedruckt, Neid,
Haß und Rache hervorzurufen, am schändlichsten im Frank=
furter Journal vom 7. August. Und keiner sah sich ver=
anlaßt, sie der Wahrheit gemäß zu unserer Rechtfertigung
zu widerlegen. Im Jahre 1849 befand sich der jetzige
König an der Spitze des preußischen Feldzugs nach Baden.
Ein Zufall gab mir Kenntniß von über 100 hier zurück=
gebliebenen Kranken und Maroden, die der preußische
Platzcommandant, Major v. Deetz, in die Westendhalle,
damals leerstehende Kaserne, eingewiesen hatte, ohne Vor=
sorge für deren Unterhalt getroffen zu haben. Ich unterzog

mich mit drei meiner Schwestern gern dieser Menschenpflicht.
Nachdem wir die nöthigen Anschaffungen gemacht, besorgten
wir persönlich während drei Wochen den Haushalt und die
Krankenpflege. Ein preußischer Beamter übernahm dann
die Anstalt und erstattete mir die Auslage von fl. 700.
Ich erhielt ein anerkennendes Billet über Königin Elisabeth
und eine goldene Medaille mit ihrem Bildniß. Beides
waren mir 17 Jahre lang werthe Andenken. Nun habe
ich die Medaille für den Goldwerth weggegeben, und von die=
sem fl. 35 zum Ankauf eines meiner ehemaligen Schimmel
verwandt. Das arme Thier wurde im Dienst des Tele=
graphenbureau's derart ruinirt, daß es schon nach zwei
Monaten als untauglich versteigert wurde; in meinem Auf=
trage erstanden, soll dasselbe nun so lange es lebt, gut ver=
pflegt werden."

So weit die hier in Betracht kommende Erzählung der
Frau Lutteroth. Von weiteren Vorkommnissen ähnlicher
Art, wie sie oben geschildert worden, wüßten wir zahlreiche
Beispiele anzuführen; wir begnügen uns indessen mit der
folgenden Stelle aus dem Briefe eines Frankfurter Bürgers:
„Einige Zeit nach dem 16. Juli erhielt ich zwei Mann
Einquartierung, die sich Anfangs sehr barsch benahmen und
sagten, es sei ihnen gar nicht recht, daß sie unangefochten
hätten einmarschiren können, sie wären viel lieber mit auf=
gepflanztem Bajonett hereingestürmt, — warum? Weil
bei der Eroberung Frankfurts so viele ihrer Leute geblieben
seien und weil die Preußen vor dem Ausbruche des Krieges
so schändlich von den Frankfurtern behandelt
worden seien. Auf meine Entgegnung, daß an all dem
ein wahres Wort sei, behaupteten sie, das sagten wir jetzt

nur so, weil wir uns fürchteten, sie wüßten Alles ganz
genau, „die Offiziere hätten ihnen Alles erzählt", 2c. Nach
Wochen hatte sich die Einquartierung überzeugt, daß die
Frankfurter keinesweges solche Menschen seien, wie sie sich
vorgestellt. . . . . Eines Abends kamen, ohne daß neue
Truppen eingerückt waren, wieder zwei Mann Einquartierung.
Wir fragten, woher sie kämen? Antwort: Aus der Kaserne,
da sei die Cholera ausgebrochen, mehrere seien gestorben,
da sei nun schnell Alles ausquartiert und zu den Bürgern
gelegt worden. Der Eine war sehr traurig und leidmüthig;
er hatte die Nacht an dem Bette seines sterbenden Schwa-
gers gesessen; der gute Schwager war todt, die Schwester
mit ihrem Kinde eine Wittwe und er (der auch ein kleines
Söhnchen mit Namen Heinrich zu Hause hatte) war vielleicht angesteckt und kam auch nicht mehr heim. — Und diese
Leute legte man in die Häuser der Bürger!" (Der Soldat
hat hier offenbar sich von seiner erregten Phantasie zu einer
falschen Erzählung hinreißen lassen, denn die Cholera ist
während jener Monate in den Kasernen nicht ausgebrochen,
wenn auch Todesfälle anderer Art dort vorgekommen sein
mögen. Dagegen ist es allerdings richtig, daß in den hiesigen Spitälern Soldaten an der Cholera gestorben sind
und damals große Besorgnisse in der Bevölkerung wegen
Ausbreitung dieser furchtbaren Seuche, die gewöhnliche Begleiterin von Kriegen, entstanden. Die obige Mittheilung
mag zeigen, wie sehr die an sich schon überaus harten und
drückenden Lasten, welche die Bewohner Frankfurts damals
zu tragen hatten, noch durch übertriebene, wenn auch in sehr
natürlicher Weise entstandene Vorstellungen von unmittelbar
bevorstehenden weiteren Gefahren vermehrt wurden!)

Es mag hier als documentarischer Beleg für die Art
und Weise, in welcher künstlich der Haß gegen Frankfurt
und seine Bevölkerung in die Reihen der preußischen Trup=
pen getragen war, eine Stelle aus dem im Laufe dieser
Schilderung mehrfach citirten Werk des preuß. Hauptmanns
Emil Knorr: „Der Feldzug von 1866 in West= und Süd=
deutschland" wiedergegeben werden, wobei zu berücksichtigen
ist, daß das Buch längst nach 1866 (im Jahr 1869) er=
schien, also den Beweis dafür liefert, wie unausrottbar selbst
in den Köpfen der intelligentesten Offiziere die Vorstellung
lebte, daß die Mißhandlung Frankfurts nur ein Act wohl=
verdienter Vergeltung für dessen angeblich begangene
Verbrechen sei. Die fragliche Stelle (Bd. II, Seite 372)
lautet: „An keinem anderen Orte des Preußen gegnerisch
gesinnten Deutschlands sind zu jener beklagenswerthen Zeit
gehässigere Provocationen und brüskere Beschimpfungen des
preuß. Nationalgefühls an der Tagesordnung gewesen, als
in Frankfurt, nirgendwo anders sind die in ihrer Eigen=
schaft als Bundesorgane abziehenden preuß. Truppen und
Beamten in unwürdigerer Weise verunglimpft, verleumdet,
ja **beschimpft** worden, als in Frankfurt. Daß einst die
Zeit der Abrechnung kommen könne, daran scheint
man zu jener Zeit freilich nicht gedacht zu haben."

Ja, die Zeit der „Abrechnung" für niemals be=
gangene Verbrechen war gekommen, und wir werden in den
folgenden Abschnitten sehen, bis zu welch' beispielloser Härte
sich diese „Abrechnung" steigerte.

VI.

Die Kriegscontributionen.

„Dies hat ein mörderisch' Gewicht
Ich heb' es nicht, ich trag' es nicht."

Goethe.

Wir haben in den beiden vorigen Abschnitten die Bedrückungen geschildert, denen die Bürgerschaft in Folge der Einquartierung und Verpflegung der preuß. Occupations= truppen ausgesetzt war und würden jetzt zu der Geschichte der beiden Kriegscontributionen von 6, resp. 25 Mil= lionen Gulden übergehen können. Die Vollständigkeit dieser Darstellung erheischt jedoch, daß wir zuvor über eine Reihe anderer Vorkömmnisse berichten, welche mit der Occupation Frankfurts in Verbindung standen und den Contributions= maßregeln theils voraus=, theils zur Seite gingen. Zunächst das folgende Schreiben des älteren Bürgermeisters Fellner an den Präsidenten der gesetzgebenden Versammlung, Dr. Jung, welches zwar vom 17. Juli datirt war, aber erst

am 23. Juli zur Kenntniß der Mitglieder des gesetzgeben=
den Körpers gelangte:

„Der Senat theilt dem Herrn Präsidenten der
gesetzgebenden Versammlung das Nachfolgende mit:
Nachdem gestern die Stadt durch königlich preußische
Truppen besetzt worden war, wurden heute zwei Mit=
glieder des Senats, nämlich der ältere Bürgermeister
Senator Fellner und Senator und Syndikus Dr.
Müller, zu dem Commandirenden des hier und in
der Umgegend stehenden königl. preußischen Armeecorps
beschieden und erhielten von demselben die Eröffnung,
daß der Senat und die beiden anderen Körperschaften
aufgelöst und außer Thätigkeit gesetzt seien, daß die
Regierungsgewalt nunmehr bei dem Militärcommando
stehe, und daß von diesem die beiden vorbenannten
Mitglieder des Senats aufgefordert wurden, das Mi=
nisterium der Vermittlung zwischen ihm und der Stadt
Frankfurt zu übernehmen. Der Senat, nachdem er
von diesem Vorgange Kenntniß erhalten, hat die beiden
Herren aus seiner Mitte ersucht, das angesonnene
Amt im Interesse des Gemeinwesens zu übernehmen
und es ist ihm gelungen, lebhaftes Bedenken und
Widerstreben endlich zu beseitigen. Der Senat ver=
tröstet sich, daß der trüben Zeit bald eine bessere,
glücklichere folgen werde und schließt in diesem Ver=
trauen zeitweise seine Thätigkeit mit der gegenwärtigen
Mittheilung.“

In Bezug hierauf erschienen am 18. Juli folgende
zwei Bekanntmachungen:

„Die Unterzeichneten geben hiermit sämmtlichen
Gerichts= und Verwaltungsstellen davon Kenntniß, daß

sie von dem königl. preuß. commandirenden General
der Main-Armee Herrn General der Infanterie Freiherrn Vogel von Falckenstein, nach Auflösung der oberen
Staatsbehörden, zu Bevollmächtigten für die Regierung der Stadt Frankfurt ernannt worden sind.
Sämmtliche Berichte sind fortan an
„die Regierung der Stadt Frankfurt"
zu richten und bei der Stadt-Kanzlei in bisheriger
Form einzureichen.
Frankfurt a. M., den 18. Juli 1866.
(gez.) Fellner.   (gez.) Müller."
„Aus Auftrag der von dem königlich preußischen
commandirenden General der Main-Armee Herrn
General der Infanterie Freiherrn Vogel von Falckenstein, Excellenz, zu Bevollmächtigten für die Regierung
der Stadt Frankfurt ernannten Herren Bürgermeister
Senator Fellner und Senator und Synd. Dr. Müller
wird hiermit zur öffentlichen Kenntniß gebracht, daß
sämmtliche Vorstellungen in städtischen Angelegenheiten
fernerhin an
„die Regierung der Stadt Frankfurt"
zu richten und bei unterzeichneter Stelle in der bisher üblichen Form einzureichen sind.
Frankfurt a. M., den 18. Juli 1866.
Stadt-Kanzlei."
Rücksichtlich der periodischen Presse bestimmte ein
Erlaß des Generals v. Falckenstein vom 18. Juli, daß fernerhin nur folgende Blätter in Frankfurt erscheinen dürften:
1. Frankfurter Journal (in welchem zugleich alle offiziellen
Bekanntmachungen des Armee-Commando's publizirt werden
sollten), 2. Börsenzeitung, 3. Intelligenzblatt der Stadt

16

Frankfurt, nebst Amtsblatt, 4. Frankfurter Anzeiger, 5.
Actionär, 6. Theaterbilder, 7. Le Chroniqueur, 8. Cours=
blatt, 9. Badezeitung, 10. Christlicher Hausfreund, 11.
Pferdemarktszeitung, 12. Stenographische Zeitung (ohne
stenographische Chiffern), 13. Musikzeitung. — Alle übrigen
Zeitungen blieben unterdrückt. Mit der Beaufsichtigung des
Zeitungswesens befaßte sich in den ersten Tagen nach dem
16. Juli ein Offizier vom Generalstab, Hauptmann Rü=
diger, welcher indeß bald die Hülfe eines Mitgliedes des
Polizeiamtes (soviel wir uns erinnern, des Herrn Polizei=
raths Dr. Speyer) hierzu requirirte. Ein charakteristisches
Intermezzo bildete die Beseitigung aller an die „freie"
Stadt Frankfurt erinnernden Worte und Zeichen. Das
Intelligenzblatt vom 19. Juli erschien z. B. noch mit dem
Titel: „Intelligenzblatt der freien Stadt Frankfurt"; am
folgenden Tage war das Epithethon „frei" hinweggeschafft,
aber man hatte übersehen, daß seitwärts von dem Titel
noch der folgende, an die freireichsstädtische Zeit erinnernde
Stempel prangte:

und auch dieses Zeichen einer fortan verpönten Vergangen=
heit mußte hinweggeschafft werden.*) Diese Maßregel deutet,

*) Ein Seitenstück zu dieser Unduldsamkeit bietet heute, nach
Ablauf von zehn Jahren, die wunderfame Censurlücke an der Aufschrift
des früheren Gebäudes „zur Harmonie" in der großen Bockenheimer=
gasse, dem Herrn Ed. Fay gehörig!

Anm. des Verf.

ebenso wie eine später mitzutheilende Aeußerung, welche Bürgermeister Dr. Müller vor dem General Manteuffel im englischen Hof machte, darauf hin, daß die Annexion Frankfurts an die preußische Monarchie schon damals eine beschlossene Sache war, gleichwie längst vor der Occupation höhere preußische Offiziere in Wetzlar und der Rheinprovinz den Betrag der Frankfurt aufzuerlegenden Contributionen anzugeben wußten!

Vom 17. Juli datirt ferner folgende Bekanntmachung: „Mit Hinweis auf meine Bekanntmachung vom 16. dieses Monats, der zufolge ich zur Zeit die Stadt Frankfurt mit deren Gebiet, sowie über die von mir occupirten Landestheile des Königreichs Bayern und des Großherzogthums Hessen übernommen — bestimme ich hiermit, daß mit dem heutigen Tage gegen sämmtliche Einwohner der genannten Landestheile, sowie gegen alle sich in denselben aufhaltenden Fremden, welche den preußischen Truppen durch eine verrätherische Handlung Gefahr oder Nachtheil bereiten, der in den preußischen Gesetzen vorgesehene außerordentliche Militärgerichtsstand in Kriegszeiten in Kraft tritt.

Hauptquartier Frankfurt a. M., 17. Juli 1866.

Der commandirende General der Main-Armee.

von Falckenstein."

Es mögen nun die drei ersten Actenstücke, welche sich auf die Contributionen in Geld- und Naturalleistungen beziehen (mit Ausschluß jedoch der besonders zu behandelnden Affaire der Manteuffel'schen Contributionsforderung von 25 Millionen Gulden) hier folgen:

16*

Obercommando der Main-Armee.

Frankfurt a. M., den 18. Juli 1866.

An die Herren Senator Fellner und Müller
Hochwohlgeboren hierselbst.

Da die Armeen im Kriege angewiesen sind, sich
ihren Unterhalt in Feindesland zu sichern, so bestimme
ich, daß für die mir untergebene Main-Armee die
Stadt Frankfurt Folgendes zu liefern hat:

1. Dieselbe hat für jeden Soldaten meiner Armee
ein Paar Stiefel nach der zu gebenden Probe zu ver-
abreichen.

2. Zur Ergänzung der bedeutenden Verluste an
guten Reitpferden hat die Stadt Frankfurt 300 gut
gerittene Reitpferde zu liefern.

3. Die Löhnung für die mir untergebene
Armee auf ein Jahr ist von der Stadt
Frankfurt disponibel zu stellen, um sofort
an die Feldkriegskasse abgeliefert zu werden.

4. Dagegen soll die Stadt Frankfurt mit Ausnahme von Cigarren, von jeder andern Natural-
Lieferung befreit sein, und werde ich auch die Ein-
quartierungslast auf das Nothwendigste beschränken.

5. Ueberbringer dieses, Feld-Intendant Großmann, ist von mir beauftragt, sich über die Ausführung der vorstehenden Punkte mit Ew. Hochwohlgeboren des Näheren zu benehmen.

Der Oberbefehlshaber der Main-Armee.

(gez.) von Falckenstein,
General der Infanterie.

„Auf Befehl Seiner Excellenz des Königl. preußischen
commandirenden Generals der Main-Armee, Herrn

General der Infanterie, Freiherrn von Falckenstein, sind Morgen früh den 20. b. M., von 7½ Uhr ab sämmtliche Luxus=, Reit= und Wagenpferde des hiesigen Stadtbezirks auf dem hiesigen Exerzierplatz (Grindbunnenwiese) zur Musterung vorzuführen und werden deren Besitzer aufgefordert, bei Meidung einer Geldstrafe von 100 Thlr. für jedes einzelne nicht gestellte Pferd, diesem Befehl unweigerlich nachzukommen.

Frankfurt a. M., den 19. Juli 1866.

Die Regierungsbevollmächtigten:

Fellner. Müller."

„Zur Sicherstellung der Verpflegung für bivouakirende preußische Truppen ist auf Befehl Seiner Excellenz des Herrn Oberbefehlshabers der Main=Armee General=Lieutenant von Manteuffel sofort ein Magazin hier anzulegen und in folgender Weise zu dotiren:

15,000 Brode zu 5 Pfd. 18 Loth.

1450	Centner	Schiffszwieback,
600	„	Rindfleisch in lebenden Häuten,
800	„	geräucherten Speck,
450	„	Reis,
140	„	Kaffee,
100	„	Salz,
5000	„	Hafer.

Der dritte Theil dieser Quantitäten muß bis zum 21. früh, das zweite Drittel bis 21. Abends und der Rest bis 22. Juli in geeigneten Localen zu unserer Disposition niedergelegt sein.

Sämmtliche voraufgeführte Bestände, zu deren Verwaltung geeignete Personen zu bestimmen, sind eisern zu unterhalten, Ausgaben davon mithin sofort wieder zu ergänzen!

Frankfurt a. M., den 20. Juli 1866.

Feld-Intendantur der Main-Armee:

(gez.) Kosinsky."

Ehe wir über die thatsächliche Ausführung dieser exor-bitanten und nirgends sonstwo während des ganzen Krieges in gleichem Maße vorgekommenen Kriegsauflagen berichten, wird eine Erörterung der Frage wohl am Platze sein: mit welchem Rechte der Stadt Frankfurt diese ungeheuren Con-tributionen auferlegt wurden?

Zunächst die Frage: Befand sich die freie Stadt Frank-furt mit Preußen im Krieg, hat sie sich bis zum Datum der Occupation irgend eine im völkerrechtlichen Sinne „feindliche" Handlung gegen Preußen zu Schulden kommen lassen, oder ist ihr der Krieg von diesem Staate erklärt worden?

Man hat zur Begründung der Behauptung, daß Frank-furt bei Ausbruch der Katastrophe in die Reihe der „krieg-führenden" Staaten getreten sei, von einigen Seiten auf die Abstimmung des Frankfurter Gesandten in der Bundes-tagssitzung vom 14. Juni (österreichischer Mobilisirungs-antrag) hingewiesen. Aber Frankfurt hatte diesem öster-reichischen Antrag, welcher seinem Wesen nach überhaupt nicht zum Beschluß erhoben wurde, keineswegs zugestimmt, sondern nur dem bayrischen Antrag, welcher auf eine bewaffnete Neutralität des Bundes während des Krie-ges zwischen Oesterreich und Preußen hinauslief, damit die Bundesgewalt in der Lage sei, „etwaigen Störungen des Bundesfriedens gegenüber die ihr obliegenden Verpflich-tungen zu erfüllen." Das schlagendste Zeugniß dafür, daß

durch jene Abstimmung des Frankfurtischen Gesandten am
Bundestage das zwischen Preußen und der freien Stadt
Frankfurt bestandene friedliche Verhältniß in keiner Weise
alterirt wurde, liefert indessen der königlich preußische Staats=
Anzeiger durch die am 19. Juni 1866 gebrachte amtliche
Note (vergleiche den Seite 107 mitgetheilten Wortlaut), wo=
nach „Preußen mit der freien Stadt Frankfurt in
Frieden lebte."

Mit der Behauptung, daß Frankfurt am 14. Juni 1866
sich zu einer der kriegführenden Parteien geschlagen habe,
ist es also nichts; die königlich preußische Regierung selbst
hat das Gegentheil bezeugt. Aber auch der vielberufene
„Act der Gewalt", welcher durch die Schließung des preu=
ßischen Telegraphenbureau's in Frankfurt begangen wurde,
änderte nichts an dem Friedensverhältniß zwischen Preußen
und der freien Stadt, wie dies am besten daraus hervor=
geht, daß in der obigen Note des Staatsanzeigers und in
der ihr zu Grunde liegenden Staatsschrift des Grafen Bis=
marck auch nicht der geringste Vorwurf gegen die
Regierung oder die Bevölkerung von Frankfurt aus
jenem Anlasse erhoben worden ist. Später haben
Schutzredner Preußens diesem Mangel durch die Behaup=
tung abzuhelfen gesucht, der Frankfurter Senat hätte wenig=
stens gegen den auf dem Gebiete der freien Stadt vorge=
kommenen „Völkerrechtsbruch" protestiren müssen; da er
es nicht gethan, habe er sich und die Stadt zu Mitschul=
digen Bayerns gemacht. Auch diese als Rechtfertigung der
späteren maßlosen Bedrückungen Frankfurts an und für sich
kindische Argumentation wird durch den Schlußsatz der obigen
Erklärung des preußischen Staatsanzeigers hinfällig gemacht,
wonach zur kritischen Zeit „Oesterreich die politische

wie militärische Dictatur in Frankfurt ausübte." Setzt man an Stelle Oesterreichs die Bundesgewalt, so ist dieser Satz vollkommen richtig, denn die Stadt Frankfurt war seit dem 16. Juni bis zum Tage der Occupation durch die preußische Main-Armee ununterbrochen in der militärischen Gewalt der mit Preußen im Kriege befindlichen Staaten, mußte also auch geschehen lassen, was diese zum Zwecke der Kriegführung zu thun für gut fanden, ohne den Senat darum zu befragen. Was aber jenen an den Haaren herbeigezogenen Vorwurf vollends hinfällig macht, ist die Thatsache, daß die Localitäten des preußischen Telegraphenbureaus nach dem Grundsatze der sogen. Exterritorialität thatsächlich und rechtlich der Regierungsgewalt der freien Stadt Frankfurt entrückt waren, daß also der Senat bezüglich des dort durch bayerische Truppen vorgenommenen „Gewaltactes" völkerrechtlich nicht das Mindeste zu sagen hatte. Also auch an diesen Punkt läßt sich auch nicht entfernt ein plausibler Kriegsvorwand knüpfen.

Von dem „Militärcontingent" der freien Stadt, bestehend aus einem Bataillon Infanterie, war auch nicht ein einziger Mann „mobil" gemacht worden und zu den kriegführenden Bundestruppen entsandt. Aber der Senat hatte — wie von den Vertheidigern des preußischen Vorgehens in Frankfurt mit tragikomischer Wichtigthuerei hervorgehoben wird — in Folge Bundesbeschlusses einen Gesetzentwurf über die Errichtung einer Bürgerwehr ausgearbeitet und dadurch angeblich bewiesen, daß es ihm nicht blos um Aufrechterhaltung der inneren Ordnung, sondern um die Theilnahme am Kriege gegen Preußen zu thun war! Die absolute Lächerlichkeit dieses Argumentes geht schon daraus hervor, daß an jener Bürgerwehr, wenn sie jemals

in's Leben getreten wäre, alle Bürger bis zum sechszigsten
Lebensjahre hinauf theilnehmen sollten, die man doch ganz
gewiß nicht mit Spieß und Kuhfuß bewaffnet gegen die
preußischen Truppen hätte senden können! Aber ganz ab=
gesehen hiervon war jener Gesetzentwurf nichts als ein
werthloser Wisch Papier, über den nicht einmal eine Be=
rathung im Gesetzg. Körper stattgefunden hatte — er beweist
also wiederum nichts gegen Frankfurt und noch weniger
etwas zu Gunsten Preußens.

Die sogenannten „Beschimpfungen" und „Mißhand=
lungen" preußischer Truppen und Beamten, welche in Frank=
furt stattgefunden haben sollten, waren aus der Luft
gegriffene Lügen, wovon man sich durch Anstellung einer
ordnungsmäßigen Untersuchung leicht hätte überzeugen können;
so lange man es nicht einmal der Mühe werth hielt, dies
zu thun, konnte gewiß am Allerwenigsten hieraus ein
Kriegsvorwand abgeleitet werden.

Bleibt die allerdings unleugbare „preußenfeindliche"
Gesinnung der Frankfurter Bevölkerung. Diese bildete, wie
die meisten Veröffentlichungen aus jener Periode zeigen,
das eigentliche und schwerste Verbrechen Frankfurts. Der
unparteiische Geschichtsschreiber wird darüber urtheilen, ob
in jener leidenschaftlich erregten Zeit und nachdem die
k. preußische Regierung schon im October 1865
mit unverhüllten Drohungen gegen die Selbstän=
bigkeit des Frankfurtischen Staatswesens hervor=
getreten war*), eine andere als „preußenfeindliche" Ge=
sinnung hier in Frankfurt möglich gewesen wäre, sofern
man nur den Satz zuläßt, daß Menschen immer Menschen

---

*) Vergl. die Schilderung der Drohnotenaffaire.

bleiben und durch menschliche Interessen und Impulse beherrscht werden. Ein Kriegsvorwand aber konnte hieraus
nimmermehr abgeleitet werden und noch weniger das Recht
zur Auflegung ungeheurer Kriegscontributionen. In einem
Privatschreiben eines deutschen Gelehrten vom 6. August 1866
wird über diesen Punkt Folgendes gesagt: „Es giebt Viele,
die da meinen, wenn das Prinzip Geltung gewinne, miß-
liebige politische Meinungen mit Millionen zu belegen, dies
eine sehr ergiebige Finanzquelle für den werden
möchte, der die Macht hätte, sie einzutreiben. Anleihen und die Verlegenheit, sich dieselbe von den Ständen
bewilligen zu lassen, ersparte man sich dann. . . . . Welches
Glück, mit solchem Völkerrecht Finanzminister in einem mächtigen Staate zu sein!" — Anders freilich dachte man zu
jener Zeit in Preußen. Die „Kölnische Zeitung" z. B. sagte
nach einer Schilderung des „preußenfeindlichen" Treibens
der Frankfurter periodischen Presse Folgendes: „Diese Frankfurter Politik war nicht nur die Ausgeburt eines blinden
Fanatismus, sondern ebenso das Product einer jüdischen
Speculation. Frankfurt hoffte durch die Unschädlichmachung
Preußens sich mehr und mehr zur politischen Hauptstadt
Deutschlands aufzuschwingen und die Monopolisirung des
Geldverkehrs, die es gegen den Süden seit langer Zeit ge-
übt, auch auf den Norden auszudehnen. Ein solches
Treiben hat eine exemplarische Züchtigung im voll-
sten Maße verdient."

Also selbst angebliche „Hoffnungen", über deren Vorhandensein oder Nichtvorhandensein unmöglich irgend etwas
festgestellt werden konnte, sollten nach den in Preußen zu
jener Zeit herrschenden Auffassungen genügen, um eine
„exemplarische Züchtigung" Frankfurts zu rechtfertigen!

Welche Perspective müßten derartige Auslegungen des Völ=
kerrechts für das Verhältniß der Staaten und Völker unter=
einander bieten, wenn sie jemals von anderen Nationen nach=
geahmt werden sollten!

Wir haben aber auch aus dem Jahr 1866 selbst ein
interessantes Zeugniß dafür, welche Grenzen selbst nach der
Auffassung hochstehender preußischer Offiziere das „Kriegs=
recht" — vorausgesetzt überhaupt, daß es gegen Frankfurt
anwendbar gewesen wäre — den Commandirenden der Main=
armee bei ihren Forderungen und Requisitionen hätte ziehen
müssen. Die „Mainzer Zeitung" vom 5. Juli berichtete
nämlich: „Von Seiten des früheren Gouverneurs hiesiger
Bundesfestung und jetzigen Gouverneurs von Coblenz und
Ehrenbreitstein, Prinzen von Schleswig=Holstein, ist ein
Schreiben hier eingetroffen, worin der General sein Be=
dauern ausspricht, daß über das Benehmen der Preußen
bei ihren Kriegszügen falsche Nachrichten verbreitet würden.
Es werde die strengste Mannszucht gehalten und das Pri=
vateigenthum überall geschont. Das Kriegsrecht werde auf
das Genaueste beobachtet, und deßhalb nehmen die preu=
ßischen Armeen nur Staatseigenthum in Beschlag. Auch daß
sie, sobald sie die Grenze überschritten, i h r e n U n t e r h a l t
a u f K o s t e n d e s f r e m d e n S t a a t e s forderten, ent=
spreche dem Kriegsgebrauch. Was sie von Privaten for=
derten, werde bezahlt; was anders berichtet werde, sei er=
logen.*) Einzelne Ausschreitungen seien natürlich nicht zu

---

*) In Frankfurt wurde zwar auch bezahlt, aber — nur mit
„Bons" auf die Stadtkasse, von denen Niemand wissen konnte, ob sie
jemals eingelöst würden! Und eine Frau auf der Zeil, Inhaberin
eines Cigarrengeschäftes, welche eine geforderte Quantität Cigarren nur
gegen Baarzahlung und nicht gegen einen solchen zweifelhaften „Bon"
abgeben wollte, wurde in ihrem eigenen Laden von dem betreffenden
Unteroffizier mißhandelt und geschlagen! Anm. des Verf.

verhüten, sollen aber in jedem Fall bestraft werden. Der einzige Exceß, welchen die Preußen in Bingen verübt, die Verwüstungen auf dem Bahnhof, hätten dem betreffenden Offizier einen so energischen Verweis zugezogen, daß man diesem (Verweis) den Selbstmord des Offiziers zuschreibe."

Wieviel Selbstmorde hätten wohl hier in Frankfurt in den Julitagen 1866 unter den Truppen der Mainarmee vorkommen müssen, wenn für jeden begangenen Exceß ein ebenso „energischer Verweis" mit gleicher moralischer Wirkung ertheilt worden wäre? Freilich konnten solche „Verweise" nicht ertheilt werden, denn das Obercommando erhielt ja keine Kenntniß von stattgefundenen Ausschreitungen; die Bürger wenigstens machten keine Anzeige hiervon. „Frankfurt ist mehr als verdutzt, es ist durch Ueberraschung und Staunen versteinert", schrieb ein die Julitage schildernder Zeitgenosse und preußische Militärschriftsteller haben diesen Satz als die wirksamste Kennzeichnung des Eindruckes, welchen die preußische Occupation in Frankfurt machte, in ihre Darstellung aufgenommen. (Siehe Emil Knorr, Feldzug des Jahres 1866, Bd. II, S. 372.) Aber das Kriegsrecht, wie es der preußische Gouverneur Prinz Schleswig-Holstein in seinem oben angeführten Schreiben definirt, hätte doch General Falckenstein, um mit den Worten des Ersteren zu reden, „auf das Genaueste beobachten sollen". Er wahrt auch die Formen desselben, indem er seine Contributionsforderung vom 18. Juli mit den Worten einleitet: „Da die Armeen im Kriege angewiesen sind, sich ihren Unterhalt in Feindesland zu sichern" — und fordert dann ungenirt außer „300 gut gerittenen Reitpferden" und sonstigen schönen Sachen (von den nachfolgenden ungeheuren Forderungen der Herren Kosinsky und

Manteuffel vorläufig ganz zu schweigen) die sofortige Vorausbezahlung einer Jahreslöhnung der Main= armee im Betrage von 5,547,008 Gulden 45 Kreu= zern! Kann dies noch, selbst unter der Voraussetzung, daß General Falckenstein sich über die muthmaßliche Dauer des Krieges keinerlei Urtheil hätte bilden können — und es war positiv das Gegentheil der Fall! — unter den Begriff einer nothwendigen Requisition für den „Unterhalt" der Armee gebracht werden? Kein Mensch wird dies zu behaupten wagen, denn wie der Krieg mit seinen schrecklichen Regeln ein nur auf die Dauer der Feindseligkeiten beschränktes Uebel sein soll, so kann auch unter dem „Unterhalt" der Armee nur das verstanden werden, was die Gegenwart gebie= terisch erheischt; mit anderen Worten, das „Kriegsrecht" ge= stattete dem General Falckenstein, die Stadt Frankfurt zum „Unterhalt" der Truppen der Mainarmee anzuhalten, inso= weit und solange sie auf Frankfurtischem Boden standen; Alles was darüber hinausging, stand nicht mehr im „Kriegs= recht" und im „Kriegsgebrauche" der modernen Staaten, sondern in einem ganz anderen Coder!

Die königlich preußische Kriegskasse der Mainarmee bezeigte bei Einhebung der „Jahreslöhnung der Mainarmee" im Betrage von 5,747,008 Gulden 45 Kreuzer eine ganz außerordentliche Geschäftsvorsicht und Genauigkeit, welche in gar wunderlichem Contraste zu der kriegsmäßigen Noncha= lance oder „Eleganz" (um uns eines geflügelten Wortes des Grafen Eulenburg zu bedienen) stand, womit diese Contri= bution der occupirten Stadt auferlegt und von deren völlig mandatlosen „Vertretern" — den Herren Müller und Fell= ner — acceptirt worden war. Beide „Bevollmächtigte des Generals Falckenstein" (denn etwas Anderes waren

sie nach der gewaltsamen Beseitigung der gesetzlichen Re=
gierungsorgane der freien Stadt doch sicherlich nicht) hatten
kein Bedenken getragen, Namens der Stadt die Zahlung der
auferlegten Contribution ohne Weiteres zu versprechen und
fanden auch merkwürdigerweise das Directorium der Frank=
furter Bank sofort bereit, jene colossale Summe gegen einen
vom Rechneiamt ausgestellten Schuldschein, dessen rechtliche
Gültigkeit unter den bestehenden Verhältnissen sehr hätte in
Frage kommen können, der Stadtkasse behufs der Contri=
butionszahlung vorzuschießen. So weit ging unter dem
Drucke der ungeheuren Furcht und Beklemmung, die sich
aller Gemüther bemächtigt hatte, die Sache außerordentlich
leicht und formlos von Statten; nur auf Seiten der königs=
lich preußischen Militärbehörden setzte man jene berühmte
Geschäftsvorsicht auch nicht einen Moment außer Augen,
welche namentlich in Geldsachen nun einmal eine hervor=
stechende Seite der preußischen Zucht und Ordnung bildet.
Frankfurter Banknoten waren bei der Contributions=
zahlung unbedingt ausgeschlossen — wahrscheinlich erschien
den Militärbefehlshabern die Creditwürdigkeit der Bank durch
die neuesten Ereignisse etwas in Frage gestellt zu sein! —
desgleichen aber auch merkwürdigerweise Kassenanweisungen
des preußischen Staates, welche in jener Zeit „unter
pari“ standen, endlich auch jede Art von Goldmünzen: nur
in gutem hartem Silber sollte die Contribution abgetra=
gen werden und die Bank hatte glücklicherweise genügenden
Vorrath davon. Aber auf Seiten der Beamten der Kriegs=
kasse mußte man Gewicht und Volumen einer Summe von
5,747,008 Gulden in Silber sehr erheblich unterschätzt haben,
denn zu der bestimmten Stunde am Donnerstag den 19. Juli
erschien vor dem Bankgebäude in der Münzgasse ein Picke

Solbaten mit einer Anzahl Karren, auf welche, wie sich bald herausstellte, die Silbermasse von 155,000 Pfund = 1550 Centner unmöglich verladen werden konnte. Es bedurfte dazu ganz anderer Veranstaltungen und schließlich brachten am Abend jenes Tages acht Eisenbahn-Waggons die „Jahreslöhnung der Mainarmee" nach Berlin — der beste Beweis dafür, daß es sich nicht um eine Leistung zum augenblicklichen „Unterhalt der Armee im Kriege", sondern schlecht und recht um eine Contribution oder Brandschatzung (lytrum incendarium) handelte! Am folgenden Tage (noch vor Erscheinen der Kosinsky'schen Naturalienforderung und des famosen Manteuffel'schen Contributionsbefehles) wurden die „300 gut gerittenen Reitpferde" aus den auf der Grindbrunnenwiese vorgeführten Luxus-, Reit- und Wagenpferden in der Art ausgewählt, daß die militärischerseits festgesetzte Abschätzungssumme für jedes einzelne Pferd mittelst der gebräuchlichen „Bons" auf die Stadtkasse angewiesen wurde, wobei es sich jedoch herausstellte, daß die königlich preußische Mainarmee nicht blos Bedarf für Zug- und Reitpferde, sondern auch für Pony's hatte, welche bisher nur ein passendes Spielzeug für Damen gewesen waren. Die Familie eines reichen Bankiers soll für ein ihr sehr werth gewordenes Gespann Pony's, das ebenfalls unter die „brauchbar befundenen" Pferde kam, den dreifachen Preis der Abschätzungssumme geboten haben, um die Thiere wieder einzulösen, jedoch vergeblich. Später sah man Infanteriesolbaten diese Pony's, sowie andere requirirte Pferde in den Straßen der Stadt spazieren reiten — wahrscheinlich, weil sie noch nicht hinlänglich „gut geritten" waren. Was die Stiefeln für sämmtliche Soldaten der Main-Armee und die sonstigen

Naturalleistungen betrifft, so verausgabte dafür die Stadt=
kasse ausweislich des Protokolles der am 23. Juli wegen der
Manteuffel'schen Contributionsforderung einberufenen gesetz=
gebenden Versammlung nicht weniger als zwei Millionen
Gulden. Hiervon sind zwar bei der im Jahr 1867 er=
folgten Vermögens=Auseinandersetzung zwischen Preußen und
„der ehemaligen freien Stadt Frankfurt" 1,200,000 Gulden
durch Uebernahme des städtischen Nothstandsanlehens vom
August 1866 wieder ersetzt worden, allein gleichzeitig wurde
eine alte Schuld des Staates Baden an Frankfurt, welche
die Karlsruher Regierung gerade zu jener Zeit abtrug —
— 1,650,000 Gulden Vorschuß bei Erbauung der Main=
Neckarbahn — für preußisches Staatseigenthum erklärt und
somit daraus eigentlich jener Ersatz geleistet. Will man
aber auch gänzlich hiervon absehen, so restiren heute noch
von den Kosten jener Naturalleistungen 800,000 Gulden,
wie sich durch ein einfaches Rechenexempel (2 Millionen
minus 1,200,000 Gulden) ergibt.

Wir kommen nun zu der „Aera Manteuffel" in Frank=
furt, welche am 20. Juli nach der Abberufung des Gene=
rals v. Falckenstein nach Böhmen begann. Sie wurde mit
folgender, auf einen Briefbogen geschriebenen Ankündigung
eingeleitet:

„An die Regierungsbevollmächtigten Herren Fellner und
Dr. Müller, Hochwohlgeboren, hierselbst.

Ew. Hochwohlgeboren werden hierdurch aufgefordert, zu veran=
lassen, daß eine Kriegscontribution von 25 Millionen Gulden binnen
24 Stunden an die Feldkriegskasse der Main-Armee hier bezahlt wird.

Hauptquartier Frankfurt a. M., den 20. Juli 1866.

Der Oberbefehlshaber der Main-Armee
(gez.) Manteuffel."

Mit dieser weit über die Grenzen Deutschlands hinaus berühmt gewordenen Contributionsforderung wurde wohl die düsterste Epoche der tausendjährigen Geschichte Frank= furts eingeleitet. Ehe wir unsererseits darüber berichten, mag eine vom General Manteuffel selbst verfaßte Denkschrift über die Angelegenheit, in der er sich auf die in der Presse ganz Europa's und später auch im preußischen Landtage ihm gemachten Vorwürfe zu rechtfertigen sucht, hier ihren Platz finden. Sie ist als urkundlicher Anhang dem schon öfters von uns citirten Werk des preußischen Hauptmanns Emil Knorr: „Der Feldzug des Jahres 1866 in West= und Süddeutschland" beigefügt und außerdem fast wörtlich auch in den Text dieses Buches (vergl. Bd. III, Seite 30 und folgend) übernommen. Da dieses militärwissenschaftliche Werk, wie auf der Titelseite zu lesen, „nach authenti= tischen Quellen" bearbeitet und von dem Verfasser „in tiefster Ehrfurcht und dankbarer Ergebenheit" dem Freiherrn v. Manteuffel gewidmet ist, so kann in Verbindung mit dem Inhalte der Denkschrift selbst sicherlich kein Zweifel darüber bestehen, daß wir hier die eigenen Aufzeichnungen des Generals über den Gegenstand vor uns haben. Sie lauten wie folgt:

„Frankfurter Contributionsgeschichte."

Wenig Begebenheiten haben so viel Aufsehen erregt, als die Frankfurter Contributions-Ausschreibung. Und doch ist die Sache ein= fach und zwar ganz in den Verhältnissen geboten. Ihr Verlauf aber ist ein Beweis, wie unerfahren die preußischen Generale in solchen Dingen und wie gewandt die Frankfurter Herren dagegen waren, um die Zahlung hinzuhalten.

Der Grund zu all' den Gerüchten und Uebertreibungen aber, die durch die Presse verbreitet worden sind, und an die viele rechtliche Leute, und nicht nur in Frankfurt, noch heute glauben, liegt einfach mit darin,

17

daß General Manteuffel zu rücksichtsvoll, und daß die Herren, die in Frankfurt mit ihm verhandelten, nicht offen gegen ihn waren, den Kopf dann vollständig verloren, mit sich selbst in Widerspruch geriethen, und nur in dem instinctartigen Gefühl, sich über ihr eigenes Gebahren rechtfertigen zu müssen, in der Schilderung der Verhältnisse vielleicht unbewußt Uebertreibungen eintreten ließen.

General Manteuffel, unter dessen Namen die Contribution ausgeschrieben war, hat weder den Preßangriffen gegenüber, noch als in den Verhandlungen des preußischen Landtages die Sache zur Sprache kam und das Ministerium dazu schwieg, das Wort ergriffen. Anfangs, ebenso wie in Frankfurt selbst, als Baron Elwanger*) und eine Frankfurter Dame ihm von Plünderung sprachen, hielt er es für so unsinnig, daß man ihm zutraue, einer Geldcontribution wegen plündern zu lassen, und ebenso, daß man ihm zutraue, zu drohen, ohne die Absicht zu haben, die Drohung wahr zu machen, was nichts als eine geistige Folter gewesen sein würde, daß er keine Aufklärung gab, und später bekam die Sache fast eine politische Bedeutung, wo, da er nie über die Sache offiziell befragt worden ist, sein Schweigen Pflicht wurde. Er soll aber dem königlichen Generalstabe eine Relation über sein Verhalten bei der Sache eingereicht haben, aus der hervorgeht, einmal, daß der Befehl zur Ausschreibung der Contribution von 25 Millionen auf Allerhöchsten Befehl durch Minister Graf Bismarck gegeben worden, die Ausschreibung der Contribution daher nicht von ihm ausgegangen ist, und dann, daß er niemals mit Plündern und Brennen und Sengen gedroht hat, sondern daß hier wirklich Mißverständnisse vorliegen, die einmal ihre Entstehung in einer gewissen Gutmüthigkeit des Generals Manteuffel hatten, der den Herren Fellner und Müller seine Theilnahme gern zeigen und ihnen ihre schwierige Lage erleichtern wollte, dann aber in dem Kopfverlieren der beiden Herren, die in ihren Erzählungen an die Kaufmannschaft Unrichtiges gesagt haben mußten, und in den Verhältnissen, bei denen, da das Gerücht von der Drohung der Plünderung einmal verbreitet war, General Manteuffel ihm wirklich nicht mehr widersprechen durfte, ohne die Gefahr zu laufen, daß dies als Concession angesehen werde und die Populace**) aufrege, und so seine Operationen gefährde.

---

*) Dieser Schreibfehler kehrt consequent in der vorliegenden Denkschrift an jeder Stelle wieder, wo der Name des Herrn v. Erlanger genannt wird.
**) Französischer Ausdruck für „Pöbel!"

Die Rücksichtnahme, welche das Schweigen über diese Angelegenheit früher bedingten, liegen, nachdem dieselbe in Frankfurt vor Gericht verhandelt worden ist, nicht mehr vor. Die Geschichte hat außerdem ihr Recht und dieses bedingt, daß hier, wo preußische Generale falschen Angriffen ausgesetzt gewesen sind, Aufklärung erfolgt und näher auf die Sache eingegangen wird.

Unter Frankreichs Vermittelung waren in Böhmen Verhandlungen über Friedens-Präliminarien im Gange, als die Nachricht im großen Hauptquartier eintraf, daß General v. Falckenstein Frankfurt a. M. eingenommen habe. Der Abschluß der Präliminarien war wahrscheinlich; die Fortsetzung des Krieges und ein bewaffnetes Einschreiten Frankreichs war aber noch nicht ausgeschlossen. Ist es da nicht natürlich, daß unter solchen Verhältnissen der leitende Minister daran denken mußte, sich für die Eventualität der Nothwendigkeit, den Krieg fortsetzen zu müssen, die Mittel hierzu zu sichern? Und was war Preußen wieder nöthiger als Geld! Die Einnahme Frankfurts bot die Gelegenheit, dies für jene Eventualität zu erhalten. Minister Graf Bismarck durfte diese Gelegenheit nicht vorübergehen lassen; er kannte die Verhältnisse ganz genau und wußte, daß Bankiers in der Stadt wohnten, für deren Credit die Zeichnung von 25 Millionen Gulden nichts zu hohes war. Ist es doch in allen Kriegen vorgekommen, daß, wenn an größere Städte Contributionen ausgeschrieben worden waren, einzelne Patrioten zusammentraten, um zur Schonung der Stadt und zur Ermöglichung einer geordneten Zahlung die Contribution auf ihren Namen zu nehmen. Nirgends aber war ein solches Verfahren leichter als in Frankfurt, wo ein Rothschild'sches Haus und so viele andere große Häuser bestanden. Kam es aber zum Friedensschluß und wurde, wie es nach dem Erfolge der preußischen Waffen vorauszusehen war, Frankfurt preußisch, so war es ja auch wieder natürlich, daß die ausgeschriebene Contribution erlassen oder der Stadt zurückgegeben wurde, denn dies erheischte, ganz abgesehen von der Gefühlsseite, das preußische Staats-Interesse selbst.

So faßte General Manteuffel die Motive zu dem Befehle zur Ausschreibung der Contribution auf.

Die näheren Details in der Sache sind die nachstehenden, die, wenn auch breit, doch zum vollen Verständniß der Sache ausführlich gegeben werden mußten.

General Manteuffel traf am 20. Juli Mittags in Frankfurt ein. Auf dem Wege vom Bahnhofe nach seinem Quartier meldete der Chef des Generalstabs ihm auch, es sei ein Telegramm des Grafen Bismarck eingegangen, nach welchem der König befehle, daß der Stadt Frankfurt eine Contribution von 25 Millionen Gulden auferlegt werden solle; General Falckenstein habe am vorhergehenden Tage, da er bereits des Commandos entbunden gewesen sei, keinen Befehl mehr geben wollen und die Sache sei noch zu erledigen. General Manteuffel fragte, ob der Befehl positiv und im Namen des Königs sei, und auf die bejahende Antwort befahl er, daß ihm das betreffende Schreiben vorgelegt werden solle. Kaum im Gasthofe angekommen, nahm General Manteuffel den Vortrag des Chefs des Generalstabes über die militärische Situation entgegen, gab seine Anordnungen, daß die Operationen sofort wieder aufgenommen werden sollten und entließ den Oberst mit dem speziellen Auftrage, sich bis zur Beendigung der Ausarbeitung der nöthigen Befehle um nichts zu kümmern, und das, was zu zeichnen wäre, ihm durch die anderen Herrn des Stabes vorlegen zu lassen. So kam es, daß der Chef des Generalstabes keinen weiteren Vortrag über die Sache hielt, und daß General Manteuffel auch die Herren vom Civil selbst sprach, anstatt sie an den Chef seines Stabes zu weisen. Es war zu wichtig, daß dieser die nächsten Stunden ganz ungestört blieb. Aber auch von dem Intendanten erhielt General Manteuffel keinen Vortrag über die Sache. Der bisher fungirt habende Intendant Großmann war jünger als der Intendant von Koschinsky, den General Manteuffel von Schleswig her in seinem Stabe hatte. Der Erstere war nach Berlin in's Kriegsministerium berufen, der Letztere hatte vom General Manteuffel den Auftrag erhalten, die Verpflegung der die Operationen wieder beginnenden Armee zu sichern und hatte hiermit vollauf zu thun. General Manteuffel erfuhr daher davon, daß General Falckenstein der Stadt Frankfurt zugesagt habe, daß sie mit Ausnahme von Cigarren von jeder andern Naturalleistung befreit sein solle, nichts. Ein Adjutant brachte ihm ein Schreiben, worin ausgesprochen war, daß Se. Majestät der König die Zahlung der Contribution befohlen habe. General Manteuffel wies dies Schreiben mit den Worten zurück: der Name des Königs dürfe in solche Odiosa nicht gemischt werden, der König könne Contributionen erlassen, aber nie solche ausschreiben. Müsse, wie es hier der Fall, eine Contribution ausgeschrieben werden, so sei es Pflicht des Generals, die Sache auf sich zu nehmen. Das Schreiben solle umgeschrieben und in ihm gesagt werden, daß General Manteuffel die Contribution anordnete. Den Termin der Zahlung ließ General Manteuffel, da er bereits beschlossen hatte, am andern Morgen die Operationen zu beginnen und die Angelegenheit gern bis dahin erledigen wollte, auf 24 Stunden festsetzen. Bald darauf erschienen der Bürgermeister Fellner und der Senator Müller. Diese beiden Herren waren, nachdem General von Falckenstein die legislativen Körperschaften der Stadt Frankfurt aufgelöst hatte, von diesem mit der Verwaltung der Stadt beauftragt worden. Sie versicherten, daß die Stadt unvermögend sei, eine solche Summe zu zahlen und baten, daß sie sich an Se. Majestät den König mit der Bitte um Erlaß der Contribution wenden, oder zu diesem Zweck eine Deputation an den Minister Graf Bismarck schicken dürften. General Manteuffel lehnte dies ab. Als beide Herren immer von der Armuth der Stadt und von der Unmöglichkeit, eine solche Summe zu erschwingen, sprachen, forderte General Manteuffel sie auf, ehrlich und offen mit ihm zu sein, dann wolle er gern Alles thun, um mit ihnen zu überlegen, wie die Maßregel am schonendsten und mit den möglichsten Erleichterungen für die Stadt auszuführen sei; er führte ihnen Beispiele aus der Geschichte an und erwähnte selbst Berlin aus den Zeiten des siebenjährigen Krieges, wie es so oft geschehen sei, daß einzelne Männer gut gesagt, die Zahlung übernommen und sich nachher mit der Stadt abgefunden haben. Herr Dr. Müller kam darauf zurück, daß in ganz Frankfurt nicht 25 Millionen Vermögen sei und versicherte mit den schönsten Worten, daß er von jeher preußisch gesinnt gewesen, und daß die geschichtliche Entwicklung die Einverleibung Frankfurts in Preußen mit sich bringe, es daher schon aus diesem Grunde, um die Stimmung hierfür zu gewinnen,*) geboten sei, die Contribution zu erlassen. General Manteuffel bat die Herren, alle politischen Combinationen aus dieser reinen Geschäftssache hinauszulassen und wiederholte seine Bitte, offen gegen ihn zu sein und durch ihren passiven Widerstand nicht Veranlassung zu geben, daß dem Kriege in seinem weiteren Verlaufe ein Charakter aufgedrückt werde, der dem Geiste des Jahrhunderts nicht entspräche, denn darauf könnten sie sich verlassen, daß, wenn

---

*) Also für die Einverleibung Frankfurts in Preußen!

General Manteuffel in seiner rücksichtsvollen Art die Zahlung der Contribution nicht erreichte, jeder General bei nächster ähnlicher Veranlassung ganz anders verfahren würde. Wäre es ein Napoleonischer Marschall, der die Contribution gefordert, das Geld würde in einer Stunde da sein. Das ist die einzige Quasi-Drohung, die General Manteuffel ausgesprochen hat.*) Hierauf gingen die Herren näher auf die Sache selbst ein und fragten, ob die 6 Millionen Gulden, die General Falckenstein bereits erhoben und gezahlt erhalten habe, von den 25 Millionen abgezogen werden könnten? Erst durch diese Frage wurde General Manteuffel davon unterrichtet, daß bereits eine Contribution von 6 Millionen Gulden erhoben worden sei. Er erwiderte, daß die Entscheidung hierüber ihm nicht zuständе, daß er aber sogleich hierüber beim Minister Grafen Bismarck anfragen werde und daß bejahenden Falles die 6 Millionen, selbst wenn vor Eingang der Antwort die vollen 25 Millionen bereits eingezahlt wären, wieder herausgezahlt werden sollten. General Manteuffel hat auch sofort an Minister Graf Bismarck in der Sache telegraphirt und der Erfolg ist gewesen, daß die Abrechnung der 6 Millionen bestimmt wurde. Hierauf fragten die Herren, ob, wenn die 25 Millionen gezahlt würden, General Manteuffel die Versicherung geben wolle, daß er keine neue Contribution ausschreibe. General Manteuffel erwiderte, daß er sich in kein Pactiren über etwas von ihm Befohlenes einlassen könne, und außerdem könne er im Kriege gar keine ähnliche Garantie übernehmen, denn er und jeder nach ihm commandirende General müßten für den Fall, daß ein höherer Befehl einginge, gehorchen. Die Herren baten nun um Aufschub, denn bis zum andern Tag sei die Contribution wirklich nicht möglich. General Manteuffel hätte, denn das Kriegsglück ist veränderlich, vor seinem Ausmarsche gern das Geld gehabt, (!) aber wie die Dinge standen, erklärte er sich bereit, die Einzahlung auf einige Tage hinauszuschieben, wenn die Herren die Anerkennung der Schuld schriftlich aussprechen wollten. Geschah dies, so war die ganze Sache erledigt, denn wenige Tage später bekamen die Friedensunterhandlungen mehr Aussicht und war die Reichsarmee erneut zurückgeschlagen, wodurch die Situation völlig ge-

---

*) Siehe jedoch weiter unten.

ändert wurde, und wahrscheinlich von Nikolsburg aus der Befehl eingegangen sein würde, die Sache auf sich beruhen zu lassen.

Der Bürgermeister Fellner schien bereit, diese Erklärung abzugeben, Senator Müller meinte jedoch, solche schriftliche Erklärungen
seien gegen seine Ansichten, so lange die Hoffnung vorhanden sei, die
Zahlung selbst leisten zu können, und dies, hoffe er, würde am Montag
geschehen. Um hierüber Gewißheit zu erlangen, sei aber eine Besprechung
mit der Kaufmannschaft nothwendig; es sei Freitag Nachmittag, am Sonn-
abend früh seien die jüdischen Häuser geschlossen, die herangezogen werden müßten, und dieser Umstand allein sei bedingend, den Zahlungs-
termin jedenfalls bis zum Montag hinauszusetzen, wenn General Manteuffel wirklich Rücksicht auf die Stadt nehmen wolle; er bäte sich nur
einige Stunden Zeit aus, um mit den Aeltesten der Kaufmannschaft in
Berathung zu treten, und würde dann eine definitive Erklärung bringen,
ob die Contribution am Montag ausgezahlt werden könne oder vorläufig
eine schriftliche Erklärung der Anerkennung der Schuld ausgestellt werden solle. Senator Müller sprach mit solcher Wärme und Ueberzeugung,
daß General Manteuffel seinen Worten Glauben schenkte und in den
Aufschub willigte, erst in einigen Stunden die definitive Erklärung über
die schriftliche Anerkennung der Schuld und den Termin der Zahlung
derselben entgegennehmen zu wollen. Wenige Stunden darauf erschienen
die Herren Fellner und Müller wieder. Herr Müller trug nun vor,
daß bei näherer Besprechung es ihm klar geworden wäre, daß sie eigentlich kein Mandat hätten, im Namen der Stadt Erklärungen abzugeben;
General Falckenstein habe die legislativen Gewalten aufgelöst, und um
die Contributions-Angelegenheit sachgemäß zu erledigen, sei es am an-
gemessensten, wenn General Manteuffel die aufgelösten Corporationen
wieder einberufe, wenn es auch nur zu dem alleinigen Zwecke sei, die
Verpflichtung zur Zahlung zu übernehmen; er glaube sich dafür verbürgen zu können, daß die Corporationen, wenn man sie wieder zurück-
riefe, bejahend stimmen würden.

General Manteuffel lehnte dies ab, weil es nur Begriffsverwir-
rung erzeugen müsse, wenn er heute ändere, was sein Vorgänger im
Amte gestern angeordnet und weil erfahrungsmäßig die Wiederzusammen-
berufung einer aufgelösten politischen Corporation aus Nothwendigkeit,
um sie zu einem bestimmten Zwecke zu benutzen, immer das Gegentheil
erzeugt. General Manteuffel war der Ansicht, daß wenn er den Vor-

schlag des Herrn Müller annähme, er, dieser möge versichern, was er wolle, nur eine legale Opposition in's Leben rufen würde, welche sich in der Ablehnung der Contribution gefallen und die Erledigung der Sache erschweren müsse. Später ist auf den Müller'schen Vorschlag der Reactivirung der legislativen Corporationen ad hoc eingegangen worden, und der Erfolg hat gelehrt, daß General Manteuffel dies richtig beurtheilte. Die Herren Fellner und Müller baten nun dringend um die Entbindung von ihren Commissionen, was sie bereits früher einmal gethan. General Manteuffel lehnte dies Gesuch auf das Bestimmteste ab. Jetzt trat Herr Müller mit einem neuen Vorschlage hervor; er schilderte seine und Herrn Fellner's verzweiflungsvolle Lage, wenn sie ohne legales Mandat auf die Zahlung der Contribution eingingen und wenn dann erst wieder Friede und geordnete Verhältnisse einträten; alle Bürger würden ihnen dann vorwerfen, daß sie die Interessen der Stadt nicht kräftig genug vertreten hätten; er bäte den General daher um die Erlaubniß, die stimmberechtigte Bürgerschaft Frankfurts auffordern zu dürfen, darüber abzustimmen, ob die Contribution gezahlt werden solle oder nicht; wer bis Abends 9 Uhr sein Votum nicht abgegeben, dessen Stimme gelte als bejahend. (!) Herr Müller versicherte, daß die meisten Bürger viel zu eingeschüchtert wären, um ihre Stimmen überhaupt abzugeben, und daß sich allein dadurch eine große Majorität für die Bezahlung der Contribution ergeben werde; er möchte mit seiner Person sich verbürgen, daß dieses Verfahren zum Ziele führen und ihn und Fellner gleichzeitig gegen alle späteren Vorwürfe sichern würde. Herr Müller hatte auch bereits eine solche Aufforderung an die Bürgerschaft geschrieben, die, wenn General Manteuffel sie billigte, schnell gedruckt und in den Straßen angeschlagen werden sollte. General Manteuffel erklärte, daß er auch auf diesen Vorschlag nicht eingehe, einmal, weil er die Gerechtigkeit und Gültigkeit seiner Forderung zur Zahlung der Contribution nicht von einer Abstimmung abhängig machen könne, deren Resultat sich nie vorher bestimmen lasse, und dann, weil es zu seinen Grundsätzen gehöre, daß, wo er befehle, niemals Volksabstimmungen stattfänden.

Aber in die Lage der beiden Herren könne er sich denken, denn es liege, wie sie gesagt, in der Natur, daß alle ihre Mitbürger später, wenn der Ernst der Zeit vergessen, ihnen vorwerfen würden, sie hätten die Interessen der Stadt nicht genug gewahrt; hiergegen wolle er sie schützen, soweit es in seinen Kräften stehe; er sei bereit, ihnen ein Zeugniß auszustellen, worin er erkläre, daß sie seiner Forberung nur nachgegeben, nachdem er ihnen angekündigt, daß wenn die Stadt nicht zahle, er morden und brennen und sengen und plündern lassen würde; sie möchten das Schreiben selbst verfassen und so, daß Alba und Tilly übertroffen würden; er sei bereit, es zu unterzeichnen. Dieses Attest möchten sie dann verschließen, und wenn später ihnen Vorwürfe gemacht würden, zu ihrer Rechtfertigung vorzeigen. Beide Herren äußerten sich sehr dankbar und Senator Müller erklärte, er habe dem Herrn General es gleich angesehen, daß er ein edler Mensch sei.

„Diese in Gutmüthigkeit (!) gethane Aeußerung ist die Veranlassung zu den Gerüchten. Der Brief selbst ist nie geschrieben, von der Sache nachher zwischen General Manteuffel und den Herren Fellner und Müller überhaupt nicht mehr die Rede gewesen. Aber beide oder einer von diesen Herren muß die Unterredung unrichtig erzählt oder, was General Manteuffel selbst nicht gethan, in seinem Namen gedroht haben, so daß der Vorstand der Kaufmannschaft*), wie sich nachher erwies, unter diesem Eindruck zu General Manteuffel kam. Doch kehren wir zu der Relation zurück. — Herr Müller erklärte, nachdem er seine Danksagungen über das edelmüthige Benehmen des Generals Manteuffel erschöpft, (!) daß er jetzt in neue Berathungen mit der Kaufmannschaft treten müsse, weil diese auch zur Wiedereinberufung der legislativen Gewalten, oder zur Befragung der stimmberechtigten Bürgerschaft gerathen gehabt. Beide Herren verließen den General, erschienen aber bald darauf wieder und baten den General, er möge doch dem Vorstande der Kaufmannschaft Gehör geben. Der General erwiderte, daß er nur mit ihnen zu thun habe und sich unter keinen Bedingungen in Verhandlungen mit Corporationen einlassen könne, er sei außerdem beschäftigt. Die Herren sprachen auf das Bestimmteste aus, daß der Vorstand der Kaufmannschaft nicht beabsichtige, mit ihm zu unterhandeln, sondern nur darum bitte, von dem General angehört zu werden; sie unterstützten die Bitte, weil es ihnen die Weiterführung der Sache unendlich erleichtere, wenn dem Vorstande die Audienz gewährt werde; der General solle ja

---

*) Hiermit ist die Handelskammer gemeint.

keine Entscheidung an diesen geben, sondern sie würden sich dann wieder mit dem Vorstande besprechen und dem General darauf definitiven Bescheid bringen. General Manteuffel war mit seinem Operationsplan beschäftigt und diese ewigen Geldbesprechungen waren ihm höchst unerquicklich, aber er sah doch die Billigkeit des Wunsches ein und genehmigte denselben. Unter den drei Herren, die nun eintraten, ohne daß die Herren Fellner und Müller sie begleiteten, war auch Baron Rothschild. General Manteuffel ließ sie Platz nehmen, befragte Baron Rothschild, der in Trauer war, um die Veranlassung hierzu und bat die Herren dann, ihm ihre Wünsche vorzubringen, wobei er speziell hervorhob, daß um Verhandlungen über die Contribution selbst es sich nicht handeln könne, sondern daß er nur der Bitte der Herren Fellner und Müller nachgegeben habe, sie anzuhören. Die Herren erkannten dies an und das Gespräch nahm hiernach den Charakter einer Privatbesprechung an. Baron Rothschild führte hauptsächlich das Wort. Derselbe erging sich in weiten Auseinandersetzungen, daß Frankfurt eine arme Stadt sei, daß wenn der General alles Geschmeide und allen Geldwerth durch Offiziere aus den Häusern holen lassen wollte, die Summe nicht zusammenkäme. General Manteuffel ärgerten diese Rothschild'schen Versicherungen und er erwiderte kurz, zu solchen Commando's werden nicht Offiziere, sondern Unteroffiziere commandirt, und wenn diese den Auftrag bekämen, auch alle Werthpapiere der Herren Banquiers mitzubringen, so würde wohl schnell eine größere Summe sich finden; die Herren sollten offen mit ihm sein, das würde am Besten zum Ziele führen; sie möchten doch nicht die Zeit mit solchem Hin- und Herreben und mit der Stellung von solchen Eventualitäten verlieren, sie möchten zusammentreten, die Schuld übernehmen und sich dann mit der Stadt arrangiren; die Zeiten seien ernst, aber die Unterschrift Rothschild's habe noch vollen Credit, er möge unterschreiben und alle Noth sei beendet, und später werde sich das ja Alles finden. Baron Rothschild begann nun neue Schilderungen über das Verhältniß großer Kaufherren, wie ihre Stellung mit auf Credit beruhe und wie ein Kaufmann, der Millionen besitze, vielleicht nicht 10,000 Gulden baares Geld im Hause habe, weil sein ganzes Vermögen sich zufällig auf Schiffen in China befinde. General Manteuffel hatte den Kaufmann von Venedig gelesen, die Phrasen fingen an, ihn zu fatiguiren (!) und er glaubte, daß eine Stunde, welche er den Herren gewidmet, genug der erwiesenen Rück-

sichtsnahme sei; er wollte die Herren entlassen. Da wiederholte Baron
Rothschild mit Thränen in den Augen die Bitte um Erlassung der Contribution und apostrophirte zuletzt den General mit den Worten: „ich
beschwöre Euer Excellenz, lassen Sie die Stadt nicht plündern!“ War
es nun eine gewisse Ironie, diesen reichen Mann ob der Millionen so
bewegt zu sehen, war es der Gedanke, daß wenn einmal die Angst
vor soldatischer Grausamkeit bestände, eine solche heilsame
Furcht in den gegenwärtigen Verhältnissen — das vom Feind stark
besetzte Mainz in der Nähe und der bekannte Frankfurter Pöbel
in der Stadt — nicht schädlich sei, und ihm den Rücken bei seiner
am andern Morgen beginnenden Operation sichere, — der General schwieg
und widersprach nicht, sondern behielt ein ernsthaftes Gesicht. Die Herren gingen fort. Baron Rothschild bat General Manteuffel vor dem
Fortgehen noch um die Erlaubniß, ein vertrauliches Wort zu sagen und
dies bestand darin, daß, wenn die Papiere von Unteroffizieren saisirt
würden, dann Effecten bei ihm gefunden werden würden, die Leuten gehörten, deren Namensnennung Aufsehen erregen würde und nannte dem
General Namen; dieser lachte und meinte, Namen hätten keinen Einfluß
auf den Werth von Papieren. Baron Rothschild bat um die Erlaubniß,
des Abends noch einmal wiederkommen zu dürfen. Diese wurde ihm
gewährt. Er kam aber nicht wieder und ebensowenig die Herren Fellner
und Müller. General Manteuffel sah, daß er bupirt worden sei. Dagegen besuchte Banquier Baron v. Elwanger den General Manteuffel
und bat ihn auch, den Glauben aufzugeben, daß die Frankfurter Banquiers
Werthpapiere besäßen, die Preußen etwas nützten; das läge in dem Frankfurter Handelsplatz. General Manteuffel erwiderte ihm, daß Regierungs-
rath Barnstädt acht Tage vor seinem Ausmarsch aus Schleswig nicht
habe bei ihm essen können, weil er ungefähr 5 bis 7 Millionen Priori-
täten der schleswig'schen Bahn für Baron Elwanger habe abstempeln
müssen, diese Papiere sei Preußen gleich bereit, als gültig anzunehmen.

General Manteuffel besuchte dann noch einen Augenblick die Familie S . . . . ., die aber Abends 9 Uhr noch nichts von der von
ihm ausgeschriebenen Contribution wußte, von der er auch nicht sprach.

Inzwischen hatte General Manteuffel vielfach militärische Anordnungen zu treffen, darunter auch die, welche die Sicherheit der Stadt
betrafen. Die Truppen, die er in ihr zurücklassen konnte, sowie die von
dem Militär-Gouverneur von Rhein und Westphalen zur Beobachtung

von Mainz geschickten Truppen waren im Verhältniß schwach und die Aufrechthaltung der Ordnung in der Stadt war von der größten Wichtigkeit. Der General befahl daher, daß die 4 Geschütze, welche in Frankfurt blieben und welche bisher in einem Schuppen gewesen waren, an einem Orte aufgestellt würden, der die Stadt beherrsche*), damit, wenn von Mainz aus ein Unternehmen versucht würde, oder im Rücken der Armee Unruhen entstehen sollten, jedenfalls der Pöbel von Frankfurt in Ordnung gehalten werde. So wenig diese Maßnahmen, die rein militärischer Natur waren, (!) mit der Contribution in Verbindung standen, so wurden sie von den Frankfurter Stimmführern und Poltrons doch als Einleitung zu einem Bombardement der Stadt zur Erzwingung der Contribution gebraucht.

Mit Windesschnelle wurde General Manteuffel als ein Wütherich hingestellt, und das Gute hat dies wenigstens gehabt, daß Frankfurt ganz ruhig geblieben ist (!) und daß die Furcht vor General Manteuffel so groß war, daß er auf seinem ganzen Marsche durch den Odenwald bis Würzburg nicht genöthigt gewesen ist, eine einzige Civilperson wegen Ungehorsams arretiren zu lassen. Wie mächtig aber in der Stadt der Einfluß dieser Plünderungsgerüchte war, zeigt, daß am 21. Juli früh der Baron Elwanger und eine Dame, die den General persönlich kannten und wissen mußten, daß unter seinem Commando nie von Plündern die Rede sein könne, in ihn drangen, um ihn zu beschwören, die Stadt nicht plündern und nicht anzünden zu lassen.

Der General konnte Bekannten gegenüber den Unsinn nur ironisiren; er sagte, daß er vor die Häuser, in denen sie wohnten, eine sauve garde mit weißer Fahne stellen würde, damit die Flammen sie verschonten. Kurz vor seiner Abreise am 21. Juli früh 10 Uhr stellten sich auch die Herren Fellner und Müller, jedoch diesmal einzeln, wieder bei dem General ein, um ihm zu erklären, daß es ihnen doch nicht möglich gewesen sei, das Geld aufzutreiben. Der General kündigte ihnen jetzt an, daß er sich zur Armee begebe und die ganze Angelegenheit subalternen Händen übergeben müsse, er glaube, wenn sie offen gegen ihn gewesen wären, anstatt ihn durch Phrasen und Versicherungen hinzuhalten, es für die Sache besser gewesen sein würde. Herr Fellner

---

*) Es war der Mühlberg, zwei Kanonen standen übrigens auch vor der Hauptwache in der Richtung nach der Zeil.

hatte sich während sämmtlicher Unterredungen mehr passiv verhalten und dem General Manteuffel den Eindruck eines wohlwollenden und rechtlichen Mannes gemacht; Herr Müller den eines Mannes, der mild ausgedrückt, die Phrasen sehr in der Gewalt hatte. Diesem sagte General Manteuffel noch ausdrücklich, er sei allerdings von ihm hingehalten worden, durch Zusicherungen, die er für baare Münze genommen; seinem Charakter entspräche solches Verfahren nicht.

Der General übergab dann dem inzwischen in Function getretenen Königlichen Commissarius Landrath Diest, die weitere Verhandlung der Sache und sprach seine Ansicht dahin aus, daß kein guter Wille und keine Offenheit vorhanden sei, daß der Commissarius den Herren bei fernerer Fortdauer des passiven Widerstandes mit einer Erhöhung der Contribution bis auf (soll wohl heißen um weitere 10 Millionen Gulden. Anm. des Verf.) 10 Millionen Gulden drohen, und, wenn sie dann noch nicht zahlten, die Summe auf die reichsten Frankfurter nach einem bestimmten Steuersatz vertheilen und einfordern solle. Alle späteren, dieser Instruction entgegenstehenden Anordnungen in der Sache sind nicht mit Wissen des General Manteuffel geschehen; der General hatte am 21. Juli früh 10 Uhr Frankfurt verlassen und Landrath von Diest hatte sich gleich mit dem königlichen Ministerium direct in Verbindung gesetzt und dem General Manteuffel nur Abschrift seiner Berichte geschickt. General Manteuffel hat diese, während er vor dem Feinde stand, kaum gelesen und hat nur die Telegramme, die in der Sache vom Minister Graf Bismarck anlangten, einfach an General Röder weiter gegeben. Erst nach dem Schlusse der Campagne hat General Manteuffel gehört, daß die Presse Wunderdinge von seinem Auftreten in Frankfurt gedruckt und Lügen über Lügen verbreitet hat. (!!) Der General hat die Erfahrung machen müssen, daß sehr alte Bekannte von ihm diesen Preßergüssen mehr Glauben schenkten, als ihrer vieljährigen Kenntniß seines Charakters. Gewiß kann man dem General vorwerfen, daß er in Frankfurt viel zu viel mit den Herren gesprochen hat, daß er in seiner Aversion vor Phrasen den Herren schneidende Antworten auf diese gegeben hat, um zu zeigen, sie drängen mit Phrasen nicht bei ihm durch, und daß er auf der andern Seite in seinem guten Willen, den Leuten den Modus der Zahlung zu erleichtern, nicht genug durchgegriffen hat. Das mag auch darin gelegen haben, daß er eine reine

Geldzahlung nicht für wesentlich genug hielt, um zu Gewaltmaßregeln zu schreiten.

Ganz anders fand der General sich veranlaßt durchzugreifen, als die Stadt Frankfurt sich weigerte, die Naturalien zu liefern, die zur Sicherung der Verpflegung seiner Truppen nothwendig waren. Da gab der General unter dem 22. Juli aus seinem Hauptquartier den nachstehenden Befehl an General Röder:

„Die Stadt Frankfurt hat sich geweigert, den auf meinen Befehl von der Feld-Intendantur ausgeschriebenen Requisitionen auf Lieferung von Naturalien Folge zu leisten. Magazin-Rendant Crusius ist angewiesen, darauf zu bestehen und Landrath v. Diest, ihm die nöthige Unterstützung gewähren, resp. die Hülfe der Commandantur bei fernerer Weigerung in Anspruch zu nehmen. Für diesen Weigerungsfall wird die Commandantur angewiesen, nach Befinden selbst den Kriegszustand zu proclamiren und gegen alle sich Weigernde nach den Kriegsgesetzen einzuschreiten. Corps-Auditeur Stecho wird von hier aus der Commandantur überwiesen, um event. nach Maßgabe der Gesetze zu fungiren."

Ein solcher Befehl in Betreff der Contribution wird von General Manteuffel nicht aufzuweisen sein. Die Naturalien sind aber auch geliefert und die Truppen verpflegt worden, die Contribution aber ist nicht gezahlt worden."

*   *   *

So die Erzählung des Generals Manteuffel. Wir haben sie vollständig unserer eigenen Berichterstattung vorausschicken zu müssen geglaubt, weil dadurch vieles bisher Dunkele aufgehellt wird und der General, dessen Namen mit dieser ebenso denkwürdigen als traurigen Affaire innig verknüpft ist, jedenfalls einer der wichtigsten Zeugen für die Vorkömmnisse jener Tage ist. Wenn wir aber berücksichtigen, daß General Manteuffel die obigen Aufzeichnungen zu seiner Rechtfertigung vor der Geschichte niederschrieb, so wird eine unparteiische Prüfung ergeben, daß diese Rechtfertigung mißglückt ist und der Mann, welcher von einer wehrlosen,

vom tiefsten Unglück heimgesuchten Bevölkerung auch nach
Jahren stets nur mit dem abscheulichen Ausdrucke:
„Frankfurter Pöbel" spricht, während er sich selbst
immerfort im Lichte einer ritterlichen „Gutmüthigkeit"
darzustellen bestrebt ist, vor der Mit= und Nachwelt als
einer der rücksichts= und mitleidlosesten Heerführer dastehen
wird, welche die moderne Geschichte kennt. Ja selbst die
soldatische Derbheit und kurzangebundene „Offenheit", welche
sonst die Begleiterin solcher „energischer" Eigenschaften, wie
sie General Manteuffel in Frankfurt entwickelte, zu sein
pflegt und auf die er selbst in der obigen Denkschrift sich
so viel zu Gute thut, verflüchtigt sich bei näherer Betrachtung
als ein Scheinbild — denn durch die ganze obige Denkschrift
zieht sich ja als rother Faden das Geständniß hin, daß Herr
von Manteuffel das Opfer seiner eigenen „gutgemeinten"
Täuschungsversuche geworden sei, von der ohne Beispiel
dastehenden Verabredung bezüglich des Alba= und Tilly=
Briefes an, bis zur Anwendung jener „geistigen Folter"
hinab, die er im Anfang seiner Denkschrift mit einer gewissen
hochgradigen Entrüstung von sich weist, um sie gleichwohl
bald nachher unter der Gestalt einer „heilsamen Furcht=
erregung vor soldatischer Grausamkeit" für sehr zweck=
mäßig und nützlich, ja positiv von Nutzen begleitet gewesen
hinzustellen. Herr von Manteuffel klagt bei Alledem seine
angeborene „Gutmüthigkeit" als die eigentliche Ursache jener
Gerüchte an, welche von bevorstehendem Morden und Sengen
und Brennen und Plündern sprachen und wundert sich dann
daß darüber, daß die böse Welt, insbesondere „die Frank=
furter Stimmführer und Poltrons" diese Gutmüthigkeit nicht
erkannten, vielmehr ihn „mit Windesschnelle als einen Wü=
therich hinstellten", so daß selbst die ältesten Bekannten des

Generals an seinem Charakter irre wurden und „lügenhaften Preßerzeugnissen" Glauben schenkten. Ein einziger Mann freilich machte hiervon eine Ausnahme — es war Herr Dr. Müller, welcher „es dem Herrn General gleich angesehen hatte, daß er ein edler Mensch sei!" Und zwar entdeckte Herr Müller diesen Edelmuth des Herrn von Manteuffel nicht etwa dadurch, daß Letzterer in der Contributions-Affaire selbst nachsichtig sein wollte, sondern lediglich durch den liebenswürdigen Vorschlag, daß ein fingirtes Zeugniß wegen der stattgefundenen Drohung mit Morden und Sengen und Brennen und Plündern ausgestellt werden sollte, welches die Herren Müller und Fellner später zur Abwehr aller sie treffenden Vorwürfe gegen ihre Mitbürger benutzen könnten. Wenn Herr Müller, wie General Manteuffel behauptet, wirklich auch nur einen Augenblick lang sich damit einverstanden erklärt hat, ein solches Spiel, für das wir keinen Namen haben, in jener schweren Zeit mit der Bürgerschaft Frankfurts zu treiben, wenn er in den Sitzungen der Handelskammer oder der „Kaufmannschaft", wie der Manteuffel'sche Ausdruck lautet, wirklich jene scheußliche Drohung als im Ernste erfolgt mitgetheilt hat, um dadurch jene Körperschaft zur Zahlung der Contribution geneigter zu machen — o, dann bedarf es nur dieser einen zum Himmel schreienden Thatsache, um zu zeigen, in welchen Händen das unglückliche Frankfurt sich in den Julitagen 1866 befand, wie Mitglieder seiner letzten Regierung mit dem rücksichtslosesten aller feindlichen Generale, die es seit Jahrhunderten in seinen Mauern gesehen, gemeinsame Sache machten, um die Bürgerschaft derartig mit Schrecken und Entsetzen vor bevorstehenden „soldatischen Grausamkeiten" zu erfüllen, daß sie Alles, Alles willenlos über sich ergehen lassen, wo möglich

den letzten Thaler und das letzte Hemd opfern sollte, um
die königlich preußischen Kriegskassen zu füllen! Welch ein
Unterschied zwischen der Sprache, welche die Senatsmitglieder von 1792 dem französischen General Custine gegenüber
unter ähnlichen Verhältnissen führten, und zwischen der
Sprache dieses Senators von Frankfurt im Jahr 1866 gegen
den General Manteuffel, dem er den „Edelmuth" im Gesicht ablas! — Gehen wir indessen auf die vorliegende Denkschrift noch etwas näher ein; sie verdient es aus mehr als
einem Grunde.

Herr von Manteuffel wehrt zunächst den vermeintlich
verbreiteten Glauben ab, daß er der eigentliche Urheber der
fraglichen Contributionsmaßregel gewesen sei — ein Glaube,
zu dessen Widerlegung es der späten Manteuffel'schen Ent-
hüllungen kaum bedurft haben würde, denn schon die in
dieser Sache nach Nicolsburg gesandten bürgerlichen Ver-
trauensmänner erfuhren aus dem Munde des Grafen Bismarck selbst, daß der General die Contribution auf höheren
Befehl ausgeschrieben habe. Ja, Herr v. Bismarck hat einem
dieser Delegirten die Mittheilung gemacht, daß die Contribution ursprünglich auf 25 Millionen **Thaler,** statt 25 Millionen Gulden festgesetzt worden sei und er — Graf Bismarck — noch vor Absendung der bezüglichen Depesche an
das Militär-Commando in Frankfurt die Bezeichnung
„Thaler" in „Gulden" umgeändert habe. Andernfalls
wären es statt 25 Millionen 43 Millionen Gulden gewesen
— eine Summe, welche zuzüglich der bereits gezahlten
6 Millionen und der 2 Millionen für Naturalien für die
damals vorhandene Bürgerschaft Frankfurts (denn nur
diese, nicht die Fremden oder sog. Permissionisten hätten
ja herangezogen werden können!) nach der Kopfzahl gerech-

net etwa das Zwanzigfache der von Frankreich nach dem
Kriege von 1870 an Deutschland gezahlten Kriegsentschä=
bigung betragen haben würde. Und zwar geschah dies gegen
eine friedliche Stadt, die nie einen Antheil an dem zwischen
Preußen und dem Bunde ausgebrochenen Kriege genommen
hatte, deren einziges Vergehen nur in dem Festhalten an
der thatsächlich bestehenden Bundesverfassung Deutschlands
bestand und welcher alle sonstigen angeblichen Sünden, als
da sind Beschimpfung der preußischen Truppen, Mißhand=
lung preußischer Beamtenfamilien ꝛc. ꝛc. von ihren haß=
erfüllten Verläumdern nur aufgelogen waren! Wir stehen
schweigend und staunend vor dieser Thatsache.

Genneral Falckenstein hatte bei der von ihm vorgenom=
menen Contributions = Ausschreibung noch die Formel des
„Kriegsrechtes“ angewendet, daß die Armeen im Kriege
darauf angewiesen seien, „sich ihren Unterhalt in Feindes=
land zu sichern“ und dies als Grund der Contributions=
Maßregel hingestellt. General Manteuffel dagegen kümmert
sich gar nicht mehr um solche juristische Zwirnsfäden, son=
dern sagt mit charakteristischer Naivetät, Preußen habe
wegen des möglicherweise bevorstehenden Krieges mit Frank=
reich Geld gebraucht, und: „die Einnahme Frankfurts
bot die Gelegenheit, dies (Geld) für jene Eventua=
lität zu erhalten.“ . . . „Minister Graf Bismarck durfte
diese Gelegenheit nicht vorüber gehen lassen; er kannte die
Verhältnisse ganz genau und wußte, daß Bankiers in der
Stadt wohnten, für deren Credit die Zeichnung von 25 Mil=
lionen Gulden nichts zu hohes war.“ — Also ein praktischer
Commentar zu dem geflügelten Worte: „wir nehmen das
Geld, wo wir es finden“ und eine Erweiterung des „Kriegs=
rechts“, wie sie Hugo Grotius, Vattel und mancher andere

berühmte Völkerrechtsschriftsteller sich wohl kaum hätte ahnen
lassen.

Ein charakteristisches Interesse gewährt ferner die Pa=
rallele, welche General Manteuffel, um die Herren Fellner
und Müller im Sinne seiner Absichten zu lenken, zwischen
der vorliegenden Contributionsmaßregel und den Vorgängen
im siebenjährigen Kriege anstellte. Berlin sei damals (von
den Russen und Oesterreichern) auch hart mitgenommen wor=
den; es hätten sich aber stets patriotische Männer gefunden,
welche für die geforderten Contributionen gutgesagt, die Zah=
lung geleistet und sich nachher mit der Stadt abgefunden
hätten. So wollte es der geschichtskundige General Man=
teuffel auch in Frankfurt gehalten wissen; ein Jahrhundert
menschlicher Culturarbeit, durch welche neben so vielem An=
deren auch das liebliche „Kriegsrecht" wenigstens insoweit
geändert worden ist, daß nach allgemein gültigen Sätzen
das Privateigenthum im Kriege selbst vor dem Feinde
geschützt sein sollte, war somit für den General so gut wie
niemals dagewesen. Er lebte, was Kriegscontributionen
und deren „Gerechtigkeit" betrifft, ganz in den Ideen
Friedrichs II., welcher eine „Gelegenheit", Geld zu seinen
Kriegen zu bekommen, niemals vorübergehen ließ, vielmehr
in dieser Beziehung ein so weites Gewissen hatte, daß er
einst äußerte: „Sachsen komme ihm wie ein Mehlsack
vor; wenn derselbe auch völlig geleert scheine, brauche man
nur gehörig d'rauf zu klopfen und es falle immer noch etwas
heraus." War es unter diesen Umständen, und nachdem
der „große Friedrich" mit solchem Beispiele christlicher Milde
vorangegangen war, zu verwundern, daß Kosacken und
Kroaten, als das Kriegsglück ihnen Berlin in die Hand
spielte, dort ebenso und noch schlimmer hausten, als König

18.

Friedrich es in Sachsen gethan hatte, — muß aber nicht
der Genius der Menschheit trauernd das Haupt verhüllen,
wenn hundert Jahre später mitten im civilisirten und huma=
nitätprebigenden neunzehnten Säculum die Vorgänge des
siebenjährigen Krieges von einem deutschen Heerführer als
mustergültige Präcedenzfälle angerufen werden? Warum
ging nicht Herr von Manteuffel gleich auf den dreißig=
jährigen Krieg zurück, aus dem sich Beispiele dieser Art
unzweifelhaft noch weit zahlreicher und drastischer hätten an=
führen lassen? Vielleicht wohl nur deßhalb nicht, weil der
dreißigjährige Krieg selbst für abgehärtete Ohren einen gar
zu übelen Klang hat und gar zu furchtbare Erinnerungen
weckt. Und doch ist es leider richtig, was uns ein deutscher
Offizier gelegentlich einer Conversation über Vorgänge im
Kriege und über „Kriegsgebräuche“ einst sagte: „Es ist ein
Irrthum, wenn man glaubt, daß die Menschheit seit zwei
Jahrhunderten wirklich menschlicher geworden sei. Jeder
Krieg fördert auch heute mehr oder minder dieselben Gräuel
zu Tage, wie sie uns aus früheren Zeiten die Geschichts=
bücher als abschreckendes Beispiel melden, und man findet
sie in der Regel ganz so in der Ordnung wie damals.
C'est la guerre!“ — Herr von Manteuffel liefert den schla=
gendsten Beweis von der Richtigkeit dieser Bemerkung. Was
ist nicht von den Lehrstühlen der Universität, von Kanzeln
und Schulen aus, in tausend Volksbüchern und Geschichts=
werken ein halbes Jahrhundert lang über die Grausamkeit
und Herzlosigkeit eines Napoleon oder seiner Marschälle ge=
redet und geschrieben worden, wie furchtbar hob sich darunter
namentlich das Verfahren Davoust's in Hamburg ab
und wie sehr ist durch alles dieses jener gräßliche Haß
zwischen Franzosen und Deutschen bis in die Gegenwart

hinein wach erhalten worden, der immer und immer wieder
zu neuen Kriegen und zu neuen Rückfällen in die Barbarei
führt! Herr von Manteuffel kannte ohne Zweifel die Ge=
fühle, mit denen ganz Deutschland und vor Allem sein
eigenes Land Preußen auf die Zeit des Wirkens der „Na=
poleonischen Marschälle" in Deutschland zurückblickte und er
muß wenigstens in seiner Jugend den sittlich=patriotischen
Zorn darüber in vollem Maße mitempfunden haben —
dennoch genirt er sich nicht, das Beispiel jener längst ver=
moderten Werkzeuge deß napoleonischen Despotismus einer
friedlichen deutschen Stadt gegenüber mit den Worten an=
zurufen: „Wäre es ein napoleonischer Marschall, der die
Contribution gefordert, das Geld würde in einer Stunde
da sein!" Unter allen Marschällen des ersten Kaiserreichs
gab es nur Einen, auf den diese Worte allenfalls paßten
— es war Davoust in Hamburg! Auf dem Namen dieses
Menschen aber ruht, wie männiglich bekannt, der Fluch und
der Abscheu der ganzen gesitteten Welt; nicht einmal die
Franzosen haben Achtung vor seinem Andenken.

Die „Quasi=Drohung", welche in der Hindeutung auf
die Energie eines Napoleonischen Marschalls lag, schüchterte
die Herren Müller und Fellner so weit ein, daß sie die
Frage stellten, ob an der ausgeschriebenen Contribution von
25 Millionen Gulden nicht wenigstens die zwei Tage zuvor
schon gezahlten 6 Millionen Gulden in Abzug gebracht
werden könnten? Nun ereignet sich eine merkwürdige Scene.
Herr von Manteuffel erfährt zum ersten Male, daß die
Stadt Frankfurt sich bereits mit einer Anzahl Millionen
bei seinem Vorgänger im Amte ranzionirt habe und seine
angeborene „Gutmüthigkeit" gelangt zur Geltung. Er ist
allerdings nicht in der Lage, aus eigener Machtvollkommen=

heit einen Rabatt auf die Contribution von 25 Millionen
Gulden zu bewilligen; er verspricht aber hierüber an den
Grafen Bismarck zu telegraphiren und giebt den Herren
Müller und Fellner den tröstlichen Rath, einstweilen die
ganzen 25 Millionen auf's Zahlbrett zu legen; wolle Graf
Bismarck dann die bereits nach Berlin spedirten 6 Millionen
davon abrechnen, so werde man der Stadt selbiges Sümm=
chen in Gnaden wieder zurückstellen. General Manteuffel
telegraphirt denn auch versprochenermaßen und Graf Bis=
marck erklärt sich in der That bereit, statt 25 nur 19
Millionen Gulden zu nehmen. Aber die 19 Millionen sind
noch nicht da; die Herren „Regierungsbevollmächtigten"
wollen, ehe sie entsprechende Schritte thun, erst wissen, ob
es nach Zahlung jener Summe ein Ende mit den Contri=
butionen haben werde? „Darauf gebe ich" — so lautete
nach einer etwas von der Denkschrift abweichenden Version
die Antwort des Herrn v. Manteuffel — „mein Cavalier=
wort; jedoch für die Handlungen eines nach
mir kommenden Generals kann ich nicht ein=
stehen."

Es ist in hohem Grade wahrscheinlich, daß General
Manteuffel diese Worte gebraucht und nicht etwa, wie er
in seiner Denkschrift wohl irrthümlicherweise sagt, von künf=
tigen „höheren Befehlen" gesprochen hat, wodurch
abermals neue Contributionen ausgeschrieben werden könnten.
Denn Herr von Manteuffel wollte ja, wie er Eingangs
seiner Denkschrift sagt, der Welt gegenüber ausdrücklich dem
jeweils commandirenden General das selbstständige Recht
der Contributions=Ausschreibung gewahrt wissen und hat
dies auch später dadurch bewiesen, daß er (wie am Schluffe
der Denkschrift zu lesen) dem Civil=Commissär, Landrath

v. Dieſt, die Ordre ertheilte, mit einer Erhöhung
der Contribution um weitere zehn Millionen
Gulden zu drohen, falls nicht augenblicklich gezahlt
werde. Thatſache war alſo, daß nach den Worten des Ge=
nerals, mochte man ſie auffaſſen, wie man wollte, die Stadt
Frankfurt als eine paſſende Quelle für fortwährende rieſen=
hafte Contributions=Erhebungen betrachtet wurde und ganz
in die Lage des unglücklichen Sachſenlandes im ſiebenjäh=
rigen Kriege kam, aus welchem Friedrich II. wie aus einem
Mehlſack immer noch etwas herauszuklopfen ſuchte, auch wenn
er anſcheinend ſchon gänzlich geleert war. Jeder General,
der nach Herrn von Manteuffel kam, konnte nach deſſen
ausdrücklichen Worten immer wieder neue Contributionen
ausſchreiben und ſo der „Schrecken ohne Ende" zum regu=
lären Zuſtand erhoben werden!

Die einzige Antwort, welche in dieſem Stadium der
Dinge am Platze war und ſicherlich jedem entſchloſſenen
Manne ſich hätte aufdrängen müſſen, wäre die geweſen,
daß die beiden Herren, welche General Manteuffel zu ſeinen
Werkzeugen bei der Contributions=Affaire machen wollte,
kurz und bündig jede Mitwirkung an dem Ruine ihrer
Vaterſtadt verweigerten und dem General überließen, zu
thun, was er für gut finde. Denn etwas Schlimmeres, als
die von dem Letzteren eröffnete Ausſicht, konnte es über=
haupt nicht geben; auch war zur Stunde weder eine wirk=
liche noch eine Scheindrohung mit Morden und Sengen
und Brennen und Plündern gefallen; die einfachſte Ueber=
legung mußte vielmehr dahin führen, daß General Manteuffel
mit all' ſeinen Bajonetten und Kanonen nicht im Stande
ſein werde, die Contribution von 25 Millionen Gulden ein=
zutreiben, wenn ſie nicht freiwillig gezahlt werde. Daß

die Herren Müller und Fellner sich dennoch auf's „Pac=
tiren", wovon General Manteuffel seinerseits absolut nichts
wissen wollte, einließen, dies hat wohl nicht zum kleinsten
Theile zu der Herbeiführung jener „geistigen Folter" bei=
getragen, welche in den nächstfolgenden Tagen über die un=
glückliche Stadt kam und schließlich den Bürgermeister Fell=
ner in den Tod trieb. Hätte dieses beklagenswerthe Opfer
jener Schreckenstage statt des redegewandten und allzeit
diplomatisirenden Dr. Müller einen halbwegs entschlossenen
Mann von aufrichtigem und geraden Wesen zur Seite ge=
habt, so wäre der Verlauf der Dinge ganz gewiß ein ande=
rer gewesen. Wir werden Gelegenheit haben, dies noch an
drastischeren Beispielen zu zeigen.

„General Manteuffel hätte, denn das Kriegs=
glück ist veränderlich, vor seinem Ausmarsche zwar
gern das Geld gehabt", — allein er erklärte nach Lage der
Dinge sich bereit, für die Einzahlung der Contribution eine
Frist von wenigen Tagen zu bewilligen, falls die Herren
Müller und Fellner ihm „die Anerkennung der Schuld
schriftlich aussprechen wollten."

Man darf billig fragen, was Herr von Manteuffel sich
bei dieser letzteren Anforderung gedacht haben mag? Hatte
er die Hoffnung, durch den Schein der Herren Müller und
Fellner sich einen besseren Schuldtitel für die Contri=
bution zu verschaffen, etwa wie Jemand über eine biscutir=
bare Schuld sich von dem betreffenden Schuldner einen
Wechsel ausstellen läßt, damit nachher alle Einreden gegen
die Richtigkeit der Forderung ausgeschlossen sind? Dies
würde eine ganz wunderbare und beinahe tragikomische Ver=
mischung der Begriffe des Civilrechtes und des „Kriegs=
rechtes" gewesen sein; General Manteuffel selbst scheint aber

ben precären Werth eines solchen Wechsels über 25 Millionen Gulden Kriegscontribution gefühlt zu haben, denn er
hätte in Betracht „der Veränderlichkeit des Kriegsglücks“
vor seinem Ausmarsche weit lieber das Geld als den Schein
gehabt. Gewiß ein naives Geständniß; noch sonderbarer
indeß scheint uns die Erklärung, welche Herr v. Manteuffel
für seine Offerte an die Herren Müller und Fellner gibt.
Danach wäre das Verlangen einer „schriftlichen Anerkennung“ der Schuld eigentlich nur deßhalb gestellt, weil der
General in Erwartung eines neuen entscheidenden Sieges
über die „Reichsarmee“ den Frieden nahe bevorstehend
glaubte und damit auch das Fallenlassen der Contribution
für wahrscheinlich hielt. Wozu in aller Welt sollte aber,
wenn Herr von Manteuffel wirklich so dachte, der Schuldschein der Herren Müller und Fellner dienen? Ganz abgesehen hiervon hat aber auch der Verlauf der Dinge bewiesen, daß an der Kriegscontribution noch festgehalten wurde,
nachdem längst die Gefahr einer bewaffneten Einmischung
Frankreichs beseitigt war und auf deutschem Boden das
Kriegsglück sich nicht mehr gegen Preußen wenden konnte!

Senator Müller verstand es, der Forderung des Generals wegen des Schuldscheines auszuweichen und erlangte
so viel, daß er mit „den Aeltesten der Kaufmannschaft“,
das heißt mit den Mitgliedern der Handelskammer, über
die Sache conferiren durfte. Erst von da an scheint es nun
den beiden „Regierungsbevollmächtigten“ klar geworden zu
sein, daß sie eigentlich gar kein Mandat hatten, im Namen
der Stadt Verpflichtungen einzugehen und Herr Müller,
der in der ganzen Affaire das Wort führte, stellte dies dem
General mit der Bitte vor, die aufgelösten städtischen Corporationen lediglich zum Zwecke der Bewilligung der Con-

tributionszahlung wieder einzuberufen; Herr Müller „ver=
bürgte" sich dafür, daß dies zu dem von Manteuffel
gewünschten Ziele führen werde. Diese „Bürgschaft" gab
derselbe Mann, welcher einige Stunden vorher dem feind=
lichen General gesagt hatte, „er — der Frankfurter Sena=
tor! — „sei von jeher preußisch gesinnt gewesen und er
wisse recht gut, daß die geschichtliche Entwicklung die Ein=
verleibung Frankfurts in Preußen mit sich bringe, weshalb
es schon aus diesem Grunde geboten sei, die Contribution
zu erlassen!"

General Manteuffel wollte jedoch von der Wieder=
einberufung der städtischen Körperschaften vorläufig nichts
wissen und nahm auch das von den beiden Herren „Regie=
rungsbevollmächtigten" gestellte dringende Gesuch um Ent=
lassung von ihren Functionen — die jetzt kaum etwas anderes
als die Zwischenhändlerrolle bei der Contributionseintrei=
bung bedeuteten — nicht an. Natürlich nicht, denn der
General hatte die beiden Herren unbedingt zu seinen Zwecken
nöthig; aber wer konnte denn Diese zwingen, jenes furchtbar
gehässige Amt, das sie in einen so abscheulichen Gegensatz
zu den Interessen ihrer Vaterstadt setzte, weiter zu führen?
Niemand, und im Nothfalle hätte ja Herr Müller, der um
diplomatische Auskunftsmittel niemals verlegen war, krank
werden und sich in's Bett legen können. Alsbann hätte
General Manteuffel schwerlich Jemanden gefunden, der seine
fingirten Drohungen mit Morden und Sengen und Brennen
und Plündern an den Mann bringen konnte, Tage und
Wochen der schrecklichsten „geistigen Folter" wären nicht
über Frankfurt gekommen, ja selbst die Entscheidung über
das definitive Schicksal der Stadt wäre wahrscheinlich, wie
wir später zeigen werden, weit günstiger ausgefallen, wenn

an Stelle des „schlauen" Diplomaten Dr. Müller ein gerad=
sinniger und fester Character den preußischen Gewalthabern
entgegengetreten wäre. Herr Müller verlegte sich indeß
leider nicht auf's Kranksein, sondern heckte einen neuen Plan
aus, durch welchen die Bürgerschaft in das Contributions=
netz gelockt werden sollte. Er bat um die Erlaubniß, die
stimmberechtigte Bürgerschaft Frankfurts zur Abstimmung
darüber, ob die Contribution gezahlt werden solle oder nicht,
an die Urne zu rufen; wer bis 9 Uhr Abends sein Votum
nicht abgegeben habe, dessen Stimme sollte als bejahend
gelten. Die meisten Bürger, so fügte Herr Müller zur
Beruhigung Manteuffel's hinzu, seien ja viel zu sehr „ein=
geschüchtert", als daß sie es wagen würden, mit „Nein"
zu stimmen, und so werde denn dieser Coup ganz gewiß
zum Ziele führen! Man kann darüber im Zweifel sein,
ob der Preis des Cynismus diesem Müller'schen Vorschlage
gebührt, oder dem unmittelbar darauf folgenden des Generals
Manteuffel, daß er (an Stelle der Volksabstimmung) den
beiden Herren ein Zeugniß ausstellen wolle, worin er erkläre,
daß sie seiner Forderung nur nachgegeben, nachdem er ihnen
angekündigt, daß wenn die Stadt nicht zahle, er morden
und sengen und brennen und plündern lassen und ärger
als Alba und Tilly hausen werde! Dieses Zeugniß sollte
den beiden Herren dazu dienen, später alle Vorwürfe ihrer
Mitbürger wegen allzugroßer Nachgiebigkeit sich vom Halse
zu schaffen. Wir wollen das Wort nicht gebrauchen, welches
allein auf diesen, eines Machiavelli würdigen Vorschlag
paßt; aber Herr Müller, der heute noch in guter Gesund=
heit unter seinen Mitbürgern wandelt, sollte denn doch
erklären, ob er wirklich unter Dankesergüssen an den „edel=
müthigen" General sein Einverständniß mit einem solchen

faſt einzig in der Geſchichte daſtehenden Spiel erklärt hat?
Wie dem aber auch ſei; die Gerüchte von den bevorſtehenden
Schreckensmaßregeln verbreiteten ſich am Nachmittag des
denkwürdigen 20. Juli mit Windesſchnelle durch die Stadt
und General Manteuffel, welcher nach ſeinem eigenen
Eingeſtändniß ſpäter das „Nützliche" dieſer Gerüchte einſah,
that nicht nur nichts, um denſelben entgegenzutreten, ſondern
„ironiſirte" die ihm darüber gemachten Vorſtellungen auch
in einer Weiſe, welche den Glauben an das Eintreten der
ſcheußlichſten Gewaltmaßregeln nur noch mehr aufkommen
laſſen mußten. Auf die Vorſtellung, er werde doch nicht
wie Nero die Stadt an den vier Ecken anzünden laſſen,
erwiderte er ſpottend: „Rom iſt nachher viel ſchöner
aufgebaut worden", und eine Dame, mit der er per=
ſönlich bekannt war, erhielt von ihm die ironiſche Zuſiche=
rung, er werde eine Schildwache mit weißer Fahne vor ihr
Haus ſtellen, damit die Flammen dasſelbe verſchonten.

Am Abend dieſes ſchrecklichen Tages ſchafften viele
Familienväter ihre Frauen und Kinder aus der Stadt nach
den vom Kriege noch nicht betroffenen Gegenden Süd=
deutſchlands. Frankfurt war eine Stätte des Entſetzens
und der panikartigen Flucht geworden. Die Angſt und
der Schmerz, welche die ſich trennenden Familienglieder
beim Abſchiede von einander fühlten, war ein Stück der
„geiſtigen Folter", von welcher General Manteuffel zu
Beginn ſeiner Denkſchrift mit einer gewiſſen Indignation
ſpricht, während doch die Thatſachen und ſeine eigenen
Worte zeigen, daß Niemand anders als er ſelbſt der Ur=
heber dieſer „geiſtigen Folter" war. Verfaſſer dieſer Blätter
war wenige Tage ſpäter Augenzeuge von der Verzweiflung
eines Familienvaters, welcher gleich ſo vielen Anderen Frau

und Kinder auf's Gerabewohl aus Frankfurt geschickt hatte
und nun die falsche Nachricht erhielt, daß seine Angehörigen
in Folge der damals eingerissenen Verkehrsstockungen ihr
Ziel nicht hätten erreichen können, vielmehr zum Theil er=
krankt in einem Dörfchen an der badischen Grenze liegen
geblieben seien. Nach Erschöpfung aller möglichen Mittel,
um Gewißheit über das Schicksal seiner Familie zu erlangen
— Mittel, welche in Folge der Absperrung des gesammten
Eisenbahn=, Post= und Telegraphenverkehrs vergeblich blieben
— machte sich der Mann, Verzweiflung und Jammer im
Herzen, selbst auf den Weg, um seine Familie aufzusuchen,
die er denn auch nach vierundzwanzigstündiger, bei Tag und
Nacht fortgesetzter Reise glücklich und wohlbehalten antraf.
Es ist dies nur ein einziges aus den vielen Beispielen
ähnlicher Art, und nicht die Kriegsoperationen als solche
waren an all diesem Elend schuld, sondern lediglich eine
„Geldangelegenheit", die den General Manteuffel, um
seinen eigenen Ausdruck zu gebrauchen, so „fatiguirte", daß
er für die ihm dadurch verursachte Langeweile sich durch
„Scherze" entschädigte, welche in ganz Europa einen Wider=
hall fanden und eine friedliche Stadt, welche nicht das
Geringste verbrochen hatte, mit Befürchtungen der grauen=
haftesten Art erfüllten. Und Angesichts dieser Thatsache
spricht Herr von Manteuffel selbst nach Jahren noch seine
Zufriedenheit darüber aus, daß „die Angst vor soldatischen
Grausamkeiten" dazu gedient habe, „den Frankfurter Pöbel"
im Zaume zu halten und im ganzen Odenwald eine solche
Furcht vor dem General Manteuffel zu verbreiten, daß
er auch nicht ein einziges Mal genöthigt war, eine Civil=
person wegen Ungehorsams verhaften zu lassen.

Ein Frankfurter Pöbel, Herr General, existirte vor 1866, wie männiglich bekannt ist, nicht; wenn er aber existirt hätte, würde wohl mancher Hochgebildete weit lieber zu biesem „Pöbel" sich zählen lassen, als vor der Mit- und Nachwelt die Verantwortlichkeit für Dasjenige tragen, was in der Geschichte Frankfurts an den Namen Manteuffel sich knüpft!

Am 21. Juli früh rückte der größte Theil der in Frankfurt befindlichen preußischen Truppen nach dem Süden hin ab; es blieb nur eine Besatzung von etwa 2000 Mann Landwehr in der Stadt. Verfasser bieses bestieg an jenem Morgen den Pfarrthurm, um sich über den Weg, welchen die abziehenden Truppen einschlugen, zu vergewissern. In einer langen Linie zogen Cavallerie, Infanterie und Artillerie die Mörfelder und Oppenheimer Landstraße hinauf; über eine Stunde lang währte das Schauspiel, dann waren die Straßen der Stadt plötzlich wie ausgestorben. Auf dem steinernen Rundgang („Altane") vor der Wohnung des Thürmers und in der Letzteren selbst befanden sich außer mir noch etwa fünf bis sechs Bürger, welche die gleiche Wißbegierde hinaufgetrieben hatte und denen eine geschäftige Phantasie — der Wunsch war der Vater des Gedankens — unaufhörlich die Hoffnung vorspiegelte, daß die mit den Bayern endlich vereinigten Bundestruppen zum Entsatze Frankfurts herangerückt seien und die Manteuffel'schen Truppen zwischen Langen und Darmstadt auf überlegene feindliche Kräfte stoßen würden. Das große Fernrohr, das in der Wohnung des Thürmers auf einem beweglichen Gestell ruhend den Besuchern zur Verfügung stand, wurde fleißig benutzt; zur größeren Annehmlichkeit seiner Gäste hatte der industriöse Thürmer außerdem eine kleine Wirth-

schaft in dieser luftigen Region eröffnet und die Hoffnung
auf einen baldigen Wechsel der Dinge stieg bei den An=
wesenden in demselben Maße, als die aufwartende Hebe,
ein munteres Dienstmädchen aus der Gegend von Aschaffen
burg, einen gefüllten Seidel nach dem anderen herbeibrachte
und die bevorstehenden militärischen Heldenthaten ihrer
bayrischen Landsleute herausstrich. Schreiber dieses aber
wurde in hohem Grade von dem Eindruck gefesselt, welchen
der Anblick der unten liegenden öde und leer gewordenen
Straßen von Frankfurt auf ihn machte. Als die letzte
preußische Kanone rasselnd und dröhnend ihren Weg über
die Sachsenhäuser Brücke zurückgelegt hatte, war es so still
in Frankfurt geworden, daß man oben auf dem Pfarrthurm
das Zuschlagen einer Hausthür oder ein ähnliches schwaches
Geräusch recht gut vernehmen konnte; das mittelalterliche
Gewirr von Häusern, welches vom Dom aus sich aus=
breitet, machte in seinen winklichen, häufig in bizarrster
Weise sich durcheinander schiebenden Formen den Eindruck,
als ob die über Frankfurt schwebende Gefahr Alles näher
und näher zusammenrücke und Eines bei dem Anderen
durch immer innigeren Anschluß Schutz suche. Und was
die todten Steinmassen zu sagen schienen, das war in Wirk=
lichkeit auch unter den Menschen der Fall. Leute, welche
jahrelang gleichgültig aneinander vorübergegangen waren
und kaum Anlaß zu einem gegenseitigen Gruße nahmen,
wurden in dieser angstvollen Periode Freunde und tauschten
ihre Gedanken in einer so vertrauenden Weise aus, als ob
sie niemals sich fremd gewesen wären. Der Geist des
ächten Bürgerthums, wie es aus alter Zeit uns oft ge=
schildert wird, lebte gerade in jenen Tagen unter der Be=
völkerung Frankfurts wieder auf und verscheuchte jeden

Gedanken an feiges Winseln vor der neuen Gewalt; niemals würde, wenn die Vertretung der Interessen des Gemein= wesens in den Händen muthiger und entschlossener Männer, statt in denjenigen eines Diplomaten vom Schlage des Herrn Müller gelegen hätte, die Widerstandskraft aus der Mitte der Bürgerschaft zäher und nachhaltiger gewesen sein, als in den Tagen der Falckenstein = Manteuffel = Röberschen Schreckensherrschaft.

Um 10 Uhr Vormittags verließ Herr von Manteuffel, wie er selbst erzählt, die Stadt, um seinen Truppen zu folgen; als sein militärischer Stellvertreter blieb Oberst von Kortzfleisch zurück und als freundliches Andenken an ihn standen außerdem auf dem Mühlberg vier Kanonen mit den Mündungen nach der Stadt hin gerichtet, ebenso vor der Hauptwache nach der Zeil zu zwei Geschütze, denen die Fama einen gleichen Zweck zuschrieb, wie ihren Brüdern auf dem Mühlberg: das Bombardement der Stadt, falls die Contribution nicht gezahlt werde!

General Manteuffel sagt in seiner Denkschrift, die „Frankfurter Poltrons" hätten dieses „unsinnige Gerücht" erfunden, um ihn als einen Wütherich hinzustellen; jene vier Kanonen auf dem Mühlberg hätten nur den Zweck gehabt, die eroberte Stadt gegen einen etwaigen Ueberfall von Mainz herzu decken, bez.„ den Pöbel von Frank= furt in Ordnung zu halten," falls im Rücken der Armee Unruhen entständen. Man braucht gewiß keine strategischen Kenntnisse zu besitzen, um diese Erklärung etwas unglaublich zu finden. Was die Möglichkeit eines Ueberfalles von Mainz her anlangt, so konnte Herr v. Man= teuffel wohl schwerlich der Meinung sein, daß ein paar Kanonen, welche im Voraus auf den Mühlberg — also

an einem der Mainzer Landstraße und den betr. Eisenbahn=
linien völlig entlegenen Punkte — festgenagelt waren, zur
Abwehr jenes Ueberfalles hätten dienen können. Nicht die
Gegend, von welcher her Truppen aus der Bundesfestung
Mainz nach Frankfurt hätten gelangen können, wurde durch
jene Kanonen beherrscht, jondern die Häuser der Stadt,
und darum würde die Erklärung, daß Herr von Manteuffel
damit „den Pöbel von Frankfurt" habe „in Ordnung" hal=
ten wollen, immerhin schon einleuchtender klingen, als jener
Grund der Besorgniß vor einem Ueberfalle Seitens der
Bundestruppen in Mainz. Nehmen wir nun einmal an,
daß wirklich ein „Pöbel" in Frankfurt existirt hätte, der
gegen die immerhin noch einige tausend Mann starke, kriegs=
geübte und wohlbewaffnete preußische Besatzung sich aufzu=
lehnen gewagt hätte — beiläufig gesagt, ein nicht zu denken=
der Gedanke — was hätte es dann diesem „Pöbel" ausge=
macht, wenn die vier Kanonen auf dem Mühlberg ihre
Kugeln und Granaten über die Stadt ausgespieen, eine
Anzahl Häuser in Brand gesetzt und eine Reihe un=
schuldiger Personen, vielleicht Frauen und Kinder, getödtet
hätten? Der „Pöbel" würde doch nimmermehr im freien
Felde den preußischen Truppen sich entgegengestellt, sondern
höchstens auf einen Straßen= und Barrikadenkampf sich ein=
gelassen haben, wenn überhaupt ein solcher Kampf im Be=
reiche der Möglichkeit lag, — hat man aber jemals gehört,
daß ein solcher vereinzelter Straßenkampf durch das Bom=
bardement einer Stadt von einem dieselbe beherr=
schenden Berge aus gedämpft wurde? Gewiß niemals;
einen anderen Zweck aber, als das Bombardement der Stadt
hätten jene Geschütze unter allen Umständen nicht haben
können, und darum war es gewiß nur zu natürlich und

19

beburfte keineswegs der Ueberredung von Seiten der „Frank=
furter Poltrons", daß bei der Bevölkerung jene „Furcht
vor soldatischen Grausamkeiten" vermehrt wurde, welche dem
Herrn General Manteuffel nach seinem eigenen Eingeständ=
niß in hohem Grade gelegen gekommen ist.

In Wirklichkeit wurde auch diese Befürchtung im voll=
ständigsten Maße wachgerufen, und zwar ging nicht nur
durch die Bürgerschaft das dumpfe Gerücht, daß die
Stadt bei Nichtzahlung der Contribution mit Ra=
keten in Brand geschossen werden solle, sondern die
preußischen Truppen selbst glaubten daran. Zahl=
reiche Zeugnisse können noch heute dafür beigebracht werden,
daß Soldaten der preußischen Besatzung sich mit Entrüstung
und Schmerz über das der Stadt bevorstehende Schicksal
äußerten und einen Schwur thaten, sie würden sich nun und
nimmermehr zu jenen Dingen gebrauchen lassen und wenn
sie darüber „in die Eisen" kämen! Es waren Landwehr=
leute, denen der Gedanke an Weib und Kind, die sie da=
heimgelassen, das menschliche Gefühl auch im Kriege noch
bewahrt hatte.

Aber das sicherste, weil documentarisch niedergelegte
Zeugniß von der Existenz jener Befürchtungen, denen von
Seiten der preußischen Gewalthaber nicht mit einer
Silbe entgegengetreten wurde, liefert die zwischen den
in Frankfurt anwesenden Secretären der fremden Gesandt=
schaften und den preußischen Commandeuren am 21. und
22. Juli aus jenem schaurigen Anlasse gewechselte Corre=
spondenz. Wir lassen sie, als ein Denkmal jener Zeit,
in wortgetreuer Uebersetzung aus dem Französischen hier
folgen:

Note vom 21. Juli 1866 an den Obersten v. Kortzfleisch
gerichtet.

Die Unterzeichneten, welche das Interesse ihrer Landsleute in dem Gebiete der Stadt Frankfurt zu wahren haben, beehren sich den Herrn Obersten von Kortzfleisch in Kenntniß zu setzen, daß seit gestern ihre betreffenden Landsleute wiederholter Malen und in großer Anzahl sich bei ihnen eingefunden, um ihnen ihre lebhafte Unruhe zu bezeugen, wegen des in der Stadt verbreiteten absurden Gerüchtes, daß, wenn nicht in kurzer Frist die von der Militärbehörde geforderte Summe von der Stadt bezahlt wäre, diese beschossen und der Plünderung preisgegeben würde. Die Unterzeichneten, welche alle ihre Kräfte erschöpft haben, um eine so kindische Behauptung abzuweisen, ersuchen den Herrn Obersten um gütige Mitwirkung, sie so bald als möglich in den Stand zu setzen, ihre Landsleute, deren Interessen natürlich in Folge dieser lächerlichen Gerüchte leiden, zu beruhigen.

(Folgen die Unterschriften der russischen, belgischen, englischen, französischen und spanischen Gesandschafts-Secretäre.)

Note vom 22. Juli, gerichtet an den General v. Röder.

Die unterzeichneten Secretäre der russischen, französischen, englischen, spanischen und belgischen Gesandtschaft haben unter dem gestrigen Datum an den Obersten v. Kortzfleisch, Stadtcommandanten, eine Note gerichtet, worin sie um gütige Mitwirkung ersuchen, ihre Landsleute wegen Befürchtungen der Beschießung und Plünderung der Stadt zu beruhigen.

Die Unterzeichneten, welche bis hierher nur die mündliche Antwort des Obersten erhalten haben, daß die Befürchtungen nicht unbegründet seien, haben die Ehre, sich an Se. Exc. den Herrn General v. Röder mit der Bitte zu richten, sie so bald als möglich in den Stand zu setzen, die Unruhe (allarmes) ihrer Landsleute zu beschwichtigen, die Unruhe, die nothwendiger Weise sich in Anbetracht des Schweigens, das die Unterzeichneten nach der mündlichen Antwort des Obersten zu bewahren in die Nothwendigkeit sich versetzt sahen, vergrößern mußte.

Gezeichnet von den fünf Gesandschaftssecretären.

Da keine Antwort erfolgte, richteten die genannten Gesandtschaftssecretäre eine gleichförmige telegraphische Depesche

19*

an ihre Minister des Auswärtigen, in welcher sie den Sachverhalt kurz angaben und um Instruction baten.

Die der Militärbehörde zur Visirung über= gebene Depesche wurde jedoch nicht weiterbefördert, auch nicht zurückgegeben und erst spät am 23. Juli erhielten die Absender folgendes Schreiben:

„Obgleich sich der Unterzeichnete in Anbetracht des Inhalts der Collectivnoten vom 21. und 22. l. M. der hier anwesenden Herren Secretäre der russischen, französischen, englischen, spanischen und bel= gischen Gesandtschaft nicht in der Lage befindet, eine offizielle Antwort an sie zu richten und mit ihnen in Notenwechsel zu treten, so ist der= selbe doch im Stande, Ihnen mitzutheilen, daß ihre Landsleute nichts von den Maßregeln zu fürchten haben, die in dem eventuellen Falle der Stadt Frankfurt gegenüber getroffen würden.

gez. Röder, Stadtcommandant.

Aus diesen Schriftstücken geht also zweifellos hervor: 1) daß Oberst von Korbfleisch die verbreiteten Gerüchte über eine bevorstehende Beschießung und Plünderung der Stadt für „nicht unbegründet" erklärte; 2) daß General v. Röder (welcher inzwischen an Manteuffel's Stelle das Commando der Stadt übernommen hatte) die mitgetheilte Aeußerung seines Untergebenen nicht nur nicht desavou= irte, sondern im Gegentheil ihr dadurch eine indirecte Bestätigung zu geben schien, daß er den Gesandtschafts= secretären die allgemein gehaltene Versicherung gab, „ihre Landsleute würden nichts von den Maßregeln zu fürchten haben, welche eventuell der Stadt Frankfurt gegenüber getroffen werden würden."

General Manteuffel gibt in seiner Denkschrift die Er= klärung, daß er auf die an ihn gerichteten Fragen wegen der Beschießungs= und Plünderungsgerüchte „den Unsinn nur habe ironisiren können", indem er beispielsweise sagte,

er werde eine Schildwache mit weißer Fahne vor die Häuser
einiger ihm bekannter Familien stellen, damit die Flammen
diese verschonten — läßt sich nun, fragen wir, behaupten,
daß auch die Herren v. Kortzfleisch und v. Röber in dem
obigen Correspondenzwechsel etwa ihren Scherz mit den
fremden Gesandtschaften trieben, indem der Eine die ihm
deutlich bezeichneten Gerüchte für „nicht unbegründet" erklärte, der Andere dagegen auf die Mittheilung der Aeußerung des Herrn v. Kortzfleisch versicherte, die hier anwesenden Franzosen, Russen, Engländer, Spanier und Belgier
würden nichts von den Maßregeln zu fürchten haben, welche
eventuell gegen die Stadt Frankfurt getroffen werden
würden?

Der War das Verhalten dieser beiden Herren eine Nachahmung der Manteuffel'schen „Ironie" oder welcher andere
Zweck, sollte damit erreicht werden? Sicher ist, daß die
thatsächliche Wirkung der Aeußerungen der beiden Militärbefehlshaber in der Verstärkung jener „geistigen Folter"
bestand, von der General Manteuffel in seiner Denkschrift
in anfänglich so entrüsteter Weise spricht.

Noch am Vormittag des 21. Juli war an Stelle des
zu den Kriegsoperationen abgegangenen Generals Manteuffel
der General v. Röber hier eingetroffen und zeigte in einer
öffentlichen Bekanntmachung die Uebernahme des Commando's über die Stadt Frankfurt an. Dieser Commandant vereinigte jedoch nicht mehr, gleich seinen Vorgängern
v. Falckenstein und Manteuffel, die oberste Civil- und Militärgewalt in sich, sondern erhielt durch Ministerialbefehl als
Civilcommissarius über die occupirten Gebiete von Frankfurt
und Nassau und einzelne Theile Hessens und Bayern den
Landrath v. Diest aus Preußen zur Seite gestellt. Damit

war auch die Function der Herren Müller und Fellner als „Bevollmächtigte für die Regierung der Stadt Frankfurt" von selbst erloschen; man hielt es indessen nicht einmal der Mühe werth, auf diesen Umstand öffentlich aufmerksam zu machen, vielmehr wurden „sämmtliche Militär= und Civil= behörden" nur angewiesen, „den Requisitionen des Herrn Civilcommissärs, Landrath v. Dieſt, Folge zu leisten."

An demselben Tage traf von Berlin der königl. preu= ßische Oberpostrath Stephan hier ein, um die Oberleitung der gesammten Taxis'schen Postverwaltung, soweit deren Be= zirk von den preußischen Truppen besetzt war, zu überneh= men. Generalpostdirector v. Scheele, ein ehemaliger han= noverscher Minister, wurde seiner Functionen kurzweg ent= hoben, die übrigen Beamten des Oberpostamts und der Generalpostdirection hatten mittelst schriftlichen Reverses der königl. preußischen Administration Gehorsam zu geloben. Man hat mit Recht die Vermuthung ausgesprochen, daß die rasche Besitznahme des Postgebäudes in Frankfurt sammt seinem ganzen Inhalte nicht blos den militärischen Zweck der Or= ganisation des Postdienstes in preußischem Interesse gehabt habe, daß vielmehr die preußische Regierung schon damals hierbei auch die definitive Depossedirung des Fürsten Taxis von seinem Postregal im Auge hatte. Uebrigens fand Herr Stephan bei der Uebernahme des Postbetriebes in Frank= furt ein ungeheures, durch die Kriegsereignisse herbeigeführtes Chaos vor. Während einer Anzahl von Tagen hatten sich in Folge der Stockungen des Eisenbahnverkehrs kolossale Massen von Brief= und Packetsendungen angesammelt, welche in den weiten Räumen des Postgebäudes in zahlreichen Säcken und Pyramiden aufeinandergeschichtet lagen. Ob die Post im Stande gewesen ist, diese Massen von Briefen und sonstigen Postsendungen noch nachträglich überall an die richtigen Adressen zu befördern, muß billig bezweifelt werden, ungeachtet die Postbeamten unter der Last eines die menschlichen Kräfte fast übersteigenden Dienstes keuchten. Die Herren Müller und Fellner waren, wie erwähnt, durch die Ernennung des Landraths v. Dieft zum Civilcommissär ihrer Functionen entkleidet und General v. Röder mußte in der schwebenden Contributionsangelegenheit schwer den Mangel einer passenden Mittelsperson zwischen ihm und der Stadt empfinden. Dies war wohl die nächste Veranlassung zu der am 22. Juli vorgenommenen Reconstituirung des aufgelösten Senats als communale Verwaltungsbehörde; indessen scheint hiermit, wie es sich später herausgestellt hat, auch eine noch viel weiter gehende Ansicht verbunden gewesen zu sein. Zum Verständniß des den Senatoren zur Anerkennung vorgelegten und auch von ihnen — mit alleiniger Ausnahme der Herren v. Bernus und Speltz — ohne große Umstände unterschriebenen Protokolles vom 22. Juli, das nachmals bei seinem Bekanntwerden in der Bürgerschaft so große Entrüstung erregte, insbesondere auch zum Verständniß der durch den Civilcommissär Landrath v. Dieft vorgenommenen eidlichen Verpflichtung der Senatoren zum Gehorsam gegen „die königl. preußische Administration" — derselben Senatoren, welche noch von Niemandem ihres der Republik Frankfurt geleisteten Eides entbunden waren und entbunden sein konnten! — dient die später zweifellos festgestellte Thatsache, daß schon zu jener Zeit die Einverleibung der Stadt Frankfurt und deren Gebiet in die preußische Monarchie beschlossene Sache war. Die nachstehende Note des Grafen Bismarck an den preußischen Gesandten in Paris, Grafen v. d. Golz, d. d. Nikols=

burg, 20. Juli 1866 gibt über biesen Punkt recht intereſſante Aufſchlüſſe:

„Der König hat zu dem Waffenſtillſtand ſeine Genehmigung er theilt. Barral*), der ebenfalls hier iſt, erbittet ſich Inſtructionen und Vollmacht von Florenz. Es iſt zweifelhaft, ob dieſe ſo raſch eintreffen können. Der König hat ſich nur ſehr ſchwer und aus Rückſicht auf den Kaiſer Napoleon hierzu entſchloſſen und zwar in der beſtimmten Vorausſetzung, daß für den Frieden ein bedeutender Territorial-Erwerb im Norden Deutſchlands geſichert ſei. Der König ſchlägt die Bedeutung eines norddeutſchen Bundesſtaats geringer an als ich und legt demgemäß vor Allem Werth auf Annexio-nen, die ich allenfalls neben der Reform als Bedürfniß anſehe, weil ſonſt Sachſen, Hannover für ein intimes Verhältniß zu groß blieben. Der König bedauert, daß Euer Excellenz nicht an dieſer Alternative des Programmes vom 9. nach dem Schlußſatze der Depeſche bis auf Weiteres feſtgehalten haben. Er hat, wie ich zu Ihrer ganz intimen perſönlichen Directive mittheile, geäußert: „Er werde lieber ab-danken, als ohne bedeutenden Ländererwerb für Preußen zurückkehren“ und hat heute den Kronprinzen hierher be-rufen. Ich bitte Ew. Excellenz auf dieſe Stimmung des Königs Rück-ſicht zu nehmen. . . . . Noch bemerke ich, die franzöſiſchen Punkte würden uns, vorausgeſetzt, daß eine Grenzregulirung mit Oeſterreich, auch als Präliminarien für den Separatfrieden mit Oeſterreich genügen, wenn Oeſterreich einen ſolchen ſchließen will — ſie genügen nicht für den Frieden mit unſeren übrigen Gegnern, beſonders in Südbeutſchland; ihnen müſſen wir beſondere Bedingungen machen und die Mediation des Kaiſers, die ſie nicht angerufen, bezieht ſich nur auf Oeſterreich. Wenn auch wir Italien gegenüber frei würden durch Ceſſion Venedigs, ſo können wir doch Italien nicht freilaſſen**), bevor das im Tractat ſtipulirte Aequivalent Venetiens uns ge-währt iſt.“

Dieſe Depeſche, welche im April 1869 von der Wie-ner „Neuen Freien Preſſe“ veröffentlicht und von faſt allen

---

*) Der damalige Geſandte Italiens am preußiſchen Hofe.
**) Nämlich vom Bündniß und der Fortſetzung des Kriegs.

anderen deutschen Blättern nachgedruckt wurde, liefert, wie
gesagt, den Beweis, daß schon in den Julitagen 1866 die
Annexion Frankfurts an Preußen so gut wie beschlossene
Sache war, sie zeigt aber auch ferner durch die Schlußworte,
daß Preußen Italien nicht freilassen könne, „bevor das im
Tractat stipulirte Aequivalent Venetiens uns gewährt ist," welche Endziele sowohl auf Seiten Preußens
wie Italiens bei dem Krieg von 1866, bezw. dem dazu
eingegangenen Schutz- und Trutzbündniß in Aussicht genommen waren.

Wir lassen nun das Protokoll des königl. preußischen
Civilcommissärs in Frankfurt, Landrath v. Dieft, vom
22. Juli 1866 hier folgen:

„Verhandelt Frankfurt am 22. Juli 1866. Anwesend waren
die Herren Fellner, älterer Bürgermeister, Forsboom, jüngerer Bürgermeister, Dr. Müller, Dr. Gwinner, Dr. v. Schweizer, Dr. Reuß, Kloos,
Dr. v. Oven, Dr. Jäger, Dr. Supf, Dr. Textor, Schöffer, Dr. Mumm
Dr. Berg, Finger, Kalb.

Die Mitglieder des bisherigen Senats der Stadt Frankfurt a. M.
wurden von dem Unterzeichneten heute zusammenberufen, um in Folge
des Antrags der beiden Regierungsbevollmächtigten, Herren Fellner und
Müller, vom heutigen Tage zunächst zu folgender Erklärung aufgefordert
zu werden:

„Wir wissen, daß der Senat der Stadt Frankfurt, soweit er
bisher die landesherrliche und souveräne Gewalt ausgeübt hat, von dem
königl. preußischen Oberbefehlshaber aufgelöst worden ist und daß ebenso
ein Zusammentreten der ständigen Bürger-Repräsentation und der gesetzgebenden Versammlung zur Vornahme landesherrlicher Acte nicht mehr
gestattet ist, indem alle landesherrlichen Befugnisse und die gesammte
souveräne Gewalt von Sr. Maj. dem Könige von Preußen durch die
von ihm eingesetzten oder noch einzusetzenden Militär- und Civilorgane
bis auf Weiteres ausgeübt wird. Wir erklären hiermit auf Grund
unseres Amtseides, daß wir keinerlei landesherrliche Befugnisse auszuüben gesonnen sind, noch auszuüben versuchen werden, nachdem uns

eröffnet worden ift, daß mit den ftrengften perfönlichen Executivftrafen im Falle der geringften Zuwiderhandlung gegen einen Jeden von uns vorgegangen werden würde. Wir erklären uns ferner auf Grund unferes Amtseides bereit, unfere bisherigen Pflichten und Amtsgeschäfte als Mitglieder der ftädtischen Verwaltungs- resp. Magiftratsbehörde im Intereffe der Stadt felbft fortzuführen, hierbei allen Anordnungen der k. preußischen Adminiftration unweigerlich Folge zu leiften, wie auch nichts vorzunehmen, noch zu geftatten, was den Intereffen diefer Adminiftration zuwiderläuft. (!)

Nachdem die fämmtlichen Mitglieder des bisherigen Senats, nunmehrigen Magiftrats der Stadt Frankfurt und des Gebiets derfelben die vorftehende Erklärung zu der ihrigen gemacht haben und ihnen dabei zugefichert worden war, daß fie bei pflichtgemäßer Ausführung ihrer Amtsgeschäfte in der vorftehend ausgeführten Beschränkung nicht nur ihre bisherigen Competenzen fortbeziehen, fondern auch des Schuzes der k. preußischen Adminiftration theilhaftig werden würden, wurden fämmtliche Anwesende daraufhin mittelft Handschlages an Eidesftatt von dem Unterzeichneten verpflichtet und es wurde diefe Verhandlung als Anerkenntniß des Geschehenen unterschrieben. Die fämmtlichen ftädtischen Behörden und Unterbeamten werden von ihren betreffenden Herren Vorgefezten in gleicher Weise fofort verpflichtet werden und es wird von jedem etwaigen Weigerungsfalle der k. preußischen Adminiftration Anzeige gemacht werden, wie auch der betreffende fich weigernde Beamte fofort von der ftädtischen Behörde fuspendirt werden wird.

v. Dieft, k. Landrath und Civilcommiffär.

(Folgen die Unterschriften der fämmtlichen obengenannten Senats-mitglieder.)

Wer diefes Schriftftück mit unparteiischem Geifte lieft, wird vor allen Dingen zugeftehen müffen, daß die Wahl des Augenblicks, um folch' einen Eid und folch' einen Revers von den bisherigen Mitgliedern der Regierung der freien Stadt zu verlangen, zum Mindeften fehr feltfam gewählt war. Man vergegenwärtige fich, daß die Stadt unter dem Druck ganz unerschwinglicher Kriegscontributionen, fo ungeheuer, wie fie nie zuvor und nie feitdem in einem

Kriege von einer einzelnen Stadt gefordert worden find,
seufzte, daß hierzu außerdem der noch weit furchtbarere
Druck der Furcht vor „soldatischen Grausamkeiten" — eine
Furcht, die durch die Erklärungen und Worte des Generals
Manteuffel entstanden war und von seinen Nachfolgern im
Commando, dem Obersten v. Korßfleisch und dem General
v. Röder nicht nur nicht gehoben, sondern im Gegentheil
genährt wurde — hinzukam und somit die unglückliche
Bevölkerung ihres letzten moralischen Stützpunktes in dieser
namenlosen Noth verloren ging, wenn sie erfuhr, daß die
sämmtlichen noch anwesenden Mitglieder der Regierung ihres
Gemeinwesens der neuen Gewalt ohne Weiteres eidlich Ge=
horsam gelobt und dafür als Entgelt die Zusicherung
empfangen hatten, „daß sie bei pflichtgemäßer Ausführung
ihrer Amtsgeschäfte in der vorstehend ausgeführten Be=
schränkung nicht nur ihre bisherigen Competenzen
fortbeziehen, sondern auch des Schutzes der königl.
preußischen Administration theilhaftig werden wür=
den!" — Die einzige natürliche Erklärung dieser Worte
kann nur die sein, daß den Frankfurter Senatoren, welche
das Gelöbniß des Gehorsams gegen die neue Gewalt eingingen
und auf die Ausübung jeglicher Regierungsrechte durch
einen körperlichen Eid verzichteten, also, soweit es an ihnen
lag, die Souveränetät der Republik Frankfurt preisgaben —
daß diesen Senatoren Schutz gegen jegliche Rechen=
schaft, die etwa von der Bürgerschaft von ihnen
verlangt werden sollte, zugesichert war!

Hier finden wir, nächst Demjenigen, was der viel=
genannte Dr. Müller im Laufe dieser Ereignisse seiner Vater=
stadt gegenüber geleistet hat, wohl den schmerzlichsten und
für das pietätvolle Andenken an die freireichsstädtische Zeit

erſchütterndſten Punkt unter allen Vorgängen des Sommers 1866. Hier tritt uns auch grell und riesengroß der Unter=
ſchied entgegen, der zwiſchen den Patriziern und Senatoren der altfrankfurtiſchen Zeit und der weitaus überwiegenden
Mehrzahl der Mitglieder des letzten Senats von Frankfurt beſtand. Schon der weitere Verlauf der Contributionsaffaire
wird zeigen, daß die moraliſche Widerſtandskraft des Se=
nates nach der Unterzeichnung jenes Reverſes nicht nur auf den Nullpunkt geſunken, ſondern bereits unter demſelben an=
gekommen war. Der Senat hatte von dem Civilcommiſſär v. Dieſt und dem General v. Röder die Ermächtigung er=
halten, die aufgelöſten freiſtädtiſchen Körperſchaften, nämlich die ſtändige Bürgerrepräſentation und den geſetzgebenden
Körper, lediglich zur Regelung der Contributions=
affaire, wiedereinzuberufen. Er that dies und richtete am 23. Juli ein Schreiben an die Bürgerrepräſentation, in wel=
chem er ſich nicht mehr „Senat der freien Stadt Frankfurt", ſondern: „Magiſtrat der Stadt Frankfurt" nannte.

Die Mitglieder des Senats gaben alſo, ohne irgend welche Erläuterung und insbeſondere ohne den geſetz=
gebenden Körperſchaften eine Mittheilung von dem Inhalte des Tags zuvor von ihnen Unterſchriebenen
Protokolles des Civilcommiſſärs Landrath v. Dieſt zu machen, thatſächlich die Souveränetät der freien Stadt
Frankfurt auf und conſtituirten ſich in einem amtlichen Acten=
ſtücke bereits als einfacher „Magiſtrat", der unter preußiſche Herrſchaft gekommenen Stadt. Die Thatſache der Einver=
leibung war, ſoweit es die Senatsmitglieder anging, indirect im Voraus anerkannt. Das fragliche Schreiben an die
ſtändige Bürgerrepräſentation lautet:

„Auszug Protokolls des Magistrats der Stadt Frankfurt. Frankfurt, den 23. Juli 1866. Auf Vorlage Schreibens hohen Ober- commandos der Main-Armee, de prs. 20. d. Mts., Einbezahlung einer Kriegscontribution von fünfundzwanzig Millionen Gulden betr. Es ist, unter Mittheilung salva-remiss. dieses Schreibens, mit der ständigen Bürgerrepräsentation, welche zur Berathung dieses Gegenstandes zusam- menberufen worden ist, dahin in Conferenz zu treten, daß zur Leistung einer Anzahlung von fünf Millionen Gulden auf die ausgeschriebene Kriegscontribution der gleiche Betrag anlehensweise aufgenommen werde. Es wird dabei bemerkt, daß durch bereits erfolgte Baarzahlung und in gleicher Weise gebotene Er- füllung von Requisitionen der umfassendsten und bedeutendsten Art sehr beträchtliche Opfer hiesiger Stadt bisher schon auferlegt worden sind, und daß darum der Hoffnung wird Raum gegeben werden können, es werde mit der gegenwärtig beantragten Zahlung das Maß der Leiden, welche über unsere friedliche, an einem Kriege überall nicht betheiligte Stadt gekommen, erschöpft sein, oder es werde wenigstens weiteren Be- mühungen gelingen, die gesammte Anforderung in der Weise zu mindern, daß die Stadt vor eigentlichem Verderben bewahrt bleibt. Vorsorglich bleibt weitere Conferenz vorbehalten und ist Einleitung getroffen, daß der Central-Finanz-Commission Gelegenheit gegeben werde, rücksichtlich dessen, was bei der Lage der Verhältnisse vorzukehren sein dürfte, na- mentlich also zur Beschaffung der Mittel zur Erstattung des gegenwär- tigen Angebots und der vorausgegangenen Aufwendungen beförderten Vorschlag zu machen. 2) Wird die Central-Finanz-Commission aufge- fordert, rücksichtlich dessen, was bei Lage der Verhältnisse vorzukehren sein dürfte, namentlich also zur Beschaffung der Mittel zur Erstattung des gegenwärtigen Angebots und der vorausgegangenen Aufwendungen beförderten Vorschlag zu machen und haben zu dem Ende die Militär- Verpflegungs- und die Einquartierungs-Commission, sowie das Rechnei- Amt der Central-Finanz-Commission die erforderlichen Aufstellungen mit thunlichster Beförderung zugehen lassen.

Zur Beglaubigung: der Kanzleirath Dr. v. Boltog."

Eine Abschrift dieses Schreibens wurde mit folgender Zuschrift des Bürgermeisters Fellner dem gesetzgebenden Körper mitgetheilt:

„Wie aus den anliegenden Schriftstücken ersichtlich ist, wird der
Stadt Frankfurt die Zahlung einer Kriegscontribution, zahlbar an die
Feld-Kriegskasse der Main-Armee im Betrage von fl. 25,000,000 auferlegt. Wie diese Angelegenheit diesseits aufgefaßt wird und welche
Vorschläge zu einer Vermittlung empfohlen werden und zwar dringend
empfohlen werden, ergibt sich aus dem Beschlusse, durch welchen die
Conferenz mit der ad hoc zusammenberufenen ständigen Bürger-Repräsentation eingeleitet worden ist. Im Interesse des gefährdeten Gemeinwesens und in sorgfältiger Erwägung aller einschlagenden Verhältnisse
wird derselbe Antrag vertrauensvoll an die gleichfalls ad hoc zusammen-
berufene gesetzgebende Versammlung gebracht, welche von selbst es angemessen finden wird, die Verhandlungen bei verschlossenen Thüren zu
führen."

Für Unterwerfung unter die Manteuffel'sche Contri=
butionsforderung, bez. für Leistung einer Anzahlung von
fünf Millionen Gulden suchte neben anderen Mitgliedern
des Senats u. A. auch Senator Dr. Mumm, der heutige
Oberbürgermeister, Stimmen zu werben; indessen ist ihm
dies, soweit unsere Ermittlungen reichen, nirgends gelungen.
Selten oder niemals herrschte ungeachtet der überall verbrei=
teten Nachrichten über die bevorstehenden „Maßregeln" des
preußischen Militärcommando's sowohl in der Bürgerschaft
wie unter den Mitgliedern des gesetzgebenden Körpers eine
größere Uebereinstimmung als gerade in jenem Augenblick.
„Wir geben nichts und lassen es auf Alles ankommen!",
so lautete die allgemeine Parole, unter deren Eindruck am
Nachmittag des 23. Juli der gesetzgebende Körper, sechs
Tage nach seiner Auflösung durch General Falckenstein, wie=
der zusammentrat.

Unter tiefem Schweigen der Mitglieder verlas der Vor=
sitzende, Stadtgerichtsrath Dr. Jung, die bereits mitgetheilten
Schreiben des Senats und des Bürgermeisters Fellner.
Eine Debatte wurde von keiner Seite hervorgerufen; viel=

mehr erwählte die Versammlung zur sofortigen Berichterstat=
tung über die Angelegenheit eine Commission, bestehend aus
den Herren: Dr. Reinganum, Dr. Varrentrapp, G. A. de Neuf=
ville, H. Dietz, Dr. J. Friebleben, Dr. Schmidt=Holzmann,
Director Vogtherr, Dr. Passavant und Alex. Scharff. Nach
sehr kurzer Berathung erstattete diese Commission durch Dr.
Reinganum mündlichen Bericht und stellte die folgenden
Anträge, welche auch von der Versammlung ohne Weiteres
zum Beschluß erhoben wurden:

1. Das Präsidium wird beauftragt, an den älteren
Bürgermeister Herrn Senator Fellner folgendes Schreiben
zu erlassen:

„Die Gesetzgebende Versammlung hat nach sorgfältiger Prüfung
der finanziellen Verhältnisse unserer Stadt die Unmöglichkeit erkannt,
nachdem eine Contribution von 6 Millionen bereits bezahlt ist, die
verlangte weitere Contribution aufzubringen, auch wenn sie davon ab=
sehen will, daß die nachherige Beschaffung der jährlichen Zinsen der
Schuldsumme durch Steuererhöhung rein unausführbar, zumal schon
durch die allgemeine Zerrüttung des Handels und der Gewerbe und
durch das Sinken aller Werthe die Steuerkraft und Leistungsfähigkeit
von Frankfurt auf das Aeußerste abgeschwächt, die Stadt somit direct
dem Untergang verfallen sein würde.

Sie ist andererseits der Ueberzeugung, daß bei der bekannten
Großmuth und dem Gerechtigkeitssinn Sr. Maj. des Königs von Preußen
Allerhöchst derselbe die der Sachlage entsprechenden Aenderungen eintreten
lassen werde, sobald die Verhältnisse in bestimmten Zahlen klar gelegt sind.

Die Gesetzgebende Versammlung hat demnach einen Ausschuß
ernannt, welcher sofort ein kurzes Promemoria der finanziellen Lage
Frankfurts abfassen soll, sie beabsichtigt, dasselbe Sr. Maj. dem König
durch eine bürgerliche Deputation, welche alsbald nach dem Hauptquartier
Sr. Maj. abreisen soll, ehrerbietigst überreichen zu lassen und sieht der
Entschließung des Königs vertrauensvoll entgegen, sie ersucht Ew. Hoch=
wohlgeboren, für diese Deputation die nöthige Reise=Ermächtigung zu
erbitten."

2. Zu Mitgliedern der in diesem Schreiben in Aussicht genommenen Deputation erwählt die Versammlung die Herren Alexander Scharff, Dr. Schmidt-Holzmann, Dr. med. Varrentrapp, mit der Ermächtigung, sich nach ihrem Ermessen in geeigneter Weise zu verstärken.

Die Versammlung ging um 6¹/₂ Uhr auseinander.

General v. Röder muß von diesen in geheimer Sitzung gefaßten Beschlüssen sehr rasch Kunde erhalten haben, denn bereits um 7 Uhr Abends war von ihm das folgende Schreiben an die Herren Fellner und Müller ausgefertigt:

„Ich ersuche Sie, dafür Sorge zu tragen, daß ich morgen Vormittag spätestens 10 Uhr im Besitz einer Liste der Namen sämmtlicher Mitglieder des Senats, der ständigen Bürger-Repräsentation und der gesetzgebenden Versammlung unter Angabe der Wohnungen derselben, sowie einer Mittheilung bin, wer von denselben Hausbesitzer ist."

Bürgermeister Fellner empfing dieses Schreiben nach einem sorgenvoll und unter sehr aufreibender Thätigkeit verbrachten Tage gegen acht Uhr Abends in seiner Wohnung, Seilerstraße Nr. 8, woselbst er kaum eine halbe Stunde zuvor von den Amtslocalitäten im Römer zurückkehrend eingetroffen war und sich gerade mit seiner Familie zu Tisch gesetzt hatte. Er war den ganzen Tag über nicht nach Hause gekommen und hatte keine Zeit zum Mittagsessen gefunden; auf das Amt ließ er sich aus der Nachbarschaft einen Imbiß holen. Schon am Nachmittage war in einer Sitzung des wegen der Contributionsaffaire vorübergehend wieder in seine Functionen eingesetzten Senates einigen Collegen Fellner's dessen tiefe Niedergeschlagenheit aufgefallen; man hatte ihn aus dem Sitzungszimmer in den anstoßenden Kaisersaal gehen und dort in Gedanken versunken lange am Fenster sitzen gesehen, bis einer der Senatoren den Versuch machte, ihn durch ermuthigenden Zuspruch seinen trüben Gedanken zu entreißen, worauf jedoch nur eine kurze und abwehrende Bemerkung erfolgte. Der sonst sehr kräftige und heitere Mann war in den acht Tagen seit der Occupation Frankfurts in seinem Aeußeren wohl um zehn Jahre gealtert; das Unglück seiner Vaterstadt und die ihm persönlich zu Theil gewordene Behandlung hatten ihre Spuren tief auf sein Antlitz eingegraben. Zur Annahme des Amtes als „Regierungsbevollmächtigter“ war er nur durch die Drohung des Generals Falckenstein bewogen worden, daß im Falle seiner Weigerung ein preußischer General diese Function übernehmen werde, was zu vermeiden und damit die Interessen seiner Vaterstadt so gut wie noch möglich zu wahren er für seine heilige Pflicht hielt. Während der ganzen Zeit seiner Amtsführung als Regierungsbevollmächtigter war er fortwährend körperlichen Strapazen und geistigen Aufregungen ausgesetzt, ohne jemals Ruhe zu genießen; vom frühen Morgen an auf seinem Bureau thätig oder von einem Militärbeamten zum anderen gehetzt, die ihm häufig in schroffem und rohem Tone begegneten, konnte er meist erst am späten Nachmittage Zeit finden, einige Bissen hastig zu genießen, um dann sofort wieder seinen peinlichen Geschäften nachzugehen. Selbst während der Nacht war ihm keine ungestörte Ruhe beschieden, da fortwährend Depeschen und Ordonnanzen kamen, welche eine alsbaldige Abfertigung erheischten. Am Tage nach Erledigung der 6 Millionen-Angelegenheit äußerte Fellner, heute habe Falckenstein zum ersten Male eine etwas freundlichere Sprache gebraucht, indem er sagte: „Ich kann Ihnen nun die Beruhigung geben, daß das Schlimmste für Sie überstanden sein wird!“

Das „Schlimmste“ sollte aber noch mit der Aera Manteuffel und der 25 Millionen-Contribution kommen.

20

Wie bereits erwähnt, erhielt Fellner, der in diesem Augen= blicke der Ruhe auf's Höchste bedürftig war, am 23. Juli gegen 8 Uhr Abends jenes vielsagende Actenstück, über dessen Empfang er dem Boten (einem Unteroffizier) quittirte und es dann seinem Collegen Müller mit einem Schreiben etwa folgenden Inhaltes zusandte: „Soeben empfange ich dieses Schreiben, was gedenken Sie zu thun? — Der Bürger= meisteramtsdiener Schäbel brachte diesen Brief nebst Anlage dem Dr. Müller und kam gegen 10 Uhr mit folgender schrift= licher Antwort des Letzteren zurück: „Ich bin unwohl, kann das Zimmer nicht verlassen und nichts in dieser Sache thun; ich heiße Samuel Gottlieb Müller und besitze kein Haus."

Fellner äußerte nach Durchlesung dieser Worte: „Nun ist Der auch noch krank, nun stehe ich ganz allein!" und überließ sich seinen trostlosen Betrachtungen. Gegen 11 Uhr ging er zu Bett, nachdem er den obengenannten Diener noch beauftragt hatte, ihn anderen Morgens zeitig zu wecken, da er viel zu thun habe und früh auf's Amt müsse. Von da an fehlt jede Beobachtung über das fernere Thun des unglücklichen Mannes, von dem seine Angehörigen glaubten, daß er eingeschlafen sei und der Ruhe genieße. Sie wurden auf schreckliche Weise vom Gegentheil überzeugt. Gegen 6 Uhr Morgens ging das Hausmädchen nach dem hinten im Garten gelegenen Brunnen, um Wasser zu holen und sie fand hier einen entsetzenerregenden Anblick, nämlich den Leichnam Fellner's, noch warm, aber längst jeden Lebens= funkens beraubt. Ueber die Verzweiflung der herbeigerufe= nen Angehörigen breiten wir den Schleier des Schweigens.

So starb der letzte Bürgermeister der freien Stadt Frankfurt — ein sichtbares Opfer jener „geistigen Folter", von der General v. Manteuffel in seiner Denkschrift über die 25 Millionen-Affaire spricht. Man würde vollständig irren, wenn man aus dem Selbstmorde des unglücklichen Mannes den Schluß ziehen wollte, es habe ihm an geistiger Widerstandskraft gegen plötzlich hereinbrechendes Unglück gefehlt. Sein Leben beweist das Gegentheil; aber das mörderische Gewicht der Juli-Ereignisse 1866 hatte ihn, der schließlich nach seinen eigenen Worten „ganz allein stand" zu Boden gedrückt. Ob die erlittenen furchtbaren körperlichen Strapazen und geistigen Aufregungen seine Seele während dieser Nacht — denn vorher war davon noch nicht das Mindeste zu bemerken — so weit trübten, daß er durch den Tod Ruhe für sich selbst suchte oder ob ihn nicht der leuchtende Gedanke erhob, durch sein Ende das Geschick Frankfurts mit einem Male zum Besseren zu wenden, das wird unerforschlich bleiben.

Der Eindruck, welchen diese Trauerkunde am Morgen des 24. Juli in der Stadt machte, läßt sich kaum beschreiben. Thränen des Schmerzes und des verhaltenen Grimmes furchten das Antlitz zahlloser Bewohner und Bewohnerinnen der Stadt; nie im Laufe der vielhundertjährigen Geschichte Frankfurts hat der Tod eines angesehenen Bürgers gleiche Theilnahme bei der Bevölkerung erregt.

Gegen 8 Uhr früh brachte der Schwager des Verstorbenen, Appellationsgerichtsrath Dr. Kugler, dem General v. Röder die Nachricht von dem stattgefundenen Ereigniß. v. Röder erwiederte kurz angebunden: „Ich bedauere das, dann muß ein Anderer die Liste machen und die Contribution muß dennoch bezahlt werden!"

Den ersten Bericht über Fellner's Tod und über die

20*

Frankfurter Zustände überhaupt erhielt König Wilhelm durch
die Tochter des niederländischen Gesandten, Frl. v. Scherff,
welche direct an die Königin Augusta telegraphirte und die=
selbe um Mittheilung des Vorgefallenen an den König bat.
Ihr war es zu verdanken, daß der Befehl, die Waarenvor=
räthe der großen Handlungshäuser Behufs gewaltsamer Ein=
treibung der Contribution festzustellen, auf ausdrückliche
Weisung des Königs unausgeführt blieb.

Ehe wir nun die weiteren Ereignisse schildern, sei ein
kurzer Bericht über die Beerdigung Fellner's hier mit=
getheilt.

Die Familie des Verstorbenen machte am 24. Juli
durch eine Beilage im „Intelligenzblatt" die übliche Todes=
anzeige mit den Worten: „Verwandten und Freunden wid=
men wir die schmerzliche Anzeige von dem heute erfolgten
Hinscheiden des Herrn Bürgermeisters, Senator Fellner",
und setzte die Beerdigungszeit auf Donnerstag den 26. Juli
Morgens neun Uhr fest. Am anderen Tage erschien
jedoch im Intelligenzblatt die folgende Anzeige:

„Die Familie des verstorbenen Herrn Bürgermeisters
Fellner hat unter den jetzigen Zeitverhältnissen sich
veranlaßt gesehen, die Beerdigung des Dahingeschie=
benen zu einer anderen als der angezeigten Stunde
in aller Stille anzuordnen."

Diese Veränderung der Stunde und der Beerdigungs=
weise war, wie alsbald in der Stadt bekannt wurde, in
Folge der von dem Militär=Commando dem Polizeiamt ge=
machten Eröffnung erfolgt, die Familie Fellner's werde
für jede etwa entstehende Ruhestörung haftbar ge=
macht; keinerlei „Demonstration dürfe stattfinden."

General v. Röder hatte zu diesem Zwecke die strengsten
Befehle ertheilt; aber die Bevölkerung ließ es sich bemunge=
achtet nicht nehmen, ihrem unter so tragischen Umständen
dahingeschiedenen Bürgermeister das letzte Ehrengeleit zu
geben. Da die Stunde der Beerdigung nicht bekannt ge=
macht war und man nur vermuthen konnte, daß die Be=
stattung früh Morgens stattfinden werde, sammelten sich
schon in der Nacht die Bürger in lautloser Stille vor und
in der Nähe des Sterbehauses. Tausende standen in der
Seilerstraße, als gegen 5 Uhr früh der Sarg unter Vor=
antritt des Consistorialraths Dr. Kirchner aus der Woh=
nung getragen wurde. Der Leichenzug ordnete sich ohne
die geringste Störung; nur als derselbe den Kirchhofsweg
hinaufzog, bemerkte man in Distancen von je einigen hundert
Schritten Feldgendarmen hinter den Bäumen aufgestellt,
welche den Zug beobachteten und offenbar den Auftrag hat=
ten, etwaige Vergehen gegen die neugeschaffene „Ordnung“
zu verhindern. Eine recht überflüssige Vorsicht, die sich
sogar bis zur theilweisen Besetzung des Friedhofes ausdehnte,
wo hinter den auf den Gräbern grünenden Gebüschen Gendar=
men postirt waren. Consistorialrath Kirchner hielt in schlich=
ter, zu Herzen gehender Weise die Leichenrede, ohne dabei
auf das so nahe liegende Gebiet der politischen Ereignisse
sich zu verirren; im Namen der Familie drückte dann in
wenigen Worten Dr. Kugler den Dank der Angehörigen
für die tiefe Theilnahme der Bevölkerung an dem Trauer=
falle aus. Während die Erde sich über dem Grabe schloß,
ließ der Liederkranz Trauerchoräle ertönen und dann wur=
den Kränze und Erinnerungszeichen ohne Zahl auf dem Grabe
niedergelegt. Strahlend und schön breitete sich die liebe Sonne
über den Friedhof aus; aber drinnen in den Thoren der

Stadt und in den Wohnungen der Lebenden herrschte, um
mit Herrn v. Manteuffel zu reden, „die Furcht vor soldatischen Grausamkeiten."

Ungeachtet die Tagespresse in Frankfurt auf das
Aeußerste geknebelt war — so sehr, daß beispielsweise in
den kümmerlichen Notizen über den Tod des Bürgermeisters
Fellner auch nicht einmal eine Anspielung auf die Ursachen
seines Todes vorkommen durfte — und troß der durch
die Kriegsereignisse herbeigeführten faktischen Absperrung der
Frankfurter Bevölkerung von dem übrigen Deutschland hatten doch die Nachrichten von der furchtbar harten Behandlung Frankfurts rasch ihre Verbreitung nicht nur in ganz
Deutschland, sondern auch im Auslande gefunden und überall
— nur mit Ausnahme von Preußen, wo der politische Fanatismus damals alle besseren Regungen erstickte — das pein-
lichste Aufsehen und großes Mitleiden erregt. Die preußische
Presse, obenan der „Staatsanzeiger" in Berlin, mochte unter
diesen Umständen freilich das Bedürfniß fühlen, der Welt
die Strafwürdigkeit Frankfurts in möglichst grellem Lichte
zu schildern. Der „Staatsanzeiger" brachte zur Rechtfertigung
der wiederholten Kriegscontributionen einen Artikel, in
welchem als Gründe für die letzteren angeführt waren: „Systematische Feindseligkeiten der Frankfurter Regierung gegen
Preußen, Duldung von Majestätsbeleidigungen gegen den
König in der Frankfurter Presse, Verletzung der Verträge,
Schädigung preußischen Eigenthums und Betheiligung am
Kriege der österreichischen Coalition gegen Preußen." —
Die Kölnische Zeitung sagte Folgendes: „Keine Stadt trägt
an dem Krieg so schwere Schuld wie Frankfurt, denn schon
seit Jahren war Frankfurt der Mittelpunkt der wüthendsten
Hetzereien gegen Preußen und namentlich seit dem März

das Hauptquartier jener nichtsnutzigen Schreier, welche
Himmel und Hölle in Bewegung setzten, um Deutschland
in einen Krieg zu stürzen, der mit der Vernichtung Preußens
enden sollte. Man muß während dieser Zeit im Süden
gelebt haben um beurtheilen zu können, mit welcher furchtbar schwerer Schuld sich Frankfurt beladen hat, und zwar
nicht Einzelne, sondern Frankfurt als Stadt und als Staat.
Feindseligkeit und wilde Agitation gegen Preußen waren
das Lebensprinzip jener freien Reichsstadt geworden. Von
ihr gingen fast alle die Wühlereien aus, welche über den
ganzen Süden so schweres Unheil gebracht haben. Darmstadt
und Baden seufzten unter dem Terrorismus der nichtswür-
digen Frankfurter Presse, der nie eine Frankfurter Behörde
den Versuch gemacht hat, eine Schranke zu ziehen. Und
diese Frankfurter Politik war nicht nur die Ausgeburt eines
blinden Fanatismus, sondern auch das Product einer jüdischen
Speculation. Frankfurt hoffte durch die Unschädlichmachung
Preußens sich mehr und mehr zur politischen Hauptstadt
Deutschlands aufzuschwingen und die Monopolisirung des
Geldverkehrs, die es gegen den Süden seit langer Zeit
geübt, auch auf den Norden auszudehnen. Ein solches
Treiben hat eine exemplarische Züchtigung in vollstem Maße
verdient."

Es ist nach allem Demjenigen, was wir im Verlaufe
unserer Schilderung schon gesagt und nachgewiesen haben,
gewiß gänzlich überflüssig, diese groben Unwahrheiten noch
einmal zu widerlegen. Man vergleiche nur einfach mit dem
Obigen, was General Manteuffel über die Gründe der
zweiten Contributionsforderung in seiner Denkschrift sagt:

„Was war Preußen nöthiger als Geld! Die Einnahme
Frankfurts bot die Gelegenheit, dies für jene Eventualität

zu erhalten. Minister Graf Bismarck durfte diese Gelegenheit nicht vorübergehen lassen; er kannte die Verhältnisse ganz
genau und wußte, daß Bankiers in der Stadt wohnten, für deren
Credit die Zeichnung von 25 Millionen Gulden nichts zu
hohes war."

Hätte General Manteuffel diese Mittheilungen schon zu jener
Zeit gemacht, so würden wohl die Vorstellungen von den
furchtbaren Verbrechen Frankfurts, für welche es nun
„exemplarisch gezüchtigt" wurde, sich auch in Preußen etwas
geändert haben und die guten Kölner insbesondere würden
wahrscheinlich auch ohne die dazwischengetretenen Hindernisse
um ihr schönes Project eines Vergnügungszugs
nach dem gezüchtigten Frankfurt gekommen sein.
Der Krieg verwildert immer die Gemüther und macht gegen
Leiden unempfindlich, die unter gewöhnlichen Verhältnissen
die höchste Theilnahme Aller erregen würden; gleichwohl
läßt sich behaupten, daß das Jahr 1866 Beispiele von
Rohheit und niedriger Gesinnung zu Tage gefördert hat,
wie sie selten in einem anderen Kriegsjahre erlebt wurden.

Am Vormittag des 24. Juli, als die Bürgerschaft
noch unter dem frischen Eindruck der Nachricht von dem
Selbstmorde des Bürgermeisters Fellner stand, traten die
Gerüchte von einer bevorstehenden Plünderung der Stadt
in so bestimmter Weise auf, daß sie allgemeinen Glauben
fanden und die ernsthaftesten Männer sich auf dieses Schicksal
der Stadt gefaßt machten. Es kam hinzu, daß selbst die
Offiziere und Soldaten der Besatzung in dem festen Glauben standen, daß der Befehl zur Plünderung bereits vorbereitet und jeden Augenblick die Publication zu erwarten
sei, falls die Contribution nicht noch in letzter Stunde bezahlt werde. Es traf sich, daß an diesem Tage die gesammte
Besatzung nur aus Landwehrleuten der preußischen Armee

bestand und es muß gesagt werden, daß Viele derselben einen tiefen Widerwillen gegen die Rolle an den Tag legten die nach ihrem Glauben ihnen zugedacht war.

Für die Bürger aber, welche nun seit acht Tagen aus einer Panik in die andere gejagt wurden, welche unter dem Eindruck der Manteuffel'schen Scheindrohungen und der von den Herren v. Röder und Kortzfleisch den Vertretern der auswärtigen Legationen gemachten Mittheilungen standen, welche auch die nach der Stadt hin gerichteten Kanonen auf dem Mühlberge sahen und endlich von Mund zu Mund sich erzählten, daß Bürgermeister Fellner sich erhängt habe, weil er sich nicht zur Aufstellung einer „Proscriptionsliste" gegen seine Mitbürger habe verstehen wollen — für die Bürger war die Stimmung der preußischen Landwehrleute nur ein sehr unzureichender Trost. Man kannte den soldatischen Gehorsam, der in der preußischen Armee unter allen Um=ständen herrschte und zog es deßhalb vor, sich auf die ver=meintlich bevorstehende Plünderung so gut wie möglich vor=zubereiten. In vielen Häusern der Altstadt hatte man schon in der Nacht Werthpapiere, Geld und Pretiosen in die Keller oder sonstige nicht leicht zugängliche Localitäten ver=graben und wer unter diesen Bedrängnissen noch Sinn für historische Reminiscenzen hatte, vergegenwärtigte sich die Schilderungen Grimmel von Grimmelhausen's im „Simpli=zissimus" aus dem dreißigjährigen Kriege oder dachte an „Wallensteins Lager" von Schiller; nicht minder auch hatten Literaturkundige eine Scene in Goethe's Faust, zweiter Theil, aufgestöbert, welche von Kriegscontributionen handelt und frappante Bezüglichkeiten auf die augenblicklichen Vor=gänge in Frankfurt enthielt. Indessen gab es auch recht practische Leute in Frankfurt, welche nicht in absoluter Paf=

sivität oder in schmerzlichen Reflexionen den drohenden Er=
eignissen entgegensehen mochten, sondern nach Möglichkeit
Hülfe zu schaffen suchten. Während die nach Berlin be=
stimmte Deputation des gesetzgebenden Körpers bei den mili=
tärischen Befehlshabern um die Reiseerlaubniß nachsuchte
und der völlig consternirte Senat noch keinen Beschluß wegen
Theilnahme seiner Mitglieder an diesen Schritten gefaßt
hatte, fiel es einem angesehenen hiesigen Kaufmann, dessen
Namen wir verschweigen wollen, ein, daß in Heidelberg
Senator v. Bernus war, welcher vielleicht es zu Wege
bringen konnte, daß von einer auswärtigen Macht ein gutes
Wort in Berlin zu Gunsten der schwer bedrückten Stadt
Frankfurt eingelegt werde. Ein Eilbote, welcher sich durch
die preußischen Militärposten ringsum Frankfurt zu schleichen
wußte — was in jenen Tagen gar nicht so leicht war —
brachte einen Brief nach Heidelberg an Herrn v. Bernus,
worin die Lage der Dinge in Frankfurt, sowie der Tod des
Bürgermeisters Fellner geschildert und v. Bernus beschworen
wurde, so rasch als möglich die Vermittlung der auswärtigen
Regierungen nachzusuchen. Senator v. Bernus richtete in
Folge dieses Briefes noch am 24. Juli je eine telegraphische
Depesche an den Minister Drouyn de Lhuys in Paris, an
den russischen Minister Fürsten Gortschakoff und an Lord
Stanley in London, deren Uebersetzung folgendermaßen
lautet:

> „Man beharrt darauf, daß die Stadt Frankfurt außer den bereits
> gezahlten 6 Millionen Gulden und außer den auf 2 Millionen zu ver=
> anschlagenden Leistungen an Lebensmitteln und Pferden, sowie den
> zahlreichen anderen Requisitionen der preußischen Truppen noch eine
> weitere Contribution von 25 Millionen Gulden zahlt.
> „Der Senat und die anderen munizipalen Körperschaften in
> Frankfurt haben sich vereinigt, um eine Petition an Seine Majestät

ben König von Preußen abzusenden, zu beren persönlicher Ueberreichung an Seine Majestät Herr von Rothschild und zwei andere angesehene Bürger von Frankfurt auserwählt waren; allein der Civilcommissär hat die erforderliche Reise-Erlaubniß verweigert.

„Der Bürgermeister Fellner, welchen General Falckenstein zu einem der Regierungscommissäre der Stadt ernannt hatte, hat sich aus Verzweiflung über die Art, wie man mit der Stadt und ihm vorging, erhängt.

„Man hat sich eine Liste aller Mitglieder des Senats und der übrigen munzipalen Körperschaften, sowie über deren bewegliches Vermögen geben lassen, wahrscheinlich zu dem Zwecke, um sie für die Zahlung der 25 Millionen Gulden haftbar zu machen.

„Sämmtliche Bankiers haben sich in Folge dieser Maßregeln zu der Erklärung vereinigt, daß sie im Falle der Anwendung von Gewaltmaßregeln dieser Art sofort ihre Zahlungen in Deutschland sowohl wie nach dem Ausland einstellen würden.

„Die in Frankfurt lebenden Preußen haben eine Deputation an den preußischen Civilcommissär abgesandt, um für die Sache der Stadt zu plaidiren und ihrem Unwillen (indignation) Ausdruck zu geben.

„Ich erfülle nur eine heilige Pflicht, indem ich diese Nachrichten Ew. Excellenz mittheile und dieselbe im Namen der Menschlichkeit bitte, bei Seiner Majestät die Sache der unglücklichen Stadt Frankfurt vertreten zu wollen."

Bahnhof Heidelberg, 24. Juli 1866.

gez. Bernus.

Um an dieser Stelle den Zwischenfall des Bernus'schen Vermittlungsversuchs alsbald zu erörtern, führen wir an, daß Herr v. Bernus, wie dies bald darauf in Frankfurt bekannt wurde, sich auch persönlich von Heidelberg aus nach Paris begab, um dort im Interesse einer diplomatischen Verwendung für seine schwer bedrückte Vaterstadt zu wirken. Herr Drouyn de Lhuys, der französische Minister des Auswärtigen, hatte, sei es aus welchem Grunde immer, die Indiscretion begangen, das oben mitgetheilte Telegramm des Herrn v. Bernus alsbald durch die „Agence Havas" und den amtlichen Moniteur veröffentlichen zu lassen, wodurch eine Vermittlung in der Sache natürlich nur in hohem Grade erschwert werden mußte. Das Berliner Cabinet wurde durch die Veröffentlichung des v. Bernus'schen Telegramms äußerst unangenehm berührt, uud scheint alsbald an den General v. Röder oder an den Civilcommissarius Landrath v. Dieft in Frankfurt auf den Gegenstand bezügliche Weisungen erlassen zu haben; vermuthlich auch wurden der preußischen Gesandtschaft in Paris vertrauliche Instructionen für den Fall ertheilt, daß der französische Minister des Auswärtigen die Sache bei diesem zur Sprache bringen werde. Wie es sich nun auch damit verhalte, thatsächlich stellte der als „Magistrat" reconstituirte Senat in Frankfurt dem Vorgehen des Herrn v. Bernus folgende offizielle Veröffentlichung im „Frankfurter Journal" vom 29. Juli entgegen:

> „Verschiedene Zeitungen berichten, daß von einem Mitgliede des Senats Noten, die dermaligen Verhältnisse in Frankfurt betreffend, an die Minister auswärtiger Staaten gerichtet worden seien. Es darf zur richtigen Beurtheilung der Sache mit aller Bestimmtheit versichert werden, daß der Senat von Frankfurt keines seiner Mitglieder zu einem solchen Handeln veranlaßt oder ermächtigt hat."

Die „Kölnische Zeitung" sowie verschiedene der Regierung nahestehende preußische Blätter reproducirten diese Aeußerung des „Frankfurter Journals" mit dem Beifügen, daß Herr v. Bernus nicht nur von seinen Collegen in Frankfurt „desavouirt" worden sei, sondern daß auch seine Verfahrungsweise in der Bürgerschaft selbst „vielseitig Mißfallen" erregt habe. Letzteres war nun entschieden nicht der Fall und die „Kölnische Zeitung" brachte denn auch eine ihr aus Frankfurt zugesandte Berichtigung zum Abdruck, der wir Folgendes entnehmen:

„Das zweite Blatt der Kölnischen Zeitung vom 29. Juli
bringt die Nachricht, daß die Depesche des Herrn Senators
von Bernus an die auswärtigen Höfe „vielseitig Mißfallen"
errege, nur als Privatschritt betrachtet werden könne und vielfache Irrthümer enthielte. Zunächst ist nun aber in dieser Depesche nirgends behauptet worden, daß sie anders als ein Privatschritt betrachtet werden solle. Kann es denn wirklich „vielseitig
Mißfallen" erregen, eine Fürsprache für seine unglückliche
Vaterstadt im Interesse der Menschlichkeit angerufen zu haben?!

Ein Desavouiren von Seiten des Senats, wovon alsdann
in Ihrem zweiten Blatte des 30. Juli die Rede ist, kann schon
deshalb nicht stattgefunden haben, weil der Senat dazu einem
Privatschritte gegenüber nicht berechtigt war. Desavouirt
kann doch nur werden, wer ohne Mandat oder unter Ueber-
schreitung eines solchen für einen Anderen, nicht aber, wer
für sich handelt."

Herr Drouyn de Lhuys, der französische Minister des
Auswärtigen, scheint übrigens der oben schon erwähnten
Indiscretion noch die weitere hinzugefügt zu haben, daß er
auch über die zwischen ihm und Herrn v. Bernus statt-
gefundene mündliche Unterredung dritten Personen Mittheilungen machte. Es coursirte darüber zu jener Zeit in Kreisen, denen man einige Sachkenntniß zutrauen darf, folgende
Version: Herr Drouyn de Lhuys zeigte sich keineswegs geneigt, in dieser Angelegenheit etwas weiteres zu thun, als
was von ihm bereits geschehen war, nämlich jene Veröffentlichung des Telegrammes durch den Moniteur. Er gab zu
verstehen, daß die Stadt Frankfurt sich während der Verhandlungen über den deutsch-französischen Handelsvertrag
wenig entgegenkommend˙ gegen die Wünsche und Interessen der französischen Regierung˙ gezeigt habe und überhaupt
der Letzteren niemals freundlich gesinnt gewesen sei. Die
Regierung könne sich wegen dieser Angelegenheit nicht in
Unterhandlungen mit dem Berliner Cabinet einlassen, zumal

ja der Senat von Frankfurt die Schritte des Herrn v. Bernus inzwischen selbst desavouirt habe.

Was Herr v. Bernus auf diese Aeußerungen erwidert
hat, haben wir nicht in Erfahrung bringen können, wohl
aber, daß er alles in seinen Kräften Stehende gethan hat,
um gleichwohl eine Verwendung für Frankfurt in der Contributionsangelegenheit herbeizuführen. Es ist dies auch
durch den französischen Gesandten in Berlin, Herrn Benedetti,
der zu jener Zeit in dem preußischen Hauptquartier zu
Nikolsburg weilte, wirklich geschehen, freilich nur in ganz
vertraulicher und unpräjubicirlicher Weise, während gleichzeitig die englische Presse laut ihre Stimme für Frankfurt erhob, einstweilen jedoch ohne thatsächlichen Erfolg.

Welcher Unbefangene möchte heute — wie es na.,
1866 von einigen Seiten versucht worden ist — dem Herrn
v. Bernus einen Vorwurf daraus machen, daß er zur Ab-
wendung der über seiner Vaterstadt schwebenden schrecklichen
Noth jene Schritte that, die immerhin die Möglichkeit eines
Erfolges boten? Wir unterschreiben voll und ganz, was
jener Bürger damals der Kölnischen Zeitung entgegenhielt:
„Kann es denn wirklich „vielseitig Mißfallen" erregen, eine
Fürsprache für seine unglückliche Vaterstadt im Interesse
der Menschlichkeit angerufen zu haben?!"

Am 25. Juli reiste die vom gesetzgebenden Körper erwählte Deputation, bestehend aus den Herren Scharff-
Majer, Dr. Schmidt-Holzmann und Dr. Varrentrapp, denen
sich noch Baron M. C. von Rothschild angeschlossen hatte,
nach Berlin ab. Man hätte wohl annehmen können, daß
inzwischen die Contributionsangelegenheit in Frankfurt selbst
einen Ruhepunkt wenigstens auf so lange finden werde, bis
das Resultat der Bemühungen dieser Deputation bekannt

sei. Dem war jedoch nicht so. Man lese folgendes Pro=
tokoll der Handelskammer vom 26. Juli 1866:

Handelskammer der freien Stadt Frankfurt.

XIII. Sitzung

Donnerstag, den 26. Juli 1866, Abends 6¼ Uhr.

In Anwesenheit von 18 namhaft gemachten Herren.

(Die Mitglieder der Handelskammer waren: G. A. de Neuf-
ville, G. Th. Scherbius, F. J. Böhm-Osterrieth, J. Ph. Petsch,
Freiherr M. C. von Rothschild, J. A. Reiß, J. C. Bauer,
F. J. Schuster, A. W. Haase, F. A. Osterrieth, Ph. N. Passa-
vant, A. Grunelius, Ferd. Heuer, J. Ph. Oppenheim, J. G.
Henrich, J. A. Zickwolff, J. G. Metzler, H. B. Küchler, W.
Cornill, J. Th. Kuchen.)

§ 96.

„Herr Senior Gustav de Neufville zeigte an, daß er
heute einen Brief des preußischen Generalmajors Herrn von
Röder, Obercommandanten der Stadt d. d. 26. Juli, erhalten
habe, welcher ihn mit einigen seiner Herren Collegen zum Behufe
einer im Interesse des Handels- und Gewerbe-Verkehrs der
Stadt bringend nöthigen vertraulichen Besprechung auf heute
Nachmittag um 4 Uhr in seine Wohnung eingeladen habe.

Zu dieser Conferenz hatte er die Herren Subsenior Scherbius,
Petsch und Adolf Grunelius um ihre Theilnahme ersucht.

Die vier Herren berichteten nun über die von dem Herrn
Obercommandanten ihnen gewordenen mündlichen Mittheilungen,
wonach derselbe für den Fall, daß die Stadt Frankfurt in der
Contributions-Angelegenheit (wobei von den zweitgeforderten
25 Millionen Gulden die erstbezahlten 6 Millionen abgerechnet
werden dürften) kein Entgegenkommen bewähre, er zu folgenden
successiven, jedoch von Stadium zu Stadium zugleich cummu-
lirten Zwangsmaßregeln befehligt sei: — erstens,
Einstellung eines jeden Post-Telegraphen- und Eisenbahn-Verkehrs;
— zweitens, hinzutretende Schließung der Wirthschaften und
öffentlichen Locale; — drittens, hinzutretende militärische
Cernirung der Stadt und Absperrung gegen jeden
Eingang und Ausgang von Menschen und Waaren
jeder Art.

Die Handelskammer erörterte die ganze Angelegenheit in eingehender Weise und ersuchte dann diejenigen ihrer Mitglieder, welche als Mitglieder der Staatskörperschaften in diesen die Ansichten der Handelskammer zu vertreten im Stande seien, von jenen Mittheilungen und diesen Ansichten den etwa geeignet befundenen Gebrauch zu machen."

Nach mündlichen Mittheilungen in der Sitzung des gesetzgebenden Körpers vom 27. Juli hat General v. Röder die in dem obigen Protocoll erwähnte Mittheilung mit den folgenden Worten gemacht: „Ich habe soeben vom Grafen Bismarck das folgende Telegramm erhalten: „Da die bisher ergriffenen Maßregeln nicht zum Ziele geführt haben, so haben Sie unverzüglich folgende Maßregeln der Reihe nach einzuleiten: 1. heute Abend sämmtlichen Post=, Telegraphen= und Eisenbahnverkehr zu sperren; 2. alle Wirthschafts= und andere öffentliche Localitäten zu schließen; 3. die Stadt für Menschen und Waaren jeder Art zu sperren." — General v. Röder fügte hinzu, er bewillige eine Frist von zwei Tagen bis zum 27. Juli Abends 6 Uhr; ferner, es seien die Zwischenräume zwischen dem Eintreten dieser verschiedenen Zwangsmaßregeln in sein Ermessen gestellt.

Ehe wir in unserer Erzählung fortfahren, sei der Curiosität halber eine Veröffentlichung, welche in den ersten Tagen des August zur Ableugnung obiger Thatsachen von Berlin aus erfolgte, hier angeführt. Es war ein Telegramm des Wolff'schen Correspondenzbureau's folgenden Inhaltes:

„Die Norddeutsche Allgemeine Zeitung erklärt die Nachricht, „daß Graf v. Bismarck eine Depesche an den in Frankfurt a. M. commandirenden General v. Röder gerichtet habe, mit der Weisung, als Zwangsmaßregel zur Eintreibung der Kriegscontribution zunächst allen Post-, Eisenbahn- und Telegraphenverkehr zu suspendiren, dann, wenn dies nicht helfe, alle Kaffeehäuser und Schankwirthschaften zu schließen, endlich, bei fortdauernder Zahlungsverweigerung, die Stadt zu cerniren und ihr alle Zufuhr von Lebensmitteln und Waaren abzuschneiden" — für vollständig erfunden; eine Depesche jenes angeblichen Inhaltes sei von dem Grafen Bismarck niemals erlassen worden."

Angesichts des oben mitgetheilten Protokolles der Frank=furter Handelskammer wäre es sicherlich recht interessant, zu erfahren, wem denn eigentlich das Verdienst der „Erfindung" jener Depesche gebührt? Dem Publikum oder den „Frank= -furter Poltrons", wie General Manteuffel sich ausdrücken würde, sicherlich nicht, denn die Delegirten der Handels=kammer hatten die Mittheilung direct aus dem Munde des Generals v. Röder und in der Sitzung des gesetzgebenden Körpers vom 27. Juli, auf welche wir alsbald zu sprechen kommen werden, wurde die von einem der Augen= und Ohren=zeugen sofort gemachten schriftlichen Aufzeichnungen dem Wort=laute nach verlesen. Es bleibt sonach nur die ohnehin sehr naheliegende Erklärung übrig, daß das offiziöse Berliner Blatt sein Desaveu an die Abresse des europäischen Publi=kums richten wollte; in Frankfurt selbst machte jene nach=trägliche Ableugnung einer nur allzu schwer empfundenen wirklichen Thatsache einen gar seltsamen Eindruck.

Kehren wir indessen zum 25. Juli zurück. Die Kunde von den durch General Röder ausgesprochenen Drohungen durchlief wie ein Lauffeuer die Stadt und während der ganzen folgenden 24 Stunden flüchteten sich trotz der im höchsten Grade erschwerten Reisegelegenheit (im ganzen Um=kreise von Frankfurt waren preußische Wachtposten aufgestellt und schwärmten Dragoner oder Ulanen umher) viele Ein=wohner aus der bedrohten Stadt; die zurückbleibenden Fa=milien kauften massenhaft Lebensmittelvorräthe ein, um sich gegen die bei etwaiger Absperrung der Stadt nach außenhin

21

nothwendig zu erwartende Hungersnoth zu schützen. Der
seit dem 17. Juli fast gänzlich darniederliegende Verkehr
in den Läden und auf den Straßen begann sich plötzlich in
einer seltsam tragikomischen Weise zu beleben. Die Bäcker,
Metzger, Marktverkäufer und Victualienhändler aller Art
machten riesige Geschäfte, auf den Straßen aber keuchten
Bürger, die sonst niemals gewohnt gewesen waren, sich den
Proviant ihrer Familien selbst nach Haus zu schleppen,
unter der Last schwerer Säcke, häufig an beiden Händen-
noch einen Bündel Würste oder riesige Schinken tragend,
bei denen es Niemandem einfiel, die Trichinenprobe anzu-
stellen oder zu untersuchen, ob das Fleisch nicht den bekannten
Sommergeschmack angenommen habe. Hunger ist der beste
Koch, sagt das Sprüchwort; aber auch die bloße Furcht vor
dem Hunger brachte dieselben Wirkungen hervor. Man vergegenwärtige sich nun die Gefühle der Bevölkerung, wenn
man berücksichtigt, daß die mit so großer Mühe und verhältnißmäßig erhöhten Kosten für die Tage der Noth zu-
sammengescharrten Lebensmittel nicht blos zur Ernährung
der eigenen Angehörigen, sondern auch zur Effectuirung
des famosen Speisezettels dienen mußten, welchen General
v. Falckenstein für die in den Häusern der Bürger befindliche
Einquartierung angeordnet hatte! „Ich war und bin noch",
schreibt dem Verfasser ein Augenzeuge dieser Ereignisse,
„mit einem der Herren näher bekannt, denen 25 Mann
Einquartierung als Execution zudictirt waren, kam täglich
in seine Familie und sah und erlebte da, welche namenlose
Aufregung, welche Zerstörung diese Verfügung anrichtete.
Es wurde berechnet, wie man die 25 Mann unterbringen
sollte, wieviel täglich für sie zu kochen sei 2c.; es wurde
auch erwogen, wie man „executirt" werden, welchen Drang-

falen man sich zu unterwerfen haben werde, welche Auftritte zu erwarten seien. „Wenn sie's mir zu arg machen, schieße ich mir eine Kugel durch den Kopf", sagte verzweiflungsvoll der Mann. Er hatte schon eine Woche vorher, da nur sechs Mann bei ihm einquartiert waren und der Unteroffizier hochmüthig und anmaßend zu ihm sagte: „Ich muß erst die Zimmer sehen, ob sie recht sind", und es dann in diesem Tone weiter ging, erlebt, wie drückend eine solche Last werden könne. Er hatte keine Ruhe und keine Rast mehr, lief unstät umher, horchte, fragte hier und dort, und was er draußen von seinen Mitbürgern hörte, war immer Eins schrecklicher als das Andere. Am nächsten Tage kam ich wieder hin, der Mann war nicht zu Hause, es wußte auch Niemand, wo er war. Endlich erschien er, hatte eben so viel Grausiges über das Auftreten der Soldaten gehört, daß er ganz außer sich war und kein ruhiges Gespräch mit ihm geführt werden konnte. 25 Mann! Er mußte natürlich Wohnzimmer, Schlafzimmer, Besuchszimmer den Soldaten abtreten, sich begnügen und behelfen mit dem, was sie verschmähten, mußte jeden Mittag 25 Schoppen Wein, jeden Abend 25 Flaschen Bier hinstellen und wie sollte das Essen für so Viele beschafft werden. Und war es denn nicht schon so häufig vorgekommen, daß einquartierte Soldaten in boshafter Weise Alles ruinirten, ihre Stiefel beim Putzen auf die Sammetstühle stellten, Spiegel und sonstiges Werthvolle zerbrachen u. s. w.? „Wenn ich's nicht mehr aushalten kann, schieße ich mich todt", das war wieder sein letztes Wort. — — — Die Strafeinquartierung kam nicht zu ihm; wäre sie aber gekommen, wäre sie, wie beabsichtigt, allen Mitgliedern der drei obersten Behörden ins Haus gelegt worden — ich glaube Fellner wäre nicht das einzige

Opfer jener Tage gewesen!"

An demselben Tage (25. Juli), welcher die Deputation des gesetzgebenden Körpers nach Berlin abreisen sah, erschien folgende Bekanntmachung des Generals v. Röber:

> „Nachdem die Stadt Frankfurt die Zahlung der von Sr. Majestät dem König auferlegten Kriegscontribution verweigert hat, werden als erste Executivmaßregel die Mitglieder der städtischen Körperschaft mit starker Einquartierung belegt, deren Repartition auf die einzelnen davon Betroffenen nach den Vorschlägen der städtischen Einquartierungscommission erfolgt.
>
> Frankfurt a. M., den 24. Juli 1866.
>
> Der Commandant:
> von Röber, Generalmajor."

Ferner folgende Bekanntmachung:

> „Zur gerechten Vertheilung der Einquartierung ist eine aus militärischen und städtischen Mitgliedern bestehende Einquartierungscommission ernannt worden, deren Militärpräses der Major von Restorff und Civilpräses der Senator von Mumm ist. Die Commission hat ihren Sitz in der Buchgasse Nr. 1. An dieselbe sind alle etwaigen (!) Klagen und Beschwerden', namentlich auch über eine nicht verhältnißmäßige Vertheilung der Einquartierung zu richten.
>
> Frankfurt a. M., den 24. Juli 1866.
>
> Der Commandant:
> von Röber Generalmajor."

Man kann sich leicht vorstellen, welche Rolle in dieser aus „militärischen" und „städtischen" Elementen gemischten Commission die Letzteren zu spielen berufen waren. Sie waren thatsächlich nichts weiter als die Diener und allenfallsigen Auskunftsgeber ihrer „militärischen" Collegen und mußten schon im Interesse ihrer Mitbürger sich hüten, die ersteren irgendwie durch Widerspruch zu reizen. Wie eine Ironie auf die herrschenden Zustände nahm sich denn auch die den Bürgern gegebene Freiheit aus, in Beziehung auf das Betragen der bei ihnen Einquartierten „Klagen und Beschwerden" vorzubringen! Mit Ausnahme eines einzigen Falles — der nächtlichen Excesse (Nothzüchtigung) auf einem Heuboden des Gutleuthofes, worüber Anzeige gemacht, eine Untersuchung auf städtische Kosten angeordnet, aber niemals ein Urtheilsspruch bekannt geworden ist — hat man denn auch bei der Einquartierungs-Commission schwerlich erlebt, daß Bürger „Klagen und Beschwerden" über die in ihren Häusern und Wohnungen stattgefundenen Excesse vorgebracht hätten. Und doch kamen diese zahlreich und in der rohesten Weise vor; insbesondere auch gaben die oldenburgischen und Lippe'schen Truppen, von denen inzwischen je ein Bataillon in die Stadt gerückt war, Beweise von Brutalität, die an's Unglaubliche gränzten. (Vergleiche die bereits an einer früheren Stelle gegebenen Schilderungen.) Der Verfasser der „Tagebuchblätter eines deutschen Staatsmannes" schrieb am 25. Juli Folgendes nieder: „Der Ausdruck: „erste Executivmaßregel" (in der obigen Bekanntmachung des Generals v. Röder) reizt die Neugierde, zu erfahren, welcher Art die weiteren Maßregeln sein werden." (Sie waren in dem Protokolle der Handelskammer vom 25. Juli bezeichnet. Anm. des Verf.) „Von der angedrohten Plünderung, resp. Beschießung wird man doch wohl bei etwas kälterer Ueberlegung zurückgekommen sein. Ganz unerhört ist fortdauernd das Betragen der Offiziere, während keine Klage über die gemeinen Soldaten geführt wird. Erstere aber benehmen sich in ihrer Mehrzahl so, daß ich ganz bestürzt bin; einen solchen Mangel an guter Erziehung habe ich nicht für möglich gehalten. Ein Unterschied zwischen Linie und Landwehr ist in dieser Hinsicht nicht zu bemerken." — Wir lassen als Ergänzung das

Nachstehende folgen, welches uns ein Augenzeuge jener Er=
eignisse schreibt: „Ich ging zum Allerheiligenthor hinaus;
da standen 6 bis 8 Männer, sahen (links) nach der Pro=
menade, schüttelten die Köpfe und sprachen leise miteinander.
Ein preußischer Offizier ritt nämlich von dem oberen Gange
über die Blumenbeete nach dem unteren, dann wieder
zurück nach dem oberen und so fort hin und her, immer
quer über die Beete und ließ sein Pferd die Blumen zer=
treten. Der Mann konnte gar keinen anderen Zweck
haben, als die vorübergehenden Frankfurter Bürger zu ver=
höhnen, etwa wie wenn er sagen wollte: „Seht, ihr bildet
euch auf eure vielberühmten Promenaden etwas ein; ich
lasse vor euren Augen die Blumen von meinem Gaul zer=
stampfen." — Was das Ende dieser Scene war, weiß ich
nicht; ich stand eine Zeitlang und sah der Rohheit mit
Herzklopfen zu; dann ging ich schweigend fort, jedes Wort
der Entrüstung hätte mir wahrscheinlich einen Säbelhieb
eingetragen." — In diese Zeit fiel auch der schon erwähnte
Vorgang im Bundespalais auf der Eschenheimergasse, wo
ein Trupp Offiziere sich von dem Portier den Sitzungs=
saal zeigen ließ, wo „die Schweinehunde" gesessen hatten,
und der unglückliche Portier, der doch gewiß nichts ver=
schuldet hatte, die körperlichen Mißhandlungen empfing,
welche die Herren Militärs möglicherweise in ihrem Grimme
den längst vom Schauplatze verschwundenen Bundestagsgesandten zugedacht haben mochten. Der hohe Bundestag
in der Person seines unschuldigen Portiers von preu=
ßischen Offizieren durchgeprügelt und mit Fußtritten regalirt
— das war sicherlich ein an die Rockflügel der Geschichte
gehefteter „Witz", über dessen guten Geschmack Jeder nach
Belieben urtheilen mag.

Am 26. Juli nahm die Executionseinquartirung ihren
Anfang; die Mitglieder des Senats, des gesetzgebenden Kör=
pers und der ständigen Bürger = Repräsentation erhielten
Trupps von 25, 50, ja sogar 100 Mann, welche mit
Trommeln und Pfeifen vor den designirten Häusern aufzogen.
„Da die Betroffenen", heißt es in den mehrfach citirten
Tagebuchblättern, „manchmal sehr eng wohnen, haben mehrere
von ihnen vorgezogen, der Einquartierung den Hausschlüssel
zu übergeben und mit ihrer Familie in's Wirthshaus zu
ziehen."

Unter dem Eindrucke dieser „ersten Executivmaßregel"
und der am Abend des 25. Juli in der Sitzung der Handels=
kammer mitgetheilten weiteren Drohungen des Generals
v. Röder, ersuchte der zweite Bürgermeister Forsboom den
Präsidenten des gesetzgebenden Körpers, Dr. Jung, um so=
fortige nochmalige Einberufung dieser Körperschaft zur Be=
rathung der Contributionsangelegenheit. Am 27. Juli,
Vormittags 11 Uhr, versammelten sich die Mitglieder des
gesetzgebenden Körpers in ihrem gewöhnlichen Sitzungssaal
und erhielten Mittheilung von dem nachstehenden Schreiben
des Senats:

„In Erfüllung einer nicht abzuweisenden Pflicht, in der Sorge
um das hiesige Gemeinwesen, welches bedroht ist von großen und
wachsenden Gefahren, wird andurch die Angelegenheit wiederholt
zur Erwägung empfohlen, welche mit dem Vortrage v. 23. l. M
an die gesetzgebende Versammlung gebracht worden ist. Wenn
eine Hoffnung besteht — und sie besteht — daß an der aufge=
legten Kriegscontribution frühere Leistungen in Abzug gebracht
werden dürfen, wenn andererseits eine Gefahr besteht — und sie
besteht — daß Maßregeln in Aussicht stehen, durch welche, an=
derer vorerst nicht zu gedenken, unser gesammtes Verkehrsleben
vollkommen gehemmt werden würde, wenn endlich gehofft werden
darf, daß bezeigter guter Wille bei weiteren Verhandlungen noch

seine guten Früchte tragen werde, so wird die empfohlene Sache
bei der gesetzgebenden Versammlung voraussichtlich entgegenkom-
mende Aufnahme finden. Commissarien zu weiterer Auskunft
werden andurch und zwar mit der Ueberzeugung angeboten, daß
die Mittheilungen derselben die gesetzgebende Versammlung zu
Entschließungen veranlassen werden, durch welche der Friede mit
seinen Segnungen nicht nur für unser Gemeinwesen herbeigeführt
wird, vielleicht auch für das Gesammtvaterland gefördert werden
kann. Möge die gesetzgebende Versammlung die Lage der Vaterstadt in dem ganzen Ernste derselben würdigen, die Entschließungen
derselben werden dann, so hart und schwer auch die Opfer sein
mögen, welche angesonnen werden, in der That der Vaterstadt
zum Besten gereichen."

Nach einer kurzen Geschäftsordnungsdebatte, welche
sich hauptsächlich um die Frage drehte, ob die vom Senat
angebotenen Commissäre zur gemeinsamen Berathung über
die Sache unmittelbar in die Sitzung berufen oder nur zu
den Commissionsbesprechungen eingeladen werden sollten,
entschied die Versammlung sich für den letzteren Weg und
vertagte sich bis Nachmittags 4 Uhr. Zu dieser Stunde
erstattete Dr. Reinganum mündlichen Bericht und schlug
den Erlaß der nachstehenden Antwort an den Senat vor,
welche nach eingehender Berathung auch genehmigt wurde:

„Die gesetzgebende Versammlung eröffnet zuvörderst dem Senat,
daß sie die in ihrem Beschlusse vom 23. d. Mts. in Aussicht genommene Deputation, bestehend aus den Bürgern Freiherrn
Carl v. Rothschild, Alex. Scharff, Dr. Schmidt-Holzmann und
Dr. G. Varrentrapp, erwählte, welche am 25. d. Mts. die Reise
nach Berlin angetreten hat. Dem Vortrage des Senats vom
heutigen Tage hat die gesetzgebende Versammlung die eingehendste
und gewissenhafteste Prüfung gewidmet und wiederholte Ergrün-
dungen über die finanzielle Lage der Stadt, über ihre Activen
und Passiven, über ihre Steuerkraft und deren möglichste Steigerung, über ihre Leistungsfähigkeit in Baarem und Credit angestellt. Sie hat dabei insbesondere auch den Inhalt einer finanzi-

ellen Aufstellung benützt, welche von der genannten bürgerlichen Deputation zum Behufe ihrer an Se. Majestät den König von Preußen zu richtenden Vorstellung ausgearbeitet worden ist. Alle diese Ermittelungen haben in der gesetzgebenden Versammlung die Ueberzeugung befestigt, daß auch, wenn die bereits bezahlte Contribution von 6 Millionen Gulden an den weiter geforderten 25 Millionen in Abzug gebracht wird, die Entrichtung dieses Restes von 19 Millionen Gulden, sei es in Baarem, sei es im Wege einer Creditoperation eine Sache der Unmöglichkeit ist, sollen nicht unser städtisches Gemeinwesen und dessen Angehörige einem vollständigen Verderben entgegengeführt, und dadurch zugleich die nachtheiligste Rückwirkung auf die Handelsgeschäfte und industriellen Anstalten eines großen Theils von Deutschland hervorgerufen werden.

Die Versammlung hält sich auch die verhängnißschweren Folgen gegenwärtig, welche mit den angedrohten Zwangs- und Executionsmaßregeln für die Bürger und Einwohner der Stadt, für ihre Geschäftsfreunde in weiterem Umkreise und für die, die Stadt Frankfurt umgebenden kleineren Städte und zahlreichen Dörfer entstehen würden. Gelänge es dem Senate, auf dem Wege der Unterhandlung die Sicherheit zu erzielen, daß durch ein neues, in der Ausführung mögliches Opfer die Anforderungen und Leistungsauflagen abgeschlossen und beendigt werden könnten, so würde die gesetzgebende Versammlung hierfür ihre Mitwirkung gewähren. Sie ersucht den Senat, in diesem Sinne nach Kräften zu wirken.

Frankfurt, den 27. Juli 1866.

Hochachtungsvoll

Dr. G. J. Jung."

Wir haben hier die Schilderung eines Vorgangs nachzuholen, welcher sich an die vorausgegangene Sitzung des gesetzgebenden Körpers vom 23. Juli anschloß. Auf dem Römerberg, unter den Fenstern des Sitzungssaales der Vertreter der Bürgerschaft, hatte sich während der Berathung über die Contributionsangelegenheit eine große Anzahl Bürger zusammengefunden, welche in ängstlicher Erwartung

des Ausganges der Berathungen harrten. Die vollkommenste
Stille herrschte unter diesen Bürgern, bis gegen 6½ Uhr
die Mitglieder des gesetzgebenden Körpers aus dem nach
dem Römerberg führenden Portal heraustraten. „Was ist
beschlossen?" frug ein Bürger eines der Mitglieder, und
als dieses antwortete, daß die Versammlung auf die Con=
tributionsforderung nicht eingegangen sei, machte sich die
Freude über das Verhalten des gesetzgebenden Körpers bei
den Bürgern in einen lauten Hochruf auf die gerade vor=
übergehenden Mitglieder der Körperschaft Luft. Eine Demon=
stration war sicherlich damit nicht beabsichtigt, vielmehr war
es der völlig spontane, aus dem Herzen kommende Aus=
druck der Freude darüber, daß die Vertreter der Bürger=
schaft trotz aller Drohungen den Kopf nicht verloren und
Forderungen nicht bewilligt hatten, deren Verwirklichung
nach dem Glauben Aller den Ruin der Stadt Frankfurt
herbeiführen mußte. General von Röder aber war durch
den Vorgang in so heftige Erbitterung versetzt, daß er ein
Schreiben an den Senat erließ, in welchem für den Fall
der Wiederholung solcher „Demonstrationen" das sofortige
Einschreiten mit Waffengewalt und die Stellung der
Schuldigen vor ein Kriegsgericht angedroht wurde. Dem
General war auch fälschlicherweise hinterbracht worden, daß
während der Sitzung des gesetzgebenden Körpers der Präsi=
dent (Stadtgerichtsrath Dr. Jung) sich vom Fenster aus
durch Zeichen mit den untenstehenden Bürgern verständigt
habe; es scheint jedoch, daß diese Angabe noch rechtzeitig
ihre Berichtigung gefunden hat, wenigstens zog sie für den
Beschuldigten keine der „Maßregeln" nach sich, mit denen
die preußische Militärgewalt in jenen Tagen so außerordent=
lich freigiebig war.

Die vom gesetzgebenden Körper nach Berlin entsandte Deputation, welcher sich, wie schon erwähnt, auch Baron M. C. v. Rothschild angeschlossen hatte, traf am 26. früh dort ein und wurde noch an demselben Tage von den Ministern v. d. Heydt und Graf zu Eulenburg, sowie von den Herren v. Werther und v. Savigny (dem früheren preußischen Bundestagsgesandten) empfangen. Die Aufschlüsse jedoch, die ihr gegeben wurden, waren recht trostlos. Die Herren v. Werther und Savigny gingen überhaupt auf die Sache, als außerhalb ihrer Wirksamkeit liegend, nicht ein; die Minister dagegen erklärten, daß die Herabsetzung oder gar Aufhebung der Contribution nur durch einen königlichen Gnadenact erfolgen könne; auch glaubten sie, daß die Contributionsfrage von der politischen Frage nicht getrennt werden würde; Frankfurt werde wahrscheinlich seine Selbständigkeit verlieren.

Mit dieser Auskunft kehrte die Deputation, ausgenommen den Herrn Dr. Varrentrapp, welcher als Privatperson in Berlin blieb, nach Frankfurt am 28. Juli Abends zurück; die Dinge lagen also genau auf demselben Fleck wie vorher, verschlimmert noch durch die Aussicht auf — Annexion! Als ein recht böses Omen für Frankfurt faßten es auch Viele auf, daß am 27. Juli plötzlich der Herr v. Wentzel, ehemaliger Minister-Resident Preußens bei der freien Stadt, nach kaum fünfwöchentlicher, durch die Kriegsereignisse herbeigeführten Abwesenheit hier in Frankfurt wieder erschien. Wir haben schon an einer früheren Stelle unserer Erzählung mit der nöthigen Zurückhaltung die Rolle geschildert, welche dieser Diplomat während der langen Dauer seiner Anwesenheit in Frankfurt gespielt hatte. Nach Allem, was man über sein Wirken vernommen hatte und sich hier erzählte, war es nur zu natürlich, daß sein Wiedererscheinen in Frankfurt das gerade Gegentheil von einem tröstlichen Gefühl hervorrufen mußte.

Am 28. Juli traf hier eine Depesche aus Nikolsburg ein, wodurch der Bürgermeister Dr. Müller telegraphisch zu dem Könige berufen wurde, um, wie es darin hieß, „über die Verhältnisse in Frankfurt Auskunft zu geben." Man hatte in Nikolsburg von der Entsendung der mehrerwähnten Deputation nach Berlin Kenntniß erhalten und in der Meinung, Herr Müller sei Mitglied dieser Deputation, denselben alsbald nach Nikolsburg bescheiden wollen; da sich indessen Dies als ein Irrthum herausstellte und die Deputation bereits nach Frankfurt zurückgereist war, erfolgte von Berlin aus die Weitersendung jenes Befehles nach Frankfurt. Ehe wir nun über die merkwürdige Episode der Müller'schen Mission nach Nikolsburg, bezw. Brünn berichten, womit die Contributionsaffaire ihren vorläufigen Abschluß fand, um der Annexionsfrage Platz zu machen, mögen an dieser Stelle noch einige auf die Contribution bezüglichen Kundgebungen mitgetheilt werden.

Die erste derselben war eine in sehr scharfen Ausdrücken abgefaßte Resolution, welche am 31. Juli eine unter dem Vorsitz von Classen-Kappelmann in Köln abgehaltene Bürgerversammlung annahm, worin der Entrüstung der Versammlung über die „unerhörte Bedrückung und Härte gegen die Stadt Frankfurt" Ausdruck gegeben und am Schlusse erklärt wurde:

„Daß das preußische und deutsche Volksinteresse jeder weiteren Bedrückung der Stadt Frankfurt widerspreche — daß man wünschen müsse, daß das freie Gemeinwesen in der neuen Gestaltung Deutschlands seine hervorragende Stellung behaupte und zu stets größerem Flor zum Nutzen des nationalen Handels und Fleißes, der Kunst und Wissenschaft sich entwickele."

Die Rheinische Zeitung in Cöln veröffentlichte ferner
den nachstehenden Privatbrief eines, wie die Redaction be=
merkte, „in literarischen Kreisen Deutschlands rühmlichst
bekannten Mannes"*):

„Frankfurt a. M., 6. August 1866.

Hochgeehrte Frau Professor!

Für Ihre freundliche Zuschrift vom 29. Juli und für
die darin enthaltenen werthvollen Mittheilungen sage ich
Ihnen den besten Dank. Ich war in dem Falle, dieselben
zum Nutzen unserer Stadt verwenden zu können. Gleich=
zeitig hatte ich die Freude, ein günstiges Wort für Frank=
furt an der vorzüglichsten Stelle anzubringen. Ein aus=
führlicherer Bericht, den ich am 25. unter dem Eindruck
von Fellner's Tod über unsere Lage abfaßte, gelangte zu
Händen Ihrer Majestät der Königin Augusta, die ihn im
Original dem König nach Nikolsburg einsandte. Die Nach=
richten, die ich darauf erhielt, bezeugen, daß die edle Königin
nicht weniger als fünf Briefe zum Besten unserer Stadt
in's Hauptquartier geschrieben, und daß man am 28. dort
als constatirt betrachtete, es sei — wie ja in Wahrheit
geschehen — die Drohung mit „Plündern und Beschießen"
von Seiten des Generals v. M. ausgesprochen. Bekanntlich
hat er diese Drohung auch auf eine Anfrage der hier noch
anwesenden diplomatischen Persönlichkeiten mündlich aufrecht
erhalten, wenn auch nicht schriftlich bestätigt. Daß die hier
wohnenden Preußen eine von Dr. Wehrenpfennig trefflich
abgefaßte Bittschrift für Frankfurt bei dem Fürsten von
Hohenzollern eingereicht haben, ist Ihnen bekannt. Professor
Simons und Kaufmann Möves waren die Ueberbringer
nach Düsseldorf. Es war namentlich darin auseinander=

*) (Dr. Creizenach in Frankfurt? Anm. des Verf.)

gesetzt, wie sich unsere Bürgerschaft unausgesetzt gegen die
preußischen Gäste wohlwollend und freundlich benommen
habe, trotz mancher Meinungsverschiedenheit. Wozu Ihnen
den Inhalt näher angeben! Sie wissen selbst, daß hier
keinem Preußen und keiner Preußin ein Haar gekrümmt,
ein böses Wort gesagt worden ist; Alles, aber auch Alles
von oben bis unten systematisch erlogen. Auch das Be=
nehmen gegen die Einquartierung war, wie wir mit Stolz
sagen können, musterhaft. Die Frankfurter gaben mit ruhigem
und gemessenem Wesen, aber mit gutem Willen und Zuvor=
kommenheit. Die braven rheinischen und westphälischen
Landwehrmänner! Wie die meinigen sich verabschiedeten,
um nach Franken, vielleicht in den Tod zu ziehen, reichten
sie uns die Hand, dankten für alles Gute und einer von
ihnen, ein Seidenweber aus der Nähe von Crefeld, sagte:
„Ihr seid aber arg angeschwärzt worden!" Dagegen ist
ein Landwehrmann auf's Irrenhaus gebracht worden und
Dr. Hoffmann versichert auf's Bestimmteste, die Haupt=
ursache sei die Befürchtung, die er sich in den Kopf gesetzt,
er werde in Frankfurt vergiftet werden. So verläumdet
man eine Stadt, der es an Gastlichkeit, Wohlthätigkeit und
Gefühl für Gesammt=Deutschland keine zuvorthut. Sie
wissen wohl, daß Fürst Hohenzollern jene Petition mit einer
lebhaften Befürwortung begleitet hat; daß auch Prinz Walde=
mar=Holstein und Andere, die Süddeutschland und nament=
lich Frankfurt kennen, sich mit thätigem Eifer für uns ver=
wenden. Wozu unter solchen Umständen noch bittende Worte
an die Kölnische Zeitung richten? Dieselbe weiß ebensogut
wie wir, daß jene Sensationsnachrichten, durch die ein nei=
disches Junkerthum uns in's Unglück bringen wollte: von
der Illumination wegen österreichischer Siege, von der Sen=

bung zweier Senatoren nach Paris, vom Angebot einer
Anleihe an die Südstaaten — sämmtlich ohne allen An-
haltspunkt aus der Luft gegriffen und erlogen waren. Das
Organ einer deutschen Stadt sucht seine Aufgabe darin,
eine andere deutsche Stadt zu Grunde zu richten. Auch
Cöln hat seine Fehler, auch dort sind weder die höheren
Stände frei vom Geldbrozenthum, noch die niederen von
patzigem und vorlautem Wesen. Wenn aber Cöln im Unglück steckte, in Bekümmerniß um sein nächstes Loos schwebte,
ich ließ mir dann lieber die Hand abhauen, als daß sie
die Feder führen sollte, um Noth und Angst noch zu ver-
schärfen. Die Flensburger Norddeutsche Zeitung meldete,
die Contribution betrage nur 25 Millionen und das sei
2¹/₂ Prozent von unserem Staatsvermögen. Sie traut uns
demnach ein Vermögen von 1000 Millionen Gulden zu.
In Flensburg mag das sein, die Cölner sind in Geldsachen
nicht so naiv. Sie wissen, was sie sagen. Mit dem üblen
Willen aber läßt sich nicht verhandeln. Die Fluth wird
vorübergehen, die bessere Einsicht zu Wort kommen, und
dann wird man urtheilen, ob die Cölnische Zeitung nicht
besser gethan hätte, die Philister, die sich mit Knittelversen
und Bierspäßen gegen Frankfurt breit machen, zu belehren,
statt sich an ihre Spitze zu stellen."

Nach diesen Plaidoyers für Frankfurt mußte sich selbst
die Cölnische Zeitung dazu bequemen, dem folgenden ihr aus
Frankfurt zugesandten Schriftstück Aufnahme zu gewähren:

„Der Frankfurter Senat, welcher den Verabredungen der süddeutschen Regierungen bezüglich des in der Bundesversammlung vom
14. Juni l. J. zur Abstimmung gekommenen Antrags fremd geblieben
war, hatte bei der Fassung jenes Beschlusses keinerlei Sonderinteresse.
Derselbe war auch berechtigt, in dem Bundesbeschlusse vom 14. Juni
einen letzten Versuch zur Erhaltung des Friedens zu sehen; denn

daß die hierauf gerichteten Bestrebungen auch bei jenem Beschlusse die süddeutschen Regierungen geleitet haben, ergibt sich aus den einzelnen Abstimmungen, wodurch der ursprüngliche Antrag im Sinne der Erhaltung des Friedens abgeschwächt worden ist. Der nach dem Bundesbeschlusse vom 14. Juni erfolgte Austritt Preußens aus dem Bunde hat allerdings den Bestand des Bundes erschüttert, konnte aber den Bund als einen völkerrechtlichen Verein der darin verbleibenden selbstständigen Staaten nicht auflösen. Frankfurt aber, ein zwar selbstständiger und unabhängiger, jedoch kleiner und machtloser Staat, konnte, so lange der Bund überhaupt bestand, nicht anders als bundestreu bleiben, denn die Selbstständigkeit und Unabhängigkeit Frankfurts beruht einzig und allein in den völkerrechtlichen Verträgen, worin es als Bundesmitglied anerkannt ist. Hätte Frankfurt aufhören wollen, bundestreu zu sein, so würde es diese Verträge zerrissen und an sich selbst einen politischen Selbstmord verübt haben. Es wird allerdings jetzt dem Senat von Frankfurt in Preußen zum Vorwurf gemacht, daß Frankfurt nicht rechtzeitig aus dem Bunde ausgetreten sei und sich Preußen angeschlossen habe. Diesem Vorwurfe gegenüber darf man wohl die Frage aufwerfen: was würde Preußen gesagt haben, wenn Oesterreich seinen Austritt aus dem Bund erklärt hätte und Frankfurt hätte bundesuntreu werden und Oesterreich folgen wollen. Preußen würde sicher von Frankfurt Bundestreue verlangt haben. Der Vorwurf scheint hiernach nicht gerecht zu sein. Abgesehen hiervon steht doch auch in Frage, ob denn Frankfurt nach seiner geographischen Lage und nach seinen Machtverhältnissen anders handeln konnte als bundestreu zu bleiben. Darüber ist in Frankfurt wohl keine Meinungsverschiedenheit, daß Frankfurt nicht anders handeln konnte. Hätte es anders gehandelt, so würde es sich zum Feinde des Bundes erklärt haben und hätte sämmtliche süddeutsche Regierungen gegen sich gehabt, ohne auf eine Hülfe von Preußen rechnen zu können. Wäre ihm aber eine solche Hülfe wirklich geworden, so war Frankfurt gerade wie jetzt, nur der Gnade Preußens anheimgegeben. Das weitere Verhalten der Frankfurter Regierung war nach Ausbruch des Krieges einerseits durch das Auftreten des Bundes, andererseits durch das Vorgehen Preußens bedingt und je nach dem Siege des einen oder anderen Theils unabänderlich vorgezeichnet. Frankfurt hatte als kleiner machtloser Staat über sich selbst keine Entscheidung und dessen Regierung konnte nur mit der Macht ihres guten Rechts die Selbständigkeit des Staates nach Kräften wahren. Diese Lage schien nicht mißlich, solange die Regierung im Stande war, sich von einer directen Theilnahme am Kriege fernzuhalten, und das hat der Senat von Frankfurt bis zum letzten Augenblick gethan. Die Mobilmachung der Bundes-Armeecorps 7 bis 10 umfaßte das Frankfurter Contingent nicht, da dieses zur Bundes-Reserve-Division gehörte und nach der im Bunde unter Zustimmung Preußens für den Fall eines Krieges getroffenen Vereinbarung, lediglich den städtischen Garnisonsdienst zu versehen hatte. Der Bund hatte keinen Krieg an Preußen erklärt, sondern nur die Regierungen aufgefordert, den Regierungen von Sachsen, Hannover und Kurhessen Bundeshülfe zu leisten. Der Stadt Frankfurt aber konnte eine solche Bundeshülfe wegen der anderweitigen Bestimmung ihres Bataillons gar nicht angesonnen werden. Frankfurt hat auch sonst am Krieg in keiner Weise Theil genommen. So kam es, daß der Senat und die Staatsbehörden Frankfurts sich niemals als im Kriegszustande mit Preußen befindlich betrachtet haben. Auch von der königl. preußischen Regierung ist seit der königlichen Proclamation vom 16. Juli, welche noch eine friedliche Entwicklung des gemeinsamen Vaterlandes verheißen hat, in Frankfurt keine Erklärung bekannt geworden, wodurch dieselbe die friedlichen Beziehungen zu Frankfurt gelöst hätte. Insbesondere hat Frankfurt niemals eine Sommation der preußischen Regierung, wie solche an Sachsen, Hannover, Kurhessen und andere deutsche Bundesstaaten, auch an die drei Hansestädte erlassen wurden, erhalten. Auch als die preußischen Truppen das achte Bundesarmee-Corps zum Rückzug auf die Mainlinie genöthigt hatten, konnte der Frankfurter Senat nur einer preußischen Sommation entgegensehen und nicht die Befürchtung hegen, daß Frankfurt von Preußen solle feindlich behandelt werden. Durch die Erfolge der preußischen Militärmacht hatte inzwischen in Frankfurt und einem großen Theile Süddeutschlands die Ueberzeugung die Ueberhand gewonnen, daß es nur als ein Glück für Deutschland betrachtet werden könne, wenn Preußen die militärische Führung über ganz Deutschland, mit Ausschluß der österreichischen Provinzen, erhalten würde, und daß im Interesse des künftigen Friedens und der zu erreichenden Umgestaltung des Bundes kein deutsches Blut mehr vergossen werden dürfe. Der Senat bewirkte daher durch seine energischen Schritte bei dem Oberbefehlshaber des 8. Armeecorps und der Bundesversammlung das Aufgeben der Vertheidigung der Stadt, und befahl am 15. Juli den Erlaß der zwei bekannten Proclamationen. In der an die Bürgerschaft gerichteten Proclamation konnte der Senat allerdings nicht verleugnen, daß er treu zum Bunde stehe, in dem allein die Unabhängigkeit und Unverletzbarkeit der freien Stadt Frankfurt beruht. Derselbe hat sich aber eben so offen den auf eine Umgestaltung der Bundesverfassung, die Schaffung einer starken Centralgewalt und die Einsetzung einer wirksamen Vertretung des gesammten deutschen Volkes gerichteten Bestrebungen angeschlossen. In der zweiten Proclamation hat der Senat die Bürger und Einwohner zur freundlichen Aufnahme der königl. preußischen Truppen ermahnt. Bei dem Einzug der preußischen Truppen galt in Frankfurt durch alle Stände nur die eine Zuversicht und das Vertrauen, daß Frankfurt als offene Stadt unter dem Schutze des durch die Anerkennung aller Nationen geheiligten Völkerrechts stehe, und daß das preußische Heer in diese Stadt nicht als Feind einziehen, sondern einer friedlichen Umgestaltung der Bundesverfassung Bahn brechen werde. Gebe Gott, daß das harte Geschick, welches über unsere Stadt gekommen, noch abgewendet werde, ehe wir ganz vernichtet sind.."

Man hätte erwarten können, daß jetzt die Hochfluth der gegen die schwer bedrückte Stadt gerichteten Verläumbungen und haßerfüllten Hetzereien langsam zurücktreten und schließlich ganz verschwinden werde. Aber dies paßte offenbar nicht in die Berechnung Derer, welche Frankfurt um jeden Preis als ein politisches Sodom und Gomorrha, als eine fast nur von strafwürdigen Sündern bewohnte Stadt betrachtet wissen wollten. Gleichzeitig mit einem von den unsinnigsten Verläumbungen strotzenden Artikel der Kölnischen Zeitung erschienen in der Berliner „Norddeutschen Allgemeinen Zeitung" und in der „Hamburger Börsenhalle" zwei Aufsätze, die an Rohheit und schwarzgalliger Bosheit gegen das wehrlose Frankfurt alle vorangegangenen Erzeugnisse dieser Art noch zu übertreffen suchten. Der Inhalt der beiden ziemlich gleichlautenden Correspondenzen ist aus der nachstehenden Erwiderung ersichtlich, welche das „Frank-

furter Journal" am 4. August auf Veranlassung eines seit
langer Zeit in der Stadt lebenden preußischen Staatsange=
hörigen brachte:

„Wir wollen" (sagte das „Journal") nicht recurriren auf die
seinerzeit in fast allen preußischen Zeitungen verbreitete Fabel von
der Beschimpfung der von hier vor Ausbruch des Krieges ausgerückten
preußischen Soldaten, an der, wie wir auf Grund allseitiger Erkundigung
versichern können, kein wahres Wort ist. Ebenso sind die Angaben,
welche über die unangenehme Stellung hier lebender Preußen und
ihnen zugefügter Unbilden außerhalb verbreitet und — geglaubt wurden,
ohne Begründung. Die hier lebenden Preußen, die von jeher im besten
Einvernehmen mit der hiesigen Bürgerschaft standen, haben dies selbst
in der Audienz, die sie in der Contributionsangelegenheit bei dem Civilcommissär, Herrn v. Dießt, hatten, ausdrücklich hervorgehoben. Und
wieder ist es ein hier lebender Preuße, der uns einen der jüngsten
Artikel der Norddeutschen Allgemeinen Zeitung, ein großes Sünden=
register der Stadt Frankfurt, zuschickt, mit der Bitte, die darin enthaltenen Unrichtigkeiten im Interesse der Stadt und zur Aufklärung seiner
.eigenen Landsleute zu widerlegen. Die erste Anklage, welche die Norddeutsche Allgemeine Zeitung gegen Frankfurt erhebt, sind die „scheuß-
lichen Scenen, aus dem Jahr 1848; die Mörder von Auerswald und
Lychnowsky hätten ohne besondere Begünstigung einflußreicher Personen
nicht entwischen können." Die letztere Angabe ist rein aus
der Luft gegriffen. Die Mörder waren fremdes hergelaufenes
Gesindel der niedersten Art; der Mord selbst erregte einen Schmerz
und eine Entrüstung in Frankfurt, wie sie wohl nirgends größer gewesen sein können. Frankfurt und die Frankfurter haben nicht die
entfernteste Solidarität mit jenen Excessen, die größtentheils von Fremden in ihren Mauern begangen wurden. Ferner sagt die Norddeutsche
Allgemeine Zeitung, daß seit dem Jahr 1850 Frankfurt „erst recht" die
Brutstätte einer Demagogie geworden sei, welche sich die Beschimpfung
Preußens zu ihrer Aufgabe machte und bei der Regierung der Stadt
stets Schutz und Beistand fand. Wenn dies auch wahr wäre, so müßten
wir die Norddeutsche Allgemeine Zeitung vor Allem daran erinnern,
daß auch alle preußenfreundlichen Bestrebungen, die seit Jahren in
Presse und in Vereinen in großem Maßstabe hier gepflegt wurden, wie

22*

z. B. die des Nationalvereins, des Abgeordnetentages und des 36er-
Ausschusses, seit Jahren den gleichen „Schutz und Beistand", und bei
der Bevölkerung der Stadt gewiß mehr Sympathieen fanden, als der
Reform-Verein. Die Zerstörung des preußischen Telegraphenamtes in
Frankfurt, sowie verschiedene Ausweisungen (durchaus aber nicht, wie
es in einigen preußischen Zeitungen hieß, Ausweisung a l l e r preußischen
Staatsangehörigen) welche die Norbdeutsche Allgemeine Zeitung wiederum
erwähnt, waren nicht das Werk des S e n a t s, sondern wurden durch
das B u n d e s m i l i t ä r c o m m a n d o veranlaßt, dem gegenüber der
Senat wehrlos und abhängig war. Schließlich erhebt die Norbdeutsche
Allgemeine Zeitung den Vorwurf, daß die Entfernung der B u n d e s-
b e p o s i t e n gestattet und eine „höhnende Proclamation" erlassen wurde. Für
die Bundesbepositen hat die Stadt Frankfurt, soviel uns bekannt, nie
eine Garantie übernommen, und was die letzte Proclamation des Senats
anbelangt, so fanden wir dieselbe zwar mit dem größten Theil unserer
Mitbürger der damaligen Sachlage wenig entsprechend, allein etwas
„Höhnendes" vermögen wir doch nicht darin zu erblicken.*) Was sollen
wir aber sagen, wenn ein Berliner Correspondent der „Hamburger
Börsenhalle" die zweite Contribution von 25 Millionen Gulden aus
dem Grunde für besonders gerechtfertigt hält, weil sich Frankfurt „wahr-.
haft cannibalisch" gegen alle Preußen in Bezug auf deren Ausweisung benommen habe? Ganz besonders habe man in Berlin angemerkt,
daß, wie bereits erwähnt, die erkrankte Frau des Generals v. Beyer
nicht einmal von der Ausweisung ausgeschlossen sei. Diese vollständig aus der Luft gegriffene Behauptung macht gleich derjenigen von der Ausweisung anderer hochstehenden Damen
die Runde durch alle nordischen Zeitungen und taucht, obwohl widerlegt, immer wieder von Neuem auf. Es ist aber
keine dieser Damen von hier ausgewiesen worden. Die Familien der
in Folge des Krieges von hier weggezogenen Militärs und Diplomaten
blieben meist noch mehrere Wochen lang nach dem 16. Juli hier, und
zwar vollständig unangefochten. Ja, wir haben selbst Briefe gesehen,
in denen preußische Familien für die ihnen gewordenen Freundlichkeiten
noch nachträglich ihren Dank aussprachen. Frankfurt soll aber auch
eine „glänzende Illumination" zur Feier des angeblichen Siegs der

---

*) Es war die von uns schon besprochene Proclamation von der „unwandel-
baren Bundestreue" des Senats, welche am Montag, den 16. Juli an die Mauern
geklebt wurde. Anm. des Verf.

Oefterreicher bei Königgrätz veranstaltet haben. Auch hieran ist kein wahres Wort! Solchen Hetzereien gegenüber ist es in der That zu verwundern, daß die preußischen Truppen im Ganzen die **Mäßigung** bewahrt haben, die man ihnen nachrühmen muß."

Die Strafe, welche die Redaction des „Frankfurter Journals" für diesen Versuch einer Vertheidigung Frankfurts gegen jene boshaften Pamphlete zu erdulden hatte, war dem Geiste jener „glorreichen" Tage angemessen. Am 6. August erschien in den Localitäten des genannten Blattes der mehrfach genannte Regierungsassessor **Urban** und übergab einem der Herausgeber das Manuscript des weiter unten mitgetheilten Artikels mit der kategorischen Weisung, diesen Artikel **unverändert und ohne jede abschwächende Redactionsbemerkung** sofort im Journal zu veröffentlichen. Die Nichtbefolgung dieser Weisung, so fügte der kleine Preßgewaltige hinzu, werde unnachsichtlich die Unterdrückung des Blattes und die Schließung der Druckerei zur Folge haben.*)

Als die Verleger das ihnen übergebene Manuscript lasen, wurden sie von Scham und Entrüstung über die ihnen zugedachte Rolle erfaßt, die eigene Vaterstadt inmitten ihres schweren Unglücks noch weiter zu beschimpfen und die ihr widerfahrene Behandlung als wohlverdient hinzustellen. Sie suchten vergeblich, diesen Kelch von sich abzuwenden, erlagen aber schließlich den wiederholt ausgesprochenen Drohungen, wobei die Rücksicht auf das zahlreiche Personal der Zeitung, das sie in dieser ohnehin recht jammervollen Zeit nicht brodlos machen wollten, den Ausschlag gab. Es ist

---

*) Aus der Thatsache dieser Drohung und dem Inhalte des Artikels ist auch ein sichererer Schluß auf die Urheber jener ersten Hetzartikel in der Nordd. Allgem. Ztg. und der Hamburger Börsenhalle zu ziehen.   Anm. des Verf.

ihnen dies von der Bürgerschaft Frankfurts später schwer verdacht worden, und wohl nicht mit Unrecht; die Gerechtigkeit aber erfordert zu sagen, daß sie nicht mit „leichtem Herzen" dieses moralische Golgatha auf sich nahmen. Einer der Herausgeber hat an jenem Tage einem Mitgliede des gesetzgebenden Körpers weinend sein Herz ausgeschüttet und die Umstände auseinandergesetzt, welche einen Widerstand unmöglich machten. — Wir lassen nun den Wortlaut des Urban'schen Artikels folgen:

„In der heutigen Nummer (216) des „Frankfurter Journal" findet sich unter Frankfurt, 4. August ein Corespondenzartikel, welcher es sich zur Aufgabe macht, die in verschiedenen Blättern, namentlich in der „N. Allg. Ztg." und in der „Hamb. B.-H.", gegen das bisherige Verhalten Frankfurts gerichteten Anklagen, die der Herr Verfasser als verdammenswerthe „systematische Hetzereien" kennzeichnet, zu widerlegen, oder richtiger, sie einfach abzuleugnen. Es läßt sich erwarten, daß dieser mit großer Sicherheit auftretende Artikel die Runde in der deutschen Presse machen wird, und es ist daher nöthig, einige berichtigende Bemerkungen daran zu knüpfen. Wenn das Sündenregister Frankfurts rückwärts bis zu der grauenhaften Ermordung der preußischen Abgeordneten Lychnowsky und Auerswald aufgeschlagen wird, so geschieht dies nicht, um Einwohner Frankfurts der directen Urheberschaft oder Theilnahme an diesen Mordthaten zu zeihen, sondern man wies nur auf ein Ergebniß der schwurgerichtlichen Verhandlungen hin, aus denen ersichtlich ward, daß allerdings gewisse Complicen ohne einflußreiche Begünstigung von hier nicht entwischen konnten. Das traurige Ereigniß, welches man gern der Vergessenheit übergeben möchte, hat für die Gegenwart eine neue Bedeutung, indem es das erste grelle Licht auf die allmälig in dieser Republik entstandenen politischen und socialen Gebrechen wirft. Die revolutionäre Meinung der Massen hatte sich allgemach vorherrschende Geltung erzwungen, die Macht des Senates wurde ein Schatten. Zeugniß davon gibt die Gesetzgebung Frankfurts vom Jahr 1850 bis heute, eine Gesetzgebung, welche die Executive so gut wie beseitigt und deren Tendenz jedes Staatswesen schließlich zu Grunde richten muß. Von daher rühren die berüchtigten

Preßzustända Frankfurts, deren Producte, aus der Hefe einer rothen Demokratie hervorgehend, mit instinctiver Abneigung sich gegen Preußen, als den Hort der Ordnung in Deutschland, richteten. Majestätsbeleidigungen, Schmähungen der Behörden, Beleidigungen und Verläumbungen der Personen, und Alles das in bisher unerhörter Maßlosigkeit, waren in dem überwiegenden Theil der Tagespresse das tägliche Brod. Aus der jüngsten Zeit ist noch nicht vergessen, daß ein hiesiges, an der Spitze des literarischen Jacobinerthums marschirendes Blatt die hochherzige Proclamation Sr. Majestät des Königs an die in's Feld rückende brave Armee mit der elenden Ueberschrift brachte: „Neueste preußische Lüge!" So kennzeichneten sich die hiesigen Zustände. Sie waren die Signatur der völligen Machtlosigkeit und Schwäche des Senats. Es sei ferne von uns, diesem Collegium ehrenwerther Männer irgend zu nahe treten zu wollen; sie haben das Gute gewollt, aber leider mit gebundenen Händen das Schlechte nicht verhindern können. Gewohnt, dem Terrorismus von unten nachzugeben, vermochte der Senat nicht, dem Terrorismus von oben zu widerstehen, der seit der Occupation Frankfurts durch die Bundestruppen auf ihm lastete. Es folgten nun die Gewalthandlungen dieses traurigen Militärregiments, völkerrechtswidrige Handlungen für welche der Senat verantwortlich wurde, weil er nicht die Kraft hatte, vor Europa dagegen zu protestiren. Noch hatte Preußen nicht aus der Abstimmung des Senates vom 14. Juni kriegerische Consequenzen gezogen, noch war hier der preußische Vertreter accreditirt geblieben. Trotzdem widersetzte der Senat sich nicht, als die Besetzung der auf Staatsverträgen basirenden preußischen Telegraphenstation und die gewaltsame Vertreibung der Beamten dictirt wurde. Es ist allerdings unwahr, daß auch preußische Frauen aus Frankfurt officiell verwiesen wurden; aber es ist Thatsache, daß Insulten des souveränen Pöbels Viele zur Flucht zwangen. Die Gattin eines früher hier garnisonirenden Offiziers, welche jeden Tag ihrer Entbindung entgegensah, wurde erbarmungslos derartig insultirt und bedroht, daß sie auf alle Gefahr hin Frankfurt verließ. Es ist ferner notorisch, daß städtische Polizeibiener in den Wohnungen preußischer Gesandtschaftsbeamten erschienen, um sie vorzuladen. Diesen Bruch der völkerrechtlichen Exterritorialität mag ein einzelner Beamte verschuldet haben, aber, weil er nicht besavouirt wurde, fällt auf den Staat Frankfurt der Vorwurf, daß er sich vollbewußt in den Kriegszustand gegen Preußen versetzt hatte. Selbst

nichtpreußische Personen, die man glaubte, nur einer Hinneigung zu
Preußen verdächtigen zu können, wurden ohne Anklage und Beweis aus
der „freien Stadt" ausgewiesen. Die Namen sind hier allseitig bekannt.
Es ist sehr billig, die Ableugnung hinterher auf Nebenumstände zu
gründen. Diese sind unerheblich und alteriren die Sache nicht. So
ist es freilich uncorrect, wenn gesagt wird, die aus Frankfurt ausmar-
schirenden preußischen Truppen seien beschimpft worden. Es liegt auf
der Hand, daß preußische Truppen sich nicht ungestraft insultiren lassen
werden. Aber es ist die Thatsache, daß einzelne Soldaten, welche hier
krank im Lazareth zurückgeblieben waren, bei ihrem Abmarsch nach dem
Bahnhof derartige Insulte von dem Pöbel zu erleiden hatten, daß ein
Offizier des Frankfurter Contingentes mit einigen begleitenden Mannschaften herbeieilte, um sie zu decken. Aehnliche Thatsachen und die
Beweise dafür liegen mehrfach vor. Sie kennzeichnen die Gesammt-
stimmung, welche die des Hasses und der Geringschätzung gegen Preußen
war. Die preußischen Familien, welche in den letzten Jahren hier
lebten, haben es gar bitter empfinden müssen, wie der Frankfurter
Hochmuth sie gesellschaftlich in Vehm und Acht that, so daß sie sich
vereinsamt in ihr Hauswesen zurückzogen; und wenn man auch hier
wieder mit Recht einwenden mag, daß doch nicht alle davon betroffen
wurden, so traf es doch sicherlich diejenigen, welche nicht so selbstver-
gessen waren, mit den Frankfurter Wölfen zu heulen. Und so ist es
denn die Erfüllung einer Gewissenspflicht, wenn hiermit erklärt wird,
daß es sich in den Zeitungen, welche so einstimmig Frankfurt jetzt anklagen, keineswegs um „systematische Hetzereien", sondern, abgesehen von
einzelnen Unrichtigkeiten, im Großen und Ganzen um die Constatirung
einer sehr großen und sehr begründeten Schuld handelt, an
deren Sühne nun freilich mit der großen Menge der Schuldigen auch
die Minorität der Nichtschuldigen zu tragen hat."

Das Merkwürdigste in diesem Sündenregister ist gewiß, daß bald „einflußreiche Personen", welche die Mörder
Auerswald's und Lychnowsky's aus Frankfurt „entwischen"
ließen, um sie der verdienten Strafe zu entziehen, bald der
„souveräne Pöbel" Frankfurts, welcher sich in den rohesten
Excessen gegen preußische Beamte und Militärs, ja sogar
gegen deren Frauen ergangen haben sollte, bald „der

— 345 —

ehrenwerthe aber ohnmächtige Senat", welcher weder den
Terrorismus der Jacobinerpreſſe zu zügeln vermochte, noch
den Bundestag an ſeinen völkerrechtswidrigen Handlungen
verhindert, wenigſtens nicht feierlich vor ganz Europa da=
gegen proteſtirt hatte, bald endlich die mit zwingender Ge=
walt zur ſchrecklichſten Anarchie führende Geſetzgebung
Frankfurts ſeit 1850 die Schuld an den von der preußiſchen
Militärgewalt der Stadt auferlegten ungeheuren Kriegs=
contributionen und den zu deren Eintreibung ergriffenen
„Maßregeln" tragen ſollten! Die Lehre von den Urſachen
und Wirkungen im menſchlichen Leben erhielt hier eine neue
und ſehr geiſtreiche Illuſtration; ſchade nur, daß General
Manteuffel, weniger phantaſiereich als ſein im Civilrock
einhergehender Nebenbuhler in der Hiſtoriographie Frank=
furts, die fraglichen Contributionen lediglich auf das Geld=
bedürfniß der preußiſchen Regierung für den Fall eines
Krieges gegen Frankreich zurückgeführt hat. (Vergleiche die
mitgetheilte Denkſchrift des Generals Manteuffel über die
Contributionsaffaire.) Ueber das von Herrn Urban ver=
faßte Sündenregiſter Frankfurts aber läßt ſich wohl nach
zehn Jahren noch am paſſendſten das Motto ſetzen: „Wenn
man an den Hund will, muß er Leber gefreſſen haben!"

Die einzige uns aus jener Zeit bekannte Entgegnung
auf den Urban'ſchen Artikel iſt die folgende Einſendung
des Herrn Dr. jur. Ebner an das „Frankfurter Journal":

„An verehrliche Redaction des Frankfurter Journals!
Ihre Beilage vom 7. Auguſt d. J. enthält einen Artikel über
die „Sünden" Frankfurts, der wohl überhaupt nicht ohne Widerlegung
bleiben wird; nur über eine der angeblichen Sünden erlaubt ſich Unter=
zeichneter, ſeiner perſönlichen Kenntniß halber, das Folgende zu be=
merken: Ihr Herr Einſender vom 7. b. gibt nämlich unter u. A. an,
daß die Gemahlin eines preußiſchen Hauptmanns der Art erbarmungs=

los insultirt und bedroht wurde, daß sie, ihrer Niederkunft nahe, von hier flüchtete. Die Insulten und Bedrohungen bestehen aber in zwei anonymen Briefen an jene Dame, die von niederer Hand, vielleicht von einem entlassenen Dienstboten oder Jemanden dergleichen, geschrieben waren, von denen aber Niemand wird behaupten können, daß sie von Frankfurtern herrührten. Frankfurter Bürger aber waren es, die Mitbewohner desselben Hauses nämlich und die Nachbarschaft, welche der durch die anonymen Drohungen beängstigten Dame ihren Schutz gegen jeden Exceß versprachen, sie auf alle Art zu beruhigen und zu unterstützen suchten, und ihr für den Fall, daß sie sich in ihrer Wohnung verlassen fühlte, die eigenen Wohnungen zum einstweiligen Aufenthalt anboten. Ebenso hat ein Polizeibeamter, an den sich eine Dame wegen der Briefe wandte, ihr zwar eröffnet, daß es der Polizei nicht wohl möglich sei, irgend einen Exceß absolut von vornherein zu verhindern; dieser Beamte aber hat, als ein Bekannter ihres Ehemannes, die Dame ernstlich und dringend ersucht, sie möge, wenn sie sich allzu beunruhigt fühle, zu ihm und seiner Familie ziehen, wo sie unbedingt geschützt sei. Andere mögen nun beurtheilen, ob sich die Frankfurter durch diese Sünde Dank oder Undank verdient haben.

Hochachtungsvoll ergebenst
Dr. jur. Ebner."

Frankfurt a. M., den 9. August 1866.

In eigenthümlichem Gegensatz zu dem in Frankfurt mit wahrhaft drakonischer Strenge ausgeübten Preßregiment muß zu jener Zeit die Bewegungsfreiheit der Presse in dem doch gleichfalls von preußischen Truppen occupirten und dem „Kriegsrecht" unterworfenen Hannover gestanden haben. Herr Rudolph von Bennigsen veröffentlichte in der „Zeitung für Norddeutschland" vom 28. Juli 1866 folgenden Brief, dessen stärkste Ausdrücke wir selbst heute noch, ohne uns der Gefahr eines bedenklichen Preßprozesses auszusetzen, nicht wiedergeben können:

„Von mir ist, zugleich im Auftrage der Herren Miquel und Oetker, in voriger Woche an den Vorstand des Abgeordnetentages in Frankfurt a. M. der Antrag gerichtet, den Abgeordnetentag auf die erste Woche des August nach Braunschweig einzuberufen. Abgesehen von anderen Gründen ist die Dringlichkeit des Antrags namentlich damit motivirt, daß der Abgeordnetentag entschieden für das Zusammenbleiben von Nord- und Süddeutschland, bei der neuen Constituirung Deutschlands ohne Oesterreich, und für die Fernhaltung aller Rheinbundsgelüste zu wirken habe. Die Herren Dr. S. Müller und Dr. Passavant haben jedoch, auch auf wiederholte Vorstellung, es abgelehnt, in dem jetzigen Augenblick zum Abgeordnetentag einzuladen. Wie weit auf diese Entschließung die Behandlung der Stadt Frankfurt durch Preußen von Einfluß gewesen ist, lasse ich dahingestellt. Wundern dürfte man sich darüber nicht. Die Auferlegung einer so unverhältnißmäßigen, ohne Ruin der Stadt Frankfurt unerschwinglichen Contribution hat selbst in den Kreisen Norddeutschlands, in welchen die frühere Haltung Frankfurts und seiner unwürdigen Presse große Erbitterung erregte, den peinlichsten Eindruck gemacht. Eine vollständige Ausführung der angedrohten Maßregeln wird hoffentlich noch unterbleiben. Irgend eine Vergeltung mochte der preußischen Regierung für die so lang erduldete Unbill (!) angemessen erscheinen. Ist es aber eines großen Staates würdig, die Härte gegen ein kleines Gemeinwesen, gegen Schuldige und Unschuldige, bis zu einer solchen . . . . zu steigern, daß selbst im eigenen preußischen Lande das Verfahren der Regierung mehr den Eindruck der Gereiztheit und Schwäche machen und überall dem durch glänzende Siege erworbenen Ansehen und Einfluß Preußens den empfindlichsten Abbruch thun muß? Als Grund der Ablehnung hat der Frankfurter Vorstand des Abgeordnetentages angeführt: daß im Süden Post- und Eisenbahn-Verbindung gestört sei; daß, so lange der Kriegszustand in Süddeutschland fortdauere, die süddeutschen Abgeordneten zu einer Versammlung nach Braunschweig nicht kommen könnten und daß dem Vorstand dadurch zur Zeit eine Einladung zum Abgeordnetentag unmöglich gewesen sei. Ich hoffe, daß in wenigen Wochen diese Gründe, deren Gewicht nicht ganz in Abrede zu stellen ist, weggefallen sein werden, und dann der Einberufung des Abgeordnetentags nichts mehr im Wege steht.

R. v .Bennigsen."

Herr v. Bennigsen hatte damals, wie man sieht, noch nicht so tiefe Studien auf dem Gebiete der „Realpolitik" gemacht, wie bald darauf, als die nationalliberale Partei

entstand und sich um den Grafen Bismarck schaarte. Er
erwartete noch einen Einfluß auf die Geschicke Nord- und
Süddeutschlands von etwaigen Beschlüssen des 36er Ausschusses und des weiland Abgeordnetentags! Die Herren
Dr. Siegmund Müller und Dr. Passavant in Frankfurt
waren ihrerseits von solchen Illusionen, wie ihre Ablehnung
des Vorschlages zeigt, bereits gründlich zurückgekommen.
Für den Eindruck aber, welchen das preußische Verfahren
in Frankfurt selbst auf so preußenfreundliche Gemüther,
wie dasjenige des Herrn v. Bennigsen schon zu jener Zeit
war, gemacht hat, bleibt sein Schreiben ein redendes Zeugniß.

IX.

Die Mission des Bürgermeisters Dr. Müller nach Nikolsburg und Brünn.

Am 28. Juli war, wie schon berichtet, Herr Dr. Müller, der versatile Diplomat, welcher einen Fuß im preußischen Lager, den anderen unter seinen schwerbedrängten Mitbürgern hatte, telegraphisch in das königliche Hauptquartier nach Nikolsburg berufen worden, um mit dem Grafen v. Bismarck zu conferiren, beziehungsweise, „um Aufschlüsse über die Verhältnisse der Stadt Frankfurt zu geben." Gleichzeitig wurden in Frankfurt alle Executionsmaßregeln wegen der Contribution von 25 Millionen Gulden sistirt; General von Röder, welchem eine Abschrift der Depesche aus Nikolsburg mitgetheilt war, nahm den Mitgliedern der Staatskörperschaften die wegen der Nichtzahlung der Contribution auferlegte Strafeinquartierung ab. Am 30. Juli früh reiste Herr Müller von hier über Berlin nach dem böhmischen Kriegsschauplatz.

Um das Wirken und die Erfolge des Herrn Müller
bei dieser Mission richtig zu würdigen, müssen wir einen
Blick auf den damaligen Stand der politischen Lage, soweit
davon Frankfurts Schicksal abhängig war, werfen.

Preußen war nach allen Seiten hin siegreich in diesem
Kriege und seine Armeen standen, was den österreichi=
schen Kriegsschauplatz betrifft, schon auf dem Marchfelde
bei Wien und vor Preßburg in Ungarn; in Süddeutsch=
land weit jenseits der Mainlinie, sowohl in Bayern, wie
in Baden und Hessen=Darmstadt. Nur Württemberg war
noch frei von preußischen Truppen. Seit dem 14. Juli
schwebten Friedensunterhandlungen mit Oesterreich, welche
nach Ueberwindung großer Schwierigkeiten (der französische
Botschafter, Benedetti, war als amtlich beglaubigter Ver=
mittler fortwährend bei diesen Unterhandlungen thätig)
endlich am 26. Juli zur Unterzeichnung der Friedenspräli=
minarien von Nikolsburg und eines vierwöchentlichen Waffen=
stillstandes führten. In diesen Präliminarien gab Oester=
reich, welches für immer aus dem deutschen Bunde schied,
dem Sieger völlig freie Verfügung über die Länder nördlich
des Maines, sowie über die Regelung der Beziehungen
zwischen Nord= und Süddeutschland; als einzige Bedingung
stellte es neben der eigenen territorialen Integrität die Auf=
rechterhaltung des sächsischen Königreichs in dessen Grenzen
vor Ausbruch des Krieges, mit der Beschränkung jedoch,
daß Sachsen dem neu zu bildenden Nordbunde beizutreten
habe. Um das Schicksal Sachsens, welches nach dem Willen
der preußischen Regierung aus der Reihe der selbständigen
deutschen Staaten gestrichen werden sollte, drehte sich der
schwierigste Theil der Unterhandlungen; Kaiser Franz Joseph
erklärte aber auf's Bestimmteste, daß er mit diesem treuesten

seiner Verbündeten stehen und fallen werde. Dem Ein-
fluffe der Königin=Wittwe Elisabeth von Preußen, Schwester
der Königin Amalie von Sachsen, gelang es schließlich, die
preußischen Annexionsabsichten bezüglich Sachsens zu besei=
tigen; keineswegs war es die Rücksicht auf Frankreich),
welche dieses Resultat zu Wege brachte. Dem Kaiser Na=
poleon wurde, wie wir alsbald sehen werden, als Tribut für
seine Mühewaltung außer einigen Höflichkeiten in der offici=
ösen Berliner Presse nur die berühmte Clausel bezüglich
der Rückabtretung eines Theil der nördlichen Districte
Schleswigs an Dänemark dargebracht.

Für die freie Stadt Frankfurt, deren Schicksal dem
Kaiser Franz Joseph sehr nahe ging, hatte der Letztere sich
in zwei eigenhändigen Briefen an die Königin Victoria von
England und den Czaren Alexander von Rußland verwen=
det; jedoch erwartete er hiervon wohl selbst kaum einen
Erfolg. „Das arme Frankfurt!", äußerte Franz Joseph
in jenen Tagen zu einem Manne, der den Kaiser um seine
Vermittlung anging, „ich würde gern etwas für es thun;
aber mir sind die Hände gebunden!"

Auch Louis Napoleon hatte durch Benedetti, wenn
auch nur sehr vertraulich und zurückhaltend, eine Fürsprache
für Frankfurt einlegen lassen, war aber damit so wenig
durchgedrungen, daß in Frankfurt sogar der officielle Pariser
„Moniteur", weil er in seinem nichtamtlichen Theile eine
Lanze „pour la malheureuse ville de Francfort" einlegte,
am 26. Juli in den Lesecabinets confiscirt wurde. Eine
Pariser Correspondenz der Allgemeinen Zeitung vom 27.
Juli enthielt den folgenden Passus: „Das preußische Vor=
gehen in Süddeutschland und besonders die vollständige

Nichtbeachtung der freundlichen und vertraulichen Verwen=
dung für Frankfurt bringen hohen Orts keine angenehmen
Eindrücke hervor."

Im englischen Unterhause endlich gab am 26. Juli
der Minister des Auswärtigen, Lord Stanley, auf eine
Interpellation von Göschen und Otway folgende Erklärung
ab: „Es ist an J. Maj. Regierung kein Gesuch gestellt
worden, in der Frankfurter Angelegenheit zu vermitteln
(„to arbitrate", also eigentlich: den Schiedsrichter zu machen)
und solange die Frage zwischen einer deutschen Regierung
und einer deutschen Bevölkerung schwebt, würde uns da auch
ein locus standi fehlen. Wir haben, muß ich sagen, aller=
dings auch von sehr heftigen Drohungen vernommen, die
von commandirenden Offizieren in Frankfurt ausgestoßen
worden seien, worunter die Drohung, die Stadt zu bom=
bardiren und sie der Plünderung preiszugeben. Ich bin
verbunden zu sagen, daß die preußische Regierung irgend
ein solches Verfahren stark in Abrede gestellt hat. Die
Berichte lauten sehr widersprechend; indessen scheint es, daß
Drohungen der erwähnten Art zwar angewandt worden
sind, aber ohne die Gutheißung hoher Autorität. In Bezug
auf den Schutz britischer Unterthanen in Frankfurt, falls
strenge Maßregel gegen die Stadt beschlossen würden, hat
uns die preußische Regierung befriedigende Zusicherungen
gegeben. Aber dieselbe Regierung, wiederhole ich, stellt in
Abrede, je mit einem Bombardement der Stadt gedroht
oder eine solche Drohung sanctionirt zu haben."

Wahrscheinlich um sich jede fernere diplomatische oder
sonst von „hoher Stelle" kommende Verwendung für Frank=
furt zu verbitten, ließ die preußische Regierung am 27. Juli
eine sofort durch den Telegraphen verbreitete Note im

„Staatsanzeiger" veröffentlichen, worin als Grund der
harten Behandlung Frankfurts Folgendes angeführt war:
„Systematische Feindschaft der Frankfurter Regierung gegen
Preußen, Zulassung von Beleidigungen gegen den König,
Verletzung der Verträge, Beschädigung preußischen Eigen=
thums, endlich Theilnahme an dem Krieg der österreichischen
Coalition gegen Preußen."

Wir haben aus dem Wenzel=Urban'schen Sünden=
register gesehen, daß Frankfurt außer dem Obigen noch ein
weiteres schweres Päckchen auf seinem schuldbeladenen Rücken
trug: es hatte 1848 die Mörder Auerswald's und Lych=
nowsky's „durch Connivenz einflußreicher Personen ent=
wischen lassen." Und die Strafe ging jetzt in Einem hin; auf
etwas mehr oder weniger „Schuld" kam es sicherlich nicht an.

Zu derselben Zeit aber, als diese unbequemen Mahn=
ungen für Frankfurt auf so energische Weise abgewiesen und
der „Großmüthigkeit und Uneigennützigkeit" Louis Napoleons
bei seiner Friedensvermittlung fast ironische Lobsprüche von
der Berliner officiösen Presse ertheilt wurden (die Provinzial=
Correspondenz leistete unter Anderem wörtlich folgenden
Satz: „Kaiser Napoleon hat sich auf Oesterreichs Gesuch
großmüthig und uneigennützig der Vermittlung unterzogen
und für sich weiter nichts verlangt als die Ehre) —
zu derselben Zeit entstanden in den Tuilerien und verfolg=
ten den Mann des 2. Dezember nach dem Bade von Vichy
jene „angoisses patriotiques" über Sadowa, welche der
Nagel am Sarge seiner Herrlichkeit werden, vorher aber
noch in dem Drama von 1866 eine vorübergehende Rolle
spielen sollten.

Die Sprache der Mehrzahl der Pariser Blätter, selbst
der dem Kaiserreich vollständig ergebenen, war Ende Juli

23

eine sehr unzufriedene über den Verlauf der Dinge in
Deutschland und über Preußens ungeheure Machtvergröße=
rung, welche Niemand vorausgesehen hatte. „La Presse",
das Blatt Emil v. Girardin's, äußerte am 29. Juli mit
Bezug auf die famose Rede Louis Napoleon's in Auxerre,
worin den „verabscheuenswerthen" Verträgen von 1815 der
Untergang geschworen war: „Die Friedenspräliminarien von
Nikolsburg zerstören nicht nur nicht die Verträge von 1815,
sondern verschlimmern dieselben im Gegentheil für Frank=
reich." Einen besonders deprimirenden Eindruck mußte
unter diesen Umständen auf die Leute des Empire die Hal=
tung der englischen Presse machen, welche mit großer
Genugthuung constatirte, daß durch die ungeheuren Erfolge
Preußens das bisherige Uebergewicht Frankreichs gebrochen
sei und Frankreich fortan nicht mehr die erste, sondern
nur eine der Großmächte Europa's sein werde. Die offici=
ösen Pariser Blätter vom Schlage des „Constitutionnel"
u. A. suchten mit schlecht verhehlter Unruhe jene unange=
nehmen Eindrücke zu bekämpfen, im Publikum aber sagte
man sich offen: „Ehe zwei Jahre in's Land gehen, werden
wir Krieg mit Preußen haben." (Allg. Zeitung Nr. 213
vom 1. August 1866.) Die mit den Orleans in Verbin=
dung stehenden Publicisten, wie Prevost=Paradol im Courrier
du Dimanche, erklärten rund heraus, daß die Resultate des
Krieges in Deutschland gleichbedeutend mit einer
großen Verminderung der Macht Frank=
reichs seien. Der „Courrier du Dimanche", in welchem
Prevost=Paradol diesen Satz verfocht, wurde hierfür durch
Entziehung der Colportage=Erlaubniß gemaßregelt, aber das
Publikum empfing hierdurch erst recht den Eindruck von
der Unruhe und von den Selbstvorwürfen, die sich die
Regierung über ihre verfehlte Politik machte.

Da geſchah es, daß am 28. Juli der „Courrier de
la Moſelle", Amtsblatt des Departements gleichen Namens,
eine merkwürdige Note brachte. Es wurde darin wegen der
zu erwartenden Aenderungen im europäiſchen Staatenſyſteme
kurz und rund die Rückgabe der Gebietstheile verlangt,
welche durch den Pariſer Friedensvertrag von 1814 Frank=
reich gelaſſen worden, (die Grenzen von 1792), 1815 aber
nach der Schlacht bei Waterloo ihm wieder genommen
waren. Damit würde der größte Theil des linken Rhein=
ufers, einſchließlich Mainz, an Frankreich gefallen ſein.
Anfangs blieb der Artikel des „Courrier de la Moſelle"
ſo wenig beachtet, daß nur die Provinzblätter des Oſtens
davon Notiz nahmen; in Paris ſelbſt kam erſt in der zweiten
Woche des Auguſt, nachdem die Regierung officiell die
Forderung der Rückgabe des linken Rheinufers an Frank=
reich in Berlin geſtellt hatte, die Affaire zur Discuſſion
in den Blättern.

Zu Ende Juli, alſo dem Zeitpunkte, welcher für den
Gegenſtand unſerer Schilderung zunächſt in Betracht kommt,
war Louis Napoleon noch im höchſten Grade ſchwankend
bezüglich der in Folge der Ereigniſſe in Deutſchland zu
faſſenden Entſchlüſſe, und zwar floß dieſe Unſicherheit nicht
nur aus den bekannten Charaktereigenthümlichkeiten des
Kaiſers und ſeinen ſchon damals zerrütteten Geſundheits=
zuſtänden, ſondern vor Allem auch aus dem Bewußtſein, daß
er mit der durch Mexiko zerrütteten Armee und ohne jede
Allianz — ſelbſt auf Italien konnte er in keiner Weiſe
rechnen — einen Krieg gegen Preußen nicht beginnen
könne. Drouyn de Lhuys und der Marquis de Lavalette
begaben ſich am 27. Juli nach Vichy, wo Louis Napoleon
Beide mit der Idee überraſchte, er wolle ſtatt der an

23*

Preußen zu richtenden Compensationsforderungen das er=
schütterte Prestige des Kaiserreichs durch eine Art liberalen
Staatsstreichs wieder in's Gleichgewicht bringen. Eine
Reihe von socialen und wirtschaftlichen Reformen, verbunden
mit einigen passenden Kunstgriffen der der Regierung be=
freundeten hohen Finanz, sollte nach der Idee Napoleons
eine neue glänzende Geschäftsperiode hervorrufen, über welche
Frankreich die Mißerfolge des Kaiserreichs nach Außenhin
bald vergessen werde. Drouyn de Lhuys und Lavalette
scheinen jedoch kein rechtes Vertrauen auf die Wirksamkeit
des kaiserlichen Zauberstäbchens gehabt zu haben; bezüglich
der inneren Reformen blieb es bei einem, mit großem
Pomp veröffentlichten kaiserlichen Schreiben an Rouher
über die Nothwendigkeit der Sorge für die „Invaliden der
Arbeit" — leere Worte, denen man die ganz außerhalb
der Sache liegende Tendenz mit leichter Mühe ansah.

In Berlin und Nikolsburg war man zwar über die
Absichten Napoleon's, eine Gebietserweiterung als Compen=
sation für die von Preußen beschlossenen Annexionen zu
verlangen, vollkommen unterrichtet, aber auch ebenso mit
dem Umstande bekannt, daß Napoleon aus guten Gründen
in keinem Falle zum Kriege schreiten werde. Während in
den officiösen Blättern der Tuilerienkaiser mit nichtssagenden
und nach Lage der Dinge nur wie eine Ironie sich aus=
nehmenden Lobsprüche überhäuft wurde, meldete am 28. Juli
die Nationalzeitung, daß die Annexion von Hannover, Kur=
hessen, Nassau und der freien Stadt Frankfurt definitiv
beschlossen sei; am folgenden Tage bestätigten auch die der
Regierung näher stehenden Blätter diese Nachricht. Am
31. Juli reproducirte ferner der preußische Staatsanzeiger
aus der „Schlesischen Zeitung" eine Rechtfertigungsschrift

über die Annexionen, und diese Denkschrift enthielt zum Theil fast wörtlich die Argumente, welche später Graf Bismarck in der Commission des Abgeordnetenhauses für die Annexionsmaßregel angeführt hat; es liegt somit auf der Hand, daß diese wichtige Schrift, wie auch nach Form und Inhalt leicht erkennbar, wenn nicht von Bismarck selbst verfaßt, so doch unter seiner unmittelbaren Leitung entstanden war. Was das Verhältniß Preußens zu den Südstaaten Deutschlands betraf, so ermahnte der preußische Staatsanzeiger vom 28. Juli die öffentliche Meinung in Preußen, diese Sorge lediglich der Zukunft zu überlassen und für jetzt sich darum gar nicht zu bekümmern. Um aber eine passende Pression auf die Regierungen der Südstaaten zu üben, wurden einige officiöse Drohungen wegen Aufhebung des Zollvereins veröffentlicht; das Frankfurter Journal mußte sogar melden, daß in Frankfurt bereits preußische Regierungsbevollmächtigte zum Zwecke der Festsetzung der neuen Zollgrenzen eingetroffen seien. Auch in dieser Mittheilung war die Einverleibung Frankfurts in Preußen schon als selbstverständlich hingestellt.

So war die Lage der Dinge beschaffen, als Bürgermeister Müller sich nach Nikolsburg begab. Mit Ausnahme der Vorgänge im Rathe Louis Napoleons mußte er diese Lage kennen; auf alle Fälle war es ihm ein Leichtes, sich hierüber zu orientiren, ehe er mit dem Grafen Bismarck zusammentraf.

Aus dem nachstehenden Actenstück, welches später (im Jahr 1869) die preußische Regierung selbst veröffentlichen ließ — wie es in ihren Besitz gekommen, darüber lassen sich nur Vermuthungen anstellen — ist nun ersichtlich, wie Herr Müller auf dem Boden der gegebenen Thatsachen operirte:

„An hohen Senat gehorsamste Berichterstattung des Senators und Syndicus Dr. Müller.

Den Auftrag, dem Rufe Sr. Majestät des Königs von Preußen zu folgen und mich in's Hauptquartier desselben zu begeben, wie solcher durch Beschluß hohen Senats vom 29. Juli l. J. mir ertheilt worden ist, habe ich in der Weise erfüllt, daß ich am 30. Juli l. J. von hier abgereist, am Abende desselben Tages in Berlin eingetroffen bin, Berlin am 31. Juli, Abends 11 Uhr wieder verlassen und unter Benutzung der Eisenbahn Morgens 4 Uhr am 1. August Görlitz erreicht habe, von wo ich im Wagen mit Courrierpferden nach 24stündiger Fahrt am Morgen des 2. August in Pardubitz eingetroffen, von da aber unter günstiger Benutzung der Eisenbahn an demselben Tage, Nachmittags 3 Uhr, im Hauptquartier, welches am Tage zuvor von Nikolsburg nach Brünn verlegt worden war, angelangt bin.

In der Sache selbst, um derentwillen Ruf und Auftrag ergangen waren, habe ich die Ehre, das Nachstehende zu berichten:

Ich habe zunächst meinen Aufenthalt in Berlin am 31. Juli benutzt, um den Ministern v. Werther, Graf Eulenburg, Graf Itzenplitz und v. b. Heydt, außer diesen dem Unter-Staatssecretär im Ministerium der auswärtigen Angelegenheiten, v. Thiele und dem gewesenen preußischen Bundestags-Gesandten v. Savigny persönlichen Besuch abzustatten. Ich habe bei diesen Besuchen, da ich annehmen durfte, daß die Entscheidung der Sache zur Zeit nicht in Berlin, sondern im Hauptquartier zu suchen war, nicht geklagt und supplicirt, ich habe einfach meine Person und deren Eigenschaft als berufener Abgesandter zur Vorstellung gebracht, habe auf vielfach gestellte Fragen mit möglichster Vorsicht geantwortet, und ich glaube annehmen zu dürfen, daß der Erfolg dieses, unter Beirath kundiger Persönlichkeiten, beschlossenen und streng beobachteten Verhaltens ein nicht ungünstiger gewesen ist.

Bei meiner Ankunft in Brünn stellte ich mich sofort Sr. Maj. dem Könige vor, und wurde von demselben, bei äußerst gnädiger Aufnahme, die jedoch rücksichtlich unserer Stadt aus allgemeinen Aeußerungen sich nicht herausbewegen ließ, an den Grafen Bismark verwiesen.

Aus der Unterredung mit Graf Bismarck, welche sofort der Vorstellung bei dem Könige sich anschloß und wohl eine Stunde währte, muß Folgendes besonders hervorgehoben werden:

Graf Bismark erging sich zunächst in Klagen über Frankfurt und seine Presse. Ich habe mich dagegen bemüht, aus dem Verhältnisse von Frankfurt als Sitz der Bundesversammlung, und aus den historischen Beziehungen der alten Reichs- und Krönungsstadt zu Oesterreich ein anderes Bild zu entwickeln; ich fand und nahm dabei Gelegenheit, manche Erdichtungen und Uebertreibungen in das rechte Licht zu stellen, und es fand damit dieser Gegenstand, der ja ohnehin nur einleiten sollte, seine Erledigung.

Graf Bismark theilte mir sodann mit, daß Oesterreich und Frankreich ihr Einverständniß damit erklärt hätten, daß Preußen eine Vergrößerung in und bis zu der Zahl von vier Millionen Seelen sich aneigne. Graf Bismark bemerkte mir dabei nicht, daß Hannover und Königreich Sachsen dabei in Betracht gezogen werden würden, wohl aber, daß die Einwohnerzahl der beiden Hessen, von Nassau und Frankfurt nicht zu vier Millionen hinaufsteigen.

Frankfurt werde nicht an sich selbst herausgegeben, vielmehr von Preußen behalten werden. Frankfurt werde wohlthun, auf diesen Plan von Preußen entgegenkommend einzugehen. Es werde und solle in diesem Falle die privilegirteste Stadt in Preußen, weit privilegirter als Berlin werden und eine entsprechende Munizipalverfassung erhalten. Es verstehe sich von selbst, daß Preußen eine Stadt, die es zu behalten gemeint sei, nicht werde ruiniren wolen. Die Contribution von 25 Millionen resp. 19 Millionen, solle daher vorerst nur theoretisch aufrecht erhalten, nicht aber beigetrieben werden.

In hohem Grade überrascht, obgleich nach den Wahrnehmungen in Berlin auf Aehnliches vorbereitet, nahm ich nicht Anstand, sofort das Folgende zu erklären: Das Wort „Mainlinie" und die scharfe Betonung, welche dasselbe seit längerer Zeit erhalte, habe in mir die Ansicht hervorgerufen, daß Preußen die dermalige Action nur als den ersten Schritt, als eine Vorbereitung zu künftigen weiteren

Actionen und Annectirungen betrachte. Es sei dies eine persönliche Auffassung, auf welche ich eine bestimmte Erklärung nicht erwarten könne. Sei diese meine Auffassung aber richtig, so scheine mir
das eigene Interesse von Preußen zu gebieten, die großen und bedeutenden
Beziehungen, in welchen Frankfurt zu dem Süden stehe, die Einwirkungen,
welche ersteres auf letzteren seiner Lage und seiner Bedeutung als Handelsstadt nach, ausübe, in Betracht zu ziehen und wohl zu bemessen,
Frankfurt, wenn selbständig erhalten aber auch nur
in diesem Falle, könne im Interesse weiterer Pläne als
Krystallisationspunkt mit besonderem Erfolge benutzt
werden.

Graf Bismarck war durch diese Erklärung sicht-
lich betroffen, und ich habe es daher gewagt, ihr auch in späteren
Unterrednngen mit dem König sowohl, als auch insbesondere mit dem
Kronprinzen, Ausdruck zu geben.

Ich habe namentlich bei dem Kronprinzen, bei welchen ich die
Beziehungen von Frankfurt vorzugsweise zu Baden betonte, offenes
Ohr und viel Verständniß und Neigung gefunden. Hat Graf Bismarck
in der Erklärung, welche ich von ihm empfangen und vorher möglichst
treu niederzuschreiben mich bemüht habe, den eigentlichen Gedanken
der preußischen Regierung ausgesprochen — was wahr sein kann, aber
auch Zweifel zuläßt — so dürfte in der von mir sofort gewagten Entgegnung ein Mittel zur Abwehr gefunden sein, wenn damit noch
andere, hier selbst nicht anzudeutende weitere Mittel
verbunden werden. Einer weiteren Erörterung und Besprechung
des Bismarck'schen Planes bin ich, aus wohlbedachten Gründen, aus
dem Wege gegangen. Ich war der Ansicht, daß dem Manne gegenüber,
mit welchem ich verhandelte, es vergeblich sein würde, Gründe der Pietät und des historischen Rechts geltend zu machen, daß es gerathener
sein würde, sich gerade auf den Standpunkt zu stellen, von welchem der
Gegner muthmaßlich ausging, und ich bin heute noch der Ansicht, daß
der im ersten Moment betretene Weg der richtige gewesen ist.

Da Graf Bismarck zum Schlusse die Erwartung aussprach, daß
die in Brünn begonnenen Verhandlungen in Berlin fortgesetzt werden
würden, so mußte ich meine Bereitschaft hierzu um so mehr zu erkennen
geben, als die zugestandene nur theoretische Aufrechterhaltung der
Contribution immerhin als ein nicht unbedeutender Gewinn erachtet

werden muß, machte jedoch dabei die ausdrückliche Voraussetzung geltend, daß ich über das bis jetzt Vernommene in der Heimath vorerst Bericht erstatten und Instructionen einholen müsse, was als selbstverständlich zugestanden wurde. Weniger glücklich war ich mit einer weiteren Forderung, die ich zum Schluß gestellt und mehrfach wiederholt hatte.

Ich ersuchte nämlich um eine schriftliche Aufzeichnung darüber, wie bei Ausführung des Planes von Preußen die Verhältnisse in Frankfurt im Innern und nach Außen gestaltet werden sollen

Wenn ich mit dieser Forderung weniger glücklich gewesen sei, so muß dies so verstanden werden, daß ich weder die Zusage, noch eine Ablehnung erhalten habe. Vielleicht dürfte gerade hieraus geschlossen werden, daß das Gegenproject, durch Schaffung eines kleinen selbständigen Staates einen Crystallisationspunkt für weitere Pläne zu bilden, auch bei dem Grafen Bismarck einen gewissen Eindruck, den ich auch sonsten verspürt, gemacht habe, oder, was vielleicht näher liegt, daß es mit der angedrohten Annectirung doch nicht voller Ernst sei.

Für die in Berlin fortzusetzenden Verhandlungen werden feste Instructionen zu ertheilen sein und dürfte es sich empfehlen, hierzu eine Commission von etwa 3 Mitgliedern niederzusetzen, welchen der gehorsamst Unterzeichnete, soweit es erforderlich, mit Aufklärungen und Beirath an Handen zu gehen, anzuweisen wäre.

Es liegt übrigens in der Natur der Verhältnisse und bedarf wohl einer weiteren Rechtfertigung nicht, daß der gegenwärtige Bericht als das tiefste Geheimniß wird betrachtet werden müssen.

Geschrieben zu Dresden, am 6. und 7. August 1866.

Eines hohen Senats gehorsamster
(gez.) Müller.

Der Verfasser dieser Blätter schrieb unmittelbar nach dem Bekanntwerden des hier mitgetheilten Actenstück's (Mai 1869) darüber die folgenden Bemerkungen nieder, welche auch heute noch ihm in allen Punkten zutreffend erscheinen:

„Offenbar mit Erlaubniß der preußischen Regierung, denn ohne diese wäre die Veröffentlichung wohl nicht gut

möglich gewesen, bringen die „preußischen Jahrbücher" ein
Document zur Kenntniß des Publikums, welches einen
historischen Werth im Allgemeinen und ein ganz besonderes,
gewiß nur schmerzliches, Interesse für Frankfurt hat.
Es ist der Bericht des Bürgermeisters Dr. Müller aus
dem preußischen Hauptquartier zu Brünn an den hiesigen
Senat während der Tage des Todeskampfes der Republik.
Lange genug hat die Bürgerschaft Frankfurts das Verlangen
gehegt, wenigstens über die Art und Weise, mit der man
über ihr Wohl und Wehe in jenen Tagen „verhandelte",
und wie es kam, daß die ihr angeblich zugedachte „privilegirte Stellung" in der Monarchie Preußen verloren ging,
aufgeklärt zu werden; — sie wurde einer solchen Aufklärung
ebensowenig für werth erachtet, als sie überhaupt bei der
Gestaltung ihres Schicksals im Geringsten befragt worden
war. Es mußte ihr genügen, „erobert" zu sein. Ob
ihr berufener Vertreter — der Senat — in jener unglücks-
schwangeren Zeit seine Schuldigkeit gethan oder die ihm
obliegenden heiligen Pflichten auf unbegreifliche Art im
Stiche gelassen habe, ob seine Mitglieder fähig sein konnten,
jemals wieder die Geschicke der Bürgerschaft zu leiten, das
Alles blieb dieser dunkel, obwohl ein preußischer Minister
durch sein bekanntes Schreiben an ein hiesiges Handelshaus
Andeutungen über Thatsachen gab, welche jene Aufklärung
gebieterisch erfordert hätten. Jetzt nun kommt die Veröffentlichung jenes Documentes von einer Seite, deren
Beweggründe leicht zu errathen sind. Wir glauben nicht,
daß sie ihren Zweck erreichen wird. Zwar das strenge
Urtheil, welches die „preußischen Jahrbücher" in ihrem
Commentar zu dem Actenstück über den Senat und dessen
Mitglieder fällen:

„Graf Bismarck forderte, daß die in Brünn begonnenen Verhandlungen in Berlin fortgesetzt würden. Warum nun Herr Müller fünf Tage gebrauchte, um von Brünn nach Dresden zu gelangen, warum er nicht so schnell als möglich nach Frankfurt zur mündlichen Berichterstattung zurückkehrte, warum der Senat nicht unverzüglich in Berlin eine genaue Formulirung der der Stadt in Aussicht gestellten Vortheile zu erreichen suchte und hierauf die Proposition der Bürgerschaft zur Entscheidung vorlegte, warum statt dessen die Vertreter der Stadt die ganze Sache gerade vor Denen in „tiefes Geheimniß" hüllten, deren Wohl und Wehe es betraf, warum sie wochenlang nichts thaten, so daß die endlich ernannte Commission erst an dem Tage in Berlin eintraf an welchem das Annexionsgesetz im Landtage vorgelegt wurde — das Alles sind Fragen, die wir nicht zu beantworten vermögen. **Wir haben aus dem Actenstück nur den Eindruck entnommen, daß selten eine Stadt in so entscheidungsvoller Zeit so übel geführt und berathen war.**"

ist gewiß in vollstem Maße begründet, denn das ganze Verhalten des Senats von der beispiellos unklugen Procla=mation über die dem Bundestage (welcher bereits im Gast=hause zu den drei Mohren in Augsburg sein Armensünder=süppchen aß) „unverbrüchlich zu haltende Treue" bis zu der kindisch=schlauen Erfindung des Bürgermeisters Dr. Müller von einem für preußische Eroberungszwecke zu gründenden Krystallisationsstaate Frankfurt herab, zeigt einen solchen Grad von politischer Unfähigkeit, wie man ihn in der ganzen Geschichte Frankfurts schwerlich auf irgend einem Blatte bei irgendwelchem Anlasse wieder=finden wird. Wäre Kleines mit Großem zu vergleichen, wir würden in der Conferenz zwischen Herrn Dr. Müller und dem Grafen Bismarck, welche Ersterer so selbstgefällig beschreibt, die getreue Copie jener Scene zwischen dem österreichischen Diplomaten Cobenzl und dem ersten Na=

poleon in Rastatt finden, nach welcher der sonst so ernste
Corse vor Lachen über die Schlauheit des „gewiegten Diplomaten" und über den komischen Schiffbruch, den diese Schlauheit im entscheidenden Momente litt, sich schier ausschütten
wollte. In ähnlicher Weise ist es. Herrn Müller ergangen,
wenn auch er selbst kein Cobenzl und Bismarck kein Napoleon ist. Der Bürgermeister einer freien Stadt, deren
Bevölkerung nach seinem eigenen Geständniß durch und
durch großdeutsch gesinnt ist, der Unterhändler dieser
Stadt wollte aus derselben einen heimlichen „Krystallisationskern" für „weitere Actionen und Annexionen" Preußens
machen, und hoffte dadurch die Selbständigkeit der Republik
zu retten! — Vor solcher Gesinnungslosigkeit, die aus
fremder Haut unbedenklich Riemen schneiden möchte, wenn
nur die eigene Haut dabei kein Ritzchen erhält und man
in aller Bequemlichkeit weiter „diplomatisiren" kann, vor
solcher kindischen Nachbetung Machiavelli's mußte gewiß
selbst ein Bismarck sich „betroffen" fühlen, und es gehört
ein ganz ungewöhnlicher Grad von naivem Selbstgefühl
dazu, daß Herr Müller diese „Betroffenheit" zu seinem
Vortheile deuten konnte! Wir fassen unser Urtheil über
den Bericht dahin zusammen, daß kein Frankfurter, dem
die Ehre der untergegangenen Republik am Herzen liegt,
dieses Actenstück ohne Zornesröthe lesen kann. Was die
angeblich der Stadt Frankfurt zugedachte „privilegirte Stellung" betrifft, so haben wir schon oft unsere Ueberzeugung
ausgesprochen, daß Frankfurt dieselbe selbst im Falle des
„Entgegenkommens" nicht dauernd erhalten haben würde,
so wenig die Kurhessen die ihnen bei dem Einzug der Preußen
feierlich garantirte Verfassung von 1831 behalten haben.
Die „Staatsraison" und der nivellirende Eifer der Ein-

heitsapostel im preußischen Landtag würden sich hier gegen=
seitig auf's Schönste unterstützt haben, um keine „commu=
nale Anomalie" unter preußischer Zucht und Ordnung
aufkommen zu lassen!"

Zu diesen von uns vor länger als sieben Jahren
niedergeschriebenen Bemerkungen fügen wir heute das Fol=
gende hinzu:

Das Telegramm, welches Herrn Müller in das könig=
liche Hauptquartier berief, traf, wie schon erwähnt, am
28. Juli in Frankfurt ein. Statt der Wichtigkeit des
Gegenstandes gemäß unverzüglich hierüber in Berathung
zu treten, ließ sich der Senat (dessen Vorsitzender nach dem
Tode Fellner's Herr Müller geworden war) bis zum fol=
genden Tage Zeit, um den ganz selbstverständlichen Beschluß
zu fassen, daß der Berufung Folge zu leisten sei. Specielle
Instructionen hat Herr Müller, wie aus seinem Bericht
hervorgeht und bei der Lage der Dinge es auch gar nicht
anders sein konnte, nicht empfangen, da man ja zunächst
die Eröffnungen abwarten mußte, welche dieser in Nikols=
burg erhalten sollte. Also wurde die Reise beschlossen, zu
welcher Herr Müller seinerseits sich wiederum Zeit bis zum
folgenden Morgen nahm. Statt aber nun wenigstens direct
und ohne Aufenthalt nach dem Ort seiner Bestimmung zu
reisen, wo allein etwas in dieser unglücklichen Sache ge=
schehen konnte, führte Herr Müller seine Person noch einen
Tag lang in Berlin spazieren, um dort eine Reihe von
Besuchen abzustatten, von denen er selbst in seinem Bericht
gestehen muß, daß sie völlig nutzlos und überflüssig waren;
er hat bei den Herren Graf Eulenburg, Itzenplitz, v. d.
Heydt, Werther, Savigny und Thile „nicht geklagt und
supplicirt, sondern einfach seine Person und deren

Eigenschaft als berufener Abgesandter zur Vor=
stellung gebracht" — eine ungemein wichtige Affaire,
die den sechs Ministern, die er besuchte, sehr imponirt
haben mag — und er hat sich auch wohl gehütet, auf die
vielen neugierigen Fragen, die an ihn gerichtet wurden,
etwas Wesentliches zu antworten, sintemal er ja wußte,
„daß die Entscheidung der Sache zur Zeit nicht in Berlin,
sondern im Hauptquartier zu suchen war." Ein so gewiegter
Diplomat, wie Herr Müller, verschießt sein Pulver nicht
zur Unzeit!

Nach weiteren 48 Stunden traf der reisende Diplomat
endlich im Hauptquartier ein, welches inzwischen von Nikols=
burg nach Brünn verlegt war, und hatte eine Audienz bei
dem König, über welche nichts weiter zu sagen ist, als daß
Herr Müller bei sonst „gnädiger" Aufnahme bezüglich der
Sache selbst an den Grafen Bismarck verwiesen wurde.

„Hier ist Rhodus, komm' und tanze!" muß es jetzt
unserem alten Bekannten, der in Berlin so schön „seine
Person und deren Eigenschaft als berufener Abgesandter
zur Vorstellung brachte", in die Ohren geklungen haben,
und wir sind überzeugt, daß Herr Müller sich mit den
besten Vorsätzen gewappnet, alle die diplomatische Kunst,
die er im langjährigen Verkehr mit Herrn v. Wentzel in
Frankfurt sich angeeignet, zusammengenommen hat, um dem
Grafen Bismarck erfolgreich gegenüberzutreten. Herr Müller
mußte lange warten, ehe seine Anmeldung bei dem Minister=
präsidenten die gebräuchliche Botschaft zur Folge hatte:
„Treten Sie ein, wenn's gefällig ist!" Wahrscheinlich war
Herr v. Bismarck, wie es ihm ja noch jetzt häufig passiren
soll, zu sehr beschäftigt, um den Frankfurter Abgesandten
alsbald empfangen zu können; aber die Offizianten, welche

die Ankunft des Letzteren meldeten, hätten ihn wenigstens nicht wie einen gewöhnlichen Supplikanten auf der Flur des Hauses warten lassen sollen. Ein zum Feldbienst comman= dirter, ehemals in Frankfurt stationirt gewesener preußischer Telegraphenbeamter nahm sich des Herrn Müller an und führte ihn in sein Zimmer, bis Graf Bismarck ihn zu sich bescheiden konnte. Dieser an sich unbedeutende, aber die Situation immerhin kennzeichnende Umstand ist, wie wir zur Vermeidung von Mißverständnissen hinzufügen wollen, nicht von Herrn Müller, wohl aber von dem gedachten Tele= graphenbeamten später erzählt worden.

„Graf Bismarck erging sich zunächst im Klagen über Frankfurt und seine Presse." — Lieber Himmel, es war ein altes Lied, zu dem Herr Müller jetzt eine neue Melodie finden sollte, und wir verdenken es ihm nicht, wenn er dem Senat gegenüber über diese Syfiphusarbeit ziemlich kurz hinweggeht. Den Herrn v. Bismarck zu überzeugen, daß er Anlaß habe, auf Frankfurt mit „Wohlwollen" zu blicken, wäre damals sicherlich auch keinem Anderen gelungen; wohl aber hätte vielleicht ein entschlossener Mann dem Minister, welcher auch jetzt noch, nach den von Frankfurt aus Anlaß der preußischen Occupation erduldeten furcht= baren Leiden und den ihm auferlegten beispiellosen Kriegs= lasten, in Klagen über eine wirkliche oder vermeintliche Schuld der freien Stadt sich erging, die Erwiderung geben können, daß wenn Frankfurt jemals gegen den Staat Preußen eine Sünde begangen, dieser sich dafür bereits mehr als genügend revanchirt habe, wofür die ganze civili= sirte Welt Zeuge. In Herrn Müller's Wesen lag es nicht, eine solche Antwort zu geben; wir sind aber überzeugt, daß sie eine bessere „Einleitung" zu der nun folgenden Unter=

rebung über die Hauptsache gewesen sein würde, als die von ihm vorgebrachten Entschuldigungsgründe für Dinge, welche bei unbefangener Betrachtung niemals eine „Schuld" beweisen konnten.

Graf Bismarck unterrichtete Herrn Müller ohne viel Umschweife von dem Entschlusse der preußischen Regierung, Frankfurt zu annectiren, und Herr Müller war hierdurch „in hohem Grade überrascht, obwohl nach den Wahrneh= mungen in Berlin auf Aehnliches vorbereitet." Aus der von uns oben gegebenen Schilderung der politischen Lage geht nun für jeden Unbefangenen hervor, daß die hochgradige „Ueberraschung", welche Dr. Müller bei der Mittheilung Bismarcks empfand, nicht gut erklärlich ist. Seit sechs Tagen sangen sich die Spatzen auf den Dächern dieses Geheimniß zu und hätte Herr Müller nur die Zeitungen, insbesondere den preußischen Staatsanzeiger vom 28. Juli, gelesen, ge= schweige denn seine Besuche bei nicht weniger als sechs preußischen Ministern zu seiner Orientirung über die Sach= lage benützt, so wäre ihm die „Ueberraschung" — bei schwierigen politischen Verhandlungen immer ein böses Ding! — gewiß erspart geblieben. Indessen, Herr Müller war offenbar gar nicht so überrascht, wie man nach jenem Aus= drucke schließen müßte, denn das ganze Wesen des Mannes bürgt uns dafür, daß seine sofort ausgekramte Idee, Frank= furt als „Krystallisationskern", Spinnennetz oder Fliegen= klappe für künftige weitere „Actionen und Annexionen" Preußens auszunutzen, in keinem Falle eine Impro= sation, sondern im Gegentheil ein schon auf der Reise langsam ausgedachter Plan war, auf welchen das vielcitirte Dichterwort seine Anwendung findet: „Wär' der Gedanke nicht verflucht gescheid, man wär' versucht, ihn herzlich dumm zu nennen!"

Wir entscheiden uns mit dem Rechte, das uns die un=
parteiische und überdies heute sehr erleichterte Prüfung der
Thatsachen gewährt, für die letztere Alternative, nämlich da=
für, daß von der höchsten Schlauheit zur Dummheit —
ebenso wie vom Erhabenen zum Lächerlichen — nur ein
Schritt ist. Die „Betroffenheit" des Grafen Bismarck über
die Müller'schen Propositionen ermuthigte den im Gefühle
einer vermeintlich an den Tag gelegten Klugheit schwelgen=
den Unterhändler, seinen Plan auch dem Kronprinzen
vorzutragen, bei welchem er hierfür „offenes Ohr und viel
Verständniß und Neigung" gefunden haben will, da er na=
mentlich auch „die Beziehungen Frankfurts zu Baden"
besonders eindringlich betonte. Um die Wahrheitsliebe oder
den Grad des Scharfsinns, welche Herr Müller hier an den
Tag legt, richtig zu würdigen, muß man sich gegenwärtig
halten, daß der Kronprinz von Preußen der Schwager des
Großherzogs von Baden war, zu diesem in den herzlichsten
Beziehungen, die auch während des Krieges von 1866 nicht
einen Augenblick unterbrochen waren, stand und daß unter
diesen Verhältnissen Herr Müller es wagte, dem Kronprinzen
einen Actionsplan vorzutragen, welcher im Grunde doch auf
nichts weiter, als auf die demnächstige Entthronung, auch
„Depossedirung" genannt, des badischen Großherzogs hin=
auslief! Und obendrein will Herr Müller hierfür „offenes
Ohr, viel Verständniß und Neigung" bei dem Kronprinzen
gefunden haben; wenigstens suchte er das seinen Collegen
im Senat glauben zu machen.

Hier hat offenbar „die Wahrheit irgendwo Schiffbruch
gelitten" und wir glauben nicht zu irren, wenn wir be=
haupten, daß Herr Dr. Müller an diesem Schiffbruche die
Schuld trägt. Bis dahin, wo uns das Gegentheil bewiesen

24

sein wird, behaupten wir, daß Dr. Müller nach Lage der
Dinge gar nicht im Stande war, dem Kronprinzen seinen
Operationsplan in der von ihm geschilderten Weise vorzu=
tragen und noch weniger daran etwas Wahres ist, daß jener
seltsame Plan eine beifällige Aufnahme bei dem Kronprinzen
gefunden habe. Den Schlüssel zu diesen aus der Natur
der Dinge sich ergebenden Widersprüchen zwischen der nack=
ten Wahrheit und dem Berichte des Herrn Müller glauben
wir darin finden zu müssen, daß der in Dresden am 6. und
7. August — volle fünf Tage nach der Unterredung mit
dem Grafen Bismarck und dem Kronprinzen — geschriebene
Bericht dazu bestimmt war, auf die Mitglieder des Frank=
furter Senats in einer Weise zu wirken, welche den weiteren
Absichten des Herrn Müller in Bezug auf die Zukunft
Frankfurts nach seiner Meinung am Besten entsprach.
Diese Absichten sind das Geheimniß des Herrn
Müller geblieben; Vermuthungen kann man darüber
anstellen, aber wir haben nicht die Aufgabe, sie auszusprechen,
so wenig wir untersuchen wollen, welches „die anderen,
hier selbst nicht anzudeutenden Mittel" gewesen sein
mögen, mit Hülfe deren Herr Müller den Grafen Bismarck
für seine confusen Pläne zu gewinnen hoffte. Vielleicht
schwebte ihm hierbei ein Vorgang aus der Geschichte Frank=
furts zur Zeit des Wiener Congresses vor Augen, welcher
— weit harmloser, als die Müller'schen Combinationen und
Projecte — nachmals in Frankfurt viel belacht worden ist
und Jedem, der bei ähnlicher Gelegenheit auf die gleiche
Bahn „nicht anzudeutender Mittel" sich begeben wollte, eine
Warnung hätte sein müssen.

Es kann nicht dem mindesten Zweifel unterliegen, daß
die Art, mit der sich Herr Müller in Brünn seiner Auf=

gabe entlebigte, der Stadt Frankfurt, wenn nicht materiell,
so doch moralisch — in ihrem guten Rufe vor der Welt!
— viel Schaden gebracht hat. Das Publikum in Deutsch=
land, selbst dasjenige, welches der Stadt Frankfurt keinen
Haß und keinen Neid entgegentrug, welches vielmehr von
Sympathien für die so schwer heimgesuchte, durch die bloße
Gewalt ihrer Freiheit beraubte einstige Bundesstadt erfüllt
war, auch dieses machte keinen Unterschied zwischen der Be=
völkerung der Stadt und ihrem Vertreter vor dem Grafen
Bismarck. Man las diese perfiden Vorschläge, diese an die
elendesten Zeiten einer cynischen Cabinetspolitik erinnernden
Frivolitäten, und fragte sich entrüstet, wer denn der Mann
sei, der es wagen konnte, in einer Zeit schweren Ernstes so
tänzelnd leicht über die Geschicke von Millionen Deutschen
— und es waren Süddeutsche, die noch etwas auf Selbst=
bestimmung hielten — zu verfügen? Für seine Person
betrachtet, wäre freilich dieser Mann kaum in Betracht ge=
kommen; aber er war der Vertreter Frankfurts und
er hatte damit den Makel, der sonst nur auf ihn gefallen
wäre, dieser altberühmten Stadt aufgeheftet; er hatte dem
Untergang der freireichsstädtischen Institutionen einen Schlag=
schatten häßlichster Art beigefügt.

Eine ernste Lehre ergibt sich aus dieser Thatsache; die
Lehre nämlich, daß auch in freien Gemeinwesen die Be=
völkerung in ihren heiligsten Interessen tief geschädigt werden
kann, wenn sie nicht unablässig die Handlungen Derer con=
trolirt, denen die Führung der öffentlichen Angelegenheiten
anvertraut ist. Mag dies die heutige, mögen es die kom=
menden Generationen in Frankfurt wohl bedenken: es wird
früher oder später der Augenblick wiederkehren, wo abermals
ein Wendepunkt für die Geschicke dieser schönen, seit Jahr=

24*

hunderten in Deutschland hervorragenden Stadt sich einstellt. Nicht von Kriegen und gewaltsamen Katastrophen hoffen wir diese Aenderung, sondern von der natürlichen Entwicklung der Dinge, die ihren Lauf nehmen wird, sobald die Krankheit der Zeit — das Beugen unter einen absoluten, durch beispiellose Gunst des Schicksals getragenen Willen — überwunden sein wird. Dann kommt auch vielleicht für das gedemüthigte Frankfurt, das so reiche Lebenskeime in sich trägt, reicher als diejenigen der nordischen Hauptstadt mit all' ihrer künstlichen Pracht es sind, die Zeit, wo es für seine im Jahr 1866 ausgestandenen Leiden entschädigt werden wird. Es gehört eine höhere Kraft, als diejenige des Fürsten Bismarck, dazu — eine Kraft, die wahrscheinlich nie geboren werden wird — um den tief im Volke schlummernden Gegensatz zwischen nord- und süddeutschem Wesen, die Vorliebe für die föderalistische Verfassung im Gegensatz zum Einheitsstaat, bis zu dem Grade zu vernichten, daß nicht eines Tages „der constante Wille der Nation," von dessen Unwiderstehlichkeit selbst Fürst Bismarck überzeugt ist, die künstlichen Schöpfungen der Gegenwart wieder zu Gunsten der Eigenart des deutschen Volkes ändern könnte. Und an dem Tage, wo dies geschieht, wird aller menschlichen Berechnung nach auch Frankfurt wieder ein politischer Mittelpunkt für Deutschland werden; es wird ein deutsches Parlament, ausgestattet mit allen Befugnissen und Vorrechten einer wirklichen Volksvertretung, wieder in seinen Mauern begrüßen. Möge dann Frankfurt, wie einst im Jahr 1814, Bürger vom Schlage eines Bethmann, nicht Diplomaten vom Schlage eines Dr. Müller, zu Vertretern und Wortführern haben!

Uebrigens denken wir kühl genug von den Absichten,

welche Graf Bismarck in jenen drangvollen Tagen bezüg-
lich Frankfurts hegte, um uns keinen allzugroßen Illusionen
über die „privilegirte Stellung" hinzugeben, welche für den
Fall des „Entgegenkommens" der Stadt, das heißt für den
Fall der freiwilligen Zustimmung der Bevölkerung zu der
Annexion, ihr zugedacht gewesen wäre. Wir können uns
auch schwer eine Vorstellung davon machen, was eigentlich
Fürst Bismarck unter diesem „Entgegenkommen" verstand.
Handelte es sich nur um die Zustimmung des Senats, so
war diese durch das Protocoll vom 24. Juli im Grunde
schon gegeben, da hierin dem Könige von Preußen „bis auf
Weiteres" die Souveränetät — nicht blos die militärische
Gewalt — über die Stadt Frankfurt eingeräumt war.
Aber der Senat besaß, wie auch Fürst Bismarck jedenfalls
wußte, ebensowenig wie die beiden anderen Staatskörperschaften das Recht, auch nur ein Titelchen der Souveränetät
der freien Stadt preiszugeben; diese letztere ruhte vielmehr
nach der in anerkannter Gültigkeit stehenden Verfassung
lediglich bei der Gesammtbürgerschaft. Es steht nun
absolut fest, daß weder Graf Bismarck, noch irgend eine
andere maßgebende Persönlichkeit in der Regiernng des
Staates Preußen auch nur einen Augenblick daran dachte,
die Frage der Einverleibung Frankfurts in Preußen von
einer Abstimmung der Bürgerschaft (Plebiszit) abhängig zu
machen, etwa, wie es 1796 von der damaligen preußischen
Regierung in Nürnberg geschah. Graf Bismarck erklärte
ja positiv dem Bürgermeister Müller, „Frankfurt werde
nicht an sich selbst herausgegeben, vielmehr von
Preußen behalten werden"; — was hätte nun gegenüber einem so absolut feststehenden Willen noch ein „Entgegenkommen" genützt, welchen Sinn hätte dasselbe überhaupt

haben können? Setzen wir jedoch den Fall, daß Graf Bis=
marck in der That einen Werth auf dieses „Entgegenkommen"
legte und sich eine deutliche Vorstellung über die Form des=
selben gebildet hatte, so bleibt es wiederum unverständlich,
warum er statt allgemeiner Andeutungen, welche überdies
durch die nachfolgenden, von ihm unbeantwortet gelassenen
Vorschläge Müller's außer Discussion gestellt waren, nicht
einfach den in Frankfurt amtirenden Civilcommissär v. Dieft
oder eine sonstige geeignete Persönlichkeit damit betraute,
dem Senat und dem gesetzgebenden Körper in Frankfurt
sofort diejenigen Mittheilungen zu machen, welche den In=
tentionen des Ministers entsprachen und möglicherweise das
gewünschte „Entgegenkommen" zur Folge haben konnten?
Mit einer kriegführenden Macht, die noch Bedingungen
stellen und ablehnen konnte, hatte es ja Graf Bismarck nicht
zu thun, sondern mit einer friedlichen, unter der absoluten
Gewalt der preußischen Militärbefehlshaber befindlichen
Stadt, der bereits collosale Kriegscontributionen auferlegt
und abgenommen waren und der gegenüber „vorerst nur
theoretisch" eine weitere unerschwingliche Contribution auf=
recht erhalten werden sollte. Was konnte unter diesen Um=
ständen dem Grafen Bismarck daran liegen, ob speziell der
Diplomat Müller von der Zweckmäßigkeit des „Entgegen=
kommens" zu überzeugen war oder nicht, ob er eine freiwillig
zur „Einverleibung" sich anbietende Stadt oder einen „Kry=
stallisationskern" zu künftigen weiteren „Actionen und An=
nexionen Preußens" dem Eroberer zu Füßen legte? Dies
ist auch einer der dunkelen Punkte in der Geschichte des
Jahres 1866, die vielleicht dereinst noch aufgeklärt werden,
für jetzt aber ein nicht zu lösendes Räthsel bilden. In welcher
Weise später das unterbliebene „Entgegenkommen", wofür

doch außer dem Bürgermeiſter Müller kein Menſch in Frank=
furt verantwortlich zu machen war, von der preußiſchen
Regierung ausgenutzt wurde — wie die Bevölkerung wieder=
um eine Sünde zu tragen hatte, bei deren Begehung ſie ſo
unſchuldig war, wie das Kind im Mutterleibe, das mag aus
dem nachſtehenden Reſcript des Finanzminiſters v. d. Heydt
vom 2. Februar 1867 erſehen werden:

„Den Herren Unterzeichnern der an das königliche Staatsminiſterium gerichteten Vorſtellung vom 20. v. M., welche zu weiteren Veranlaſſungen an mich abgegeben worden iſt, erwidere ich, daß die von der Stadt Frankfurt a. M. baar eingezahlte Kriegscontribution von 5,747,008³/₄ fl. ihre definitive Verwendung nach Maßgabe des Geſetzes vom 28. September v. J. (Geſ.-Sammlg. Seite 607) bereits gefunden hat, und eine Zurückzahlung derſelben ebenſowenig, wie die außerdem beantragte Schadloshaltung, in Ausſicht geſtellt werden kann. Nach der von dem Herrn Miniſter-Präſidenten und Miniſter der auswärtigen Angelegenheiten Grafen von Bismarck, bei deſſen Anweſenheit in Brünn dem Senator Dr. Müller gemachten Eröffnung würde es lediglich von der Entſchließung der Stadt Frankfurt abgegangen haben, durch ihren freiwilligen Anſchluß an Preußen nicht nur jede Kriegscontribution von ſich abzuwenden, ſondern ſich auch im Wege des Vertrages eine Ausnahmeſtellung unter den Städten der Monarchie mit wichtigen Privilegien zu ſichern. Nachdem die Stadt Frankfurt hierauf nicht eingegangen iſt, hat dieſelbe die eingetretenen Verluſte als unvermeidliche Kriegsfolge lediglich ihrer frei gewählten (!) Haltung zuzuſchreiben. Dem Antrage:

bie baar bezahlte Contribution der Stadt oder für deren Rechnung der Frankfurter Bank zurückzuerſtatten, und die Stadt für die ſonſtigen Naturallieferungen und Leiſtungen in dem Maße zu entſchädigen, daß Frankfurt keine höheren Kriegsleiſtungen angerechnet werden, als im Verhältniß die anderen preußiſchen Städte zu tragen hatten,

kann unter dieſen Umſtänden, ganz abgeſehen davon, daß die Herren Unterzeichner der Vorſtellung vom 20. v. Mts. Anliegen der Stadt

Frankfurt zu vertreten nicht legitimirt sind, keine entsprechende Folge
gegeben werden.

Berlin, den 2. Februar 1867.

Der Finanz-Minister.

gez. v. d. Heydt.

An
den Herrn Friedrich Moritz Gontard und Genossen
(z. H. des Genannten)
Wohlgeboren
zu
Frankfurt a. M.

Was der Senat mit dem Bericht des Herrn Müller
aus Dresden angefangen hat, haben wir nicht zu ermitteln
vermocht; wahrscheinlich wurde das Schriftstück als „tiefstes
Geheimniß" in die Acten geschoben, ohne daß irgend ein
Beschluß gefaßt wurde, der in der That auch kaum noch
etwas hätte nützen können. In Berlin trafen bald darauf
die Herren Dr. Müller, Dr. v. Oven, Scharff-Majer und
Dr. Passavant noch einmal zusammen, um mit verschie=
denen Ministern und Ministerialdirectoren zu conferiren;
über ihre Häupter hinweg aber wurde im Landtag das
Gesetz wegen Einverleibung von Hannover, Kurhessen, Nassau
und der freien Stadt Frankfurt eingebracht.

X.

Die Annexion.

Wir sind nun an dem Punkte angelangt, wo die Geschichte der „freien Stadt" ihren Abschluß findet und Frankfurt — welches, ohne davon zu wissen, „am Kriege gegen Preußen thätig Antheil genommen" — seinen neuen Geschicken als eroberter Bestandtheil der Monarchie Preußen entgegengeht. Wir nannten in dem vorigen Abschnitt die Zeit vom 16. Juli bis in die erste Hälfte des Monats August die Tage des Todeskampfes der Republik und man wird zugeben, daß dieser Todeskampf schwer und schmerzlich war. Die Bürger Frankfurts haben gleichwohl bis zum letzten Augenblicke die Hoffnung festgehalten, daß die Zeit der Drangsale vorübergehen werde, ohne daß die tausendjährige Unabhängigkeit der Stadt dem über Deutschland heraufgezogenen Sturme zum Opfer fallen müsse; aber diese Hoffnung sollte sich als trügerisch erweisen.

Bevor wir die auf das Annexionsgesetz bezüglichen Actenstücke mittheilen, müssen noch einige Vorgänge von geringerer Bedeutung hier erwähnt werden. Die collosalen Naturalleistungen, welche der Stadt von dem Obercommando

der Mainarmee auferlegt wurden, dauerten auch neben den
Zwangsmaßregeln zur Eintreibung der zweiten „Kriegs=
contribution" von 25 Millionen Gulden und troß der hie=
rüber in Berlin und Brünn stattgefundenen Verhandlungen
noch ganz in der schon am ersten Tage der Occupation
begonnenen Weise fort. So erschien am 1. August folgende,
vom Tage vorher datirte Bekanntmachung:

„Auf Befehl des Obercommando's der Mainarmee hat die Stadt
Frankfurt annoch 122 taugliche Reitpferde zu stellen.

Anerbieten zur Uebernahme dieser Lieferung werden innerhalb
der nächsten drei Tage von der unterfertigten Commission entgegen=
genommen.

Frankfurt a. M., den 31. Juli 1866.

Die Militärverpflegungscommission."

Die bürgerlichen Mitglieder dieser Commission wagten es
einmal, unter Hinweis auf den traurigen Zustand der
städtischen Finanzen gegen diese fortwährend wiederholten
Anforderungen eine leise Einwendung zu machen; insbe=
sondere erschien es ihnen ungerecht, daß die Stadt Frank=
furt unaufhörlich zur Bestreitung der Bedürfnisse der ganzen
Mainarmee, von welcher doch der größte Theil längst in
Nassau, Hessen und Baden stand, herangezogen werde; die
Antwort auf diese schüchternen Reclamationen waren Droh=
hungen, welche in der schroffsten Form gestellt wurden.

Am 28. Juli war an Stelle des nach Wiesbaden
abberufenen Civilcommissärs v. Diest der Landrath des
Kreises Krotoschin, Herr v. Madai, in Frankfurt eingetroffen
und trat an demselben Tage „unter Autorität des könig=
lichen Oberbefehlshabers der Mainarmee" seine Functionen an.

Am 1. August wurden die an den, von dem Com=
mando des weiland 8. Armeecorps rings um Frankfurt
erbauten, Schanzen befindlichen Nutzhölzer, bestehend in

„Pallisaden, Balken, Brettern, Schalen und Stangen" ver=
steigert. Es waren im Ganzen sieben Schanzen errichtet,
und zwar bei Fechenheim, bei Bornheim, an der Friedberger
Warte, am Wege nach Eschersheim, bei Ginnheim, bei
Bockenheim und am Hellerhof. Die Leser kennen die hie=
rüber zwischen dem Senat von Frankfurt und dem Bundes=
tage noch zu Anfang Juli geführten Verhandlungen.

Noch ehe man von der definitiv beschlossenen Annexion
Kenntniß hatte, traf am 14. August ein Telegramm hier
ein, wonach der ehemalige Finanzminister, Frhr. v. Patow,
mit der Oberleitung der Civilverwaltung von Nassau, Frank=
furt und den occupirten Theilen von Hessen = Darmstadt
betraut sei und in Frankfurt seinen Amtssitz nehmen werde.
Freiherr v. Patow war durch seine Verwandtschaft mit der
Familie v. Gündterode eine in Frankfurt nicht unbekannte,
übrigens auch im Rufe eines humanen Wesens stehende
Persönlichkeit, und so konnte es denn nicht fehlen, daß
Zeitungscorrespondenzen und Privatnachrichten die Wahl
dieses Mannes als eine der schwergeprüften Stadt gemachte
Concession hinstellten.

Am 16. August Abends wurde in Berlin der Präsident
des Abgeordnetenhauses durch ein Schreiben des Staats=
ministeriums benachrichtigt, daß Behufs Einbringung einer
dringlichen Vorlage die möglichst rasche Anberaumung einer
Plenarsitzung des Hauses gewünscht werde. Diese Sitzung
wurde demgemäß auf den folgenden Tag, Nachmittags 1 Uhr
anberaumt und gestaltete sich zu einer überaus erwartungs=
vollen, da das Gerücht Verbreitung gefunden hatte, die
Vorlage beziehe sich auf die Annexionen. Unmittelbar nach
Eröffnung der Sitzung verlas der Ministerpräsident Graf Bis=
marck unter lautloser Stille die folgende königliche Botschaft:

„Wir Wilhelm, von Gottes Gnaden König von Preußen, thun kund und fügen hiermit zu wissen: die Regierungen des Königreichs Hannover, des Kurfürstenthums Hessen und des Herzogthums Nassau, sowie die freie Stadt Frankfurt haben sich durch ihre Theilnahme an dem feindseligen Verhalten des ehemaligen Bundestags in offenen Kriegszustand mit Preußen gesetzt; sie haben sowohl die Neutralität, als das von Preußen unter dem Versprechen der Garantie ihres Territorialbestandes ihnen wiederholt und noch in letzter Stunde angebotene Bündniß abgelehnt,*) haben an dem Krieg Oesterreichs mit Preußen thätig Antheil genommen und die Entscheidung des Krieges über sich und ihre Länder angerufen; diese Entscheidung ist nach Gottes Rathschluß gegen sie ausgefallen; die politische Nothwendigkeit zwingt uns, ihnen die Regierungsgewalt, deren sie durch das siegreiche Vorbringen unseres Heeres entkleidet sind, nicht wieder zu übertragen. Die genannten Länder würden, falls sie ihre Selbständigkeit bewahrten, vermöge ihrer geographischen Lage bei einer feindseligen oder auch nur zweifelhaften Stellung ihrer Regierungen der preußischen Politik und militärischen Action Schwierigkeiten und Hemmnisse bieten können, welche weit über das Maß ihrer thatsächlichen Macht und Bedeutung hinausgehen. Nicht in dem Verlangen nach Ländererwerb, sondern in der Pflicht, unsere ererbten Staaten vor wiederkehrenden Gefahren zu schützen, der nationalen Neugestaltung Deutschlands eine breitere und festere Grundlage zu geben, liegt für uns die Nothwendigkeit, das Königreich Hannover, das Kurfürstenthum Hessen, das Herzogthum Nassau und die freie Stadt Frankfurt mit unserer Monarchie zu vereinigen. Wohl wissen wir, daß nur ein Theil der Bevölkerung jener Staaten mit uns die Ueberzeugung von dieser Nothwendigkeit theilt; wir achten und ehren die Gefühle der Treue und Anhänglichkeit, welche die Bewohner derselben an ihre bisherigen Fürstenhäuser und ihre selbständigen politischen Einrichtungen knüpfen; allein wir vertrauen, daß die lebendige Betheiligung an der fortschreitenden Entwicklung des nationalen Gemeinwesens in Verbindung mit einer schonenden Behandlung berechtigter Eigenthümlichkeiten den unvermeidlichen Uebergang in die neuere größere Gemeinschaft erleichtern werde.

---

*) Man wird leicht erkennen, daß dieser Satz, sowie ein großer Theil der folgenden Ausführungen wohl auf Hannover, Hessen und Nassau, nicht aber auf Frankfurt passen konnten, mit welchem keine Verhandlungen jener Art „noch in letzter Stunde" gepflogen waren.　　　　　Anm. des Verf.

Die beiden Häuſer des Landtags fordern wir auf, die zur beabſichtigten Vereinignng erforderliche verfaſſungsmäßige Einwilligung zu ertheilen und laſſen ihnen zu dieſem Behuf den beifolgenden Geſeßentwurf zugehen."

Nach den Worten: „mit unſerer Monarchie zu ver= einigen" erſcholl lebhaftes Bravo auf der rechten Seite des Hauſes, ebenſo auch am Schluſſe der Botſchaft. Der Miniſter= präſident verlas dann folgenden Geſeßentwurf:

„Wir Wilhelm von Gottes Gnaden König von Preußen, ver- ordnen unter Zuſtimmung beider Häuſer des Landtags der Monarchie was folgt:

§. 1. Wir übernehmen für uns und unſere Nachfolger auf Grund des Art. 55 der Verfaſſungsurkunde für den preußiſchen Staat die Regierung über das Königreich Hannover, das Kurfürſtenthum Heſſen, das Herzogthum Naſſau und die freie Stadt Frankfurt.

§. 2. Die definitive Regulirung der Beziehungen dieſer Länder zu dem preußiſchen Staatsgebiete auf Grund des Art. 2 der Verfaſſungs- urkunde erfolgt mittelſt beſonderer Geſeße.

§. 3. Das Staatsminiſterium wird mit der Ausführung des ge- genwärtigen Geſeßes beauftragt. Urkundlich ꝛc. Zur Beglaubigung v. Bismarck."

Die Motive zu dieſem Geſeßentwurf lauten wie folgt:

„Die Regierungen des Königreichs Hannover, des Kurfürſten- thums Heſſen und des Herzogthums Naſſau, ſowie der freien Stadt Frankfurt haben durch ihre beharrliche Ablehnung der von Preußen vorgeſchlagenen Reſom des deutſchen Bundes und durch den offenen mit dem Zwecke der Vereitelung derſelben unternommenen Krieg bewieſen, daß auf ihre Mitwirkung zur Befriedigung der nationalen Bedürfniſſe und berechtigten Wünſche des deutſchen Volkes nicht zu rechnen iſt. Sie haben damit ihren Fortbeſtand unmöglich gemacht, indem ſie ge- zeigt haben, daß derſelbe mit der Erreichung befriedigender Zuſtände der deutſchen Nation unvereinbar iſt. Neben dieſer Unverträglichkeit mit einer Reconſtruction Deutſchlands auf nationalen Grundlagen würde der Fortbeſtand dieſer Staaten eine fortdauernde Gefahr für Preußen in ſich ſchließen. Die leßten Ereigniſſe haben gezeigt, wie groß dieſe Gefahr iſt, indem Preußen ſich genöthigt geſehen hat, im Augenblick

eines, die ganze Kraft der Nation in Anspruch nehmenden Krieges gegen eine ebenbürtige Großmacht, einen bedeutenden Theil seiner Streitkräfte zur Occupation jener es im Rücken und von der Seite bedrohen-
den Länder zu verwenden. Dieser Zustand darf nicht wiederkehren.
Er muß für immer beseitigt werden. Se. Maj. der König hat sich daher entschlossen, zur Sicherstellung der eigenen und der übrigen deutschen
Lande von dem durch die Fügung der Vorsehung ihm verliehenen Rechte
Gebrauch zu machen und die Regierung über die gegenwärtig von
preußischen Truppen occupirten und in preußischer Verwaltung befindlichen Territorien des Königreichs Hannover, des Kurfürstenthums
Hessen, des Herzogthums Nassau und der Stadt Frankfurt a. M. mit
ihrem Gebiet auf Grund des Art. 54 der Verfassung zu übernehmen.
Die Herzogthümer Holstein und Schleswig hat Se. Maj. der König
bisher in gemeinsamem Recht mit Sr. Maj. dem Kaiser von Oesterreich
auf Grund des Wiener Vertrages vom 30. October 1864 besessen.
Nachdem Se. Maj. der Kaiser sich bereit erklärt hat, alle ihm aus
diesem Vertrage zustehenden Rechte auf Se. Maj. den König zu übertragen, wird Se. Maj. der König, sobald der Friede mit Oesterreich
ratificirt sein wird, die Regierung auch dieser beiden Herzogthümer definitiv übernehmen. Wenn die nördlichen Districte des Herzogthums
Schleswig in freier Abstimmung den Wunsch aussprechen sollten, mit
dem Königreich Dänemark vereinigt zu werden, so wird Se. Maj. der
König diesem Wunsche stattgeben. Die individuellen Verhältnisse und
Besonderheiten der neuerworbenen Länder und Landestheile werden
eine vielfache Berücksichtigung erfordern, deren Tragweite sich noch nicht
übersehen läßt. Es ist der Wille Sr. Maj. des Königs, den wirklichen
Bedürfnissen gerecht zu werden, und die billigen Rücksichten auf be-
rechtigte Eigenthümlichkeiten mit den Forderungen des allgemeinen Staats-
wohles und der Gerechtigkeit gegen alle seine Unterthanen auszugleichen.
Deshalb konnte die sofortige Aufnahme dieser Länder in das preußische
Staatsgebiet nicht erfolgen, vielmehr muß es einer hoffentlich nahen
Zukunft vorbehalten bleiben, die sämmtlichen unter der Herrschaft des
Königs befindlichen Lande in ein Ganzes zu vereinigen, sobald die neu-
erworbenen Länder durch das jetzt einzurichtende Uebergangsstadium
dazu vorbereitet sein werden. Die dahin zielenden Vorlagen werden
nach Maßgabe des Art. 2 der Verfassungsurkunde dem Landtage seiner
Zeit gemacht werden."

Die Gesetzvorlage wurde nach dem Antrage des Herrn v. Bismarck an eine Specialcommission verwiesen, die nach eingehenden Vorberathungen am 7. September ihren Bericht erstattete. Wir entnehmen demselben folgende historisch wichtigen Stellen:

„1. Ueber das Recht des preußischen Staates auf die Vereinigung von Hannover, Kurhessen, Nassau und Frankfurt a. M. mit der preußischen Monarchie. — Die Commission in ihrer Mehrheit verkannte nicht, daß, so lange der Krieg, auch das Recht der Eroberung bestehe. So lange deutsche Staaten gegen einander mobil machen und die Entscheidung des Kriegs anrufen,[*]) haben sie die Folgen desselben zu tragen. Das Band des Friedens, mit welchem die Bundesacte bis zum 14. Juni d. J. die deutschen Stämme verbunden, haben die preußenfeindlichen Regierungen zerrissen; Preußen hat durch sein Eintreten für die nationale Reform dem Krieg eine höhere Weihe gegeben. Das moderne Völkerrecht zählt ebenso wie die ältere Doctrin die Eroberung zu den gültigen Rechtstiteln für den Erwerb fremden Staatsgebiets. Der Gedanke, diesen Rechtstitel durch allgemeine Abstimmung zu verstärken, fand in der Commission keinen Anklang, weil man sich sagte, daß dieselbe mehr Schein als Wesen sei.(!) Aber auch die Zustimmung des Reichstags des norddeutschen Bundes hielt man weder für erforderlich, noch für angemessen, da derselbe zur Zeit noch nicht existire, dazu nicht competent, auch überdies wegen seiner überwiegend preußischen Zusammensetzung zu einem derartigen Verdict nicht geeignet sei. Die Commission war endlich mit dem Ministerpräsidenten darin einverstanden, daß mit einem Vorbehalt der Nothwendigkeit der Zustimmung dieses Reichstages nur eine Verschiebung der staatsrechtlichen Sanction der Einverleibung jener Länder erreicht werde, welche man im Interesse der Machtstellung Preußens dem Ausland gegenüber vermeiden müsse. Was die völkerrechtlichen Wirkungen der Eroberungen für die inneren Rechtszustände der eroberten Länder betrifft, so erklärte die k. Staatsregierung sich dahin, daß sie die bisherigen Verfassungen und die durch sie begründeten staatlichen Einrichtungen in den eroberten Ländern

---

[*]) Das hatte aber doch ganz gewiß Frankfurt nie gethan!
Anmerk. des Verf.

als erloschen betrachte; Verfassung und Dynastie seien von einander untrennbar; in Hannover die Dynastie viel älter als die Verfassung, mit jener sei auch diese beseitigt. Auch die neue Doctrin des Völkerrechts hält nur das P r i v a t r e c h t des Volkes und die damit zusammenhängenden Einrichtungen unbedingt aufrecht. Die Commission schloß sich in ihrer Mehrheit der Ansicht der Staatsregierung an; für einzelne Mitglieder war die Erwägung mit maßgebend, daß eine jede Staatsverfassung sich auf einen bestimmten Staat beziehe, dessen Existenz und Selbständigkeit voraussetze und mit dem Untergang des Staates von selbst zusammenfalle. Von den in der Minderheit befindlichen Mitgliedern behauptete eines, daß bis zur Einverleibung die alten Verfassungsgesetze wenigstens provisorisch Geltung hätten. Zwei andere Mitglieder machten gegen jene Wirkung des E r o b e r u n g s r e c h t e s geltend, daß die preußische Regierung wiederholt erklärt habe, daß sie nur gegen die Regierungen und nicht gegen die Bevölkerungen Krieg führe. Die Staatsregierung erklärte hierauf, daß die Proclamation eines Generals im feindlichen Lande k e i n b i n d e n d e r S t a a t s act sei, und daß dieselbe ebenso wie die Bekanntmachung des Militärgouverneurs und des Civilcommissärs sich auf die Dauer des Kriegszustandes beschränke, welchem durch die gegenwärtig angestrebte gesetzliche Regelung ein Ende gemacht werden solle. Die Commission erblickte in den erwähnten Erklärungen der königl. Staatsregierung und ihrer Organe mindestens eine ernste m o r a - l i s c h e Verpflichtung, jenen Bevölkerungen einen verfassungsmäßig gesicherten, sie befriedigenden Rechtszustand wiederzugeben. Ein Recht der bisherigen L a n d e s v e r t r e t u n g e n auf Mitwirkung bei der Entscheidung über die Einverleibung hielt die Commission mit dem Untergang der staatsrechtlichen Selbständigkeit dieser Länder nicht vereinbar.“

„2. U e b e r die p o l i t i s c h e N o t h w e n d i g k e i t oder N ü t z - l i c h k e i t der A n n e x i o n. — Die Vereinigung Hannovers 2c. mit Preußen erschien der Commission politisch nothwendig und vortheilhaft. Man erkannte an, daß die Einverleibung ebensosehr im preußischen als im Interesse der mit diesem zu vereinigenden Länder und im Interesse des deutschen Vaterlandes sei. Der preußische Staat erwerbe mit den beabsichtigten Einverleibungen nicht nur ein Gebiet von beinahe 1000 Quadratmeilen und mehr als 3 Millionen Einwohner, sondern er gewinne zugleich die für eine gesicherte Vertheidigung nothwendige zusammenhängende Lage und jene deutschen Stämme, welche neben den

Weftfalen die natürliche Vermittlung zwischen den Rheinlanden und den sogenannten östlichen Provinzen Preußens bilden. Damit sei eine neue Bürgschaft für eine gesunde staatliche Entwicklung Preußens gegeben. Das preußische Volk sehe in diesen Einverleibungen die ächten Früchte seiner pflichtvollen und opferreichen Hingebung an den Staat in dem glücklich beendeten Krieg. (Es werden hierauf Petitionen gegen die Annexion aus Nassau und Hannover und die Aeußerungen des Ministerpräsidenten über dieselben angeführt.) Die Commission theilt mit der königl. Staatsregierung die Hoffnung, daß die Mitwirksamkeit für große nationale Ziele, wie sie der Kleinstaat nie zu bieten im Stande ist (!)*), lebendigere Staatsgesinnung und Hebung der wirthschaftlichen Wohlfahrt auch den jetzt der Einverleibung noch widerstrebenden Theil der Bevölkerung der neuen Landestheile für dieselbe gewinnen werde. . . . . . . Die Einverleibung jener Staaten in Preußen bildet endlich nach Ansicht der Commission einen gewaltigen Fortschritt in der nationalen Entwicklung. Deutschland werde erstarken in der vergrößerten Machtstellung seines größten und rein deutschen Staates; der deutsche Staat der Zukunft — so meinte man — werde nur durch eine organische Verbindung der übrigen Staaten mit Preußen erstehen."

„3. Ueber die Schonung der berechtigten Eigenthümlichkeiten der eroberten Länder. — Auch in der von der königl. Staatsregierung zugesicherten Schonung der berechtigten Eigenthümlichkeiten der einzuverleibenden Länder erkannte und würdigte die Commission eine in der Geschichte Preußens berechtigte Regierungsmaxime. Sie verhehlte sich nicht, daß die einzuverleibenden Länder zum Theil vortreffliche Einrichtungen besäßen, welche nur befruchtend auf die preußischen Zustände zurückwirken könnten; beispielsweise Hannover seine Justiz, Kurhessen sein freies Gemeindewesen. In welchem Umfang diese Einrichtungen jener Länder zu erhalten seien, lasse sich zur Zeit nicht bestimmen. (Es wurde auf die Schonung Ostfrieslands in dieser Hinsicht durch Friedrich II. verwiesen, auf die Rheinlande und Neuvorpommern.) Als endliches Ergebniß stellte sich in der Commission der Grundsatz fest, daß, soweit es die Einheit des Gesammtstaates irgend gestatte, den einzuverleibenden Staaten provinzielle Selbständigkeit und

---

*) Demnach müßten auch alle noch übrigen „Kleinstaaten" Deutschlands mit Preußen vereinigt werden, um eine „Mitwirksamkeit derselben für große nationale Ziele" möglich zu machen! Anm. des Verf.

Selbstverwaltung gewahrt bleibe. Für die Stellung der Staatsregierung zu dieser Frage ist die Erklärung des Hrn. Ministerpräsidenten bezeichnend: „Es solle erhalten bleiben, was Preußen irgend ertragen könne."

Am 7. September fand im Abgeordnetenhause die Debatte über das Annexionsgesetz statt. Wir heben aus dieser Debatte die folgende Rede des Abg. Harkort hervor:

„M. H. Die glänzenden Erfolge unserer Siege scheinen uns fast eine Verlegenheit zu bereiten, um die zweckmäßigste Art und Weise zu suchen, das Eroberte zu schützen und als Glieder unserem Staate einzureihen. Das Recht von Gottes Gnaden scheint nun dem Rechte des Stärkeren gewichen zu sein; denn in Italien haben die Völker die Fürsten entthront und bei uns geschieht es von Oben herab. Wir leben gleichsam in einer Revolution, die der Bericht die nationale Fortbildung nennt; was sind die Folgen? Was das Schwert erworben, muß das Schwert erhalten, und wir müssen nach wie vor gegen Ost und West gerüstet bleiben. Es werden also die gehofften Erleichterungen in der Militärlast für lange Zeit nicht eintreten. (Hört! Hört!) Das Glück hat für unsere Waffen entschieden und wir müssen allerdings den Erfolg als im Interesse Preußens anerkennen. Aber was bieten wir nun eigentlich den Neueintretenden? Ein einiges Deutschland? Nein, die Mainlinie und 8½ Millionen Deutsche stehen noch jenseits, ohne die österreichischen Deutschen zu rechnen. Wir bieten ein vergrößertes Preußen im Bunde mit einigen Kleinstaaten. Welches Recht bieten wir ihnen? Vorläufig nur das Recht der Eroberung, ein Jahr der Rechtlosigkeit und die Dictatur. Und sehe ich auf die Verwaltung Schleswig-Holsteins, so ist das eben kein beneidenswerther Zustand. (Zustimmung

links.) Frankfurt scheint mir ein Roftflecken auf dem
preußischen Ehrenschilde (oh! oh! rechts) nach der Be=
handlung dieser Stadt. Es soll nicht gesagt werden, daß
in diesem Hause sich keine Stimme für die vielgeschmähte
Stadt erhoben habe. (Sehr gut, links) Kaiser Tiberius
sagte schon: Ein guter Schäfer scheert die Schafe, aber er
verschlingt sie nicht. Wir sind auf dem umgekehrten Wege:
Wir haben eine exorbitante Leistung gefordert und die Stadt
an uns genommen. Das ist ungefähr die Methode der
Helden des dreißigjährigen Krieges, nicht die einer civilisir=
ten Nation im gegenwärtigen Zeitalter. (Sehr gut! im
Centrum.) Frankfurt ist immerhin ein glänzender Punkt in
der deutschen Geschichte, ein alter Sitz des deutschen Handels,
der nie zurückblieb, wo es galt, mit freigebiger Hand öffent=
liche Dinge zu fördern. Frankfurt hat bei dem Hamburger
Brande und bei dem Hungertyphus in Schlesien große Opfer
gebracht. Eine solche Stadt hat nicht verdient, so
behandelt zu werden." Redner schließt mit der Erklärung,
daß er erst dann für die Einverleibung der in Frage stehen=
den Gebiete stimmen könne, wenn deren Bewohner ein freies
selbständiges Bürgerthum in Preußen finden würden; ge=
genwärtig nicht.

Nachdem sämmtliche eingeschriebene Redner zu Worte
gekommen waren und nach einigen Schlußbemerkungen des
Berichterstatters wurde zur Abstimmung geschritten. 273
Mitglieder stimmten für die Commissionsvorlage; die Polen
enthielten sich der Abstimmung; mit Nein stimmten: Bres=
gen, Caspers, Classen=Kappelmann, Duncker, Ellering, Dr.
Fühling, Gockel, Groote, Dr. Jacoby, Dr. Krebs, Michelis,
Rucker, Nassauf, Zur Mühlen.

Am 10. September gelangte das vom Abgeordneten=

25*

haus angenommene Gesetz an das Herrenhaus. Hier oppo=
nirte nur Freiherr von dem Busche=Streithorst mit
folgenden Worten: „Meine Herren! Ich kann das Er=
oberungsrecht, wonach ein deutscher Fürst die anderen von
Land und Leuten vertreiben darf, nicht anerkennen, kann
auch dem Landtage und diesem hohen Hause nicht das Recht
zuerkennnen, über diese Länder zu beschließen. Ich bin
Kraft meines Grundbesitzes gleichmäßig Preuße und Han=
noveraner und habe den Herrschern beider Länder den Hul=
bigungseid geleistet. Vor Gott und diesem hohen Hause
protestire ich gegen das jetzt eingeschlagene Verfahren. Wenn
auch jetzt Hannover der Gewalt weichen muß, so wird es
doch nie aufhören, seinem angestammten Herrscherhause treu
zu bleiben und auf Gottes Hülfe zu bauen in der Hoffnung
auf bessere Zeiten." — Der Berichterstatter Dr. v. Daniels
erwiderte auf diesen Protest etwa Folgendes: „Das Recht
des Krieges, welches dem Könige zusteht, enthält in sich die
Berechtigung, das Erworbene zu behalten. Trotzdem würde
die Commission Bedenken tragen, Ihnen etwas zur Annahme
zu empfehlen, wenn es gegen die Moral verstieße. Wir
haben aber die Versicherung des Königs gehört, wie schwer
es ihm geworden ist, Fürsten zu vertreiben, die Versicherung,
daß nicht das Streben nach Ländererwerb ihn dazu ge=
trieben. Dagegen spricht ja auch schon die ganze historische
Entwicklung Preußens während eines ganzen Jahrhunderts.
Aber selbst jetzt würde nicht von dem Recht des Siegers
Gebrauch gemacht werden, wenn anders der Pflicht der
Selbsterhaltung und der Erfüllung des historischen Berufes
genügt werden könnte; diese Rücksicht aber mußte das Ueber=
gewicht erhalten über das Mitgefühl für die Fürsten."

Die übrigen Debatten waren ohne Bedeutung. Das

Gesetz wurde schließlich mit allen gegen eine Stimme ange=
nommen und lautete in seiner endgültigen Fassung wie folgt:

„Wir Wilhelm
von Gottes Gnaden König von Preußen ꝛc.

verordnen mit Zustimmung beider Häuser des Landtags was folgt:

§. 1. Das Königreich Hannover, das Kurfürstenthum Hessen,
das Herzogthum Nassau und die freie Stadt Frankfurt werden in Ge=
mäßheit des Artikels 2 der Verfassungsurkunde für den preußischen
Staat mit der preußischen Monarchie für immer vereinigt.

§. 2. Die preußische Verfassung tritt in diesen Landestheilen
am 1. October 1867 in Kraft. Die zu diesem Behufe nothwendigen
Abänderungs=, Zusatz= und Ausführungs=Bestimmungen werden durch
besondere Gesetze festgestellt.

§. 3. Das Staatsministerium wird mit der Ausführung des
gegenwärtigen Gesetzes beauftragt.

Urkundlich ꝛc. ꝛc.

Noch vor Verkündigung des Gesetzes und unmittelbar
nach der darüber im Abgeordnetenhause stattgefundenen ersten
Verhandlung wurde von der Bürgerschaft Frankfurts
ein Protest gegen die Einverleibung der freien Stadt in die
preußische Monarchie vorbereitet. Dieser, von Herrn Dr.
jur. Sauerländer verfaßte und von 2850 stimmberechtigten
Bürgern unterzeichnete Protest hat seine eigene kleine Ge=
schichte, die wir nicht übergehen werden. Zuvor aber sei
der nachstehende Wortlaut des Actenstückes mitgetheilt:

Denkschrift:

Durch die militärische Occupation Frankfurts sind die verfassungs=
mäßigen Behörden der freien Stadt außer Wirksamkeit gesetzt worden.
Nur in einzelnen Fragen wurden die Mitglieder der ständigen Bürger=
repräsentation und des gesetzgebenden Körpers ad hoc einberufen. Nach=
dem in solcher Weise die verfassungsmäßigen Behörden in der Aus=
übung der auf sie von der Bürgerschaft übertragenen Hoheitsrechte fac=
tisch verhindert sind, halten wir Endesunterzeichnete Bürger uns für
berufen und verpflichtet, zu erklären, daß eine Einverleibung Frankfurts

in die preußische Monarchie weder vom Standpunkte des Rechts gut=
geheißen, noch auch aus politischen Rücksichten empfohlen werden kann.

Bezüglich der Frage des Rechts sind wir auf die Jedermann
bekannten, authentischen Actenstücke hingewiesen. Wenn dort von einer
beharrlichen Ablehnung der von Preußen vorgeschlagenen Reform des
deutschen Bundes, von einem offenen mit dem Zwecke der Vereitelung
jener Reformbestrebungen unternommenen Kriege, und gar von einer
fortdauernden großen Gefahr gesprochen wird, welche Preußen im Rücken
und von der Seite bedrohe, so wollen wir uns darüber kein Urtheil
erlauben, in wie weit dies bei Hannover, Kurhessen und Nassau zutrifft,
auf Frankfurt aber sind diese Gründe gewiß nicht anwendbar. Frank=
furt war bekanntlich niemals in der Lage, einen preußischen Bundes=
reformplan abzulehnen. Ebensowenig kann das Kriegsrecht und die
Entscheidung der Waffen angerufen werden; denn zwischen Frankfurt
und der Monarchie Preußen bestand kein Krieg. Dies ist von der
königl. preußischen Regierung selbst in einem an die Mächte Europas
gerichteten Circularschreiben bei Gelegenheit der durch die Bundesver=
sammlung verfügten Aufhebung der königl. preußischen Telegraphen=
station anerkannt worden. In diesem Circularschreiben wird nämlich
ein besonderer Nachdruck auf den Umstand gelegt, daß die Aufhebung
in einer Stadt bewerkstelligt worden sei, mit welcher Preußen in
Frieden lebe. Der Vorfall, auf welchen sich dieses officielle Aner=
kenntniß bezieht, fand am 16. Juni statt. Dessenungeachtet glaubt der
Bericht der XIII. Commission des preußischen Abgeordnetenhauses vom
1. Sept. die Feindseligkeiten daraus herleiten zu dürfen, daß die freie
Stadt in der Sitzung des Bundestags vom 14. Juni d. J. einem An=
trage der österreichischen Regierung dahin gehend:

> „wegen der in dem Bundeslande Holstein Preußen zur Last
> fallenden Selbsthülfe die nicht preußischen Bundescorps mobil zu
> machen“,

zugestimmt habe.

Allein bei der Abstimmung vom 14. Juni erklärte Frankfurt
ausdrücklich, „daß sein Senat sich die Motivirung des österreichischen
Antrags nicht aneigne.“ Indem Frankfurt vielmehr für die Mobilisi=
rung der nicht preußischen und nicht österreichischen Bundescorps
stimmte, trat es für seinen Theil dem österreichischen Antrage in dessen
wesentlichster Richtung entgegen. Es lehnte das Ansinnen ab, die öster=
reichischen Armeecorps Namens des Bundes handeln zu lassen.

„Uebrigens darf nicht übersehen werden, daß Frankfurt als Sitz des Bundestages gewissermaßen neutraler Boden, und daß seine Selbstständigkeit daneben nach dem Maße seiner Bundesbesatzung beeinträchtigt und beeinflußt war. Man würde deßhalb Frankfurt zu nahe treten, wenn man es für jeden Vorgang verantwortlich machen wollte, der nach dem Abzug der königl. preußischen Truppen auf einem ausschließlich von Bundestruppen occupirten Terrain stattgefunden hat. Für die Neutralität Frankfurts ist endlich eine Thatsache von entscheidendem Gewichte. Das Frankfurter Truppencontingent ist niemals mobil gemacht und keinem Armeecorps zugetheilt worden. Es ist gar nicht in das Feld gerückt. Friedlich hielt es die Wachen der Stadt besetzt, als die Mainarmee einzog. Es fand eine einfache Ablösung statt. Dies wäre im Falle eines Krieges undenkbar gewesen.

In authentischen Actenstücken wird nun weiter gesagt: durch das oben beschriebene feindselige Verhalten hätten die einzuverleibenden Länder bewiesen, daß auf ihre Mitwirkung zur Befriedigung der nationalen Bedürfnisse und berechtigten Wünsche des deutschen Volkes nicht zu rechnen sei.

Dieser Vorwurf, auf Frankfurt angewendet, muß das Bewußtsein seiner Bewohner auf das Schmerzlichste berühren. Frankfurt, welches durch seine ganze Vergangenheit, sowie geographische Lage von jeher ein Centrum deutschen Lebens und deutscher Bildung war, hat sich immer bestrebt, dieser hohen Aufgabe würdig zu erscheinen, und kein politisches oder sociales Ereigniß von einiger Bedeutung, welches sich wo immer in Deutschland zugetragen, ist in Frankfurt unbeachtet geblieben. Es darf hier an den denkwürdigen Moment erinnert werden, in welchem Deutschland, fußend auf seinem Rechte, „zu existiren, zu athmen und sich zu einigen", die deutsche Kaiserkrone dem König Friedrich Wilhelm IV. anbot, und in welchem Frankfurt in patriotischem Eifer das Kaiserbild auf seine Münzen prägen ließ. Aber auch die weniger ferne liegende Zeit, in welcher die königlich preußische Regierung Beschwerden erhob über den lauten und rückhaltlosen Ausdruck, den die jetzt anerkannten nationalen Bedürfnisse damals auf dem Boden Frankfurts fanden, soll nicht ganz vergessen sein. Und endlich dürfen wir gedenken der eifrigen und ungesäumten Unterstützung, welche Frankfurt der deutschen, durch Preußen vertretenen Handelspolitik jederzeit angedeihen ließ, indem es insbesondere im vorigen Jahre noch durch sein Beispiel die Reconstituirung des in seinem Bestand gefährdeten Zollvereins förderte.

Hier erkennt man recht deutlich, wie wenig zutreffend alle in den authentischen Actenstücken zur Geltung gebrachten Motive auf die Verhältnisse Frankfurts sind. Daraus aber erhellt zugleich, daß irgend ein Rechtsgrund für die Einverleibung Frankfurts nirgends existirt, und in innigem Zusammenhange damit steht dann auch die Frage, ob eine Einverleibung gleichwohl aus irgend welchen politischen Rücksichten sich empfehlen könne. Preußen hat die Reconstituirung Deutschlands in seine mächtige Hand genommen. Allein sein Vorhaben wird erst in dem Augenblicke gekrönt werden, in welchem ihm die Versöhnung mit Nord- und Süddeutschland gelingt. Zu diesem Werke der Versöhnung wird ein auf der Grenze liegender neutraler Punkt schwerlich entbehrt werden können. Das in eine preußische Provinzialstadt verwandelte Frankfurt wird gänzlich außer Stande sein, auch nur das Geringste zur Ausgleichung vorhandener Antipathien beizutragen; aber das in seiner Selbstständigkeit geachtete Frankfurt wird in seinen Sympathien für Preußen in dem Maße wachsen, als es die Erhaltung seiner alt-ehrwürdigen freien Institutionen lediglich der Rechtsachtung verdankt, und es wird, auch wenn es gar nicht wollte, dazu gedrängt werden, eine Stätte der Propaganda für den weiteren Ausbau der nationalen Bedürfnisse zu werden. Die Erhaltung Frankfurts an und für sich ist ohne Bedeutung. Frankfurt war und ist jeder Zeit bereit, ohne Klagen seine Selbstständigkeit zu opfern, sobald die Einigung Gesammt-Deutschlands eine vollendete Thatsache ist. Allein so lange diese Einigung nicht vollständig bewerkstelligt ist, erscheint Frankfurts Selbstständigkeit keineswegs gänzlich bedeutungslos. Es hat einen geschichtlichen Beruf, der weiter reicht als seine Bedeutung an sich, und schwerlich dürfte es im Interesse Preußens liegen, wenn durch eine Einverleibung, wie beabsichtigt, Frankfurt in der Erfüllung seiner Mission gestört werden sollte. Treffend ist das Wort des Geschichtsschreibers Heeren, welcher vor einem halben Jahrhundert, mit Prophetenblick den Warnungsruf ergehen ließ:

„Auch in der deutschen Bundeskette glänzen gleich so viel kleineren Edelsteinen, dennoch nicht verdunkelt durch den Glanz der größeren, die vier freien Städte. Möge es allgemein gefühlt werden, wie wohlthätig diese Zusammenstellung nicht blos in Handelsrücksicht, sonbern auch in politischer Beziehung ist. Die politische Kultur beruht auf der praktischen Mannigfaltigkeit der Verfassungen, nicht darauf, daß die Theoretiker sie auf dem Papier klassifiziren. Der Despotismus strebt zur Einförmigkeit. Daß von dem Tajus bis zum Niemen nichts als Departements und Communen mit ihren Präfecten und ihren Maires gefunden werden sollten, — dies wäre binnen kurzem, wie einst in der römischen Monarchie, der Untergang aller politischen Kultur geworden."

Nach solchen Zeugnissen setzen wir einen Stolz darein versichern zu dürfen, daß Frankfurts Bevölkerung mit beispielloser Einmüthigkeit von dem heißen Verlangen beseelt ist, die territoriale Selbständigkeit unter den gegebenen Umständen zu bewahren. Noch bis zur letzten Stunde wird man ohne Wanken an dieser Hoffnung festhalten. Von Generation zu Generation wird sich die Erinnerung fortpflanzen an die Zeit der Freiheit und Unabhängigkeit, an die Zeit, in welcher das bürgerliche Gemeinwesen auf der Liebe Aller, als auf dem tiefsten Fundamente, ruhte. Unwandelbar wird man am alten Recht und am alten Glauben, an der alten Liebe und an der alten Treue festhalten.

Frankfurt a. M., im September 1866.

(Folgen etwa 2500 Unterschriften von Frankfurter Bürgern.)

Die obige Denkschrift sammt der Liste der Unterschriften wurde zunächst an die nach Berlin deputirten Mitglieder der gesetzgebenden Versammlung und der ständigen Bürgerrepräsentation, die Herren Dr. jur. Ernst Passavant und Alexander Scharff, eingesandt, um davon an geeigneter Stelle Gebrauch zu machen. Nachdem von dieser Seite jede Verwendung „als gefährdend für die im Gange befindlichen Verhandlungen"*) abgelehnt worden war, ersuchte das Comitee, welches jene Denkschrift hatte ausarbeiten lassen, den in Frankfurt befindlichen Generalconsul

---

*) Diese Verhandlungen hatten nicht den geringsten Werth mehr. Anm. des Verf.

der Vereinigten Staaten, Herrn W. Murphy, die Ueber=
reichung auf diplomatischem Wege durch Vermittlung des
amerikanischen Gesandten in Berlin bewirken zu wollen.
Die formalen Schwierigkeiten, welche sich der Ausführung
dieses Ersuchens entgegenstellten, sind aus dem nachstehenden
Schreiben ersichtlich:

„Geehrte Herren!

In einer kürzlichen Unterredung mit Herrn Governor Jos. A.
Wright, Vereinigter Staaten Gesandter am Hofe zu Berlin, sind wir
zu dem Beschlusse gekommen, daß es außerhalb der Befugnisse und
Autorität des Genannten liegt, die mir zur Weiterbeförderung an den=
selben zugestellte Denkschrift Seiner Majestät dem Könige von Preußen
zu behändigen. Leider konnte Ihnen dieser Beschluß nicht früher noti=
ficirt werden, da Herr Wright zur Zeit des Eingangs der Denkschrift
in officiellen Geschäften von seinem Posten abwesend war.

Die Denkschrift erfolgt anbei zurück.

Die Gründe, warum Herr Governor Wright die Denkschrift zu
überreichen nicht für gut finden kann, sind:

1) daß sie zu spät, d. h. nachdem die Annexion bereits factisch
erfolgt war, hier übergeben wurde;

2) daß; die Ueberreichung durch den Vertreter der Vereinigten
Staaten unter den obwaltenden Verhältnissen als eine ungerechtfertigte
offizielle fremde Einmischung in preußische Angelegenheiten erscheinen
möchte, und

3) daß wir Beide es für angemessen halten, wenn die Denkschrift
direct durch die Betheiligten befördert werde, — umsomehr, als es
keinem Zweifel unterliegt, daß sie in dieser Weise eben so sicher, als
durch irgend anderweitige fremde Vermittlung, zur Kenntniß Seiner
Majestät des Königs gelangen wird.

So stark auch unsere Sympathien, sowie die eines jeden Ameri=
kaners mit den Bürgern Frankfurts für den Verlust ihrer Freiheit und
Unabhängigkeit sind, so dürfen wir doch in officieller Weise keinen Act
irgend welcher Art begehen, der nicht im Voraus die Garantie unserer
Regierung für sich hat.

Zugleich benutze ich diesen Anlaß zur erneuerten Versicherung
meiner aufrichtigen Hochachtung und tiefgefühlten persönlichen Theil-

nahme an dem Schicksale Jhrer für immer historisch denkwürdigen Vaterstadt.

gez. **William W. Murphy,**

Conf. Gen.

Nun entschieden sich fünf Unterzeichner die Denkschrift
nebst Namensverzeichniß mit folgendem Schreiben nach Berlin zu senden:

Sr. Excellenz

dem Herrn Grafen von **Bismarck-Schönhausen** königl. preuß.

Minister-Präsidenten, Ritter ꝛc.

Berlin.

Excellenz!

Es hat der hohen Regierung Seiner Majestät des Königs von
Preußen gefallen, die freie Stadt Frankfurt der preußischen Monarchie
einzuverleiben. Ohne eine Kritik geschehener Dinge üben zu wollen, wird es
gleichwohl erlaubt sein, zu constatiren, daß diese Verfügung über die
Zukunft eines souveränen Staates, oder vielmehr diese thatsächliche Vernichtung einer staatlichen Existenz, einseitig und ohne dabei den
Willen der zunächst Betheiligten zu hören, getroffen worden ist. Eure Excellenz werden schwerlich von der Mittheilung überrascht sein, daß die von Schicksalsschlägen schwer getroffenen Bürger des
untergegangenen Gemeinwesens, eine dem Ernst ihrer Lage angemessene
Kundgebung sich nicht versagen konnten. Die Denkschrift, von welcher
wir Euer Excellenz eine Ausfertigung anbei zu überreichen die Ehre
haben, verdankt ihre Entstehung dem lebendigen Gefühle, daß ein bis
dahin freies Gemeinwesen nicht ganz lautlos aus der Reihe der Staaten verschwinden könne, und daß man der Achtung gegen sich selbst
schuldig sei, die Gesichtspunkte des klaren Rechtes auch da noch
festzuhalten, wo die aus dem Kriegsrechte entlehnten Grundsätze der Gewalt über die Schicksale der Menschen zu entscheiden
pflegen.

Genehmigen Sie die Versicherung ausgezeichneter Hochachtung,
mit der wir verharren

Euerer Excellenz
ganz ergebenste
gez. Eb. Wolschendorff,
„ G. Hoffmann jun.,
„ C. L. Wüst,
„ Osw. Sachsse,
„ Dr. Sauerländer.

Frankfurt a. M., den 16. October 1866.

Am 10. November 1866 wurden die fünf Unterzeichner dieses Briefes auf das Polizeiamt der ehmals freien Stadt Frankfurt vorgeladen, woselbst ihnen die sämmtlichen Schrift=stücke unter dem Bedeuten zurückgegeben wurden, daß die=selben „nach Form und Inhalt" nicht geeignet seien, von der königlichen Regierung entgegengenommen zu werden. Da der Zweck der Sendung vollständig erreicht war und im Uebrigen die Aufbewahrung des Documentes für die Geschichte auf anderem Wege gesichert erschien, waren die Vorgeladenen alsbald bereit, das Schriftstück nebst den Originalunterschriften zurückzunehmen. Auf Verlangen der Behörde wurde folgende Empfangsbescheinigung zu den Acten abgegeben:

„Empfangs = Bescheinigung.

Andurch bescheinige ich, von Herrn Polizei = Assessor Dr. jur. Speyer die Denkschrift hiesiger Bürger sammt Schreiben an Se. Excel=lenz den Herrn Ministerpräsidenten, d. d. 16. October 1866, zurück empfangen zu haben, nachdem die fraglichen Actenstücke in einer Immediat= Vorstellung Seiner Majestät unterbreitet, aber nach Form und Inhalt nicht geeignet befunden wurden, von der königlichen Regierung entgegen genommen zu werden.

Frankfurt a. M., den 10. November 1866.
gez. Dr. Sauerländer."

Am 20. September wurde das Einverleibungsgesetz im preußischen Gesetzblatt publicirt. Die Norddeutsche All=

gemeine Zeitung begleitete diesen Act mit einen drohenden
Artikel, in welchem gesagt war, daß fortan jede öffentliche
Kundgebung gegen die Zugehörigkeit der annectirten Landestheile zu der Monarchie Preußen unter die Hochverraths-
gesetze falle und demgemäß bestraft werden würde. Gleichzeitig verbreitete sich das Gerücht, daß — wie später auch
wirklich geschehen — die Einführung der preußischen Mili-
tärdienstpflicht für die den neuen Landestheilen angehörigen
jungen Männer von 20 Jahren schon mit dem 1. Januar
1867 bevorstehe. In Folge dessen suchten zahlreiche Familienväter sich ihres hiesigen Bürgerrechts zu entledigen
und die Zahl der Auswanderungsgesuche mehrte sich in be-
sorgnißerregender Weise. Bezüglich der bereits in das
20. Lebensjahr eingetretenen jungen Leute wurde jedoch der
Auswanderungsconsens von vornherein verweigert, und für
die älteren Bürger wurde eine Erschwerung der Auswanderung dadurch eingeführt, daß der Auswanderer eine Real-
caution in Baar oder Frankfurter Werthpapieren zur
Sicherstellung für seine demnächstigen Steuerbeiträge Behufs Tilgung der Kriegscontribution hinterlegen mußte.

Am 8. October fand die Verkündigung der Procla-
mation des Königs Wilhelm von Preußen, betreffend die
Einverleibung, durch den Civilgouverneur Freiherrn von
Patow in folgender Weise statt:

Um 11 Uhr Vormittags hatten sich auf ergangene
Einladung, die einem Befehle gleichkam, im Kaisersaale
des Römers die Mitglieder des Senats, die christliche und
israelitische Geistlichkeit, die Oberlehrer sämmtlicher Schulen,
die Spitzen der Verwaltungsbehörden, der Post, des Telegraphen und der Eisenbahnen, die Schultheißen der Dorf-
schaften, sowie der commandirende General der Garnison,

von Beyer, sammt seinem Offiziercorps eingefunden. Nach=
dem die Versammlung vollzählig war, traten aus dem
gewöhnlichen Sitzungszimmer des Senats, dem einstigen
Wahlzimmer der deutschen Kaiser, der Civilgouverneur Frhr.
von Patow und der Civilcommissär von Madai in den
Saal. Nach einigen einleitenden Worten des Frhrn. von
Patow verlas Herr v. Madai die beiden folgenden Actenstücke:

„**Patent**
wegen Besitznahme der vormaligen freien Stadt Frankfurt.

Wir Wilhelm von Gottes Gnaden König von Preußen ꝛc. thun
gegen Jedermann hiermit kund:

Nachdem in Folge eines von Oesterreich und seinen Bundes=
genossen begonnenen, von uns in gerechter Abwehr siegreich geführten
Krieges die freie Stadt Frankfurt a. M. von uns besetzt worden ist, so
haben wir beschlossen, dieselbe mit unserer Monarchie zu vereinigen und
zu diesem Behufe mit Zustimmung beider Häuser des Landtages das
Gesetz vom 20. September d. J. erlassen und verkündigt.

Demzufolge nehmen wir durch gegenwärtiges Patent mit allen
Rechten der Landeshoheit und Oberherrlichkeit in Besitz und einverleiben
Unserer Monarchie mit sämmtlichen Zubehörden und Ansprüchen die
vormalige freie Stadt Frankfurt a. M. mit den zu ihrem Gebiete ge=
hörigen Ortsbezirken Bonames, Bornheim, Hausen, Niederrad, Nieder=
ursel und Oberrad.

Wir werden unserem Königlichen Titel den entsprechenden Titel
hinzufügen.

Wir befehlen die preußischen Adler an den Grenzen zur Bezeich=
nung unserer Landesherrlichkeit aufzurichten, statt der bisher angehefteten
Wappen unser Königliches Wappen anzuschlagen und die öffentlichen
Siegel mit dem preußischen Adler zu versehen.

Wir gebieten allen Einwohnern der nunmehr mit unserer Monarchie
vereinigten ehemaligen freien Reichsstadt Frankfurt a. M. mit den zu
ihrem Gebiete gehörigen Ortschaften, fortan uns als ihren rechtsmäßigen
König und Landesherrn zu erkennen und unseren Gesetzen, Verordnungen
und Befehlen mit pflichtmäßigem Gehorsam nachzuleben.

Wir werden Jedermann im Besitze und Genusse seiner wohlerworbenen Privatrechte schützen und die Beamten, welche für uns in
Eid und Pflicht zu nehmen sind, bei vorausgesetzter treuer Verwaltung
im Genusse ihrer Diensteinkünfte belassen. Die gesetzgebende Gewalt
werden wir bis zur Einführung der preußischen Verfassung allein
ausüben.

Wir wollen die Gesetze und Einrichtungen der bisherigen freien
Stadt Frankfurt a. M. erhalten, soweit sie der Ausdruck berechtigter
Eigenthümlichkeiten sind und in Kraft bleiben können, ohne den durch
die Einheit des Staates und seiner Interessen bedingten Anorderungen
Eintrag zu thun.

Unser bisheriger Civil-Commissarius ist von uns angewiesen,
hiernach die Besitznahme auszusprechen.

Hiernach geschieht Unser Wille.

Gegeben Schloß Babelsberg, den 3. October 1866.

Wilhelm.

Graf v. Bismarck-Schönhausen. Frhr. v. d. Heydt.
v. Roon. Graf v. Itzenplitz. v. Mühler.
zur Lippe. v. Selchow. Graf zu Eulenburg.

„Allerhöchste Proclamation an die Einwohner der
vormaligen freien Stadt Frankfurt.

Durch das Patent, welches Ich heute vollzogen habe, vereinige
Ich Euch, Einwohner der freien Stadt Frankfurt a. M. und deren
Gebietes, mit Meinen Unterthanen, Euren Nachbarn und deutschen
Brüdern.

Durch die Entscheidung des Krieges und durch die Neugestaltung
des gemeinsamen deutschen Vaterlandes nunmehr der bisherigen Selbstständigkeit enthoben, tretet Ihr jetzt in den Verband eines großen
Landes, dessen Bevölkerung Euch durch Namensgemeinschaft, durch
Sprache und Sitte verwandt und durch Gemeinsamkeit der Interessen
befreundet ist.

Wenn Ihr Euch nicht ohne Schmerz von früheren, Euch lieb
gewordenen Verhältnissen losgesagt, so ehre Ich diesen Schmerz und
würdige denselben als eine Bürgschaft, daß Ihr und Eure Kinder
auch Mir und Meinem Hause mit Treue angehören werdet. Ihr werdet
die Nothwendigkeit des Geschehenen erkennen. Denn sollen die Früchte
des schweren Kampfes und der blutigen Siege für Deutschland nicht

verloren sein, so gebietet es ebenso die Pflicht der Selbsterhaltung, als
die Sorge für die Förderung der nationalen Interessen, Frankfurt mit
Preußen fest und dauernd zu vereinigen. Und — wie schon mein in
Gott ruhender Herr Vater ausgesprochen — nur Deutschland hat gewonnen, was Preußen erworben.

Dieses werdet Ihr mit Ernst erwägen, und vertraue ich Eurem
deutschen und redlichen Sinne, daß Ihr mir Eure Treue ebenso aufrichtig geloben werdet, wie ich zu meinem Volke Euch aufnehme.

Euren Gewerben, Eurem Handel und Eurer Schifffahrt eröffnen sich durch die Vereinigung mit Meinen Staaten reichere Quellen.
Meine Vorsorge wird Eurem Fleiße wirksam entgegenkommen.

Eine gleiche Vertheilung der Staatslasten, eine zweckmäßige
energische Verwaltung, sorgsam erwogene Gesetze, eine gerechte und
pünktliche Justizpflege, kurz alle die Garantieen, welche Preußen zu
dem gemacht, als was es sich jetzt in harter Probe bewährt hat, werden
Euch fortan gemeinsame Güter sein.

Eure kriegstüchtige Jugend wird sich seiner Zeit ihren Brüdern
in meinen anderen Staaten zum Schutze des Vaterlandes treu anschließen
und mit Freude wird die preußische Armee dieselbe empfangen.

Die Diener der Kirchen werden auch fernerhin die Bewahrer
des väterlichen Glaubens sein.

Eure Schulen und den von Euch rühmlichst gepflegten Anstalten
für Wissenschaft und Kunst werde ich meine besondere Aufmerksamkeit
widmen, und wenn der preußische Thron, je länger desto mehr, als der
Hort der Freiheit und Selbständigkeit des deutschen Vaterlandes erkannt
und gewürdigt wird, dann wird auch Euer Name unter denen seiner
besten Söhne verzeichnet werden, dann werdet auch Ihr den Augenblick
segnen, der Euch mit einem größeren Vaterlande vereinigt hat

Das walte Gott!

Schloß Babelsberg, den 3. October 1866.

Wilhelm."

Freiherr von Patow richtete hierauf die folgende Ansprache an die im Saale Versammelten:

„Im Namen Sr. Maj. des Königs erkläre ich hiermit, daß
durch die Publikation des soeben vernommenen Allerhöchsten Besitz-
ergreifungs-Patents die Vereinigung der bisherigen freien Stadt Frank-

furt und ihres Gebietes mit der preußischen Monarchie rechtlich und thatsächlich vollzogen ist.

Ich ersuche die Herren Bürgermeister, die Herren Senatoren, die Behörden und Beamten und sämmtliche Anwesenden, soweit nicht die veränderten Verhältnisse entgegenstehen, die Geschäfte nach den bisherigen Gesetzen und Anordnungen bis auf Weiteres fortzusetzen.

Der Moment in welchem diese Veränderung eintritt, muß für Sie, die Herren des Senats und des Raths, für die übrigen hier versammelten Herren, für alle bisher freien Bürger Frankfurts ein tief bewegter sein. Aber auch für Diejenigen, welche bisher als Fremdlinge in den Mauern dieser Stadt weilten, für jeden Deutschen und jeden Freund deutscher Geschichte hat dieser Moment etwas Ergreifendes. Deutschlands Kaiser blicken in diesem Saale in mehr als tausendjähriger Reihe in von Meisterhand gemalten Bildern auf uns herab, von diesem Balkon wurden die Wahlen dem harrenden Volke verkündet, deren Resultat oft für die Schicksale Deutschlands, für die Geschicke der Welt entscheidend war. Aus Frankfurts Straßen, aus den eigenthümlichen Formen alter bescheidener Bürgerhäuser, wie aus den Prachtbauten der Neuzeit, aus seinen Bauwerken für Gottesdienst und Schule, für Kunst und Wissenschaft, aus seinen Denkmälern tritt uns eine große Vergangenheit, ein reich entwickeltes städtisches Gemeinwesen entgegen.

„Aber meine Herren, die Weltgeschichte läßt sich nicht durch Gefühle, durch Erinnerungen bestimmen. Sie schreitet unaufhaltsam vorwärts; neue Zeiten bringen neue Anforderungen, die alten Gebilde müssen den neuen Platz machen.

„Sie, meine Herren und alle bisher freien Bürger Frankfurts, haben Ihre Selbständigkeit verloren. Das ist ein Verlust, dessen Größe sich, wenn Sie wollen, jeder Schätzung entzieht.

„Aber dafür wird Ihnen mancher Ersatz gewährt. Sie erlangen ein Vaterland in dem eminenten Sinne, in welchem Sie bisher ein solches nicht hatten und nicht haben konnten. Sie kommen zu einem Reiche, welches in manchen schweren Zeiten und erst neuerdings den Beweis geliefert hat, daß es durch die treffliche Organisation und Führung, durch die Tapferkeit seines Heeres, durch sein Volk in Waffen fest auf eigenen Füßen zu stehen und seine und seiner Bürger Rechte zu schützen weiß, wo und gegen wen es auch sei. Sie werden künftig die Weltgeschichte nicht mehr über sich ergehen lassen, Sie werden helfen, dieselbe zu machen. Sie werden Bürger eines Staates, der zuerst klar begriff, daß eine neue Zeit angebrochen sei, und das, was sie verlangte, mit kräftiger, aber schonender Hand zu geben wußte; der zuerst die Fesseln der nationalen und volkswirthschaftlichen Entwicklung zerbrach, die Freiheit der Person, des Eigenthums, die Freiheit der Gewerbe, des Handels, der Ansiedlung herstellte. Sie werden Bürger eines Staates, der zuerst durch die Gründung des Zollvereins, durch die Verabredungen über das Münzwesen, über Posten und Telegraphen und andere Dinge Deutschland wenigstens in manchen und wichtigen Beziehungen zur Einheit zurückführte. Sie werden Bürger eines Staates, in welchem Religion Schule, Kunst und Wissenschaft, Handel und Industrie sich von jeher einer sorglichen Pflege zu erfreuen hatten, dessen Gerechtigkeitspflege eine überall rühmlich anerkannte, dessen Verwaltung eine wohlgeordnete, intelligente und wohlwollende ist.

„Daß Preußen Ihnen dies Alles bieten kann, das verdankt es seinen großen und ruhmreichen Fürsten, wie sie in so langer, ununterbrochener Reihe kein anderes Land aufzuweisen hat.

„Auch Sie, meine Herren, auch die Bürger dieser Stadt werden fortan einen festen Schutz und Hort in einem königlichen Herrn finden, der mit Weisheit und Gerechtigkeit, mit Kraft und Milde die Geschicke eines großen Reiches lenkt.

„Se. Maj. der König hat mit warmen, herzlichen Worten Ihnen verkündet, was er Ihnen gewähren, was er Ihnen sein will. Ergreifen Sie mit treuem Sinne die dargebotene Hand, werden Sie auch ihm, was Sie ihm werden können. Sprechen Sie zum ersten Male als neue Preußen das Gefühl aus, welches alle alten Preußenherzen durchglüht: Gott erhalte, Gott segne den König! Stimmen Sie ein in den lauten Ruf: Se. Majestät Wilhelm, König von Preußen, lebe hoch!"

Dieser letztere Ruf fand im Saale selbst nur einen schwachen und gedämpften Widerhall, der unter der auf dem Römerberge versammelten Menschenmenge nicht gehört wurde.

Während dieser Act im Kaisersaal des Römers stattfand, hatte sich auf dem Römerberge nach und nach eine Anzahl Menschen versammelt, welche in lautloser Stille der

Dinge harrten, die da kommen sollten. Auf dem Roßmarkt waren die preußischen Truppen im Paradeanzug aufgestellt; aber außer der lieben Straßenjugend war hier Niemand als Zuschauer zugegen, alle Fenster der ringsum gelegenen Häuser blieben geschlossen. In dem Moment, wo Freiherr von Patow im Kaisersaale bei geöffneten Balkonfenstern das Hoch auf den König ausbrachte, wurde die schwarz= weiße Flagge, der gekrönte Adler in der Mitte, auf dem Römer aufgezogen und ein einziger schwacher Hochruf, aus= gebracht von dem Advokaten Dr. jur. S., welcher lebhaft seinen Hut schwenkte, aber mit dieser Kundgebung völlig isolirt blieb, ließ sich hören. Ein starkes Murren ging durch die Versammlung; „das Herz im Leibe", sagt ein Augenzeuge, „zitterte Allen, die das Schauspiel mit ansahen und sich zurückversetzten in die Tage des Schiller= und des Schützenfestes, des Fürstentages und anderer Feierlichkeiten, die den altehrwürdigen Römer von jeher zum Mittelpunkt des deutschen Vaterlandes machten." Um 12 Uhr war die ganze Feierlichkeit beendet und die Fahne vom Balkon des Römers wieder zu dem Obersten des die Garnison bildenden Regiments zurückgebracht.

Der Senat der einstigen freien Stadt aber wollte, nachdem die Annexion zur „vollendeten Thatsache" geworden war, von der Bürgerschaft, die er ein halbes Jahrhundert lang unter den Fittigen des deutschen Bundestags gut oder schlecht regiert hatte, geziemenden Abschied nehmen. Zu diesem Zwecke verfaßte eines seiner Mitglieder eine Ansprache, die — wie glaubwürdig versichert wird — vor ihrer Druck= legung dem königlichen Civilcommissarius Herrn v. Madai zur Durchsicht vorgelegt und von diesem nicht beanstandet worden war. Kaum aber war der Druck dieses Documentes

26*

in der Naumann'schen Druckerei dahier vollendet, so erschien
daselbst die Polizei, bemächtigte sich der ganzen Auflage,
versiegelte dieselbe und nahm sie mit. Schwerlich mag es
der Senat von Frankfurt jemals geahnt haben, daß eine
Zeit kommen werde, in welcher seine eigenen Drucksachen
zu den verbotenen Waaren gehörten, und stumm mußte er
in die Grube sinken. Was man dem zum Tode verurtheilten
Verbrecher noch auf dem Schaffot verstattet — eine Ansprache an das Publikum — das wurde dem Frankfurter
Senate verweigert; die Begräbnißrede für die eingesargte
Rupublik hatte Frhr. v. Patow im Auftrage der preußischen
Regierung gehalten und weitere Redner wurden nicht zugelassen. Das gefährliche Actenstück aber lautet:

Der Senat
an
die Bürgerschaft von Stadt und Land.

„Die erschütternden Ereignisse der jüngsten Vergangenheit haben
ihre Wirkung nicht nur auf die politischen Verhältnisse Gesammtdeutschlands geübt; sie haben insbesondere auch die Verhältnisse unserer Vaterstadt von Grund aus verändert.

Frankfurt — die altehrwürdige freie Reichs- und Krönungsstadt, der langjährige Sitz der deutschen Bundesversammlung, der neutrale Boden, auf dem die Vertreter der Nation sich zum ersten deutschen Parlamente zusammengefunden — die

Freie Stadt Frankfurt

ist aus der Reihe der staatlichen Existenzen ausgeschieden.

Die Hoffnung, daß die allseitig für nothwendig erkannte Umgestaltung des deutschen Bundes sich werde vollziehen lassen ohne das Opfer
der Selbständigkeit Frankfurts, ist unerfüllt geblieben; die dahin gerichteten Bemühungen waren von keinem Erfolge begleitet; mit der
heute vollzogenen Verkündigung des königlichen Besitzergreifungspatents
ist die Vereinigung der freien Stadt Frankfurt mit der preußischen
Monarchie zur vollendeten Thatsache geworden.

Der Schmerz um den Verlust der freiſtädtiſchen Inſtitutionen, durch alle Claſſen der Bevölkerung tief empfunden, vom Senate in vollſten Maße getheilt, iſt ein berechtigter; er iſt von allen Seiten als ſolcher anerkannt und geachtet.

Mit der Aufhebung der ſtaatlichen Selbſtſtändigkeit iſt die bis dahin beſtandene Staatsverfaſſung aufgehoben; der Senat als Regierungsbehörde hat aufgehört zu beſtehen; neue Verfaſſungszuſtände werden an die Stelle der bisher beſtandenen treten.

Frankfurts Bürgerſchaft blickt auf eine große Vergangenheit zurück. Die Geſchichte der Stadt zählt nach Jahrhunderten und die Ereigniſſe, die hier ihren Schauplatz gefunden, ſind Markſteine geworden in der Geſchichte des deutſchen Vaterlandes.

Die Blüthe des Gemeinweſens, der Wohlſtand ſeiner Bürger iſt aber von jeher deren eigenſtes Werk geweſen. Die Bürgerſchaft wird darum an der Zukunft ihrer Stadt nicht irre werden.

Die Regierung des Staates, der ſich an die Spitze Deutſchlands geſtellt und die Erfüllung der nationalen Hoffnungen verheißen hat, wird ſich der Sorge um die gedeihliche Entwicklung der nun ihr angehörigen Stadt nicht entſchlagen wollen; ſie wird — wir dürfen dies erwarten — geneigt ſein, die Vortheile, welche die Zugehörigkeit zu einem großen Staatskörper darbietet, dem hieſigen Gemeinweſen in unverkürztem Maße angedeihen zu laſſen.

Die Bürgerſchaft ſelbſt aber wird durch ihre bewährte Tüchtigkeit und Betriebſamkeit, durch den Sinn für die öffentlichen Intereſſen ihrer Vaterſtadt, vornämlich aber durch jenen Geiſt der Humanität, der als die ſchönſte Blüthe der früheren Inſtitutionen bezeichnet werden darf, beſtrebt und vermögend ſein,

Frankfurt

auch fernerhin die geachtete und hervorragende Stellung zu bewahren, die es bisher mit Erfolg behauptet hat.

In ſolchem Sinne und mit ſolchem Vertrauen möge die Bürgerſchaft — das iſt der

letzte Wunſch des Senates —

in die neuen Verhältniſſe eintreten und nach Tagen ſchwerer Noth und Trauer unter Gottes Schutz einer beſſeren Zukunft entgegengehen.

Frankfurt a. M., den 8. October 1866.

Bürgermeiſter und Rath.“

Dieser „letzte Wunsch des Senats" durfte, wie gesagt, nicht an seine Adresse befördert werden; er ruht im Polizei= gewahrsam. Ueberhaupt ist wohl nie in Frankfurt, selbst nicht zu den ärgsten Zeiten Metternich'scher Reaction, ein solcher Grimm der Polizei gegen politische Kundgebungen zu Tage getreten, als im Herbst 1866 und in den darauf folgenden zwölf Monaten. Sogar die „Prophezeiungen des alten Schäfer Thomas" fanden keine Gnade vor dem wachsamen Auge der Polizei und wanderten dahin, wo die Proklamation des Senats ruht. Ein Kranz von weißen und rothen Rosen, welcher in der Nacht nach der Annexions= verkündigung um das Bild des sogenannten Gerechtigkeits= Brunnens auf dem Römerberge geschlungen war, wurde in früher Morgenstunde von der Polizei entfernt; die Farben weiß=roth erinnerten zu sehr an die gewaltsam vernichtete Selbstänbigkeit Frankfurts und contrastirten zu stark mit dem nunmehr überall an Schlagbäumen, Wegweisern und sonstigen öffentlichen Wahrzeichen angebrachten „Schwarz= weiß", als daß man sie selbst in Gestalt der zu einem Kranze verschlungenen Rosen hätte dulden können. Und doch gab es einen Zufluchtsort für diese vielgeliebten und schmerzlich beweinten Farben, den die Polizei nicht zu er= reichen vermochte — es war Hals und Brust der Frank= furter Frauen und Mädchen, an denen von Stund' an weiß=rothe Bänder und Schleifen einen demonstrativen und gleichwohl für die Polizei unerreichbaren Schmuck bildeten; statt der sonst gebräuchlichen Schmucksachen wurden Hals= und Armbänder von aneinandergereihten kleinen Frankfur= tischen Silbermünzen, die zu diesem Zwecke ein neues goldenes Kleidchen erhalten hatten, getragen. Die Frauen Frankfurts wurden überhaupt in weit intensiverem Maße

noch als die Männer, die Trägerinnen der „Unversönlichkeit"
mit den neuen Einrichtungen und der pietätsvollen Erinne=
rung an die freireichsstädtische Zeit; selbst heute noch wird
man bei genauer Nachforschung dieselbe Beobachtung machen
können. In den Kirchen sogar, wo doch sonst der Friede
Gottes herrscht, stießen die Gegensätze zwischen der alten
und der neuen Zeit in scharfer Weise aufeinander. Sonntag
den 14. October waren die Kirchen in gewöhnlicher Weise,
die Frauen dabei in vorherrschender Anzahl, besucht. Nie=
mand erwartete einen Zwischenfall besonderer Art; als aber
von der Kanzel herab das vorgeschriebene Gebet für den
König und das königliche Haus zum ersten Mal ertönte,
entstand unter den Kirchenbesuchern in völlig unwillkürlicher
und von Niemandem geplanter Weise jene Unruhe der
Geister, welche den Körper mit Naturgewalt zwingt, den
gepreßten Nerven durch irgend einen Laut Luft zu machen.
Es soll dies, wie auswärtige Blätter am anderen Tage
benunzirend meldeten, durch „Husten" und „Scharren mit
den Füßen" geschehen sein, und es ist möglich, daß es sich
so verhielt, aber eine vorbereitete „Demonstration" lag da=
rin an diesem Sonntage sicherlich nicht, denn außer den
Geistlichen war der Anlaß zu dieser unwillkürlich eingetre=
tenen Bewegung Niemandem vorher bekannt. Anders ver=
hielt es sich allerdings am Abend im Theater; als dort bei
Aufführung des Don Juan der Chor die Freiheits=
Hymne begann, sang das gesammte Publikum mit und
der Gesang mußte auf Verlangen wiederholt werden. In
den Logen, im Parquet, überall, wo Frauen weilten, glänz=
ten roth=weiße und schwarz=roth=goldene Abzeichen; auf gar
manchem Antlitz sah man Thränen fließen. Die Stimmung
des Auditoriums war genau dieselbe, wie sie 70 Jahre zu=

vor bei der Occupation der freien Reichsstadt Nürnberg
durch preußische Truppen (1796) von der dortigen Be=
völkerung gefühlt wurde, und welche in den folgenden weh=
müthigen Strophen ihren Ausbruck fand:

So sank denn uns're Freiheit hin!
Drum klagen wir mit schwerem Sinn,
Das Grab ist da, die Träger stehn,
Und dürfen nicht mehr weitergehn.

Die Liebe löst das Rosenband
Am Todtenkranz mit sanfter Hand,
Und setzt ihn auf das schöne Haupt,
Mit dem der Feind uns Alles raubt.

Sie fiel von ihrer Schwester Hand,
Mit der sie treulich sich verband.
Ein . . . . . war ihr Friedensgruß
Ein . . . . . . ihr Verlobungskuß.

Laßt sie fein sanft — fein sanft hinab
Und pflanzet Blumen auf das Grab,
Und saget allen, Groß und Klein,
Das Grab soll hehr und heilig sein.

Die Todtenglocke tönt entlang,
Mir wirds um's Herz so bang, so bang.
Gott höret unser armes Flehn,
Gott! . . . . Auferstehn . . . ja Auferstehn!

XI.

Die Contributionsaffaire vor dem preußischen Abgeordnetenhaus.

Am 3. September 1866 enthielt der Sitzungsbericht aus dem preußischen Abgeordnetenhause den folgenden Passus: „Eine Petition aus Frankfurt a. M., unterzeichnet: Albert Trier, bittet das Abgeordnetenhaus, sich bei dem Könige zu verwenden, daß der Stadt Frankfurt vor ihrer völligen Einverleibung die geleisteten Contributionen und Requisitionen zurückerstattet werden, damit dadurch ein Beweis geliefert werde, wie sehr das Wohl und das Interesse der neuen Unterthanen dem König am Herzen liege. — Abg. Graf Schwerin beantragt, über diese Petition zur Tagesordnung überzugehen. — Ministerpräsident Graf Bismarck: Er könne sich diesem Antrage umsomehr anschließen, als er dem Bürgermeister von Frankfurt schon vor mehreren Wochen, bei seiner ersten Unterhaltung mit demselben erklärt habe, daß die preußische Regierung keine Contribution von preußischen Unterthanen erhöbe,

Das Haus beschloß hiernach, verwies aber in der folgenden Session eine wiederholte Eingabe desselben Frankfurter Bürgers über den gleichen Gegenstand an die Petitionscommission zur Berichterstattnng. Wie eigenthümlich die obigen Worte des Ministers Grafen Bismarck später von der Regierung ausgelegt wurden, das zeigt die von uns bereits mitgetheilte Verfügung des Finanzministers v. d. Heydt an Herrn M. Gontard in Frankfurt a. M., noch mehr aber die Ausführung des Regierungscommissärs Geh. Rath Wollny in der nachstehend zu schildernden Hauptverhandlung des Abgeordnetenhauses über die Albert Trier'sche Petition. Diese fand am 22. Januar 1867 statt und hatte folgenden Antrag der Commission zum Gegenstande: „In der Ueberzeugung, daß begründete Anträge der Frankfurter städtischen Behörden eine billige Berücksichtigung bei der königlichen Staatsregierung finden werden; dagegen in Erwägung, daß der Bittsteller nicht legitimirt ist, im Namen der Stadt Frankfurt zu sprechen, geht das Haus zur Tagesordnung über."

Berichterstatter Abg. Dr. Lüning sagte:

Meine Herren! Ein Frankfurter Bürger, Albert Trier, von dem bereits in der vorigen Session, in der Sitzung vom 7. September v. J. eine Petition um Rückerstattung der erhobenen Contribution sowie verschiedener Requisitionen an die Stadt Frankfurt vorlag, bittet jetzt abermals das hohe Haus um seine Verwendung bei Sr. Majestät um Rückerstattung der Kriegslasten, die er auf 10 Millionen Gulden schätzt. Er führt aus, daß man in Frankfurt die Worte des Herrn Minister-Präsidenten in jener Sitzung: „von preußischen Unterthanen würden keine Contributionen erhoben," allgemein nicht blos auf die bereits bezahlte, sondern auf die damals geforderte Contribution von 25, resp. 19 Millionen, bezogen habe, und er hofft, daß jetzt auch die bereits eingezogene Summe zurückbezahlt würde, weil ja unterdessen die Einverleibung stattgefunden habe und weil Seine Majestät den nunmehrigen preußischen Unterthanen schonende Behandlung zugesagt habe. Die Rückerstattung, sagt er weiter, sei indeß nicht erfolgt, und Petent hofft, dieses hohe Haus werde thun, was an ihm sei, um jene unseligen Erinnerungen aus den Annalen der Stadt Frankfurt zu verwischen, was gewiß sehr dazu beitrage, die Liebe und Anhänglichkeit, welche die Frankfurter Bürger an ihre seitherigen Verhältnisse so treu bewahrt hätten, auch ihrem neuen Vaterlande zuzuwenden. — Meine Herren! Ihre Commission konnte sich nicht verhehlen, daß gegen diese Petition allerdings formale Bedenken zu erheben sind. Zwar konnte sich die Majorität nicht entschließen, wie von einer Seite beantragt worden ist, einfache Tages-Ordnung anzunehmen, die damit begründet wurde, daß der Instanzenzug nicht erschöpft sei. Meine Herren! Bei dieser Contribution, die von dem commandirenden General auferlegt ist, und gewiß nicht ohne Wissen und Willen der Spitzen der Staatsverwaltung konnte nach Ansicht der Majorität von einem Instanzenzug nicht die Rede sein; aber das mußte sie sich sagen, daß in der Petition einmal das Petitum nicht gehörig präcisirt sei, indem der Petent nur ziemlich willkürlich die Kriegslasten mit 10 Millionen beziffert, und auf der anderen Seite, daß der Petent als einzelner Frankfurter Bürger nicht die Legitimation habe, im Namen der Stadt Frankfurt zu petitioniren. Aber, meine Herren, die Majorität Ihrer Commission war doch der Meinung, daß es sich hier empfehlen würde, auf die Petition näher einzugehen, um nicht den Schein auf sich zu laden, daß man die erste von den neuen Landestheilen ausgehende Petition schroff zurückweise, und um auf der anderen Seite dem Hause Gelegenheit zu geben, sich darüber auszusprechen, wie es in seiner Majorität über diese ganze Contributions-Angelegenheit denkt. Aus diesen Erwägungen ist die Commission zu der Ihnen vorliegenden motivirten Tagesordnung gekommen. Inzwischen, meine Herren, ist nun, wie es in der motivirten Tagesordnung erwartet wurde, eine Petition von legitimirten Personen an den Herrn Minister-Präsidenten eingegangen, von 21 Mitgliedern des ehemaligen gesetzgebenden Körpers in Frankfurt, deren Wortlaut die öffentlichen Blätter mitgetheilt haben. Aus dieser Petition ergibt sich nun, um welche Summe es sich hier eigentlich handelt, und was unter dieser kurzen Bezeichnung „Contribution von 6 Millionen" zu verstehen ist. Es ist das der von dem commandirenden General Vogel von Falckenstein unter dem 18. Juli geforderte Betrag des Jahressoldes für die Main-Armee, beziffert mit 5,700,000 Gulden; einschließlich der gleichzeitig durch dieselbe Verfügung ausgeschriebenen Natural-Lieferungen stellt diese Forderung die runde Summe von 6 Millionen Gulden dar. In einem Artikel dieser Verfügung sagte der General Vogel von Falkenstein ausdrücklich der Stadt zu, daß sie von weiteren Natural-Lieferungen mit Ausnahme von Cigarren, die bei den dortigen Lieferungen eine sehr große Rolle spielten, verschont bleiben sollte; indeß ist diese Zusage von dem Nachfolger des Generals Vogel von Falckenstein nicht inne gehalten worden, und es sind weitere Natural-Lieferungen im Betrage von 2 Millionen Thalern erhoben worden. Natürlich rede ich nur von den Lieferungen, die der Stadt als solcher auferlegt worden, und nicht von den Lasten der Einzelnen, die unvermeidlich sind, wo sich große Armeen bewegen. Diese Summe von 6 Millionen Gulden ist nun von Beamten der Stadt Frankfurt bei der Bank entnommen und baar ausbezahlt. Nach den angeführten Worten des Herrn Minister-Präsidenten in der Sitzung vom 7. Sept. l. J., „daß von preußischen Unterthanen überhaupt keine Contributionen erhoben würden“, hat man nun in Frankfurt geglaubt, daß sich das auch auf diese bereits erhobene Contribution von 6 Millionen bezöge, und ich muß gestehen, daß die Worte auf mich denselben Eindruck gemacht haben, und daß ich mich sehr unangenehm überrascht fand, als ich in der Commission von den Herren Regierungs-Commissarien erfuhr, daß ihres Wissens die Regierung an eine Rückerstattung dieser bereits gezahlten Summe nicht denke. Meine Herren! Es sollen sich diese Worte des Herrn Minister-Präsidenten nur auf die weitere Forderung der Contribution von 25,000,000 Gulden beziehen. Ich, meine Herren, bekenne Ihnen, daß ich niemals an den Ernst dieser Forderung geglaubt habe, weil ich der Meinung bin, daß die Contribution nicht eingetrieben werden konnte, ohne die Stadt Frankfurt zu r u i n i r e n (Oho! rechts) und weil ich es für unmöglich hielt, daß eine preußische Regierung den Ruin einer blühenden Stadt herbeiführen wolle. Aber auch, wenn das nicht ernst gewesen wäre, ist es schlimm, meine Herren, daß ein preußischer General eine Forderung stellen konnte oder stellen durfte, die in der modernen Kriegsgeschichte ein Gegenstück nur in den Forderungen findet, die an deutsche Städte von den Generalen Davoust und Vandamme gestellt worden. (Lebhafter Widerspruch rechts. Zustimmung links). Meine Herren! Zählen Sie die Summen nach, so werden Sie finden, daß eine ähnliche Forderung seit Davoust nicht gestellt worden ist, und ich überlasse es Ihnen, an das Urtheil zu denken, welches das deutsche Volk über den gedachten General gefällt hat. Meine Herren! Die glänzenden Ruhmesblätter der preußischen Geschichte jener Tage würden heller leuchten, wenn dieses eine schwarze Blatt darin fehlte, (Lebhafter Widerspruch rechts. Lebhafte Zustimmung links) und ich gestehe, es wäre mir kein Preis zu hoch, um den ich es aus der preußischen Geschichte ausmerzen könnte. Weiter, meine Herren, muß ich hier erwähnen, daß diese Forderung nicht nur gestellt ist, sondern daß zu der Zeit als ihre Eintreibung eingeleitet wurde, die Rede gewesen ist von Cerniren, von Aushungern, von Plündern und von Bombardiren. (Heiterkeit und Widerspruch rechts.) Ja, meine Herren, so, daß die Vertreter der fremden Mächte sich durch diese Gerüchte genöthigt sahen, sich zum Schutze ihrer Staatsangehörigen mit den Militärbehörden in Verbindung zu setzen. Es sind zwar nachher diese Gerüchte dementirt worden, ich weiß nicht, ob offiziell oder offiziös; es geht aber leider aus den Akten, aus diesen Eingaben der Bevollmächtigten der fremden Mächte hervor, daß ihnen mündlich geantwortet worden ist, „diese Gerüchte seien allerdings nicht ohne Grund." (Hört, hört! links.) Meine Herren! Ein Krieg birgt natürlich immer in seinem Schooße große und schwere Lasten, die unvermeidlich sind, aber die Erhebung von Contributionen widerspricht doch so sehr dem humanen Geiste der modernen Zeit, (Heiterkeit rechts.) daß sie eigentlich in der Kriegführung der neueren Zeit nicht mehr vorkommt. (Widerspruch rechts.) Nun, meine Herren, Sie sind darüber anderer Ansicht, wie es scheint; ich muß aber constatiren, daß das preußische Volk mit Befriedigung sah, wie von solchen Contributionen in den in raschem Laufe errungenen Ländern, in Hannover, in Kurhessen, in Nassau nicht die Rede war, und wie es gerade nach der dort eintretenden humanen Behandlung nicht mehr glaubte fürchten zu dürfen, daß man anderswo einen Rückfall in die rauheren Sitten früherer Zeiten zu erfahren hätte. Meine Herren! Die kriegerischen Verdienste des Herzogs von Nassau, die meines Wissens in einer Abschieds-Parade gipfeln, bei Seite gesetzt, ist es doch unzweifelhaft, daß er seine Truppen ausgeschickt hat, um gegen die preußischen Truppen zu kämpfen, und ebenso ist es unzweifelhaft, daß die Anwesenheit des Königs von Hannover bei seiner Armee das frivole, weil durchaus zwecklose Blutvergießen bei Langensalza herbeigeführt hat. Trotz alledem, meine Herren, ist zu meiner großen Freude in diesen Ländern von Auferlegung von Contributionen nicht die Rede gewesen, und ich frage nicht umsonst nach einem Grunde, weßhalb man gerade in der Stadt Frankfurt von dieser humanen Praxis abgegangen ist. Zur Bethätigung ihrer Feindseligkeiten haben die Frankfurter jedenfalls viel weniger gethan, als die Herrscher der anderen genannten Länder. Keine Patrone ist abgefeuert worden, und die Gerüchte, meine Herren, die vielfach verbreitet worden sind, von Mißhandlung zurückgebliebener preußischer Staatsangehörigen und deren Familien, von Darlehns-Anerbietungen an Oesterreich sind von den glaubhaftesten Männern als vollständig erfunden oder wenigstens als ungeheuer übertrieben dargestellt worden. Ich will nur eines Falles erwähnen, den auch einmal die Staatsregierung in einem öffentlichen Actenstück als völkerrechtswidrig angeführt hat, das ist die Schließung der preußischen Telegraphenstation und die Behandlung und momentane Verhaftung der preußischen Telegraphenbeamten. Es hat sich herausgestellt, daß die Schließung und die Verhaftung des Personals auf Befehl des bayrischen Ober-Commandos geschehen ist und daß der Polizei-Senator Spelz nur durch eine, allerdings sehr übel verstandene Sorge für den Schein der Unabhängigkeit der Stadt Frankfurt der Verordnung die Form gegeben hatte, als sei sie von der Frankfurter Behörde ausgegangen. (Heiterkeit.) Meine Herren! Das ist eine Darstellung, der ich Ursache habe, vollen Glauben zu schenken. Meine Herren! Man hat die ungewöhnlich harte Behandlung Frankfurts mit der feindseligen Gesinnung der Frankfurter Bürgerschaft motiviren wollen. Ja, meine Herren, ich erinnere Sie an die Aeußerung der Königl. Staatsregierung über die preußenfeindlichen Gesinnungen und Bestrebungen, die in einem großen Theil des hannöverischen Adels noch jetzt leben, und wenn die königliche Staatsregierung auch nicht die heiße Sehnsucht eines Theils des anderen Factors der Gesetzgebung theilt, diese Herren baldmöglichst auf den Stühlen des Herrenhauses zu sehen, so wird sie doch hoffentlich niemals daran denken, dieser preußischen Gesinnung wegen mit Contributionen und anderen Drangsalirungen gegen diese Länder vorzugehen. In Frankfurt, meine Herren, bestand eben Preßfreiheit und das Vereins- und Versammlungsrecht, und die Behörden haben sich mit Recht verpflichtet gehalten, innerhalb der Schranken des Gesetzes jede Meinung zum Ausdruck kommen zu lassen, und so ist es gekommen, daß hinter einander und oft gleichzeitig die verschiedensten Versammlungen dort getagt haben: der Fürsten-Congreß, die General-Versammlung des Reformvereins, die General-Versammlung des Nationalvereins (Heiterkeit rechts), die Freihändler, die Schutzzöllner, die Lassallianer und die Schulzianer. Diese Alle haben dort hintereinander Platz gefunden und die Freiheit gefunden, ihre Meinung auszusprechen. Und die Presse, meine Herren, — wir auf dieser Seite des Hauses haben gewiß die Haltung der Frankfurter Presse nicht gebilligt, wir haben vielmehr alle Ursache, uns über sie zu beklagen, weil allerdings selten die liberale Partei in einer solchen Weise von Blättern, die sich selbst liberale nannten, angegriffen worden ist, wie dort, so daß selbst die heftigsten Organe der conservativen Partei noch von diesen Blättern hätte lernen können, aber, meine Herren, wir haben gesagt: das ist Preßfreiheit, das muß man ertragen. Nun aber gar von einem Staate aus, in welchem ebenfalls Preßfreiheit gilt, aus dem Gebrauch derselben einen Grund für die Belastung des ganzen Staatswesens mit Contributionen herleiten, das würde mir sehr unstatthaft erscheinen. — Ein Factum muß ich dabei hervorheben, was diese angeblich preußenfeindliche Gesinnung der Frankfurter Bürgerschaft beweisen sollte und das vielfach ausgebeutet worden ist. Eines der Blätter, in welchen diese Gesinnung in der gehässigsten Weise hervortrat, die „Kritik", ein Blatt, welches in Frankfurt, glaube ich, keine zehn Abonnenten hatte, war eigens dazu gegründet worden mit herzoglich-nassauischem Gelde, um täglich in das Land Nassau die schmählichsten Beleidigungen und Verläumdungen gegen die liberalen Abgeordneten Braun und den verstorbenen Lang hinüber zu tragen. Weil sie eben preußenfeindlich waren, wurden sie in diesem mit herzoglichem Gelde begründeten Blatte verläumdet und beschimpft, und dieses Blatt wurde vielfach an die Soldaten, als ein Beweis der verwerflichen Gesinnung der Frankfurter Bürger vertheilt.

Meine Herren! Man fühlt sich unwillkürlich gedrungen, nach anderen Motiven für die außerordentliche harte Behandlung Frankfurts zu suchen, (Unruhe rechts) und die öffentliche Meinung hat in der Erinnerung an gewisse politische Vorgänge, wo die Frankfurter Behörden nicht die gewünschte Willfährigkeit zeigten, allerdings sich berechtigt geglaubt, eine gewisse persönliche Gereiztheit gegen die Stadt anzunehmen. (Widerspruch rechts.) Ich sage nicht, meine Herren, daß diese Gereiztheit bestanden hat; aber man hat sie vorausgesetzt, und ich halte es nicht für gut, für den Ruf eines großen Staates und eines großen Staatsmannes, wenn solche Voraussetzungen gemacht werden können. Meine Herren! Man hat nun vielfach die Last, die der Stadt aus diesen Contributionen erwächst, unterschätzt, weil man sagt, Frankfurt ist doch eine reiche Stadt. Es ist allerdings richtig, meine Herren, im Frankfurter Bürgerthum ist, wie in allen alten Reichsstädten, ziemlich viel ererbter Wohlstand und es wohnen auch viele reiche Leute in der Stadt. Aber, meine Herren, um diese Leute dort zu halten, ist die Stadt auch verpflichtet, vielerlei Ausgaben zu machen, Luxusausgaben zur Verschönerung der Stadt, um ihnen den Aufenthalt angenehmer zu machen, und die Commune Frankfurt ist nicht reich, sondern da überwiegen die Passiva die Activa. Und nun, meine Herren, bedenken Sie, daß die Wohlhabenheit der Frankfurter bereits durch den Krieg und den dadurch gestörten Handel und Verkehr einen Stoß erlitten hat. Schon jetzt, meine Herren, stehen eine Menge Wohnungen dort leer, die Häuser sind unverkäuflich, der Hypothekarcredit ist fast nicht mehr zu beschaffen, Fallissements sind eingetreten, (Unruhe rechts) und noch mehr fürchtet man den Wohlstand Frankfurts bedroht zu sehen durch die Ausdehnung des preußischen Münzfußes auf Frankfurt, der allerdings für die ganzen Verkehrsverhältnisse Frankfurts eine sehr bedenkliche sein würde, wenn nicht gleichzeitig derselbe Münzfuß auch in Südbeutschland eingeführt würde. Nun, meine Herren, zur Bezahlung der Zinsen dieser Contribution würde es vielleicht nöthig sein, die beiden directen Steuern, die Frankfurt besitzt, eine Miethssteuer und eine zweiprocentige Einkommensteuer, zu verdoppeln. Dadurch würden höchst wahrscheinlich viele Leute, die sonst ihren Aufenthalt dort nehmen, künftig dort nicht hingehen, und bei der Leichtigkeit, mit der sich Geldgeschäfte verlegen lassen, ist es nicht zu verwundern, daß die Auswanderung der großen Banquiers schon jetzt begonnen hat. Meine Herren! Es ist in Frankfurt Vieles geschehen, was nicht hätte geschehen sollen; ich freue mich, dabei constatiren zu können, daß ich noch kein Wort des Tadels gegen die Mannschaften des preußischen Heeres vernommen habe. Ich, meine Herren, werde nicht in diese Details eingehen, ich hoffe aber, daß dieses Haus thun wird, was an ihm ist, um die Erinnerung an diese Sache zu verwischen, (Unruhe rechts) um nach seinen Kräften dazu beizutragen, daß diese ungewöhnliche Last von den Schultern der Bevölkerung abgenommen wird. Wie das zu geschehen hat, ob durch eine Zurückerstattung der gezahlten Contribution, ob durch eine Verwendung zu Bauten im öffentlichen Interesse — man hat in Frankfurt begonnen, eine große Wasserleitung zu bauen, und dafür fehlt es jetzt an Capitalien — ob dadurch, daß die Schuld als eine Staatsschuld übernommen wird, das zu untersuchen, fehlt es uns, glaube ich, an Material, das wollen wir der Erwägung der Staatsregierung überlassen. Aber, meine Herren, sein politisches Urtheil nimmt natürlich Jeder aus seiner politischen Umgebung. Aus den Kreisen, in denen ich verkehre, kann ich nur versichern, daß man mit großer Befriedigung ein großmüthiges Waltenlassen von Billigkeitsrücksichten gegen die ohnehin schwer geschädigte Stadt aufnehmen würde. — Meine Herren! Mehr noch als vom Standpunkte der Billigkeit und Großmuth aus, scheint es mir vom Standpunkt der politischen Klugheit aus geboten, diese unselige Contributions-Angelegenheit auf die eine oder die andere Weise aus der Welt zu schaffen. Frankfurt ist der Fuß, den Preußen in Süddeutschland hat, und ich denke, Sie wollen so wenig wie ich ewig an der Mainlinie stehen bleiben. Ich habe mit Freuden die Erklärung gelesen, die der neue Minister-Präsident in Bayern abgegeben hat in Bezug auf das künftige Verhältniß zu Preußen. Nun, meine Herren, ewig können wir doch nicht mit der Militärdictatur regieren; wir müssen wieder auf die moralischen Eroberungen zurückkommen und deren Werth stellt sich täglich immer mehr und mehr heraus. Meine Herren! Man hat im Süden von Preußen die Vorstellung, daß es ein armer Staat sei, und man schließt aus den hohen Steuern, die ja die großen Leistungen, zu denen unser Staat berufen und genöthigt war, erklärlich machen, daß der Staat sehr viel brauche. Das Gefährlichste für den Ruf und das Interesse Preußens würde es sein, wenn auch nur der Schein in jenen neuen Ländern erweckt würde, Preußen wolle sie im Interesse der alten Landestheile ausbeuten. Darum, meine Herren, was sind uns am Ende 6 Millionen Gulden! Glauben Sie mir, meine Herren, Sie werden fruchtbarere Zinsen aus dem moralischen Capital machen, wenn Sie das Ihrige dazu thun, diese Contributions-Angelegenheit in Vergessenheit zu bringen, als Sie aus den erhobenen Contributionssummen jemals erzielen würden. Ich bitte Sie, den Commissions-Antrag anzunehmen."

Nachdem der Berichterstatter Dr. Lüning geendet, entwickelte sich eine stellenweise ziemlich heftige Geschäftsordnungs-

27

Debatte über die Frage, ob der Referent nicht seine Aufgabe überschritten habe, indem er Ausführungen auf die Tribüne brachte, die zur Begründung des Commissionsantrages mindestens nicht nöthig gewesen seien. Abg. Graf Schwerin (der ehemalige Minister der „neuen Aera") protestirte unter dem Beifall der Conservativen gegen jene Ausführungen, „die auf allen möglichen beweislosen Angaben beruhen" (!) und war der Meinung, man könne nunmehr von der Regierung nicht mehr erwarten, daß sie die Ansicht der Commission, wonach „die Billigkeit die Rückerstattung der von der Stadt Frankfurt erhobenen Kriegscontributionen erheische", sich zu eigen mache. (!!) — Abg. Virchow widersprach den Darlegungen des Grafen Schwerin und vertheidigte den Berichterstatter, der das Recht gehabt habe, die in der Commission zur Sprache gebrachten Dinge zu recapituliren und sie weiter zu ergänzen. — Abg. v. Brauchitsch stimmt mit dem Grafen Schwerin überein und stellt (zur Strafe für den Berichterstatter?) nunmehr den Antrag, über die Petition zur einfachen Tagesordnung überzugehen. — Dr. Lette bemerkt, die Commission sei darüber außer Zweifel gewesen, „daß allerdings Manches in Frankfurt geschehen sei, was alle Welt lieber vermieden zu sehen gewünscht hätte." — v. Hoverbeck bringt einen Abänderungsantrag ein, worin gesagt wird, daß es der Würde Preußens entspreche, die Contribution von 6 Millionen Gulden der Stadt zurückzuerstatten. Nach einer weiteren Debatte über die Frage, ob zur Sache selbst nur ein Redner für und ein Redner gegen den Commissionsantrag gehört oder die Rednerliste erschöpft werden sollte, erhielt unter lebhaften Protestrufen der Conservativen, welche vom Präsidenten gerügt werden mußten, das Wort der

Abg. Claſſen = Kappelmann:

Meine Herren! Wenn ich den Ausführungen des Herrn Referenten im Allgemeinen mich anſchließe, ſo finde ich doch, daß der
Commiſſionsantrag dieſen Ausführungen nicht vollſtändig entſpricht;
die Urſache mag wohl in der mangelhaften Faſſung der Petition zu
ſuchen ſein; aber auf dieſe Faſſung kommt es mir nicht an. Au fond
dieſer Petition liegt die Frankfurter Contributionsfrage, die uns im
höchſten Grade intereſſiren muß, denn ſie iſt eine Frage der Gerechtigkeit, der Billigkeit und der Politik. Ich finde den Commiſſionsantrag
zu elaſtiſch und zu ausweichend und möchte Ihnen deshalb den Antrag
Hoverbeck empfehlen, der den Kern der Frage trifft und der da ſagt:
die Contribution ſoll der Stadt Frankfurt zurückerſtattet werden. Bei
dieſer Frage wird es weſentlich darauf ankommen, ob Preußen ſich mit
der Stadt im Kriegszuſtand befunden habe. Nach meinem Dafürhalten
war das nicht der Fall. (Die zum Beweiſe dieſer Anſicht von dem
Redner gegebenen hiſtoriſchen Darlegungen können wir übergehen, da
die angeführten Thatſachen den Leſern dieſer Blätter bereits zur Genüge bekannt ſind. Auch der von Herrn Claſſen gegebene geſchichtliche
Ueberblick über die Thaten der Falckenſtein, Manteuffel und Röber in
Frankfurt, über die angewendeten Zwangsmaßregeln zur Beitreibung der
Contributionen, das maßloſe Auftreten der Officiere ꝛc. bieten nichts
Neues; wir haben nur zu bemerken, daß die auf der rechten Seite des
Hauſes ſitzenden Mitglieder ihrem Haſſe gegen Frankfurt auch noch bei
dieſer Gelegenheit durch demonſtrative Bravorufe Ausdruck gaben, ſo
oft der Redner beſonders hervorſtechende Momente der Frankfurter
Schreckenstage erwähnte.) „Meine Herren", fuhr Claſſen-Kappelmann
fort, „der Abgeordnete Harkort hat die Vorgänge in Frankfurt als
einen Roſtflecken am blanken Ehrenſchild Preußens bezeichnet. (Lebhafter Widerſpruch rechts.) Blättern wir in der Geſchichte zurück und
ſtellen einen Vergleich an zwiſchen der Occupation der Stadt Frankfurt durch Preußen im Jahr 1866 und der Occupation durch fran-
zöſiſche Truppen im Jahr 1792, ſo müſſen wir geſtehen, daß die Parallele für uns nur beſchämend ſein kann. (Erneuter Widerſpruch rechts,
Stimmen links: Sehr wahr!) Der Redner verlieſt die bekannten
Actenſtücke aus dem Jahre 1792 und ſchließt mit folgenden Worten:
Meine Herren! So ſpricht die Vergangenheit zu uns. Und wie
verfuhr man dagegen in dem glorreichen Jahre 1866? Nach all'

27*

den Drangsalen, nach all' den materiellen Bedrückungen der Stadt Frankfurt wurde ihr ihre Unabhängigkeit, ihre Freiheit genommen, die sie seit einem halben Jahrtausend besessen hat. Und was das für Frankfurt zu bedeuten hat, sprach der königliche Civilcommissarius Freiherr v. Patow bei Gelegenheit der feierlichen Einverleibung der Stadt im großen Kaisersaale aus mit den Worten: „Sie, meine Herren, und alle bisher freien Bürger Frankfurts haben Ihre Selbstständigkeit verloren, das ist ein Verlust, dessen Größe sich, wenn Sie wollen, jeder Schätzung entzieht." Wie wird die Nachwelt urtheilen, wenn der Geschichtsschreiber schreibt: Zuerst nahm man ihnen das Geld, dann die Freiheit, und dann befahl man ihnen, in der Kirche für das königliche Haus zu beten. (Lebhaftes Murren rechts.) Das ist in drei Worten die Geschichte der Occupation Frankfurts und ich fürchte, meine Herren, das Urtheil der Nachwelt bei Lesung der Geschichte wird sehr herbe sein. Möchte man nicht urtheilen, das Verfahren, womit eine siegreiche deutsche Großmacht eine alte, ehrwürdige deutsche Republik darnieder geworfen hat, ist unwürdig für die Menschheit! (Unruhe und Murren rechts.) Meine Herren! Die unerhörte Härte, womit man gegen Frankfurt verfahren ist, ist nach meinem Dafürhalten im höchsten Grade ungerecht und unpolitisch zugleich, denn sie erregte Haß und Abneigung im Süden Deutschlands und forderte eine sehr scharfe Kritik der öffentlichen Meinung heraus; was französische und englische Blätter damals über die Frankfurter Angelegenheit geschrieben haben, wie sie geurtheilt haben, das war bei dem Preßgesetz in deutschen Zeitungen nicht mittheilbar. Will man das große nationale Ziel der Einigung Deutschlands ernstlich verfolgen, so bedenke man, daß Frankfurt gewissermaßen die Brücke nach Süddeutschland bildet, und daß man sich den Uebergang über diese Brücke durch moralische Eroberungen, durch Gerechtigkeit, Wohlwollen, Schutz, Milde und Freiheit erleichtern müsse. Lag es aber damals im Plan, die Stadt Frankfurt zu annectiren, so sind mir die Maßregeln völlig unerklärlich, denn es ist doch ein größerer Segen für einen Staat, eine reiche, blühende, glückliche, zufriedene Stadt zu erwerben, als eine ausgepreßte und erbitterte Bevölkerung mit Gewalt darnieder zu halten. (Sehr wahr!) Meine Herren! Bedenken Sie auch noch, daß Frankfurt eine ruhmvolle Stätte deutscher Geschichte und Kultur ist, und daß das Frankfurter Capital von den ältesten Zeiten her deutschen Handel und

Gewerbfleiß befruchtete; vergessen Sie auch nicht, daß jene Stadt Frankfurt bei allen Gelegenheiten, wo ein Nothstand in Deutschland zur Hülfe aufforderte, mit großartiger Freigebigkeit Hülfe bot. Als der große Brand die Stadt Hamburg verheerte, schickte die Stadt Frankfurt sogleich 100,000 Gulden dorthin, eingedenk des Spruches; bis dat qui cito dat, und weitere 100,000 Gulden folgten bald nach. Bei dem Hungertyphus in Schlesien, bei Ueberschwemmungen und anderen Calamitäten, die Hülfe erforderten, da sahen Sie die freigebige Hand der Frankfurter immer hülfreich voran. Bedenken Sie auch, daß eine Schuldenlast von 8 Millionen Gulden, die nicht zum Nutzen, sondern zum Nachtheil der Stadt ausgegeben ist, ein solches Gemeinwesen erdrücken und die Entwicklung der Stadt bis in die fernste Zukunft untergraben muß. Wie kann die Stadt noch leistungsfähig bleiben für die größeren Ansprüche des größeren Staates, wenn die Bürger an 3—400,000 Gulden nutzloser Zinsen von ihrer Arbeit, ihrem Fleiß und ihren Ersparnissen abgeben sollen. Der Herr Referent hat schon darauf hingewiesen, daß jeder Krieg schwere und unberechenbare Verluste für den Erwerb und den Wohlstand der Völker zur Folge hat, die kein Staat ersetzen kann. Was der letzte Krieg in dieser Beziehung für Deutschland, und man kann sagen, für Europa geschadet hat, das entzieht sich jeder Schätzung, keine deutsche Stadt hat aber nach meinem Dafürhalten größere Nachtheile für die Gegenwart und für die Zukunft zu überwinden, als die Stadt Frankfurt, weil gerade infolge des Krieges ihre Nahrungsquellen theilweise versiegt sind. Kann man diese allgemeinen Schäden auch nicht repariren, so bilden die Kriegscontributionen doch einen besonderen Schaden für die Stadt Frankfurt, die der preußische Staat ersetzen kann, weil sie in die allgemeine Kriegskasse geflossen sind, wofür die Gesammtheit und nicht eine einzelne Stadt exorbitant eintreten soll und deßhalb möchte ich wünschen, daß Sie sich für den Antrag des Herrn Abgeordneten v. Hoverbeck aussprechen, der dahin geht, der Stadt Frankfurt die ganze Contribution zurückzuerstatten. Ich möchte freilich wünschen, daß die königliche Staatsregierung auch für die exorbitanten Naturallieferungen die Stadt entschädige. Man kann doch kein Unrecht wollen wir wollen keinen Antheil haben an unrechtem Gut. Meine Herren! Frankfurt ist ja nun eine preußische Stadt geworden und wir können nicht wollen, daß es bereinst heiße: der Verfall dieser einst blühenden Stadt datire von der Mainlinie oder von der preußischen Herrschaft, vielmehr müssen wir hoffen und wünschen, daß die Stadt Frankfurt in der Folge sich zu größerer Blüthe in der Neugestaltung Deutschlands entwicle und · daß das Capital und die Intelligenz jenes gebildeten Bürgerthums auch in der Zukunft deutschen Handel, deutsche Industrie und deutsche Kunst hebe und belebe, wie bisher. (Bravo links; Zischen rechts.)

Regierungscommissär Geh. Rath Wollny erklärt, dem Berichterstatter nicht auf das von ihm betretene Gebiet der in Frankfurt vorgekommenen Thatsachen folgen zu wollen, da er hierüber nicht unterrichtet sei, auch alles dies nach seiner Meinung nicht zur Sache gehöre. (!) Nur wolle er den hier gemachten Versuch abwehren, einen Flecken auf die Namen preußischer Generale, einen Schatten auf den Ehrenschild der preußischen Armee zu werfen und die Ruhmesblätter der preußischen Geschichte als verdunkelt hinzustellen. „Diese Ruhmesblätter leuchten so hell, daß sie einer Illustration aus dem Munde der Staatsregierung nicht bedürfen." (Lebhaftes Bravo rechts). Zur Sache selbst erklärte der Redner, der Ministerpräsident Graf Bismarck habe allerdings gesagt, von preußischen Unterthanen werde keine Contribution erhoben; allein diese Worte könnten sich doch keinesfalls auf die Contributionen von 5,700,000 Gulden beziehen, da ja die Frankfurter zu der Zeit, als sie diese Contribution bezahlten, noch keine preußischen Unterthanen waren. (!) Die Staatsregierung könne sich deßhalb unmöglich dem Commissionsantrage anschließen, weil derselbe die Erwartung ausspreche, daß, wenn ein Antrag der Stadt Frankfurt auf Zurückzahlung der Contribution einlaufe, dieser Antrag auch als begründet würde anerkannt werden. „Die Contribution von 5,700,000 Gulden ist ausgeschrieben und eingezogen, als Frankfurt noch nicht mit der preußischen Monarchie vereinigt war. Die Summe hat auch bereits ihre vollständige definitive Verwendung erhalten, und zwar ihre Verwendung mit nachträglicher Sanction des Gesetzes, da in dem Gesetze vom 28. September v. J. über alle Kriegscontributionen, folglich auch über diese, definitiv verfügt worden ist. Eine Rückzahlung der Contribution oder eine Verwendung des Betrags zum Vortheil der Stadt Frankfurt kann nicht in Aussicht gestellt werden. Die Stadt Frankfurt wird, wie jede preußische Stadt, sich der wohlwollendsten Fürsorge der preußischen Staatsregierung zu erfreuen haben; aber Millionen zum Vortheil und Nutzen einer einzelnen Stadt zu verwenden, (!!) weil diese darauf anträgt, dazu ist die Regierung nicht im Stande. (Bravo! rechts.)

Abg. Virchow: Die Commission habe allerdings durch ihren Beschluß die legitimen Körperschaften in Frankfurt dazu ermuntern wollen, einen Antrag auf Rückerstattung der Contribution einzubringen und in der That sei auch sofort, nachdem der Beschluß der Commission bekannt geworden, ein solcher Antrag von 61 Mitgliedern des ehemaligen gesetzgebenden Körpers unterzeichnet, eingelaufen. Dieselben bezeichneten es geradezu als den vollständigen Ruin der Stadt, wenn die Contribution und die für Naturallieferungen an die Mainarmee aufgewendeten zwei Millionen Gulden nicht als preußische Staatsschuld anerkannt würden. (Geräuschvolles Lachen auf der rechten Seite.) „Wenn die Herren glauben", fährt der Redner fort, „daß, weil in Frankfurt eine gewisse Anzahl reicher Bürger wohnt, es sehr leicht für eine derartige Commune sei, eine exorbitante Schuldenlast zu tragen, so möchte ich Sie doch darauf hinweisen, daß keine einzige Commune in der Welt in der Lage sein wird, ihre Schulden auf die reichen Mitglieder abzuwälzen. Die Frankfurter weisen in dieser Petition aber noch besonders nach, daß bei der Eigenthümlichkeit der Stadt Frankfurt gerade die reichen Häuser, die nach allen Seiten hin Filialen haben, sehr wahrscheinlich sich veranlaßt sehen würden, ihren Wohnsitz in Frankfurt gänzlich aufzugeben und vielleicht nicht blos Frankfurt, sondern überhaupt Deutschland zu verlassen. Meine Herren! Wir halten es für gut, daß dieses hohe Haus etwas dazu beitrage, den außerordentlich gesunkenen Muth der Frankfurter durch eine gerechte Behandlung dieser Angelegenheit zu heben. Ich bin ganz der Meinung, daß es sich um begründete Ansprüche der Frankfurter handelt. Aber durch die schweren Schläge, welche die Stadt erdulbet hat, ist der Muth der Einzelnen so tief gesunken, daß sie nicht mehr Zutrauen haben auf die Gerechtigkeit des preußischen Staates; ich muß jetzt hinzufügen, daß sie mehr Vertrauen haben auf die Gerechtigkeit dieses Hauses. (Großes Gelächter rechts.) Meine Herren, Sie beantworten alle solche Bemerkungen durch Heiterkeit, aber ich habe mit Befriedigung gesehen, daß während der Rede des Abgeordneten für Köln auch diejenigen Mitglieder von jener Seite, welche sonst durch immerwährende Heiterkeit glänzen, zu Zeiten sehr ernsthaft wurden,

(Wiederholtes Lachen rechts.) Es schien mir, als ob die sehr einfache
Aufzählung der Thatsachen doch zuweilen schwer auf Ihr Gewissen
drückte. (Nein, nein! rechts; lebhafter Beifall links.) Nun, meine
Herren, ich machte die Bemerkung, und für die kann ich einstehen, daß
selbst diese ewig heiteren Gesichter sehr ernsthaft wurden zu gewissen
Zeiten, so daß es mir gegenüber kein heiteres Gesicht mehr gab. (Große
Unruhe rechts, Stimmen: „Zur Sache!") Das will ich constatiren,
meine Herren! Ich behaupte auch, daß kein Einziger von Ihnen, wenn
er sich ruhig zu Hause hinsetzt und die Thatsachen mit sich erwägt
darüber in Heiterkeit gerathen wird. (Sehr wahr! links.) . . . . .
Wenn der Herr Regierungscommissär gesagt hat, es sei in der Commission allseitig die Meinung gewesen, es empfehle sich nicht, die
Thatsachen in diesem Hause klarzulegen, so kann ich nicht sagen, daß
das meine Meinung war, und ich bin doch auch Mitglied der Commission. Jedenfalls glaube ich, der Herr Regierungscommissär würde
dem Lande besser gedient haben, wenn er sich in der Lage befunden
hätte, in die Kritik der Thatsachen einzugehen und darzuthun, daß dieselben unrichtig dargestellt sind. Es kursirt über die Besetzung Frankfurts, über die Motive der Handlungen, welche dabei begangen sind
eine große Menge gedruckter Aufzeichnungen, welche den Eindruck der
höchsten Glaubwürdigkeit machen — Aufzeichnungen, die allerdings in
Preußen zum großen Theil verboten, die aber in Süddeutschland und
außerhalb Deutschlands hinreichend verbreitet sind, so daß man nicht
den Kopf in den Sand stecken und sich anstellen kann, als existirten
diese Dinge nicht. Meine Herren! Die Würde des preußischen Staates
wird dadurch um kein Haar breit gewahrt, daß man sich selber anstellt,
als merkte man von Alledem nichts, was die Leute außerhalb Preußens
glauben. Redner verliest hierauf Stellen aus den „Tagebuchblättern
eines deutschen Staatsmannes", die in den schärfsten Ausdrücken das
Verfahren der preußischen Regierung und der preußischen Generale in
Frankfurt verurtheilen und sagt: „Ich könnte Ihnen aus diesen Aufzeichnungen eine Menge Details beibringen, welche darthun, daß ich
ein Recht habe zu sagen: dagegen muß entschieden vorgegangen werden,
es ist eine Pflicht der Regierung, dagegen etwas zu thun, wenn sie
es widerlegen kann. Ich enthalte mich aber, diese Thatsachen vorzuführen, weil ich wirklich erröthen würde, sie in einer preußischen Volksvertretung öffentlich mitzutheilen." (Unruhe rechts.) Den Schluß der

Rede Virchows bildet ein warmes Plaidoyer zu Gunsten der Uebernahme der in Frage stehenden Summen als preußische Staatsschuld.

Abg. v. Hoverbeck sagt: Er halte den Staat Preußen für
moralisch verpflichtet, die fraglichen 6 Millionen Gulden der Stadt
Frankfurt zurückzugeben und wolle dabei nicht einmal die Frage untersuchen, ob zu der Zeit, da die Contribution auferlegt wurde, ein wirklicher Kriegszustand zwischen Preußen und Frankfurt bestand oder nicht.
Er vermöge den Unterschied nicht zu begreifen, der von Seiten des
Regierungscommissärs so scharf betont worden sei zwischen diesen 6
Millionen und den später auferlegten 25 Millionen. „Die Aufstellung
dieser beiden Forderungen ist nur durch einige (ich glaube zwei) Tage
geschieden gewesen und die rechtliche Stellung der Stadt Frankfurt zu
Preußen ist in beiden Fällen ganz dieselbe gewesen. Wenn also Billig-
keitsgründe dafür sprechen, die 25 Millionen der Stadt Frankfurt zu
erlassen, so scheint es mir, daß dieselben Gründe für die Rückerstattung
der 6 Millionen sprechen."

Abg. Dr. Haym (conservativ): Ich weiß nicht, ob der Herr
Classen-Kappelmann Abgeordneter für Frankfurt werden will; (Murren
links, Beifall rechts) aber das weiß ich, daß er gegenwärtig Abgeordneter für Frankfurt a. M. nicht ist. Nur wenn er das wäre, würde
ich in Beziehung auf seine Behandlung der Sache einen Ton, wie er
ihn angeschlagen hat, erklärlich finden. (Murren links. Sehr richtig!
rechts.) Vielleicht werden, wenn wir nach dem 1. October d. J. hier
wieder zusammenkommen, ähnliche Ausführungen, strotzend von Par-
tikularismus, zu öfteren Malen hier laut werden. Wir sollten uns
dergleichen Auftritte wenigstens auf diesen Zeitpunkt aufsparen. Es
ist, meine ich, der unendliche Vortheil, den wir Preußen von dem siegreichen Vordringen unserer Waffen im vergangenen Jahre gehabt haben,
daß eine Kritik der Regierungspolitik, wie sie in mehreren anderen
deutschen Staaten gehört worden ist, in den Staaten, welche von uns
besiegt und zum Theil unter das Joch geschickt worden sind (!), bei uns
nicht stattgefunden hat. Der Abgeordnete Classen-Kappelmann ist so
weit gegangen, daß er die Frankfurter um den Verlust ihrer Freiheit
und Selbständigkeit beklagt hat. Es ziemte sich meiner Ansicht nach
für einen preußischen Abgeordneten, jetzt, nachdem dies eine vollendete
Thatsache ist, jetzt wenigstens denen, die nun unsere Mitbürger sind,
vielmehr den unendlichen Segen zu zeigen, der darin liegt, wenn man

einem Staate wie der unsrige angehört. (Lebhaftes Bravo!) Es sind vielleicht Viele unter Ihnen, und ich bekenne, selbst dazu zu gehören, die da meinen, daß begründete Forderungen, begründete Wünsche wenigstens, der Frankfurter bestehen; allein diese Wünsche hier in der Form einer kategorischen Forderung auszusprechen, mit dem ganzen Nachdruck partikularistischer Leidenschaft auszusprechen, (Lebhafter Widerspruch links, Zustimmung rechts) das, meine Herren, halte ich nicht für preußisch, nicht für politisch. (Bravo!) Ich finde, daß der Antrag Ihrer Commission allen Wünschen und allen gerechten Rücksichten in dieser Angelegenheit vollkommen entspricht. Er erkennt an, daß hier und da gefehlt sein dürfte, daß es Noth thue, nachgerade die moralischen Eroberungen den Eroberungen durch die Waffen auf dem Fuße folgen zu lassen. Es erkennt der Antrag der Commission indirect an, wie es unendlich wichtig ist, daß nun endlich ein Boden in Frankfurt für den Einfluß unserer Regierung gewonnen werde. (Hört, hört! rechts.) Dies Allgemeine aber genügt mir auch vollkommen. Ich bitte Sie daher, in diesem Sinne für den Antrag der Commission zu stimmen. (Bravo!)

Aehnliche Proteste gegen die Ausführungen des Referenten, sowie des Abg. Claßen-Kappelmnnn und Virchow brachten dann noch Graf Schwerin und ein Graf Schulenburg, Letzterer als „gewesener Kämpfer in den Reihen der Main-Armee" ein. Nachdem der Referent, Abg. Lüning, in sehr schlagfertiger Weise hierauf replicirt hatte, wurde der Antrag der Commission mit geringer Majorität gegen den Antrag des Abg. v. Brauchitsch auf Uebergang zur einfachen Tagesordnung angenommen.

XII.

Die sogenannte Vermögens-Auseinandersetzung, „Theilungsrezeß", zwischen Frankfurt und Preußen.

Es erübrigt uns nun noch, den letzten Act dieses Drama's oder vielmehr das Nachspiel zu demselben, wodurch die Grundlagen des heutigen Gemeindehaushaltes von Frankfurt gebildet wurden, zu schildern. Auch hier begegnen uns zwei merkwürdige und lehrreiche Momente: die anfänglichen maßlosen Forderungen der preußischen Regierung einerseits und die fast unglaubliche Schwäche der ursprünglich in dieser Sache thätigen Vertreter Frankfurts andererseits — eine Schwäche, welche zum Glück für die Stadt theils durch die Proteste der Bürgerschaft, theils durch Umstände, deren Eintritt im Voraus nicht zu berechnen war, einigermaßen wieder gut gemacht wurde. Bemerken wir es schon an dieser Stelle, daß zwischen der ursprünglichen Forderung Preußens, welche von den (mandatlosen) städtischen Unterhändlern bereits

so gut wie zugestanden waren, und dem schließlich
zu Stande gekommenen wirklichen Vertrag eine Differenz
von rund 8 Millionen Gulden zu Ungunsten Frankfurts
lag, um die sich also der Staat Preußen auf Kosten der
annectirten Stadt bereichert haben würde.

Kurz nach der von uns im vorigen Abschnitt ge=
schilderten Verhandlung über die Contributionsaffaire im
preußischen Abgeordnetenhaus, und nachdem die Regierung
am 25. März 1867 ein neues Gemeindeverfassungsgesetz
für Frankfurt octroyirt hatte, das jedoch gleich den neuen
städtischen Körperschaften erst später in Kraft treten sollte,
erschien in Frankfurt ein Regierungscommissär, Assessor
Hofmann, welcher beauftragt war, mit den vorübergehend
wieder eingesetzten städtischen Behörden, dem Senat und der
ständigen Bürgerrepräsentation (51er Colleg) ein Abkommen
über die Trennung des staatlichen und und des städti=
schen Vermögens zu Stande zu bringen, da Preußen „als
Rechtsnachfolger des Freistaates Frankfurt" das Erstere für
sich in Anspruch nahm, das Letztere dagegen der Gemeinde
zu Zwecken ihres künftigen Haushaltes belassen wollte.
Zum Glück für Frankfurt hatte Regierungsassessor Hofmann
keine förmliche Vollmacht zum Abschluß eines definitiven
Vertrags, sondern nur diejenige zur vorläufigen Para=
phirung eines solchen, so daß auch die städtischen Com=
missarien — von Seiten des Senats Dr. von Oven, Dr.
Berg und Dr. Mumm, von Seiten des ehemaligen 51er
Collegs die Herren Dr. Jucho, Reuhl und Scharff=
Majer — die Stadt nicht in bindender Weise verpflichten
konnten. Wäre das Letztere der Fall gewesen, so hätte sich
in Folge der großen Nachgiebigkeit der genannten sechs
Herren die obige Verlustsumme von 8 Millionen Gulden

unwiederbringlich für die Stadt ergeben. Dies geht aus
dem am 4. Mai 1867 paraphirten, von Herrn Hofmann
einerseits und den genannten städtischen Commissarien andererseits unterzeichneten Vertragsentwurf, („Auseinander-
setzungsrezeß"), sowie aus der Denkschrift hervor, welche
Finanzminister v. d. Heydt im Februar 1869 dem preußischen Abgeordnetenhause vorlegte. Es wurde nämlich in
diesem Entwurf, welcher für Preußen einen wahrhaften Lö-
wenvertrag bildete, der Stadt außer sämmtlichen ihr später
wirklich zugefallenen Lasten noch folgendes Weitere aufgebürdet:

1. Die „Hälfte" — in Wahrheit noch einige Hunderttausende mehr — der Contributionsschuld an die Frankfurter Bank von 5,747,008 Gulden 45 Kreuzer, wobei man
folgendermaßen zu Werke ging. Die preußische Regierung
erklärte, daß die Eigenschaft dieses Schuldpostens als staatliche oder städtische Schuld „streitig" sei und die Stadt
die Hälfte davon übernehmen müsse. Die städtischen Commissarien gingen auf diese fast unglaublich klingende Forderung (ob mit oder ohne viel Kampf, lassen wir, als völlig
gleichgültig, dahingestellt) auch wirklich ein, erbaten sich aber
aus leicht zu errathenden Gründen eine andere Form der
Documentirung dieses Zugeständnisses, worauf die preußische Regierung denn auch sehr bereitwillig einging. „Der
Hälfte der Contributionsschuld, welche der Stadt verbleiben
sollte" — so heißt es wörtlich in der oben citirten Denkschrift des Finanzministers v. d. Heydt — „sind auf
Wunsch der städtischen Deputirten zwei andere Anlehen von etwa gleichem Betrage substituirt worden." Dies
waren: a. die Anleihe vom 20. November 1868 im Rest-
betrage von 1,940,800 Gulden. b. Das im September

1866 nach völliger Erschöpfung der Rechneikasse durch Na=
turallieferungen an die königl. preußische Mainarmee vom
Rechnei= und Rentenamt aufgenommene Nothstandsanlehn
von 1,200,000 Gulden.*)

2. sollte die Stadt die Hälfte der den Senatoren durch
das bekannte Protocoll vom 18. Juli 1866 zugesicherten
„Competenzen", ferner die Hälfte der Pensionen des Kanz=
leiraths, des Rathsschreibers und des Rechtsconsulente der
ständigen Bürgerrepräsentation auf den städtischen Pensions=
etat übernehmen. Auch diese, sogar von den preußischen
Kronsyndicis später als unbegründet anerkannte Forderung
wurde von den städtischen Deputirten gutgeheißen.

3. Die Regierung hätte sämmtliche bisher zu Staats=
verwaltungszwecken benutzten Gebäude und Mobilien, ferner
die Dominikanerkaserne mit Einschluß des Flügels der
ehemaligen englischen Fräuleinschule, die Domini=
kanerkirche, die Gendarmeriekaserne auf dem Klapperfeld

---

*) Wie ungerecht und geradezu widersinnig dieses Abkommen
war, läßt sich am einfachsten durch den folgenden wörtlichen Passus in
dem paraphirten Vertragsentwurf beweisen: „Da die nach Vorstehendem
von der Stadt übernommene Anleihe vom 30. November 1848 in den
emittirten Obligationen ausdrücklich als Staatsanlehen
bezeichnet ist, so wird dieselbe den Gläubigern gegenüber auch ferner
als solche behandelt, und in der gleichen Weise wie die auf den Staat
übergegangenen Anleihen verwaltet werden. Die Stadtgemeinde wird
die zur Verzinsung und allmähligen Tilgung der nothwendigen Beträge
der Staatsregiernng rechtzeitig vor den betreffenden Terminen über=
weisen." — Offenbar also verdankte diese künstliche Schieberei nur dem
Wunsche der städtischen Deputirten ihre Entstehung, daß in dem Rezesse
nicht mit dürren Worten die Uebernahme der Hälfte der Contributions=
schuld auf die Stadt constatirt werde. Indem man aber dafür „zwei
andere Anlehen von ungefähr gleichem Betrage substituirte", wurden
der Stadt noch rund 300,000 Gulden über jene Hälfte
hinaus aufgebürdet; diese wären also noch die Extrakosten jenes
Versteckenspielens gewesen!

nebſt den dazu gehörigen Gebäuden und Plätzen, die La=
zarethgrundſtücke auf der Pfingſtweide ſammt den darauf
befindlichen Haupt= und Nebengebäuden, den ſogenannten
Falkenſpeicher, endlich die Militärwachtgebäude (insbeſondere
die werthvolle Hauptwache auf dem Roßmarkt) als ihr
Eigenthum in Anspruch genommen. Außer dieſen durch
ſpäteren definitiven Vertrag dem Staate auch wirklich über=
laſſenen Objecten wurden im Vertragsentwurf vom Mai
1867 ihm zugeſtanden:

a. das Eigenthum der Frankenſteinerhofkaſerne;

b. die unentgeltliche Benutzung des offenen Reitplatzes in
Sachſenhauſen am ſogenannten Reuterpfad;

c. die Benutzung der Karmeliterkaſerne nebſt Pertinenzien,
der Rahmhofkaſerne und der ſog. Reineck'ſchen Häuſer
„gegen Gewährung des regulativmäßigen halben Ser-
vises".

d. die unentgeltliche Benutzung geeigneter Theile des Römergebäudes für die Verwaltung der Staatskaſſen.

Ferner ſollte die Stadt „gegen Gewährung der re=
gulativmäßigen halben Servisquote" die für verheirathete
Feldwebel und Unteroffiziere nothwendigen Wohnungen für
ihre Rechnung beſchaffen, Behufs Erbauung neuer Kaſernen
und Anlage eines beſonderen Militärfriedhofes zehn preu=
ßiſche Morgen ſtädtiſches Gelände an der Gutleutſtraße,
zwölf desgleichen an der Eſchersheimer Landſtraße, drei
desgleichen in der Nähe des jetzigen Frankfurter Friedhofes
unentgeltlich der Militärverwaltung zum Eigenthum über=
weiſen, für die in Sachſenhauſen unterzubringenden Truppen
„einen Detail=Exerzierplatz von drei Morgen Frankfurtiſch"
in der Sachſenhäuſer Gemarkung unentgeltlich beſchaffen,
endlich die Benutzung von 14 Morgen Gelände der Pfingſt=

weide zu Exerzierzwecken auf zehn Jahre gegen einen jähr=
lichen Pachtzins von 7 Thlr. 4½ Sgr. pro Morgen ge=
statten.*)

4) Sämmtliche Armatur= und sonstigen Ausrüstungs=
Gegenstände des ehemaligen Frankfurter Linien=Bataillons
ebenso wie der Gensdarmerie, sowie die Pferde der letzteren
wurden für Staatseigenthum erklärt. Hier findet sich je=
doch in dem Vertragsentwurf der folgende wunderliche Passus
hinzugesetzt: „Die Staatsregierung behält sich Entschließung
darüber vor, inwieweit die im Bestand befindlichen, f. B.
für das Linienbataillon angekauften und noch unverar=
beiteten Vorräthe in Tuch ganz oder theilweise der Stadt=
gemeinde, den von derselben ausgesprochenen Wünschen ge=
mäß, zur Verwendung für die Dienstleistung städtischer Be=
amten unentgeltlich zu überweisen sind." — Also erst nehmen
und dann überlegen, ob man der Stadt mit diesen Tuch=
vorräthen ein Geschenk machen wolle!

5) Sämmtliche Eisenbahnen nebst Pertinenzien ein=
schließlich der (in dem Vertragsentwurf ausdrücklich als
„städtisch" bezeichneten) Hafen= und Verbindungsbahn
wurden für Staatseigenthum erklärt. „Jedoch findet eine
Erstattung derjenigen Beträge, um welche die auf Verzin=
sung und Tilgung der Eisenbahnschulden seither verwendeten
Summen die bisherigen Reineinnahmen überstiegen haben,
nicht Statt". — Es handelte sich hier um eine Summe
von 658,000 Gulden, welche die Stadt aus dem Ueber=
schusse ihrer gewöhnlichen Einnahmen auf Tilgung von
Eisenbahnschulden verwendet, also dem Eisenbahnfiscus vor=
geschossen hatte. In die gleiche Kategorie eines städtischen

*) Wäre dieser Punkt perfect geworden, so würde der heutige
Zoologische Garten wahrscheinlich nicht entstanden sein.

Guthabens an den Eisenbahnen gehörten die von der Stadt dem Großherzogthum Baden bei Erbauung der Main-Neckar-bahn vorgeschossenen 1,650,000 Gulden, welche im Februar 1867 von diesem Staate zurückgezahlt, aber von Preußen „als Rechtsnachfolger des Freistaates Frankfurt" in Empfang genommen wurden. Beide Summen im Gesammtbetrage von 2,308,000 Gulden eignete der Staat Preußen sich an, ohne daß die städtischen Deputirten dagegen einen Einspruch erhoben.

6. Die Frankfurter Stadtlotterie wurde ohne Weiteres als Staatseigenthum, „resp. als ein für Rechnung des Staates zu betreibendes Unternehmen" erklärt; das darin steckende Betriebscapital von 50,000 Gulden sollte dem Staat „bis zur Aufhebung der Lotterie in ihrer gegenwär-tigen Gestalt" zinslos überlassen werden.

7. Eine Herauszahlung von Geldern von Seiten Preußens an die Stadt ward nirgends in diesem Vertragsentwurf vom 4. Mai 1867 stipulirt.

Vergleicht man die hier von den Delegirten des Senats und der ständigen Bürgerrepräsentation gemachten Zuge-ständnisse mit dem zwei Jahre später (im Februar 1869) zu Stande gekommenen wirklichen Abkommen, so kann nicht der geringste Zweifel darüber bestehen, daß die Stadt, hätte jener Vertragsentwurf vom 4. Mai 1867 Gültigkeit erlangt, um die bezeichnete Summe von rund 8 Millionen Gulden benachtheiligt worden wäre. Und zwar wäre dieses verhäng-nißvolle Resultat, welches auf die Zukunft Frankfurts einen geradezu ruinirenden Einfluß hätte üben müssen, herbeige-führt worden von völlig mandatlosen, nur durch den Willen der preußischen Regierung provisorisch wieder eingesetzten städtischen Behörden, hinter verschlossenen Thüren und ohne

28

jebe Controle der Bürgerschaft, um deren Eigenthum und Wohl oder Wehe es sich doch handelte. Man wird sich denn auch leicht ein Bild von der heftigen und wohlgerecht-fertigten Entrüstung machen können, welche sich der Bürger-schaft bemächtigte, als der Inhalt des vorläufig abgeschlosse-nen Vertrages und zugleich die Thatsache bekannt wurde, daß nach Ratifizirung desselben durch die Regierung von den obengenannten sechs Commissarien sowohl im Senat wie in der ständigen Bürgerrepräsentation einbringlich die Annahme dieses, die materielle Zukunft Frankfurts so maßlos schädigenden Vertrags befürwortet wurde. Die Herren Dr. Jucho, Reuhl und Scharff-Majer verlang-ten im 51er Colleg sogar die en-bloc-Annahme des Ver-trags ohne jede Detailberathung, indem sie erklärten, daß von der Regierung anderenfalls noch weit ungünstigere Be-dingungen octroyirt werden würden. (!) Dem gegenüber stellte Dr. Sauerländer folgenden von den Herren Th. Brofft, G. Hoffmann, Carl Funck, C. L. Wüst und Gwinner unterstützten Antrag:

„In Erwägung, daß die ständige Bürgerrepräsentation eine der drei Körperschaften ist, auf welchen die Souveränetät des Staates Frank-furt beruhte, und daß sie bei ihrer Reconstituirung die ihr übertragenen Functionen einer communalen Behörde nur in der Voraussetzung über-nommen hat, daß diese Functionen sich nicht über die im städtischen Interesse transitorisch nothwendigen Maßnahmen erstrecken werde;

in fernerer Erwägung, daß die Frage der Ausscheidung des städtischen Vermögens aus dem Staatsvermögen keine transitorische ge-nannt werden kann, vielmehr in höherem Grade als jede andere eine lebendige Vertretung der communalen Interessen und ein specielles Man-dat der Bürgerschaft erfordert;

in fernerer Erwägung, daß eine solche Vertretung nicht in einem Colleg gefunden werden kann, dessen Mitglieder auf Lebenszeit gewählt sind, dessen Verhandlungen bei geschlossenen Thüren stattfinden und

deſſen Stellung und Wirkungskreis ſich durch die politiſchen Veränderungen vollſtändig verſchoben haben;

in endlicher Erwägung, daß die gemäß der jüngſt publizirten
Stadtverfaſſung zu erwählenden Communalbehörden recht eigentlich berufen ſind, ein entſcheidendes Wort mitzuſprechen, wo es ſich um Feſt-
ſetzung der vermögensrechtlichen Grundlagen der künftigen Commune
handelt — glaubt die ſtändige Bürgerrepräſentation die Genehmigung
des vorgelegten N...zeſſes dem Magiſtrate und der Stadtverordnetenver-
ſammlung vorbehalten zu müſſen, deren Conſtituirung mit thunlichſter
Beſchleunigung angeordnet werden dürfte.”

Dieſer Antrag zeigte offenbar den einzig richtigen
Weg zur Behandlung der Sache, wie denn auch die Ereigniſſe ihm Recht gegeben haben. Die Majorität des 51er
Collegs war indeß viel zu eingeſchüchtert und hatte insbeſondere eine zu große Furcht vor dem Schreckgeſpenſt einer
Octroyirung des Receſſes durch die Regierung, um den Antrag zum Beſchluß zu erheben. Man beſchränkte ſich darauf, dem vorliegenden Vertragsentwurf die Genehmigung
zu verſagen und die Fortſetzung der Verhandlungen mit
der k. preußiſchen Regierung zu beſchließen. Der Letzteren
wurden unter dem 17. Mai 1867 folgende anderweite Vor-
ſchläge gemacht:

1. daß auch noch die 3,140,800 fl., welche (zur theil-
weiſen Deckung der Contributionsſchuld an die Frankfurter
Bank) der Stadt als ſtädtiſche Schuld verbleiben ſollten,
vom Staate übernommen werden möchten;

2. daß eine Summe von 609,000 fl., welche in den
letzten Jahren aus laufenden Einnahmen für Eiſenbahn-
bauten und Tilgung von Eiſenbahnſchulden verwendet worden, der Stadt erſetzt werde;

3. daß die Erträgniſſe der Frankfurter Lotterie noch
auf fünf Jahre der Stadt überlaſſen, und daß

28*

4. außerdem der Stadt für einen entsprechenden Zeit=
raum noch eine jährliche Subvention aus dem Erträgniß
der in Frankfurt zur Erhebung gelangenden Staatssteuern
bewilligt werden möge.

Diese sehr bescheidenen und weit unter der späteren
Abmachung zurückbleibenden Forderungen wurden jedoch
von der Regierung am 3. Juni 1867 abgelehnt. Jetzt
endlich kamen Senat und 51er Colleg auf den oben mitge=
theilten Antrag von Dr. Sauerländer und Genossen zurück,
stellten der Regierung (am 18. Juni) vor, daß die Con=
stituirung der durch das Gemeindeverfassungsgesetz einge=
setzten städtischen Verwaltungsbehörden in naher Frist be=
vorstehe und sprachen den Wunsch aus, daß die Regelung
der Sache bis dahin verschoben werden möge. Die Regie=
rung gab diesem Wunsche — wahrscheinlich aus dem Grunde,
weil bis zu der erst im Januar 1868 wieder beginnenden
Landtagssession eine Octroyirung doch nicht möglich gewesen
wäre und inzwischen die neuen städtischen Behörden in's
Leben getreten sein mußten — ihrerseits nach, und so war
der am 4. Mai 1867 zwischen dem Regierungsassessor Hof=
mann und den Herren v. Oven, Berg, Mumm, Jucho,
Reuhl und Scharff-Majer paraphirte Vertrag glücklich zum
„schätzbaren Material" geworden. Aber noch zwei andere
wichtige Vorkömmnisse machten denselben noch vor der Auf=
nahme neuer Verhandlungen in zwei wesentlichen Punkten
hinfällig. Der König hatte durch Cabinetsordre vom
25. September 1867 (Kraft der ihm durch das Einver=
leibungsgesetz übertragenen Dictatur) bestimmt, daß bei der
Vermögensauseinandersetzung mit Frankfurt in Betreff
der Kriegsleistungen und Kosten nach denselben
Grundsätzen verfahren werden sollte, welche in den

anderen neu erworbenen Ländern zur Anwendung
gekommen, daß somit die zur Deckung von Kriegslasten gemachten Anlehen als Staatsschulden des früheren Staates
Frankfurt anzuerkennen seien. — Ferner war durch Cabinetsorbre vom 17. September 1867 bestimmt, daß ebenso
wie die Lotterie in Hannover auch diejenige in Frankfurt a. M. bis zu einem bei der Vermögensauseinandersetzung mit der Stadt näherfestzusetzenden Termine noch
weiter bestehen solle, wodurch der ursprüngliche ostensibele
Anlaß zu deren Beschlagnahme für den Staat hinwegfiel.

Unter diesen veränderten Verhältnissen wählte die am
25. September 1867 zum ersten Mal zusammengetretene
Stadtverordnetenversammlung in Folge einer Aufforderung
der Regierung, worin gesagt war, daß diese Angelegenheit
nicht bis zur Bildung des neuen Magistrats hinausgeschoben
werden könne, sondern der Senat vorerst noch den Letzteren zu vertreten habe — in ihrer Sitzung vom 14. October 1866 folgende mit der Führung der Verhandlungen in
Berlin zu betrauenden Deputirten: aus der Mitte der
Stadtverordneten die Herren Dr. Passavant, C. M. v.
Rothschild und Dr. Rumpf; aus der Mitte des Senats
die Herren Dr. Mumm und Dr. Berg. In der vorausgegangenen Debatte war ausdrücklich bestimmt worden, daß
die städtischen Deputirten nicht an Instructionen gebunden
sein sollten, da ihre Abmachungen ja doch der Genehmigung
der Stadtverordneten und des inzwischen zu constituirenden
Magistrats bedürften; indessen bestand andererseits unter
allen Rednern vollständige Uebereinstimmung darüber, daß
der Staat nicht berechtigt sei, irgend welches Vermögen der
Stadt Frankfurt, auch wenn es zu sogenannten „Staats-
zwecken" benutzt worden sei, ohne Entschädigung an sich zu

nehmen, und daß dies insbesondere auch hinsichtlich der aus
städtischen Mitteln erbauten Eisenbahnen gelte. Stadtv.
Wolschendorf wies auf das von dem Fürsten Primas
zu Anfang dieses Jahrhunderts gemachte Anerkenntniß hin,
daß es in Frankfurt niemals ein besonderes Staatsver=
mögen gegeben habe, da hier der Umfang des Staats zu=
gleich der Umfang der Gemeinde war, was zu dem folgen=
den feierlich kundgegebenen Entschluß des Fürsten Primas
führte: „Der Souverän wird das Andenken einer ihm
zu Theil gewordenen blühenden Reichsstadt ehren, in dem
er ihrem Gemeinwesen überläßt, was der Fleiß
und die Betriebsamkeit seiner Bürger im Laufe
der Jahrhunderte erwarb." — Dr. Souchay stimmte
dem Vorredner darin völlig bei, daß nicht ein einziges Ge=
bäude, nicht ein einziger Vermögensbestandtheil der Stadt
dem Staate Preußen gratis überlassen werden dürfe, in=
dessen gehe er nicht so weit, wie Herr Wolschendorff, der
sich auf Unterhandlungen überhaupt nicht einlassen und un=
bedingt an dem Eigenthumsrechte der Stadt festhalten wolle.
Dadurch würde das Gemeinwesen unter den veränderten
Verhältnissen voraussichtlich in eine sehr ungünstige Lage
gebracht werden. Von dem Stadtv. Nolte wurde die Be=
merkung gemacht, daß es gewiß nicht zweckmäßig sei, zur
Führung der Unterhandlungen jetzt dieselben Senatoren zu
wählen, welche schon bei dem schlimmen Ausgleichsentwurf
vom 4. Mai 1867 mitgewirkt und darin die bekannten sehr
weit gehenden Zugeständnisse gemacht hätten; was würden
sie sagen können, wenn ihnen von dem Regierungscommissär
entgegengehalten würde: „Alles das, was Ihr jetzt be=
streitet, habt Ihr ja früher schon zugestanden?" Dieser
Einwand wurde indeß von Dr. Sauerländer mit der Be=

merkung zu widerlegen gesucht, die Sachlage sei jetzt eine
ganz andere, das Terrain ein völlig neutrales geworden
und man habe das Recht, den Vertrag auf neuer Grund=
lage zu schließen. Die beiden Senatsmitglieder könnten so=
mit auch durch ihre früheren Zugeständnisse in keine schwie=
rige Lage kommen.

Am 15. October reiste die Deputation von hier nach
Berlin ab und verhandelte dort mehrere Wochen lang mit
den drei Regierungscommissären Geh. Rath Wollny, Re=
gierungsassessor Hofmann und Geh. Rath Wohlers.
Von diesen wurde kurz und rund das Verlangen gestellt,
daß der bereits mit dem Regierungsassessor Hofmann am
4. Mai 1867 abgeschlossene Vertragsentwurf den neuen
Verhandlungen zu Grunde gelegt werden solle, mit anderen
Worten, daß es mit Ausnahme der inzwischen durch die
Cabinetsordre vom 25. Sept. 1867 entschiedenen Frage der
Contributionsschuld und der Lotterie ganz bei jenem Ab=
kommen bleiben solle. Die Deputirten verweigerten dies
mit dem Bemerken, daß das Verlangen der Regierungs=
commissäre gleichbedeutend mit einem erheblichen Deficit des
städtischen Finanzhaushaltes sein würde. Man schritt zur
Prüfung dieser Frage, wobei die Regierungscommissäre her=
ausrechneten, daß das Deficit nicht so bedeutend sei, wie
die städtischen Deputirten es veranschlagten und daß man
überdies das Fehlende leicht durch eine höhere
Communalbesteuerung einbringen könne. Worauf
von Seiten der Deputirten erwiedert wurde, die neuen
Staatssteuern seien ohnehin schon so drückend, der Wohl=
stand Frankfurts durch die politischen Ereignisse so arg ge=
schädigt worden, daß von einer höheren Communalbesteue=
rung gar nicht die Rede sein könne. Wenn die Stadt im

Stande bleiben sollte, den Anforderungen zu genügen, die ein großes und früher blühendes Gemeinwesen mit sich bringe, so müsse verlangt werden, daß der Staat Preußen die Schulden der ehemaligen freien Stadt übernehme, die Lasten des Pensionsetats in größerem Maße trage, die Einnahmen aus der Lotterie mindestens noch 15 Jahre und die Eisenbahnen der Stadt als Eigenthum verbleiben oder daß, wenn der Staat sie übernehmen wolle, volle Entschädigung des Werthes, nach Abzug der auf diesen Theil des städtischen Vermögens fallenden Schulden stattfinde. Die Commissäre und mit ihnen die Staatsregierung stellten die Ansprüche der Stadt auf die Eisenbahnen entschieden in Abrede und hoben dabei hervor, daß schon aus handelspolitischen und militärischen Gründen der Staat auf die Eisenbahnen nicht verzichten könne. Der Grund, daß die Eisenbahnen aus Mitteln der Stadt gebaut worden seien, sei von gar keiner Bedeutung, denn es sei die doppelte Eigenschaft der ehemaligen freien Stadt Frankfurt als Stadt und Staat zu berücksichtigen. Mit der Einverleibung der Stadt und des Staates Frankfurt in die preußische Monarchie seien auch die Eisenbahnen dem Staate ohne Weiteres als Eigenthum zugefallen (!) und die Ansprüche auf Entschädigung, welche die Commune erhebe, entbehrten jeder Begründung. Nach längeren Pourparlers stellten die Regierungscommissäre kategorisch als einziges Zugeständniß, welches die Regierung über den Rezeßentwurf vom Mai 1867 machen werde, hin: 1. die Uebernahme der Anfangs der Stadt aufgebürdeten Hälfte der Contributionsschuld auf den Staat; 2. die Ueberlassung der Lotterie-Einnahme an die Stadt auf die Dauer von noch 5 Jahren. Es blieb also wie gesagt, mit Ausnahme dieser beiden Punkte vollständig

bei dem Hofmann'ſchen Rezeßentwurf; als die Deputirten
ſahen, daß nichts mehr auf dem Wege der gegenwärtigen
Unterhandlungen zu erreichen ſei, reiſten ſie nach Frankfurt
zurück und erſtatteten in der Sitzung der Stadtverordneten
vom 16. November 1867 ihren troſtloſen Bericht. Auf ein
Promemoria, betreffend die Pflicht des preußiſchen Staates,
für alle Gehalte und Penſionen der von der weiland freien
Stadt angeſtellten Civilſtaatsdiener aufzukommen, hatten die
Deputirten noch keine Antwort erhalten. Die Stadtver=
ordnetenverſammlung votirte auf Antrag ihres Präſidenten,
Herrn Brentano, den Deputirten einſtimmig den Dank für
ihre Mühewaltung und beſchloß zunächſt die Drucklegung
des Berichtes und der dazu gehörigen Actenſtücke.

Der Verfaſſer dieſer Schilderung ſchrieb am Tage
nach jener Sitzung der Stadtverordneten=Verſammlung die
folgenden Bemerkungen nieder, welche — ein redendes
Zeichen der damaligen Preßzuſtände! — von der Polizei
confiscirt wurden und nur in wenigen Exemplaren an
die Bürgerſchaft gelangen konnten:

„Weit über ein Jahr hinaus datiren die Annexionen,
welche Preußen dem Kriege von 1866 verdankt, in Kur=
heſſen, Naſſau und Hannover ſind die ſpeciellen Vermögens=
Angelegenheiten dieſer Länder geordnet und die betreffenden
Fürſten mit mehr als „fürſtlichen" Entſchädigungen aus
dem Schiffbruch, welcher ihre Throne hinweggeſpült, her=
vorgegangen. Selbſt Georg Rex, welcher nicht aufgehört
hat, an die Wiedererſtehung des Welfenreichs bis an's Ende
der Tage zu glauben und dieſem Glauben in eclatant
feindlichen Handlungen gegen Preußen Ausdruck gibt, auch
er erfreut ſich einer ſo enormen „Entſchädigung" für ſeinen
Welfenthron, daß ihm, ohne ſeinen fürſtlichen Bedürfniſſen

Beschränkung anthun zu müssen, noch reichlich die Mittel übrig bleiben, um politische Agitationen gegen Preußen zu unterhalten. Georg Rex hat nicht einmal als Entgelt für seine „Entschädigung" auf den Thron verzichten müssen, für welchen diese Entschädigung gilt; man kann deshalb in Wahrheit sagen, daß von der preußischen Regierung nach dieser Richtung hin die Großmuth des Siegers in der denkbar größten Weise in Anwendung gebracht ist.

Anders in Frankfurt, der ehemals „freien" Stadt. Frankfurt hat einen Verlust erlitten, welcher den Verlust eines Thrones reichlich aufwiegt, in dem Untergange seiner freien republikanischen Verfassung, wofür es nicht einmal auch nur annähernd diejenige communale Selbständigkeit eingetauscht hat, welche den Prinzipien und Anforderungen der modernen Staatswirthschaft entspricht. Wir wissen aus dem bekannten Brief des Herrn Finanzministers v. d. Heydt, daß einen Augenblick lang daran gedacht wurde der Stadt Frankfurt eine von der straffen Centralisation in Preußen bedeutend abweichende Stellung in der Monarchie zu geben; die Schuld daran, daß diese Absicht aufgegeben wurde, wird dem Verhalten eines Unterhändlers zur Last gelegt, welcher zu jener Zeit weder formell noch materiell als Vertreter der Bürgerschaft angesehen werden konnte, der vielmehr nach vollzogener Auflösung des Frankfurter Senats nur ein Mandatar der königlich preußischen Mili-tärbehörde war. Die Bürgerschaft selbst war ohne jede Vertretung; — Beweis dafür der Umstand, daß jener Unterhändler seiner Vaterstadt nie einen Rechenschaftsbericht abgelegt hat, selbst dann nicht, als von so competenter Seite, wie ein Minister der Krone es ist, der Vorwurf ge-gen ihn erhoben wurde, daß ihm allein es zuzuschreiben sei,

wenn der Stadt Frankfurt die ihr zugedachte „Begünsti=
gung" bei der schließlichen Entscheidung über das Schicksal
der Stadt nicht zu Theil wurde. Das war nach Vernich=
tung der republikanischen Verfassung Frankfurts der zweite
große Verlust, der die Stadt traf; es lag in der Macht der
Regierung, ihn der schwer betroffenen Stadt zu ersparen,
sie hat es nicht gethan.

Wenden wir uns zu den materiellen Verlusten, welche
die Stadt durch den gewaltsamen Umsturz der früheren
Verhältnisse erlitten hat, so begegnen wir ungeheuren Ein=
bußen, die nur dadurch einigermaßen auszugleichen gewesen
wären, wenn der Bevölkerung die Möglichkeit gegeben
wurde, durch freie Entfaltung ihrer wirthschaftlichen Kräfte
— die Resultate jahrhundertelangen Bürgerfleißes — die
plötzlich geschlagenen Wunden allmälig zu heilen. Aber
diese Kräfte konnten nicht zur Entfaltung kommen, sie blie=
ben gelähmt und wie im Bann gehalten durch die Unsicher=
heit der politischen Lage einerseits und durch die specielle
Unsicherheit andererseits, welche über der Zukunft der Stadt
schwebt. An beiden Hemmnissen trägt Frankfurt keine
Schuld, die Endursachen dieses Zustandes lassen sich viel=
mehr, darüber ist kein Zweifel mehr möglich, nur auf den
Krieg von 1866, also auf die Politik der preußischen Re=
gierung, zurückführen.

Dennoch stellte Frankfurt keine Anforderungen an die
Regierung. Es übernahm die im Verhältniß gegen früher
enorme Steigerung der Staatslasten und erwartete von der
Regierung nur, daß sie der Stadt die von der Bürger=
schaft in friedlichem Betriebsfleiß erworbenen Mittel lasse,
um den Aufwand der Commune auch fernerhin bestreiten
zu können, ohne zu Anleihen oder zu neuen drückenden,

die Zukunft der Stadt gefährdenden Steuern ihre Zuflucht nehmen zu müssen. Die Regierung aber trat mit Anfor= derungen hervor, bei denen auch den Unparteiischsten ein gelindes Entsetzen überlief. Preußische Blätter, die im vorigen Jahre den Haß gegen Frankfurt förmlich geprebigt hatten, die ganze preußische Presse, mit alleiniger Ausnahme der Regierungsorgane, mißbilligten laut das Verfahren der Regierung. Der König selbst, dem die Lage der Dinge schließlich nicht unbekannt bleiben konnte, eröffnete einer Senatsdeputation in Ems, daß „Irrungen" vorgekommen seien und sagte neue Prüfung der Verhältnisse in einem der Stadt günstigen Sinne hinzu. Frankfurt, so lauteten ungefähr die Worte des Königs, sei eine reiche glänzende Stadt von historischer Bedeutung und solle es unter seiner Regierung bleiben.

Damit waren wir in ein neues Stadium dieser auf die ganze Bürgerschaft und selbst in weiteren Kreisen pein= lich wirkenden Angelegenheit getreten. Die Bürgerschaft durfte nach den Worten des Königs erwarten, daß die Vermögenstheilung zwischen Staat und Stadt nun keine großen Schwierigkeiten mehr finden, daß der Stadt ohne scrupulöse Untersuchung der formellen Rechtstitel zurück= gegeben werde, was ihr gehört, und was zur Bestreitung ihrer Bedürfnisse nothwendig ist. Nach dem Präcedens mit den Fürstenentschädigungen hätte sogar erwartet werden dürfen, daß die Regierung noch etwas mehr thue, als was die Forderungen der strengsten Billigkeit erheischten.

Aber zum Erstaunen der Bürgerschaft und zur schmerz= lichsten Ueberraschung aller derer, welche eine endliche Be= seitigung der ungewissen Zustände unseres Gemeinwesens wünschen, sind die Verhandlungen abermals auf einen Punkt

gelangt, in welchem es Pflicht jedes mit den Verhältnissen
von Frankfurt Vertrauten und für dessen Zukunft sich In-
teressirenden ist, laut gegen die Absichten der Regierung zu
protestiren.

Wir haben nicht nöthig, uns hier in ziffernmäßige
oder in juristische Untersuchungen einzulassen, liegt doch in
dieser Beziehung Material genug vor, und zeigt der Bericht
über die von der städtischen Deputation in der anerkennens-
werthesten und correctesten Weise geführten Verhandlungen
ohnehin zur Genüge, daß die Regierung bei ihren Anforderungen mehr von allgemeinen Erwägungen, als von speziellen und positiven Gründen sich leiten läßt. „Handelspolitische uud militärische Gründe" sollen die Einziehung
der Eisenbahnen für den Staat nothwendig machen. Zu-
gegeben, wiewohl, sich darüber streiten ließe — aber machen
„handelspolitische und militärische Gründe" es auch nothwendig, daß der Stadt keine Entschädigung für ihr wohl-
erworbenes Eigenthum gegeben wird? Mußten die Throne
der Fürsten in Nassau, Hannover und Kurhessen nicht aus
politischen Gründen fallen, und sind ihnen nicht dennoch Ent-
schädigungen, die in dem „Eroberungsrechte" durchaus nicht
vorgesehen sind, zu Theil geworden? Und ist ein Georg
Rex, ein Herzog Adolph oder ein Friedrich Wilhelm von
Hessen — sind diese Herren etwa verdientere und werth-
vollere Persönlichkeiten, als eine ganze Bevölkerung von
80,000 Seelen, deren Wohl und Wehe von der billigen
Regelung jener Fragen abhängig ist?

Es können in Zeiten außerordentlicher Bedrängniß auch
außerordentliche Anforderungen an die Staatsangehörigen
gestellt werden, aber abgesehen davon, daß dies in jedem
geordneten Staate nur auf dem rechtmäßigen Wege der

Besteuerung geschieht, sagt uns die Thronrede vom letzten Freitag in der die Erhöhung der Krondotation betreffenden Stelle, daß die Finanzlage des Staates eine günstige ist, daß ferner die Regierung nicht einer kriegerischen, sondern einer friedlichen Epoche entgegensieht, daß sie somit, bei gefülltem Staatsschatze, durchaus nicht in der Nothwendigkeit sich befindet, die Finanzpolitik über die Politik der Billigkeit und der Schonung zu setzen.

Von welchen Erwägungsgründen die Regierung bei ihrem Verhalten in dieser Angelegenheit zum Theil sich leiten läßt, wird einigermaßen durch die Stelle in dem Rescripte klar, in welcher von dem Fehlen eines „Proletariats" in Frankfurt die Rede ist. Bei diesem Punkt müssen wir einen Augenblick verweilen.

Wenn Frankfurt früher in der glücklichen Lage war, kein „Proletariat" oder, um einen zutreffenderen Ausdruck zu gebrauchen, keine dem Elend preisgegebene Bevölkerung zu besitzen, so hatte dies seinen Grund in Verhältnissen, die heute zum guten Theil nicht mehr bestehen. Bei der großen Blüthe, deren sich Handel und jede Art wirthschaftlicher Thätigkeit in der freien Reichsstadt erfreuten, wozu noch die Anwesenheit einer großen Zahl reicher Fremder, wie die Gesandten des Bundestags mit ihrem gesammten Personal hinzukamen, hatte hier die menschliche Arbeit einen hohen Werthesgrad erlangt; wer nur irgend Kraft und guten Willen besaß und mit der sittlichen Ordnung nicht im Kampfe lag, brauchte um seinen Lebensunterhalt nicht besorgt zu sein. Für arbeitsunfähige unbescholtene Arme sorgten die milden Stiftungen, hauptsächlich aus Legaten und freiwilligen Beiträgen der Bürgerschaft erhalten, in der ausgedehntesten Weise, und so kam es, daß der schlimmste Auswuchs des großstädtischen Lebens — gemeinschädliches und gemeingefährliches Gesindel — hier zu den unbekannten Dingen gehörte.

Es würde aber eine arge Täuschung sein, wollte man annehmen, daß unter den veränderten Verhältnissen, die mehr oder weniger den Wohlstand jedes einzelnen Bewohners von Frankfurt herabgedrückt haben, in jener einen Beziehung die Stadt immer das alte Bild darbieten müsse. Mit der gesunkenen Blüthe des Handels, mit dem Wegfall sehr beträchtlicher Summen, die früher in Frankfurt, wenn wir diesen Ausdruck gebrauchen dürfen, verzehrt wurden, fällt auch naturgemäß in ganz gleichem, wenn nicht noch in höherem Maße, die Gelegenheit für den Besitzlosen hinweg, seinen Lebensunterhalt durch Arbeit zu verdienen. Ein absoluter Nothstand ist bereits unter den Bauarbeitern eingetreten, und wenn wir die Ursachen der neuerdings sich immer steigernden Vergehen gegen das Eigenthum erforschen wollen, so würde eine Statistik der früher und jetzt von hiesigen Arbeitgebern aller Art gezahlten Löhne den besten Maßstab geben.

Alle Bestrebungen der Bevölkerung müssen deshalb darauf gerichtet sein, den Arbeitsmarkt möglichst zu heben — wenn er auch kaum wieder auf die alte Höhe gebracht werden kann — Fremde heranzuziehen und für diesen Zweck nützliche Ausgaben, die ja nur ein Anlagekapital sind, nicht zu sparen. Soll in dieser Beziehung das Richtige geschehen, so wird während einer Reihe von Jahren der Aufwand der Commune ein erheblich größerer als früher sein, denn es ist klar, daß bedeutende Unternehmungen, welche der Stadt

als solcher zu Gute kommen und nicht blos eine gewinn=
bringende Anlage im engeren Sinne sind, nur von der
Commune ausgehen können.

Von Seiten der Regierung darf diesem Bestreben zum
Allermindesten nicht in den Weg getreten werden, was in=
direct dadurch geschehen würde, daß der Stadt nur die noth=
dürftigen und nicht die reichlichen Mittel gelassen werden,
um den Bedürfnissen des Gemeinwesens zu genügen; es ist
rationell ebensowenig zu rechtfertigen, als mit den thatsäch=
lichen Verhältnissen vereinbar, wenn das vermeintliche Feh=
len eines Proletariats in Frankfurt bei der Ausmessung
der der Stadt aufzulegenden Lasten in Betracht kommen
sollte. In zahlreichen amtlichen Kundgebungen, hauptsäch=
lich in den Proclamationen des Königs selbst, ist den neuen
Landestheilen die feierliche Zusicherung gemacht worden,
daß ihre Verhältnisse unter dem neuen Scepter gegen die
früheren Zustände sich nicht verschlimmern sollten; dies
also, eine unparteiische Vergleichung zwischen früher und
jetzt, giebt den einzig richtigen Maßstab für die finanzielle
Auseinandersetzung zwischen Staat und Stadt, wie es in
ganz ähnlicher Weise zwischen Provinz und Staat in Kur=
hessen geschehen ist.

Aber es scheint, und persönliche Aeußerungen hoher
Staatsbeamter, wie sie zum Oefteren constatirt sind, machen
diese Vermuthung fast zur Gewißheit, daß in diesen rein
materiellen Dingen der Maßstab der politischen Würr=
bigkeit keine ganz untergeordnete Rolle spielt. Es wird
den Frankfurtern ihr wenig sympathisches Verhalten zu der
neuen Ordnung der Dinge zum Vorwurf gemacht, man be=
trachtet es in den maßgebenden Kreisen als natürlich, daß,
so lange ein Entgegenkommen der Bewohner Frankfurts

nicht zu bemerken ist, dieselben wohl Anspruch auf „Gerech=
tigkeit" im strengsten Sinne, keineswegs aber auf besondere
Begünstigung machen können.

Hier stoßen wir wieder auf jenen dunklen Punkt,
welcher in den Ereignissen seit dem 16. Juli 1866 eine so
hervorragende Rolle spielt. Jeder unparteiisch Urtheilende
wird, selbst wenn er noch so sehr ein Anhänger der neuen
Ordnung der Dinge in Deutschland ist, zugeben, daß ge=
rade in jener Beziehung von der Regierung Fehler began=
gen sind, auf deren Wiedergutmachung ihr Augenmerk hätte
gerichtet sein müssen. Von den Frankfurtern zu verlangen,
daß sie heute schon mit einer gewissen Freudigkeit sich preu=
ßische Staatsbürger nennen und dies durch ihr Verhalten
in activer Weise kundgeben, hieße eine psychologische Un=
möglichkeit fordern. Eine richtige Politik erfordert es, daß
dieser wunde Punkt in jeder Weise geschont werde, und die
Regierung, welche in der Fülle ihrer Macht dasteht, ist
ganz gewiß eher als die Stadt in der Lage, einen Schritt
zur Annäherung und zur Ausgleichung der vorhandenen
Gegensätze zu thun. Nur der fortgesetzte, bei jeder passen=
den Gelegenheit kundgegebene Wille der Regierung, der Stadt
Frankfurt die von ihr erlittenen großen und schmerzlichen
Verluste möglichst zu ersetzen und vergessen zu machen, kann
diejenige innere Verschmelzung mit der Monarchie herbei=
führen, auf welche nach einer noch jüngst in einem amt=
lichen Blatte gegebenen Darlegung jetzt das vorzügliche
Augenmerk der Regierung gerichtet ist. Wird ja selbst dann
noch naturgemäß eine lange Zeit vergehen müssen, ehe das
Bewußtsein der Zusammengehörigkeit mit dem preußischen
Staate bei der Frankfurter Bevölkerung die Anhänglichkeit

29

an die früheren Verhältnisse, welche weder mit der hessischen, noch der nassauischen oder der hannoverschen ehemaligen Selbständigkeit zu vergleichen sind, überwiegt. Einige Millionen Gulden mehr oder weniger in der preußischen Staatskasse bringen dem Staate sicherlich nur einen sehr geringen Vortheil, der zum offenbaren Nachtheil wird, wenn er mit dem Rückschritte des Wohlstandes einer der bedeutendsten Stätte der Monarchie · erkauft werden müßte. Wir bekennen, daß eine solche Politik uns geradezu unfaßbar wäre, um so unerklärlicher, als, wie bereits in unserem ersten Artikel gesagt, ein ganz entgegengesetztes Verfahren gegen die fürstlichen Persönlichkeiten von Hannover, Nassau und Kurhessen zur Anwendung gebracht worden ist. Die Angelegenheit liegt jetzt von Neuem unserer Stadtverordnetenversammlung zur Berathung vor. Es ist ganz unzweifelhaft, daß diese Versammlung ihre Zustimmung zu den Regierungspropositionen nicht geben wird, und die Regierung wird dann zu dem Mittel greifen müssen, die ganze Sache auf dem Gesetzeswege mit Hülfe des Landtages zu regeln. Wir denken, daß bis dahin noch viel geschehen kann, wenn die Stadt, fest in ihrem Rechte, diesem Rechte in der größtmöglichsten Weise Ausdruck giebt."

*　　*　　*

In der Behandlung dieser arg verfahrenen Angelegenheit durch die städtischen Behörden trat nun allerdings eine Wendung zum Bessern ein. Der Versuch der preußischen Regierung, die „Auseinandersetzung" noch mit dem zu vorübergehendem Scheinleben galvanisirten Senat und dem alten Einundfünfziger Colleg zu Stande zu bringen, so daß die neuen städtischen Behörden bei Uebernahme der Verwaltung einer vollendeten Thatsache gegenübergestanden haben

würden, war definitiv mißlungen; es war auch im Herbst
1867 nicht möglich, die kaum zusammengetretene Stadtverordnetenversammlung zu übermäßiger Eile in der Behandlung der Angelegenheit zu drängen, da ja noch nicht einmal der neue Magistrat constituirt war und die Senatoren
als solche weder formell noch materiell berechtigt sein konnten, einen Vertrag von so großer Tragweite wie diesen,
Namens der Stadt abzuschließen. Die Regierung ihrerseits
aber legte aus guten Gründen Werth darauf, daß ihr bei
der projectirten „Vermögenstheilung" ein etwas soliderer
Rechtstitel für den Besitz der verschiedenen Vermögensob-
jecte zu Theil werde, als derjenige der „Eroberung" und
der „politischen Nothwendigkeit" gewesen wäre, aus welchem
allein ihre Souveränetätsrechte über die ehemals freie Stadt
flossen.

So kam es, daß nach dem Scheitern der bis dahin
stattgefundenen Verhandlungen die neuen städtischen Be-·
hörden Zeit gewannen, die Angelegenheit gründlicher als
bisher zu berathen und zu behandeln, wobei die wieder zu
einiger Kraft und Entschiedenheit gelangte Meinung der
Bürgerschaft nicht minder wie die Kundgebungen der öffentlichen Meinung in Deutschland überhaupt einen sehr nützlichen Einfluß ausübten. Es trat hinzu, daß der König,
welcher inzwischen ausreichende Kenntniß von den Juli-Er-
eignissen 1866 in Frankfurt erlangt hatte und bei verschiedenen Gelegenheiten über die Lage der schwergeprüften
Stadt unterrichtet worden war, sich entschieden abgeneigt
zeigte, daß auch in dieser rein materiellen Frage der eroberten Stadt Gewalt angethan werde; vielmehr war es
sein ausgesprochener Wunsch, daß die Auseinandersetzung,
wenn irgend möglich, auf dem Wege gütlicher Uebereinkunft

zu Stande komme. Dieser Wunsch war denn auch für die Minister maßgebend, und man beschloß, weitere Vorschläge von Seiten der städtischen Behörden abzuwarten.

Ueber die Berathungen, welche im Schooße der städtischen Behörden bis zum 27. Februar 1868 — dem Tage der Constituirung des neuen Magistrats — gepflogen wurden, können wir hinweggehen, da sie lediglich vorbereitender Natur waren. Der erste wichtige Schritt, welchen der neugebildete Magistrat im Einverständnisse mit den Stadtverordneten in dieser Angelegenheit that, war die Einholung eines Rechtsgutachtens über die streitige Frage von dem als gründlicher Kenner des öffentlichen wie des Privatrechts weithin bekannten Heidelberger Professor Dr. Zöpfl. Dieses Gutachten, welches im Mai 1868 erstattet wurde, wirft ein sehr helles Licht auf die hier in Betracht kommenden Streitfragen und wir müssen uns gestatten, die wichtigsten Punkte desselben hervorzuheben.

Zunächst führte Dr. Zöpfl den historischen und documentarischen Beweis, daß von einem „Staate" Frankfurt in der von der preußischen Regierung angewandten Bedeutung des Wortes niemals die Rede sein konnte, daß vielmehr in den Zeiten des alten deutschen Reiches nur eine unmittelbar unter den Kaisern stehende „Reichsstadt" Frankfurt nnd seit 1814 nur eine „freie Stadt" existirt habe, welche auf ihrem Territorium zwar die anderwärts den Fürsten eigenen Hoheitsrechte ausübte, dadurch aber nicht im Geringsten ihre Eigenschaft als Stadtgemeinde, in welcher die Gesammtheit der Bürgerschaft gleichzeitig Trägerin der Souveränetät und Eigenthümerin des öffentlichen Besitzes war, verlor. „Es besteht", sagt „Zöpfl, „in den städtischen Republiken kein Gegensatz zu einem anderen

Subjecte, welches der Stadt gegenüber als Staat vorhanden wäre; es ist kein Staat vorhanden, welchem die Stadt
gehört, oder welcher die Souveränetätsrechte über sie hat,
nnd eben barum, weil dies nicht der Fall, ist und hei ßt die
Stadt nach heutigem Sprachgebrauche eine freie Stadt im
Sinne eines souveränen, das heißt staatliche Befugnisse be-
sitzenden Gemeinwesens" . . . . . „Es hat daher auch mit
vollem Recht der Senat am 31. December 1849 daran
festgehalten, daß die Bezeichnung der freien Stadt Frankfurt nicht in einen „Freistaat Frankfurt" umgewandelt
werde, wodurch die Vorstellung hätte erregt werden können,
als wenn außer der Stadt Frankfurt noch ein anderes, von
ihr verschiedenes Subject der Souveränetät, dem sie selbst
unterworfen wäre, und beziehungsweise auch ein anderes
Subject ihres gesammten erworbenen Domanial-Eigen-
thums vorhanden wäre oder nunmehr anerkannt werden
solle." . . . . . „Bei unbefangener Würdigung der obwaltenden thatsächlichen Verhältnisse wird man daher ohne
alle Einschränkung anerkennen müssen, daß bis zu dem Ein-
tritte der neuesten Veränderungen in der freien Stadt Frankfurt kein von dem städtischen Vermögen getrenntes oder auch
nur trennbares Staatsvermögen bestand, sondern alles vorhandene Vermögen Eigenthum der Stadtgemeinde
Frankfurt war, welche als Trägerin der ehemaligen Souveränetät den Aufwand ebensowohl für die staatlichen wie
für die communalen Zwecke aus ihren Mitteln, aus den
von den Bürgern erhobenen Steuern und sonstigen ihr zu-
geflossenen Einnahmen und erzielten Erwerbungen bestritten hat."

In Bezug auf die von der preußischen Regierung be-

anspruchte „Rechtsnachfolge" in das angebliche Staatsvermögen Frankfurts sagt Dr. Zöpfl: „Daß im Staats-
leben eine Rechtsnachfolge in das Herrscherrecht oder die
Souveränetät ohne allen Rechtsgrund stattfinden kann,
ja sehr häufig stattgefunden hat, lehrt die Geschichte und
insbesondere die deutsche Geschichte, in welcher Beziehung
es genügen wird, auf die zahlreichen Säcularisirungen geist-
licher Territorien, die Mediatisirung der Reichsstädte und
so vieler deutscher Fürsten- und Grafenhäuser hinzuweisen,
welche in dem Reichsdeputationshauptschluß vom 25. Februar 1803 und in der Rheinbundsacte vom 12. Juli 1806,
zum Theil sogar noch in der Wiener Congreßacte vom
9. Juli 1815 stattgefunden haben und wovon die preußischen Annexionen im Jahr 1866 nur das Nachspiel sind.
In allen diesen Fällen hat man sich auch nur auf die „politische Nothwendigkeit" berufen, und hat eine Rechtsnachfolge der neuen Souveräne nur in dem Sinne eines
Eintrittes in das Regierungsrecht des säcularisirten oder
mediatisirten Souveräns stattgefunden." . . . . . „Da nun
die freie Stadt Frankfurt nicht mit ihrem freien Willen,
sondern nur in Folge behaupteter „politischer Nothwendigkeit" unterworfen und dem preußischen Staate einverleibt
worden ist, so muß sie auch für berechtigt erkannt werden,
von der Krone Preußen zu erwarten, daß dieselbe mit ihren
Ansprüchen nicht weiter gehe, als dies in Folge der ange-
gebenen politischen Nothwendigkeit unumgänglich erforderlich
ist. Namentlich also muß die Stadt Frankfurt für berechtigt erachtet werden, daß die Krone Preußen sie ihres
wohlerworbenen Eigenthums nicht entkleide, und
wenn die königlich preußische Regierung gewisse einzelne
Objecte, wie Eisenbahnen, Kasernen, Gerichtsgebäude u. s. w.

erwerben wolle, dies nur auf dem Wege der Vereinbarung gegen angemessene Entschädigung der Stadt geschehe."

Das Gutachten weist alsdann nach, daß bei allen früheren Mediatisirungen ganz nach diesen Grundsätzen verfahren sei und die königlich preußische Regierung in finanzieller Beziehung von Frankfurt nichts weiter zu beanspruchen habe, als das Besteuerungsrecht, wogegen sie auch selbstverständlich die öffentlichen Schulden zu übernehmen habe. Denn der preußische Staat werde aus Frankfurt, wie schon jetzt feststehe, eine weitaus größere Summe an Steuern und Zollrevenüen beziehen, als zur Deckung der staatlichen Verwaltungskosten für Frankfurt selbst und für Verzinsung und Amortisirung der öffentlichen Schuld der ehemals freien Stadt nothwendig sei; er mache also schon hierdurch einen bedeutenden Gewinn und dürfe nicht das Ziel verfolgen, aus dem unverschuldeten Schicksal der Stadt ganz unmotivirte Vortheile zu ziehen, das heißt die Stadt erst ihrer Unabhängigkeit berauben und dann durch Einziehung ihrer Vermögensbestandtheile ohne Entschädigung noch obendrein eine Art Einkaufsgeld für ihre Zugehörigkeit zum preußischen Staate fordern.

In Bezug auf die von der preußischen Regierung bestrittene Pflicht, die Pensionen der Frankfurter Senatoren und sonstigen Staatsdiener zu übernehmen, und zur Bekämpfung einer Verordnung, wonach die Ansprüche der Letzteren nicht nach der Frankfurter Dienstpragmatik, sondern nach einem älteren preußischen Gesetze geregelt werden sollten, weist das Gutachten auf den folgenden Passus des königlichen Besitzergreifungspatentes vom 3. October 1866 hin:

„Wir werden Jedermann in dem Besitze und Genusse
seiner wohlerworbenen Privatrechte schützen und die
Beamten, welche für uns in Amt und Pflicht zu nehmen
sind, bei vorausgesetzter treuer Verwaltung im Genusse
ihrer Diensteinkünfte belassen."

„Es walten aber auch", fährt das Gutachten fort,
„noch besondere Umstände ob, aus welchen die Rechtsgültig=
keit der mehrerwähnten Verordnung bestritten werden muß.
Indem sich nämlich die Krone Preußen bei der Mediati=
sirung und Incorporirung der Stadt Frankfurt auf „die
politische Nothwendigkeit" stützte, hat dieselbe aner=
kannt, daß von keinem sog. Rechte der Eroberung die
Rede sein kann, daß also auch die Willkür in der Be=
handlung der bisherigen Gesetzgebung eines eroberten Lan=
des, zu welcher sich etwa ein Eroberer für befugt erklären
möchte, nicht Platz greifen darf. Indem sich die Krone
Preußen in ihrem Vorgehen gegen die freie Stadt Frank=
furt auf die „politische Nothwendigkeit" berief, hat
sie damit anerkannt, daß sie in dieser ein Surrogat eines
sonstigen legitimen Erwerbstitels der Souveränetät, wie
er z. B. in einem Erbfolgerechte begründet sein kann, findet
und diese gleiche Anerkennung muß sogar sie selbst auch von
Seite der Bürgerschaft der annectirten Stadt wünschen und
verlangen."

Magistrat und Stadtverordnete richteten unter Bei=
legung dieses Rechtsgutachtens am 29. Juni 1868 eine aus=
führliche Vorstellung an die Minister des Innern und der
Finanzen in Berlin, in welcher die Ansprüche der Stadt
nunmehr wie folgt präzisirt wurden:

1. daß der Staat Preußen als Gegensatz zu den bereits auf ihn
übergegangenen Einnahmen aus Steuern und Zöllen bis zu allgemeinen

Zwecken des Gemeinwesens contrahirten Schulden der Stadt Frankfurt im ungefähren Betrage von 6 Millionen Gulden übernehme;

2. für die verlangte Abtretung von Immobilien und Eisenbahnen eine angemessene Entschädigung gewähre — welche Entschädigung, soviel die Eisenbahnen betrifft, nicht unter drei Millionen Gulden zu bestimmen sein würde;

3. daß der Staat auch die in den Frankfurter Dienstpragmatiken und Rechtsgewohnheiten gewährleisteten Rechte der Senatsmitglieder, der Staatsdiener I. und II. Classe anerkenne und die Gehalte und Pensionen diesen Rechtsnormen entsprechend an die Berechtigten entrichte.

Indem wir die juristischen Darlegungen dieses Actenstückes, welche nur eine, allerdings vorzüglich ausgearbeitete Ergänzung des Zöpfl'schen Gutachtens waren, gleich den in der Eingabe enthaltenen Specialberechnungen übergehen, begnügen wir uns mit der Wiedergabe des nachstehenden allgemeinen Theiles der Vorstellung:

„Frankfurt ist von dem Augenblicke an, wo es seine Selbständigkeit, erstmals durch die Occupation vom 16. Juli 1866 und dann durch das Gesetz vom 20. September verlor, in seinem Wohlstande, seiner Bevölkerungszahl, seiner Erwerbs- und Leistungsfähigkeit zurückgegangen. Man würde irren, wenn man dieses den Eindrücken und Nachwehen des Krieges oder der Besorgniß vor einer Unsicherheit der öffentlichen Zustände des Welttheils allein zuschreiben wollte. Eine andere innere rationelle, so volkswirthschaftliche als dem öffentlichen Rechte angehörende Ursache ist vorhanden. Diese besteht darin, daß Frankfurt seine Selbständigkeit verloren hat und in politischer Hinsicht zu einer Territorialstadt herabgemindert worden ist. Die Geschichte lehrt, zu welcher Blüthe diejenigen deutschen Reichsstädte, welche Handel und Gewerbe trieben, ge-

biehen sind. Unverkennbar ist dabei die Wirkung
der gesteigerten Selbstthätigkeit der Bürger in der
Leitung ihres eigenen Regimentes, in der unmittelbaren Verwaltung ihres Gemeinwesens ohne regi-
minalen frembartigen Einfluß, in der Befähigung
zu allen Anordnungen des richtigen Augenblickes,
welche sie für die städtischen Zwecke als wohlthätig
erkennen. Mochte zuweilen andererseits durch
langsames Erwägen und durch Ankämpfen gegen
Zweifel und Bedenken manche Zeit darüber hingehen, bis neue Schöpfungen entstanden, — immerhin vermochte für Frankfurts Bürgerschaft Niemand
besser zu sorgen, als sie selbst es gethan hat. Der
Rückgang Frankfurts gegen seinen früheren glücklichen Zustand zeigt sich in einer Reihe betrüben-
der Erscheinungen: Abnahme der Bevölkerung,
zumal der wohlhabenden, zunehmende Auswanderung, besonders von reichen Leuten, geminderte
Eingänge aus der communalen, schwere und in
diesen Gegenden ganz ungewohnte Last der staatlichen Besteuerung. Und da kann das Argument
nicht gelten, daß andere preußische Städte nicht
besser daran seien. Sie gehören von Alters her
zum preußischen Staate, haben unter seiner Herrschaft sich noch gehoben und ausgebildet — sie
haben niemals eine Einbuße an politischem und
finanziellem Leben erlitten wie Frankfurt. Ihnen
gebührt nicht der Anspruch auf Ausgleichungen wie
Frankfurt. Wessen Frankfurt bedarf, was die
königliche Staatsregierung, gewiß nicht zum Schaden des Gesammtstaates, dieser Stadt gewähren

und sichern kann und soll, das ist, daß es die
Mittel zur Führung eines solchen anständigen und
auskömmlichen Gemeindelebens behält, wie Frank=
vor dem 16. Juli 1866 es hatte."

Von bleibendem Interesse sind auch die folgenden Aus=
führungen in dieser Eingabe, wodurch nachgewiesen wird,
daß der Stadtgemeinde als solcher — nicht einem sog.
„Staate" — das Eigenthum an dem sämmtlichen hier in
Betracht kommenden Vermögen zustand und Preußen somit
kein Recht hatte, sich dasselbe ganz oder theilweise anzu=
eignen:

„Hat der größte der deutschen Rechtsgelehrten aller Zeiten,
Friedrich Carl von Savigny, in seinem Systeme des heutigen
Römischen Rechts (Bd. II. S. 282) die tiefe Anschauung zur
Erkenntniß gebracht, daß ein natürliches und nothwendiges
Dasein als juristische Personen den Gemeinden, Städten oder
Dörfern zuzuschreiben sei, welche meist älter seien
als der Staat selbst, so bewährt sich diese privatrechtliche
Selbständigkeit der Städte, als solcher, auch dann, wenn sie
dazu gelangen, staatliche Befugnisse auszuüben.

Die Stadt, das Municipium, ist dann der Träger dieser
Befugnisse des öffentlichen Rechts. Daneben, weil die Stadt
auch eine juristische Person im Sinne des Civilrechts bleibt,
und das Eigenthum nach seinem innersten Wesen eine civil=
rechtliche Institution ist, als dessen Träger hinwiederum die
Stadt erscheint, ist die Letztere auch die Eigenthümerin ihrer
Besitzthümer in deren ganzem Umfange.

Wird nun einer solchen Stadt die Ausübung ihrer staat=
lichen Befugnisse entzogen, sei es durch ihren eigenen Willen
sei es durch Gebot einer höheren Macht, so ist die eine Seite
ihres Daseins aufgehoben, — die politische. Aber es bleibt
die andere — die civilrechtliche.

In Deutschland waren es die Reichsstädte, welche jene
beiden Eigenschaften in sich vereinigten, Ausübung landes=
hoheitlicher Rechte, aber nur als Municipium. Daß ihr ge=

sammtes Eigenthum das ihrige war und keines daneben in
in der Luft schwebenden Staatsbegriffes Eigenthum, war
allezeit anerkannt.

So entstand Frankfurt aus uralter Zeit als königlicher
Flecken, mit königlichem Palaste, wurde Stadt, stand unmittelbar unter Kaiser und Reich, brachte die meisten Güter, Ge-
fälle und Rechte der Kaiser und Könige innerhalb ihrer
Ringmauern und Gemarkung an sich, erhielt von dem Kaiser
immer mehr Rechte und Freiheiten, und in dem Osnabrücker
Frieden ward ihre, wie aller anderen freien Reichstädte,
Reichsstandschaft anerkannt. (Moritz, Verfassung der Reichsstadt Frankfurt, Bd. I, Seite 186 bis 194). Doch alle diese
Rechte und alles Eigenthum standen keinem nebenan gedachten Staate, sondern dem lebendigen Gemeinwesen der Bürgerschaft zu."

Die Eingabe führt dann noch weiter aus, daß ganz
nach diesen Grundsätzen 1806 von dem Fürsten-Primas verfahren, d. h. der Stadt ihr gesammtes Vermögen belassen
wurde und auch 1813 und 1815 bei Wiederherstellung der
freien Stadt nach dem Willen der Mächte ausdrücklich die
ehemalige „Munizipalverfassung" Frankfurts wieder
in Kraft trat.

In ähnlicher Weise wie hier an die Ministerien des
Innern und der Finanzen wandten sich Magistrat und
Stadtverordnete mittelst Eingabe vom 14. Juli 1868 unter
Ueberreichung des Zöpfl'schen Gutachtens an den König,
um denselben zu bitten, „der Stadt Frankfurt in dieser
Frage schützend und helfend zur Seite zu stehen."

Der König und seine Räthe forderten über das
Zöpfl'sche Gutachten dasjenige der preußischen Kronsyndici ein, welche nach Verlauf eines halben Jahres ihre
„rechtliche Ueberzeugung" dahin aussprachen:

„1. daß, nachdem die ehemals freie Stadt Frankfurt im
Kriege erobert und demnächst durch das Gesetz vom

20. Sept. 1866 mit der preußischen Monarchie vereinigt
worden, die allgemeinen Rechtsnormen für die Trennung des
Vermögens der jetzigen Stadt Frankfurt von dem Staatsvermögen in der Bestimmung des Patents vom 3. Oct. 1866
zu finden seien, wonach des Königs Majestät die Landeshoheit und Oberherrrlichkeit mit sämmtlichen Zubehören und
Ansprüchen in Besitz genommen haben;
  2. daß sich demgemäß das Gutachten der Kronsindici nur
darüber verbreiten könne, welche Objecte des Vermögens der
früheren freien Stadt Frankfurt zu den Zubehören und
Ansprüchen der Landeshoheit und Oberherrrlichkeit zu zählen
seien."

Auf diesem Wege gelangten natürlich die Kronsindici
abgesehen von mehreren nebensächlichen Punkten, wie die
Pensionen der Senatoren ꝛc., zu dem nämlichen Resultate,
welches die Regierung schon vorher festgehalten hatte, und
die Letztere legte am 1. Februar 1869 dem Landtage einen
Gesetzentwurf vor, wodurch die Vermögensauseinandersetzung
nach Maßgabe des Gutachtens der Kronsyndici auf legis-
lativem Wege octroyirt werden sollte. Während indeß der
Finanzminister v. b. Heydt in seiner bezüglichen Rede sagte,
daß diese Vorlage nur erfolgt sei, nachdem alle Versuche
mit der Stadt Frankfurt auf dem Wege des Vertrags eine
Einigung zu erzielen, sich als hoffnungslos erwiesen hätten,
gab er gleichwohl von einem königlichen Bescheide an Magistrat und Stadtverordnete in Frankfurt Kenntniß, wonach die Regierung angewiesen sei, „auch noch während der
Vorberathung des Gesetzentwurfes im Landtage auf Verhandlungen einzugehen, falls die Stadt dazu bereit sei."

Es lag auf der Hand, daß die städtischen Behörden,
unter der Pression der beschlossenen Octroyirung stehend,
sich zu neuen Verhandlungen bereit finden ließen. Nach Berlin
wurden als Delegirte Bürgermeister Dr. Mumm, Stadtrath

Dr. Passavant und die Stadtverordneten Dr. Rumpf und
Dr. Hamburger entsandt, welche nach langen und mühseligen
Verhandlungen das Zugeständniß erzielten, daß die Regie=
rung noch eine baare Herauszahlung von 2 Millionen Gul=
den als Entschädigung für die der Stadt Frankfurt ent=
zogenen Objecte leiste. Die Stadtverordneten nahmen je=
doch in ihrer Sitzung vom 15. Februar 1869 nach 5½
stündigen stürmischen Debatten einen Antrag des Herrn
v. Heyder an, daß jene Herauszahlung auf 3 Millionen
Gulden zu erhöhen und nur unter dieser Voraussetzung auf
einen Vertragsabschluß einzugehen sei. In Berlin beseitigte
König Wilhelm, welcher die Angelegenheit mehr als eine
politische, denn als eine finanzielle betrachtete, die ent=
standene Schwierigkeit dadurch, daß er die Differenz von
1 Million Gulden aus der königlichen Kabinetskasse zahlen
zu lassen beschloß, und Finanzminister v. d. Heydt kündigte
dies im Landtage mit den für Frankfurt beleidigenden Wor=
ten an, daß der König der Stadt ein „Gnadengeschenk"
von 1 Million Gulden gemacht habe, „wodurch voraussicht=
lich die Herzen mehr als durch alles Andere gewonnen
werden würden."

In einer würdig und bestimmt gehaltenen Resolution
vom 17. März protestirten die Stadtverordneten gegen diese
gänzliche Verkehrung der Sachlage und erklärten, daß die
Stadt Frankfurt „in den erfolgten Zusagen der Zahlung
von 2 resp. 1 Million Gulden lediglich die Erfüllung der
von den städtischen Behörden zur vergleichsweisen Erledigung
der Receßangelegenheit von dem Staate Preußen geforder=
ten Verpflichtung zur Zahlung von drei Millionen Gulden
zu erkennen vermöge."

Damit war auch dieses Nachspiel der Annexion beendet.

XIII.

Schlußwort.

Ein Jahrzehnt und länger ist seit den Ereignissen verflossen, deren Verlauf wir zu schildern versucht haben: größere politische Umwälzungen noch, als sie das Jahr 1866 brachte, hat Deutschland in den Jahren 1870 und 1871 erlebt, und in den Büchern der Geschichte steht kaum ein zweites Beispiel von so außerordentlichen Erfolgen verzeichnet, wie Preußen sie in diesen beiden Epochen an seine Fahnen zu fesseln verstand. Wohl ist deshalb auch die Frage berechtigt, ob der Staat Preußen die Hoffnungen erfüllt hat, welche den im Herbst 1866 auf Grund des Kriegsrechts und aus „politischer Nothwendigkeit" annectirten Landestheilen bei diesem Annexionsacte in Aussicht gestellt wurden, und ob namentlich Frankfurt von sich sagen kann, daß es nach den furchtbaren Erschütterungen von 1866 unter dem Walten des neuen Regiments politisch und wirthschaftlich wieder gesundet ist?

Diese letztere Frage wird nach den verschiedenen Parteistellungen, welche sich heute, hauptsächlich unter den Eindrücken der Ereignisse von 1870 und 1871, gebildet haben, wahrscheinlich auch sehr verschieden beantwortet werden und wir für unseren Theil wollen gern bekennen, daß es an einem absoluten, Jedermann in die Augen springenden Maßstabe hierfür fehlt, oder mit anderen Worten, daß die Lage des heutigen Frankfurt im Vergleich zu so vielen, längst vor ihm aus der Liste der städtischen Republiken gestrichenen Reichsstädten von großer Vergangenheit noch eine glänzende genannt werden kann, während hinwiederum die Behauptung vollkommen sich begründen läßt, daß die Verluste, welche Frankfurt im Jahre 1866 völlig unverschuldeter Weise an materiellen und freiheitlichen Gütern erlitten, bis jetzt keines= wegs ersetzt sind und Frankfurt unter preußischem Scepter den ihm in Deutschland gebührenden Platz nicht einnimmt, daß es mit einem Worte noch nicht wieder zu einer politischen Existenz gelangt ist, die seinen historischen und natürlichen Aufgaben entspräche. Und daß dies nicht der Fall, daß die reichen Kräfte, welche in der Geburtsstadt Goethe's seit Jahrhunderten angesammelt wurden und auch heute noch ungebrochen hier zu finden sind, nicht besser dem Wohle Gesammtdeutschlands nutzbar gemacht werden, dafür müssen wir jene Politik verantwortlich machen, welche — um uns der eigenen Worte des Fürsten Bismarck zu bedienen — aus dem stärksten und hartnäckigsten Staatsegoismus, den es in Deutschland gibt, aus dem preußischen Partiku= larismus entspringt.

Von den Julitagen 1866 an bis in die neueste Zeit hat Frankfurt von der preußischen Regierung und Volks= vertretung erwiesenermaßen viel Schlimmes und Hartes, auf der anderen Seite aber außer der bloßen Zugehörigkeit zu einem mächtigen Staatswesen doch wahrlich keine Wohlthaten

erfahren, welche in den Annalen der Geschichte als Gegen=
leiftung für jene schmerzlichen Erlebniſſe eingetragen werden
könnten. Der unbeschreiblich harten Behandlung während
des Krieges — eines Krieges, an dem Frankfurt mit keinem
einzigen Acte betheiligt war, den es auch durch Nichts her=
vorrufen half — folgten die zweijährigen peinlichen Ver=
handlungen über die Vermögenstheilung, in denen die Re=
gierung von Anfang an ſo exorbitante und den Geboten
der Billigkeit widerstreitende Forderungen ſtellte, daß zwei=
mal die perſönliche Intervention des Staatsoberhauptes
nöthig war, um zu verhüten, daß in dieſer rein materiellen,
für die Zukunft der Stadt ſo überaus wichtigen Beſitzfrage
ihr nicht eine unbillige Gewalt angethan werde. Eine
Cabinetsorbre befreite Frankfurt von der ſeltſamen Forderung,
daß es nach dem „durch politiſche Nothwendigkeit" herbei=
geführten Verluſte ſeiner Selbſtändigkeit auch noch eine
dauernde Kriegscontribution in Geſtalt wohlgezählter
Millionen an Preußen zahlen ſolle, und erſt ein königlicher
„Gnadenact", welchen der Miniſter in einer für Frankfurt
geradezu beleidigenden Weiſe commentirte, während darin
doch im Grunde nur ein Gnadenact gegen den preußiſchen
Staat und die preußiſche Staatscaſſe lag, brachte die
leidige Vermögenstheilungsaffaire zu einem erträglichen Ab=
ſchluß. In dem gleichen, lediglich von fiscaliſchen In=
tereſſen geleiteten Geiſte ſind ſeitdem alle pecuniären Fragen,
welche zwiſchen der Stadtgemeinde Frankfurt und dem Staate
Preußen ſpielten, von der Regierung behandelt worden.
Gebäude, welche ſchon 1866 aus Rückſicht für die öffent=
lichen Verkehrsintereſſen zum Abbruch beſtimmt waren, die
aber der Staat zu Militärzwecken ohne Entſchädigung an
ſich genommen hatte, mußten von der Stadt um eine er=

30

hebliche Summe zurückgekauft werden und sind ihr heute
noch nicht überliefert worden, wodurch das älteste der in
Frankfurt beschlossenen Straßendurchbruchsprojekte auf un=
bestimmte Zeit hinausgeschoben ist. Ein anderer sehr werth=
voller Besitz der Stadt ist gegen eine verhältnißmäßig
unbedeutende Vergütung ebenfalls auf ungewisse Zeit von
der Militärverwaltung occupirt, und die erklecklichen Summen,
welche die Stadt schon für Einquartierungszwecke aufgewendet
hat und fortwährend noch aufwenden muß, finden ihr Seiten=
stück nur in den Ausgaben für die Polizei, welche zwar
nicht in den Händen der Gemeinde ist, dafür aber zu sehr
großem Theil von ihr bezahlt werden muß. Die großen
Summen, welche aus Frankfurt jährlich an Steuern in
die preußische Staatskasse fließen — beinahe ebensoviel,
wie aus dem gesammten ehemaligen Herzogthum Nassau!
— würden es nicht nur rechtfertigen, sondern sogar geboten
erscheinen lassen, daß der preußische Staat Etwas für
Hebung des Handels in der annectirten Stadt thue, die
geforderte und zugesagte Beitragsleistung von 1,200,000
Mark für Schiffbarmachung des Mainflusses und Hafen=
anlagen bei Frankfurt liefert aber den Beweis, daß — was
die Lasten betrifft — die preußische Regierung nicht nur
nichts gegen die größtmöglichste „Selbständigkeit" Frankfurts
einzuwenden hat, sondern dieselbe sogar in der ausgedehn=
testen Weise verlangt.

Welche Rechte aber hat Preußen außer den allgemeinen
Unterthanenrechten der eroberten Stadt eingeräumt, welche
Vorzüge vor der geringsten der preußischen Städte als
Ersatz für erlittene schwere Verluste ihr gewährt? Durch
offizielle, aber geheimnißvolle Andeutungen erfuhr zu Anfang
1867 die Bevölkerung Frankfurts, daß ihr im August 1866

in communaler Beziehung eine ganz exzeptionelle Stellung
— weit privilegirter als die irgend einer preußischen Stadt
— zugedacht gewesen sei, aber diese großmüthigen Absichten
scheiterten an der angeblichen Ungeschicklichkeit eines „Ver=
treters", der sein Mandat nur von Preußen hatte und
nur Gott nnd seiner eigenen Person für seine Handlungen
in jener Zeit verantwortlich zu sein brauchte, für dessen
Sünden aber in den Augen der preußischen Regierung die
Stadt Frankfurt haften mußte. So kam es, daß die einstige
freie Stadt, in welcher das erste deutsche Parlament tagte,
der Sitz des deutschen Bundestags und die natürliche
Metropole Süddeutschlands, zu einer „Kreisstadt des Re=
gierungsbezirks Wiesbaden" degradirt wurde, an Selbst=
verwaltungsrechten soviel empfing, daß die Wahl des ge=
eigneten Platzes für einen Gemüsemarkt schon über die
Grenze ihrer unabhängigen communalen Thätigkeit hinaus=
ging, uud es, kurz gesagt, als ein Glück angesehen werden
muß, wenn ein verständiger Polizeichef von seinen Befug=
nissen gegenüber den städtischen Behörden so schonend wie
möglich Gebrauch macht. Dieselbe Stadt, welche, auf der
Grenzscheide zwischen Nord= und Süddeutschland liegend
und noch immer den wirthschaftlichen Mittelpunkt für Letzteres
bildend, durch ihre Geschichte wie durch ihre thatsächliche
Bedeutung wie keine andere berufen wäre, der Sitz des
höchsten Reichsgerichtshofes zu sein, wird sich darein fügen
müssen, daß ihr sogar die bisher noch beibehaltene Mittel=
instanz der localen Justizverwaltung genommen und nach
einem anderen Orte verlegt wird, so daß auch in dieser
Beziehung der Charakter der untergeordneten „Kreisstadt"
hergestellt wird. Und dennoch — das ist der Trost für
alle Diejenigen, denen diese alte Stadt am Herzen liegt —

30*

winkt ihr eine schönere Zukunft, als ihr in dem Rahmen
des jetzigen preußischen Staatsorganismus zugedacht ist.
Nie hat sich die Wahrheit von dem Unterschiede der natürlich
gewordenen und der künstlich erzeugten Städte glänzender bewährt, als an Frankfurt, das ganz auf eigene
Kraft gestützt und jeder Hülfe von Staatswegen entbehrend,
nicht nur die Katastrophe von 1866 zu überstehen vermochte,
sondern auch der nach dem Milliardensegen von 1871 über
ganz Deutschland hereingebrochenen „wirthschaftlichen Krisis"
erfolgreicher zu widerstehen vermag, als selbst die „Reichs-
hauptstadt" Berlin, wo das großstädtische Elend grinsend
an der Seite großstädtischen Glanzes steht und die Verhältnisse so ungesund geworden sind, daß nach einem amtlichen Berichte keine der europäischen Städte es an Ausdehnung
und intensiver Ausbildung des Verbrecherthums der Stadt
Berlin zuvorthut. Auch Frankfurt hat ja in dieser Beziehung
seit Herstellung der Freizügigkeit andere Verhältnisse kennen
gelernt, als sie zu Zeiten der freien Stadt hier bestanden,
es hat die demoralisirenden Wirkungen zweier großer Kriege
hinlänglich erfahren, aber es besitzt, glücklich unterstützt durch
die außergewöhnlich zahlreichen und wohldotirten milden
Stiftungen, welche das Erbe vergangener Jahrhunderte und
ein redendes Denkmal bürgerlichen Gemeinsinns sind, immer
noch innere Kraft genug, um diese unvermeidlichen Schatten-
seiten einer veränderten Zeit bekämpfen und in erträglichen
Grenzen halten zu können.

Was Frankfurt fehlt, das ist in wirthschaftlicher Beziehung die Aussicht auf endlichen Abschluß der Kriegsepoche,
welche mit 1866 begann — die Sicherheit eines dauernden
Friedens — in politischer Beziehung ein Gebiet öffentlicher
Interessen, bei denen die Magnetnadel nicht immer und

immer wieder nach Berlin, der spezifisch preußischen Hauptstadt, die in Jahrhunderten noch nicht ein natürlicher Mittelpunkt Deutschlands werden wird, zu zeigen braucht. Nord-
deutsches und süddeutsches Wesen werden sich versöhnt die
Hand reichen und in der großen Völkerfamilie eine glänzende
Stellung einnehmen, wenn Beide auf einem neutralen Gebiete ihre Vorzüge entfalten können, Keines dem Anderen
Gewalt anzuthun braucht und die Erinnerungen vergangener
Bruderkriege nicht blos aus den Augen geschwunden, sondern
in Wahrheit aus den Herzen getilgt sind. Wir dürfen,
ohne allzuviel Widerspruch befürchten zu müssen, behaupten,
daß dieses für Deutschland so wünschenswerthe Resultat nie
erreicht werden wird, so lange das jetzige Bestreben fortdauert,
Berlin zum alleinigen Mittelpunkte des gesammten öffentlichen Lebens in Deutschland zu machen und damit thatsächlich einen Zustand der Dinge herzustellen, welcher den
auch in der Verfassung des neuen deutschen Reiches rechtlich
noch immer festgehaltenen Gedanken eines Föderativ-
staates von Jahr zu Jahr immer mehr zur Illusion macht.
Wir haben gesehen, was aus dem in der Verfassung eingesetzten „Ausschuß des Bundesraths für auswärtige Angelegenheiten" geworden ist, wir haben die auf der Tribüne
des Reichstags ausgesprochene Klage des württembergischen
Justizministers v. Mittnacht gehört, wie wenig die Mittel-
und Kleinstaaten bei Vorbereitung der neuen Justizverfassungs-
gesetze gehört wurden, wir haben endlich bei dem Reichs-
eisenbahnprojekt und der Ruhmeshalle gesehen, daß ungeachtet
aller einst gehörten schönen Redensarten von dem Aufgehen
Preußens in Deutschland in Wahrheit doch die heutige
Entwickelung auf das gerade Gegentheil zusteuert. Es war
kein Zufall, daß nur das preußische Ministerium für das

große Reichseisenbahnproject mit Wärme und Eifer eintrat, die Regierungen Sachsens, Badens, Württembergs und Bayerns aber mit einer vorher ungekannten Energie dagegen auftraten, es war noch weniger ein Zufall, daß nach formeller Herstellung der deutschen Einheit in Berlin der Gedanke Wurzel fassen und zur Ausführung gelangen konnte, eine besondere preußische „Ruhmeshalle", mit den Trophäen des Krieges von 1866 ausgestattet, zu errichten.

Und es ist wiederum nicht ein Zufall, sondern ganz hauptsächlich eine Wirkung der über das berechtigte Maaß weit hinausgehenden Präponderanz Preußens in Deutschland, daß die Volksvertretung heute so ohnmächtig ist, wie wir es fortwährend sehen, daß sie ihre besten Kräfte, statt auf Herstellung wahrhaft gesunder Zustände in Deutschland, auf Dinge wie den „großen Kulturkampf", der den Einfluß des Ultramontanismus auf die katholische Bevölkerung Deutschlands entschieden nur gehoben hat, während er ihn doch schwächen sollte, verwenden muß. Ein Parlament, das in den Mauern Frankfurt's, selbst des preußisch gewordenen Frankfurt's tagte, das nicht unausgesetzt die Berliner Luft einzuathmen brauchte und nicht blos ein zum Reichstag erweitertes preußisches Abgeordnetenhaus wäre — ein solches Parlament würde zwar willig den Beruf Preußens zur Führung Deutschlands anerkennen und sein Verhalten danach bestimmen, aber es würde weit mehr als das jetzige die Kraft haben, Dasjenige, was in Preußen nicht gut ist, vom übrigen Deutschland fernzuhalten und umgekehrt nach Preußen dasjenige zu verpflanzen, was in Süd- und Mitteldeutschland sich als heilsam und nützlich erwiesen hat. Um zu zeigen, wie schwer es einer in Berlin tagenden Volksvertretung ist, sich den es umgebenden schwarz=

weißen Traditionen zu entziehen und vorurtheilsfrei seine
Entschlüsse zu fassen, können wir uns wiederum auf einen
Ausspruch des Fürsten Bismark berufen. Es sagte im
Landtage, daß die Institutionen der anneetirten Länder viel
Vortreffliches enthalten hätten, daß man von ihnen in
Preußen Viel lernen könne — aber ist von diesen In-
stitutionen auch nur ein wesentlicher Theil erhalten geblieben
und nicht vielmehr fast Alles dem nivellirenden preußischen
Maßstabe geopfert worden, selbst da, wo erwiesenermaßen
der Letztere nichts Besseres, sondern Schlechteres brachte?
Die preußische Volksvertretung handelte bei allen diesen
Gelegenheiten ganz im Geiste des seligen Waldeck —
jenes Waldeck, der als der Freisinnigsten Einer in Preußen
galt! — als er bei Berathung des Annexionsgesetzes in
die geflügelten Worte ausbrach: „Wir sind hier im Begriffe,
ein großes mächtiges Reich zu schaffen, wie es seit den
Ottonen nicht in Deutschland vorhanden war, und da
kommen uns diese Leute und reden uns von Verfassungen
und dergleichen!"

Hier sehen wir, was es für Deutschland bedeutet,
wenn seine Volksvertretung theils aus anerzogener Gewohn-
heit, theils aus aufgezwungener Schwäche — wie es bei
den meisten nichtpreußischen Abgeordneten sehr bald der
Fall ist — dahin gelangt, die Dinge fortgesetzt nur durch
die schwarzweiße Brille zu betrachten. *) Die Interessen

---

*) Eine Aeußerung, womit ein Frankfurter Abgeordneter zum
preußischen Landtage vor nicht langer Zeit im Kreise von Bekannten
seinem Herzen Luft machte, ist für das Angegebene characteristisch.
„Ich würde gewiß", sagte er, „an meinem Mandate einige Freude
haben; aber Sie glauben nicht, wie wenig Sympathieen man
unter den preußischen Collegen findet, so oft von Frankfurt
die Rede ist!" Anm. des Verf.

Deutschlands, die zukünftige Entwicklung des Reichs, am Ende also doch auch die Interessen des heutigen Preußens selbst, leiden schwer darunter. Ist es nun, müssen wir uns fragen, nicht eine bloße Utopie, sondern spricht ein gewisser Grad von Wahrscheinlichkeit dafür, daß einst das deutsche Parlament nicht mehr in Berlin, auch nicht in Leipzig oder einer norddeutschen Stadt, sondern in F r a n k f u r t a. M. tagen wird? Wir sagen: Ja! denn dies wird allmählich das Interesse Deutschlands immer stärker fordern; es wird zur gebieterischen Nothwendigkeit werden, sobald durch das jetzige unberechtigte Drängen nach dem großpreußischen Ein= heitsstaat, der Widerstand des Südens schärfer noch als es jetzt schon der Fall ist, erwacht — die letzten Reichstags= wahlen in Württemberg, so unscheinbar sie aussehen mögen, geben dem denkenden Beobachter in dieser Hinsicht einen deutlichen Fingerzeig — und sobald Zeiten kommen, wo a n d e r e Kräfte, als die bloße Macht der Bajonette und der Glanz kriegerischer Erfolge es sind, die Existenz des Reiches schirmen müssen!

Mag dieser Zeitpunkt auch noch fern liegen, kommen wird er einst. Bis dahin aber mögen die Bürger Frankfurts, welche 1866 am Grabe der durch Waffengewalt unter= gegangenen freistädtischen Institutionen standen, den Glauben an die Zukunft Frankfurts in der Kinder und der Enkel Herzen nähren und befestigen — bis dahin auch möge, das ist unser herzlicher Wunsch, mit dem wir Abschied von dem Leser nehmen, die preußische Regierung in ihrem Verhältnisse zu Frankfurt stets die Worte M o n t e s q u i e u ' s beherzigen: „Der Eroberer hat immer eine ungeheuere Schuld abzutragen, um mit den Gesetzen der Humanität wieder in Einklang zu treten!"